国家出版基金项目

朱旭东　丛书主编

中国教育 改革开放 40 年

高等教育卷

王英杰　刘宝存　等 著

China
Education Reform
and Opening-up
40 Years

北京师范大学出版集团
BEIJING NORMAL UNIVERSITY PUBLISHING GROUP
北京师范大学出版社

丛书编委会

主　　任　顾明远

丛书主编　朱旭东

编　　委　(以姓氏笔画为序)

王本陆　王永红　王英杰　朱旭东

刘云波　刘宝存　余胜泉　余雅风

陈　丽　林　钧　和　震　周海涛

胡　艳　施克灿　洪秀敏　袁桂林

曾晓东　蔡海龙　魏　明

总　序

今年是改革开放 40 周年，40 年来我国教育取得了辉煌的成就。现在各个教育研究机构和出版机构都在总结 40 年的经验，出版各种丛书。这 40 年的成就是写多少书也说不周全的，但我想用五句话来做一个简要的概括。

第一，教育观念的转变。在解放思想的路线指导下，我们对教育的认识越来越深刻、越来越全面。特别是党的十八大以来，习近平总书记提出以人民为中心、教育公平是社会公平的重要基础、教育强则国家强的主张。今年教师节时，习近平总书记在全国教育大会上的讲话中首先强调教育对新时代坚持和发展中国特色社会主义的战略意义。他指出，教育是民族振兴、社会进步的重要基石，是功在当代、利在千秋的德政工程，对提高人民综合素质、促进人的全面发展、增强中华民族创新创造活力、实现中华民族伟大复兴具有决定性意义。教育是国之大计、党之大计。习近平总书记同时指出，教育的根本问题是培养什么人、怎样培养人、为谁培养人。中国共产党领导的社会主义教育，就是要培养德智体美劳全面发展的社会主义建设者和接班人。

第二，教育事业的发展。40 年来，我国全面普及了九年义务教育；学前教育已提前完成了《国家中长期教育改革和发展规划纲要（2010—2020 年）》提出的到 2020 年的指标，2017 年学前毛入园率达到79.6%；高中阶段教育基本普及，2017年毛入学率为88.3%；高等教育，包括研究生教育实现了跨越式发展，2017年各类高等教育在学总规模达到3 779万人，高等教育毛入学率达到45.7%。2017年，全国有2.7亿人在各级各类学校学习，我国成为世界上受教育人口最多的教育大国。

第三，教育制度的创新。改革开放以来，我国逐步制定教育法律法规并不断完善。1980年通过了《中华人民共和国学位条例》，之后，我国逐步制定了《中华人民共和国义务教育法》《中华人民共和国教师法》《中华人民共和国教育法》《中华人民共和国职业教育法》《中华人民共和国高等教育法》《中华人民共和国民办教育促进法》等，并根据教育事业的发展进行了修订或修正，使教育治理有法可依。现在希望尽早制定学前教育法、学校法，使幼儿园和学校的发展得到法律保障。

第四，教育科学的繁荣。改革开放之前，教育理论界人数很少，缺乏对教育实践中的理论问题和实际问题的研究。40年来，中国特色社会主义教育理论体系初步形成，教育理论有了较大发展。教育科学的繁荣呈现出如下一些特点：一是改变了以前一本《教育学》一统天下的局面，恢复和创建了许多新兴学科，如教育哲学、教育经济学、教育社会学、比较教育学、课程与教学论等，研究成果丰硕；二是教育理论研究重视宏观战略研究，为我国教育事业发展的科学决策做出了一定的贡献；三是教育科学研究从书斋走向基层，教育理论工作者与广大教师共同开展教育研究，把教育改革落到实处，不仅提高了教育质量，而且积累了丰富的经验。

第五，从请进来到走出去。改革开放初期，我们打开窗户，发现世界教育已经走向现代化，于是我们如饥似渴地引进西方教育的先进理念、教育改革的经验，逐渐使我国的教育恢复起来，教育事业得到迅速发展。20世纪90年代，我国教育学界开始走自己的路，创造中国特色社会主义教育理论和经验。特别是上海在PISA（国际学生评估项目）中数次名列前茅，让外国学者对中国教育刮目相看。世界也在学习中国的教育经验。讲好中国教育故事是今后教育工作者的任务。我国多部教育著作已经被译成外文出版。2006 年，高等教育出版社就与 Springer 出版社合作出版了英文版杂志 *Frontiers of Education in China*，至今已 12 年，杂志受到外国学者的重视。这些都是中国教育走出去的标志。我们既要不断吸收世界优秀文明成果，又要讲好中国教育故事，让世界了解中国。

今后中国教育界应以习近平新时代中国特色社会主义思想为指导，贯彻落实党的十九大精神，深化教育改革，发展素质教育，推进教育公平，让每个孩子享有公平而有质量的教育。

北京师范大学出版社组织教育学术界同人，编写这套"中国教育改革开放 40 年"丛书，包括学前教育、义务教育、高中教育、高等教育、教师教育、职业教育、民办教育、终身教育、教育技术、课程与教学、政策与法律、关键数据与国际比较 12 卷。它是 40 年教育改革开放的总结，丰富了教育学术宝库。出版社要我写几句，是为序。

2018 年 11 月 5 日于北京求是书屋

目　录

第一章
高等教育事业的发展

    1976 年 10 月，"文化大革命"结束之后，我国进入一个新的历史发展时期，社会各项事业逐渐得以恢复和发展。1977 年 5 月 24 日，邓小平发表了《尊重知识，尊重人才》的谈话，指出中国的教育与发达国家相比，"整整落后了二十年"，认为"办教育要两条腿走路，既注意普及，又注意提高"。[①] 党和政府批判了"文化大革命"期间错误的教育理论和实践，同时把新中国成立后延续了 17 年的教育制度逐步予以恢复。1978 年 10 月，教育部颁布《全国重点高等学校暂行工作条例(试行草案)》(俗称"新高校六十条")，它是在 1961 年颁布的《教育部直属高等学校暂行工作条例(草案)》(俗称"高校六十条")的基础上修改而成的。"新高校六十条"充分肯定了 1961 年"高校六十条"中的"高等学校必须以教学为主，努力提高教学质量"等一系列正确提法。1977 年 12 月，在"文化大革命"期间中断的高考恢复。高考的恢复为中国高等教育的发展创造了条件，是中国高等教育发展史上的转折点。高考制度恢复以后，中国的高等教育逐步以开放的姿态，不断深化改革，促进发展，经过 40 年的努力，中国高等教育实现了跨越式发展和历史性突破，从精英高等教育阶段过渡到大众化

---

    ① 《邓小平文选》第 2 卷，40 页，北京，人民出版社，1994。

高等教育阶段。40 年来，中国高等教育发生了翻天覆地的变化，这不仅体现为高等教育规模的扩张和办学条件的改善，也体现为高等教育体制改革不断深入，各种关系逐步理顺，高等教育质量不断提高，高等教育国际交流与合作不断深化。经过 40 年的发展，我国已经成为高等教育大国，正向高等教育强国迈进。

第一节　高等教育办学规模实现跨越式发展

改革开放 40 年来，我国高等教育走过了一条不平凡的发展道路，高等教育规模从稳定发展到急剧扩张，实现了从精英高等教育到大众化高等教育的跨越。1978 年，全国本专科在校生只有 85.63 万人，研究生 1.09 万人；到 2016 年，全国本专科在校生达到 2 695.84 万人，各类高等教育总规模超过 3 699 万人，高等教育毛入学率达 42.7%。① 从绝对规模上看，我国高等教育规模已在世界上名列前茅，成为名副其实的高等教育大国。40 年间，我国高等教育发生了翻天覆地的变化。

一、普通高等教育总体规模的发展变化

1977 年，我国恢复了高考制度，这一年的 12 月，全国共有 570 多万人参加了"文化大革命"之后的第一次高考，他们中既有十六七岁的高中毕业生，也有年届三旬的"老三届"学生。尽管这一年仅录取了其中的 27.3 万人，录取率约为 4.8%，但仍然激发了广大青年学生的学习热情，也为无数青年提供了接受高等教育的机会。1978 年 7 月，参加当年高考的人数更是达到 610 万人，录取了其中的 40.15 万人。到 2017 年，全国高考报名人数共 940 万，招生计划是

---

① 教育部：《2016 年全国教育事业发展统计公报》，http：//www.moe.gov.cn/jyb_sjzl/sjzl_fztjgb/201707/t20170710_309042.html，2018-07-10。

654 万。1977 年，我国普通高校本专科在校生总数为 62.53 万人，高等教育毛入学率不足 1%，而到了 2016 年，我国普通高校本专科在校生总数达到 2 695.84 万人，高等教育毛入学率达 42.7%（见表 1-1）。

表 1-1　1990—2016 年我国高等教育毛入学率变化

年份	高等教育毛入学率/%	年份	高等教育毛入学率/%
1990	3.4	2004	19.0
1991	3.5	2005	21.0
1992	3.9	2006	22.0
1993	5.0	2007	23.0
1994	6.0	2008	23.3
1995	7.2	2009	24.2
1996	8.3	2010	26.5
1997	9.1	2011	26.9
1998	9.8	2012	30.0
1999	10.5	2013	34.5
2000	12.5	2014	37.5
2001	13.3	2015	40.0
2002	15.0	2016	42.7
2003	17.0		

（数据来源：《中国教育统计年鉴》1990—2016 年。）

（一）普通高校招生数的发展变化

1977 年是恢复高考制度的第一年，全国普通高校即录取本专科生 27.3 万人，次年增至 40.15 万人，此后几年，由于"文化大革命"前的高中毕业生大部分已参加过高考，报考人数有所回落，招生数也有所下降，直到 1984 年，招生数重新上升至 47.52 万人。1997 年，普通高校本专科招生数首次突破百万，达到 100.04 万人。1998 年 12 月，教育部制定了《面向 21 世纪教育振兴行动计划》，次年 1 月国务院批转了该计划。《面向21世纪教育振兴行动计划》提出的目标是：到2010年，高等教育规模有较大扩展，入学率接近15%。① 为了落实该计划并使高等教育规模能较快速扩大，从1999年开始，我国高等教育规模进入快速发展时期，从而拉开了"扩招"的帷幕。1999年，全国共招收本专科学生154.86万人，研究生9万余人，本专科招生数比上年增长42.9%（见图1-1）。

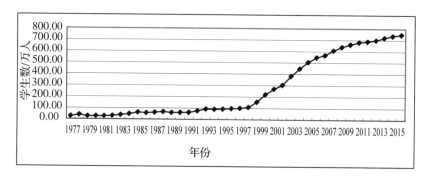

图1-1   1977—2016年普通高校本专科招生数变化情况

从图1-1中我们可以看出，1977—1998年，招生数变化较为平稳，虽然有些年份稍有回落，但基本处于稳步上升的趋势。从绝对数量来看，除1979—1983年略低于1978年、1986—1987年略低于1985年、1989—1991年略低于1988年、1994年略低于1993年之外，其余各年均高于前一年度，总体处于上升趋势。

1977年，普通高校本专科总招生数为27.3万人，1998年上升到108.36万人，增长了297%。而1998—2007年，招生数从1998年的108.36万增长到2007年的565.92万人，增长了422%（见表1-2）。

---

① 教育部：《面向21世纪教育振兴行动计划》，old. moe. gov. cn/publicfiles/business/htmlfiles/moe/s6986/200407/2487. html，2018-07-10。

表 1-2　1977—2016 年普通高校本专科招生数变化

年份	本专科招生数/万人	年增长率/%	年份	本专科招生数/万人	年增长率/%
1977	27.30		1997	100.04	3.58
1978	40.15	47.09	1998	108.36	8.32
1979	27.51	−31.49	1999	154.86	42.90
1980	28.12	2.23	2000	220.61	42.46
1981	27.88	−0.87	2001	268.28	21.61
1982	31.50	12.99	2002	320.50	19.47
1983	39.10	24.13	2003	382.17	19.24
1984	47.52	21.53	2004	447.34	17.05
1985	61.92	30.32	2005	504.46	12.77
1986	57.21	−7.62	2006	546.05	8.25
1987	61.68	7.83	2007	565.92	3.64
1988	66.97	8.58	2008	607.66	7.38
1989	59.71	−10.84	2009	639.49	5.24
1990	60.89	1.97	2010	661.76	3.48
1991	61.99	1.81	2011	681.50	2.98
1992	75.42	21.67	2012	688.83	1.08
1993	92.40	22.51	2013	699.83	1.60
1994	89.98	−2.61	2014	721.40	3.08
1995	92.59	2.90	2015	737.85	2.29
1996	96.58	4.31	2016	748.61	1.46

注：1977 年之前的年份非通过高考途径招生，故未统计 1977 年的年增长率。

（数据来源：《中国教育统计年鉴》1977—2016 年。）

2008—2016 年，招生数变化渐趋平稳。从绝对数量来看，每一年均比前一年度高，总体呈上升趋势，但增长速度开始变缓，尤其是在 2010 年后，年增长率均没有超过 4 个百分点。2008 年普通高校本专科总招生数为 607.66 万人，2016 年上升到 748.61 万人，九年间增长了 23%。

再来看每一年的增长率。1977—1998 年，增长率最高的是 1978

年，比 1977 年增长 47.09%，其次是 1985 年比 1984 年增长 30.32%，另外，1983 年、1984 年、1992 年、1993 年的增幅均超过了 20%，1979 年、1981 年、1986 年、1989 年、1994 年则出现了负增长。而普通高校本专科招生数在 1999—2007 年处于持续增长的状态，没有出现负增长，但增长的速度变化很大。1999 年、2000 年两年均出现超过 40% 的高增长率，2001—2003 年的增长幅度也在 20% 左右，但 2004 年之后，增长速度开始放缓，2007 年比 2006 年仅增长 3.64%。可以说，到 2007 年为止，我国高等教育规模跨越式发展的过程已经基本完成，进入了逐步发展、稳定规模、重在提高质量和实现公平的阶段。2007 年 5 月发布的《国家教育事业发展"十一五"规划纲要》(以下简称《教育"十一五"规划纲要》)将"适当控制招生增长幅度，相对稳定招生规模"，使 2010 年在学总规模达到 3 000 万人，毛入学率达到 25% 左右作为"十一五"期间高等教育事业发展的目标之一。[1] 到 2007 年，我国高等教育在学总规模达到 3 105 万人，毛入学率 26.5%，圆满完成了《教育"十一五"规划纲要》制定的高等教育发展目标。《国家中长期教育改革和发展规划纲要(2010—2020 年)》(以下简称《教育规划纲要》)又提出"提高质量是高等教育发展的核心任务，是建设高等教育强国的基本要求"，可见我国越来越重视高等教育质量的提升。[2]

2008—2016 年，普通高校本专科招生数年增长率处于稳定阶段，只有 2008 年、2009 年的年增长率超过 5%，2012 年、2013 年、2016 年的年增长率更是小于 2%。

(二)普通高校毕业生数的变化

毕业生的数量反映了全国高等教育为社会经济发展和建设输送

---

[1]　国务院：《国家教育事业发展"十一五"规划纲要》，http://www.gov.cn/zwgk/2007-05/23/content_623645.htm，2018-07-10。

[2]　教育部：《国家中长期教育改革和发展规划纲要(2010—2020 年)》，old.moe.gov.cn/publicfiles/business/htmlfiles/moe/moe_838/201008/93704.html，2018-07-10。

人才的数量。40 年来，我国普通高校毕业生数量的变化基本上与招生数的变化呈相似的变化趋势（见图 1-2）。当然，其变化相对于招生数的变化来说要滞后 3～4 年。1977 年，我国普通高校本专科毕业生数仅为 19.44 万人，2016 年上升全 704.18 万人，增长了 36 倍。

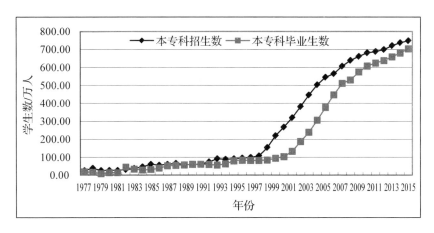

图 1-2　1977—2016 年普通高校本专科招生数与毕业生数的变化

二、普通高校数量与在校生数的变化

1977 年，我国只有普通高校 404 所，到 2016 年，普通高校数量达 2 596 所，40 年间增长了 6.4 倍多；普通高校本专科在校生数量从 1977 年的 62.53 万人增长到 2016 年的 2 695.84 万人，增长了 43 倍（见图 1-3）。

校均规模的变化反映了高等教育规模发展的模式。改革开放初期，我国高校的校均规模较小，长期徘徊在 2 000 人以下。1991—1999 年，校均规模从 2 000 人增长到 4 000 人，2000 年即达 5 600 人，2007 年已经达到 1.05 万人，此后基本稳定在校均万人左右。1977—1991 年，高校数量的增长与在校生数量（包括本专科生与研究生）的增长基本上是同步的，在校生数量的增长稍快于高校数量的增长；1992—1999 年，校均规模由 2 000 人上升到 4 000 人，而同期高校数量则从 1 075 所下降到 1 071 所。全国普通高等教育事业正处于

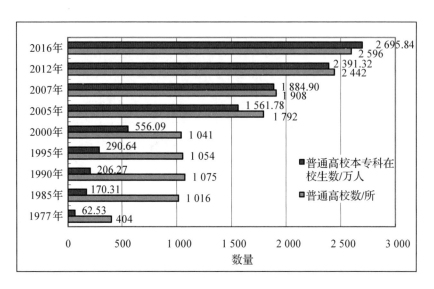

图 1-3　1977—2016 年普通高校数与本专科在校生数量变化情况

调整过程中，加之这个时期开始掀起高校合并潮，使我国普通高校数量有所下降，但校均规模发展较快，这有利于提高高校办学的规模效益。事实上，在这一时期，最初国家的高等教育发展战略是基本稳定规模。如中共十三届四中全会做出了深化改革、治理整顿的决策，原国家教委也相应提出了"坚持方向，稳定规模，调整结构，改善条件，深化改革，提高质量"的工作方针，在《全国教育事业十年规划和"八五"计划要点》中，提出高等教育应在"八五"前期基本稳定规模，"八五"后期根据需要和可能适度发展专科教育。而 1994 年《国务院关于〈中国教育改革和发展纲要〉的实施意见》则提出高等教育要走内涵发展的道路，适度发展规模，以实现 20 世纪末本专科在校生 630 万人的目标。[①]

　　1999 年之后，随着高校招生规模的扩大，校均规模开始急剧膨

---

　　① 彭红玉、张应强：《20 世纪 90 年代以来我国高等教育规模发展的政策文本与实施效果分析》，载《清华大学教育研究》，2007(6)。

胀，从1999年的校均4 000人上升至2007年的校均1.05万人，从平均数来看，我国高校已进入"万人高校"的行列。高等教育规模大发展以来，规模发展主要是以内涵式发展为主，着力扩大已有高校的办学规模。虽然普通高校数量从1999年的1 071所上升至2007年的1 908所，增长了78.15%，但同时在校生规模也从431.84万人增长至1 884.90万人，增长了336.48%。在校生规模的急剧扩张，在一定程度上消解了高校数量增长带来的变化，使普通高校的校均规模处于快速增长过程中。2007—2016年，从绝对数量来看，普通高校数量从2007年的1 908所上升至2016年的2 596所，增长了36.06%，但同时在校生规模也从1 884.90万人增长至2 695.84万人，增长了43.02%（见表1-3和图1-4）。高校数量的增长率和在校生规模增长率之间的差距变小，普通高校的校均规模开始趋于稳定。

表1-3　1977—2016年普通高校校均规模变化表

年份	高校数量/所	校均规模/万人
1977	404	0.15
1978	598	0.15
1979	633	0.16
1980	675	0.17
1981	704	0.18
1984	902	0.16
1985	1 016	0.18
1986	1 054	0.19
1987	1 063	0.19
1988	1 075	0.20
1989	1 075	0.20
1990	1 075	0.20
1991	1 075	0.20

续表

年份	高校数量/所	校均规模/万人
1992	1 053	0.22
1993	1 065	0.25
1994	1 080	0.27
1995	1 054	0.29
1996	1 032	0.31
1997	1 020	0.33
1998	1 022	0.35
1999	1 071	0.40
2000	1 041	0.56
2001	1 225	0.62
2002	1 396	0.65
2003	1 552	0.76
2004	1 731	0.82
2005	1 792	0.93
2006	1 867	0.99
2007	1 908	1.05
2008	2 263	0.95
2009	2 305	0.99
2010	2 358	1.01
2011	2 409	1.03
2012	2 442	1.05
2013	2 491	1.06
2014	2 529	1.08
2015	2 560	1.10
2016	2 596	1.11

注：缺1982年、1983年数据。

（数据来源：《中国教育统计年鉴》1977—2016年。）

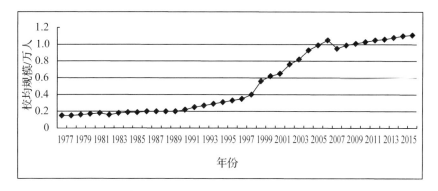

图 1-4 1977—2016 年普通高校校均规模变化折线图

三、研究生教育规模的发展变化

1977 年，国务院批转了教育部《关于高等学校招收研究生的意见》，正式恢复招收研究生，同年年底教育部召开会议，决定 1977 年、1978 年的研究生招生工作合并进行，议定招生计划数为 8 500 人，而实际上 1978 年共招生 1.07 万人。此后两年，招生人数有所下降，1979 年和 1980 年招生数分别是 8 110 人和 3 661 人，均未能完成招生计划，尤其是 1980 年，只完成招生计划数的 56.31%。① 1980 年，《中华人民共和国学位条例》(以下简称《学位条例》)颁布，并于 1981 年 1 月 1 日正式实施，此后，我国的研究生教育规模开始稳步增长。

研究生教育规模的发展大致可以分为四个阶段：1978—1985 年是快速发展时期，招生数从 1978 年的 1.07 万人上升到 1985 年的 3.99 万人(硕士生和博士生)，增长了 272.89%，平均每年增长 38.99%。研究生教育的快速发展，导致一些基础资源如导师数量、教学设备、科研条件、生活条件、培养经费等滞后于研究生规模发展的需要，从而影响研究生培养的质量。针对这些问题，原国家教

---

① 谢桂华：《20 世纪的中国高等教育：学位制度与研究生教育卷》，83 页，北京，高等教育出版社，2003。

委及时提出"七五"期间研究生教育以"提高质量，稳步发展"为指导方针，从 1986 年起，研究生招生规模开始缩减，硕士生招生数从 1985 年的 3.73 万人下降至 1991 年的 2.54 万人，缩减了 31.90％，其中最低年份只招生 2.50 万人(1989 年)，见表 1-4。1986—1991 年，博士生招生数虽然总体上呈上升趋势，但其间也有所反复，招生数的增长与缩减往往交替发生。

表 1-4　1982—2016 年研究生数量变化情况(不含研究生班)　/万人

年份	在校生数		招生数		毕业生数	
	硕士生	博士生	硕士生	博士生	硕士生	博士生
1982	2.53	①	1.08	③		
1983	3.64	②	1.55	④		
1984	5.63	0.12	2.27	0.05	0.27	⑤
1985	7.52	0.36	3.73	0.26	1.67	⑥
1986	9.33	0.57	3.48	0.22	1.52	⑦
1987	10.45	0.90	3.31	0.36	2.03	⑧
1988	9.84	1.05	3.09	0.33	3.47	0.16
1989	8.79	1.10	2.50	0.28	3.29	0.20
1990	8.07	1.13	2.62	0.33	3.15	0.25
1991	7.55	1.23	2.54	0.42	2.92	0.26
1992	7.94	1.46	2.83	0.50	2.30	0.25
1993	8.88	1.76	3.57	0.62	2.52	0.29
1994	10.50	2.27	4.17	0.90	2.42	0.37
1995	11.64	2.88	3.99	1.11	2.71	0.46
1996	12.68	3.52	4.66	1.26	3.40	0.54
1997	13.57	3.99	5.03	1.29	3.91	0.73
1998	15.31	4.52	5.73	1.50	3.81	0.90
1999	17.85	5.40	7.18	1.99	4.42	1.03

续表

年份	在校生数		招生数		毕业生数	
	硕士生	博士生	硕士生	博士生	硕士生	博士生
2000	23.31	6.73	10.29	2.51	4.76	1.10
2001	30.65	8.59	13.28	3.21	5.47	1.29
2002	39.21	10.87	16.42	3.83	6.62	1.46
2003	51.41	13.67	22.00	4.87	9.22	1.88
2004	65.43	16.56	27.30	5.33	12.73	2.34
2005	78.73	19.13	31.00	5.48	16.21	2.77
2006	89.66	20.80	34.20	5.60	21.97	3.62
2007	97.25	22.25	36.06	5.80	27.04	4.14
2008	104.64	23.66	38.67	5.98	30.11	4.37
2009	115.86	24.63	44.90	6.19	32.26	4.87
2010	127.95	25.89	47.44	6.38	33.46	4.90
2011	137.46	27.13	49.46	6.56	37.97	5.03
2012	143.60	28.38	52.13	6.84	43.47	5.17
2013	149.57	29.83	54.09	7.05	46.05	5.31
2014	153.50	31.27	54.87	7.26	48.22	5.37
2015	158.47	32.67	57.06	7.44	49.77	5.38
2016	163.90	34.20	58.98	7.73	50.89	5.50

注：(1)①为536人，②为737人，③为302人，④为172人，⑤为39人，⑥为287人，⑦为284人，⑧为464人。

(2)表中1982年和1983年的毕业生数未区分硕士生和博士生，为研究生毕业总数，分别为4 058人和4 497人。

(数据来源：《中国教育统计年鉴》1982—2016年。)

1992年，我国开始从计划经济向社会主义市场经济体制转轨，高等教育体制改革也进入新的阶段，为研究生教育的发展提供了契机。1993年，国家教委、国务院学位委员会在《关于学位与研究生教育改革和发展的若干意见》中提出，2000 年在学研究生规模力争比 1992 年翻一番，其中博士生教育要有更大的发展。因此，1992—1999 年，研究生教育规模进入持续增长期，硕士生招生数从 1992 年的 2.83 万人增长到 1999 年的 7.18 万人；博士生招生数从 1992 年的 0.50 万人增长到 1999 年的 1.99 万人。

1999 年以来，随着本专科招生规模的急剧扩大，研究生教育也进入了急速发展的阶段，硕士生的招生数从 1999 年的 7.18 万人增长到 2007 年的 36.06 万人，是 1999 年的 5 倍；2007 年，博士生招生数为 5.80 万人，是 1999 年的 2.9 倍。

2008 年以来，研究生教育进入稳定发展阶段，研究生招生数量虽然仍在增长，但是增长速度有所下降。2016 年，硕士生招生数为 58.98 万人，是 2007 年的 1.6 倍；2016 年，博士生招生人数为 7.73 万人，是 2007 年的 1.3 倍。

研究生教育在层次结构上不断优化。实行学位制度后的 1982 年，在学硕士生人数与在学博士生人数之比为 50.60∶1；2016 年，这个比例上升至 4.79∶1(见表 1-5)。

表 1-5　1982—2016 年在学研究生数量

年份	在学硕士生数量/万人	在学博士生数量/万人	在学硕士生与在学博士生的比值
1982	2.53	0.05	50.60
1983	3.64	0.07	52.00
1985	7.52	0.36	20.89
1986	9.33	0.57	16.37
1987	10.45	0.90	11.61
1988	9.84	1.05	9.37
1989	8.79	1.10	7.99
1990	8.07	1.13	7.14
1991	7.55	1.23	6.14

年份	在学硕士生数量/万人	在学博士生数量/万人	在学硕士生与在学博士生的比值
1992	7.94	1.46	5.44
1993	5.05	1.76	5.05
1994	10.50	2.27	4.63
1995	11.64	2.88	4.04
1996	12.68	3.52	3.60
1997	13.57	3.99	3.40
1998	15.31	4.52	3.39
1999	17.85	5.40	3.31
2000	23.31	6.73	3.46
2001	30.65	8.59	3.57
2002	39.21	10.87	3.61
2003	51.41	13.67	3.76
2004	65.43	16.56	3.95
2005	78.73	19.13	4.12
2006	89.66	20.80	4.31
2007	97.25	22.25	4.37
2008	104.64	23.66	4.42
2009	115.86	24.63	4.70
2010	127.95	25.89	4.94
2011	137.46	27.13	5.07
2012	143.60	28.38	5.06
2013	149.57	29.83	5.01
2014	153.50	31.27	4.91
2015	158.47	32.67	4.85
2016	163.90	34.20	4.79

注：缺 1984 年数据。

（数据来源：《中国教育统计年鉴》1982—2016 年。）

　　除了大力发展博士生教育、优化研究生教育层次结构外，我国研究生教育的类型也越来越多样化。《学位条例》颁布之初，我国研究生教育以培养教学和科研人才为主，授予学位的类型主要是学术性学位。20 世纪 90 年代初，为加速经济建设和社会发展所需的高层次应用型专门人才的培养，我国设置了专业学位。专业学位分为学士、硕士和博士三级，但一般只授予硕士学位，只有少数专业（如建筑学、临床医学等）授予学士、硕士或博士学位。① 从 1991 年设置工商管理硕士开始，截至 2018 年 3 月，我国共设立了建筑学学士和硕士、文物与博物馆硕士、出版硕士、新闻与传播硕士、翻译硕士、艺术硕士、应用心理硕士、汉语国际教育硕士、体育硕士、教育硕士和博士、警务硕士、社会工作硕士、法律硕士、审计硕士、资产评估硕士、保险硕士、国际商务硕士、税务硕士、应用统计硕士、金融硕士、工程管理硕士、图书情报硕士、旅游管理硕士、会计硕士、公共管理硕士、工商管理硕士、军事硕士、中药学硕士、药学硕士、护理硕士、公共卫生硕士、口腔医学硕士和博士、临床医学硕士和博士、林业硕士、风景园林硕士、兽医硕士和博士、农业推广硕士、城市规划硕士、工程硕士和博士共 39 种专业学位。

　　专业学位的设置，是我国学位制度改革的一项重要内容。它丰富了我国学位的类型和规格，推动了我国学位的多样化和学位制度的完善，也为我国的经济建设和社会发展培养了大批高层次的应用型人才。

第二节　高校师资队伍建设取得突破性进展

　　40 年来，我国十分重视加强高校师资队伍建设，不仅不断扩大高校专任教师规模，更着力提高专任教师的质量，提高专任教师的

① 中国学位与研究生教育发展报告课题组：《中国学位与研究生教育发展报告（1978—2003）》，9 页，北京，高等教育出版社，2006。

学历层次。

一、高校专任教师数量增长

从绝对数量来看，1978 年，全国高校专任教师总数为 20.63 万人，2016 年增长至 160.20 万人，增长了 6.77 倍。不过，考虑到同期我国高校的在校生数由 86.73 万人增长至 2 004.40 万人（含硕士、博士在校生数），增长了 23.11 倍，我国的生师比实际上在上升，2016 年达到 17.07：1，最高年份 2002 年曾达到 19.00：1。高等教育生师比标准的框定历来是一个难题，1999 年发布的《教育部关于当前深化高等学校人事分配制度改革的若干意见》提出，"十五"期间全国高等学校平均当量生师比要达到 14：1。而教育部在 2004 年印发的《普通高等学校基本办学条件指标（试行）》中根据学校类别的不同，所规定的基本办学条件中生师比的范围从 11：1 到 18：1 不等。结合教育部这两个文件，目前的当量生师比稍有些偏高，这在一定程度上反映了我国高校目前仍然存在师资短缺的问题（见表 1-6）。

表 1-6 1978—2016 年高校专任教师情况

年份	专任教师数量/万人	专任教师中有博士学位的人数/万人	专任教师中有博士学位的比例/%	专任教师中有硕士学位的人数/万人	专任教师中有硕士学位的比例/%	当量生师比
1978	20.63	——	——	——	——	4.21：1
1981	24.99	——	——	——	——	5.12：1
1984	31.50	0.12	0.38	0.99	3.13	4.43：1
1987	38.54	0.20	0.51	3.34	8.67	5.01：1
1990	39.46	0.39	0.98	6.01	15.23	5.20：1
1993	38.78	0.66	1.70	7.37	19.00	8.00：1
1996	40.25	1.25	3.11	8.58	21.31	10.36：1
1999	42.57	2.31	5.44	10.05	23.61	13.37：1
2002	61.84	4.34	7.02	14.94	24.16	19.00：1

年份	专任教师数量/万人	专任教师中有博士学位的人数/万人	专任教师中有博士学位的比例/%	专任教师中有硕士学位的人数/万人	专任教师中有硕士学位的比例/%	当量生师比
2005	96.58	8.85	9.16	26.90	27.85	16.85：1
2006	107.60	10.86	10.09	31.78	29.54	17.93：1
2007	116.83	13.09	11.20	36.30	31.07	17.28：1
2008	123.75	15.19	12.27	40.08	32.39	17.23：1
2009	129.52	17.60	13.59	43.42	33.52	17.27：1
2010	134.31	20.03	14.91	46.34	34.50	17.33：1
2011	139.27	22.74	16.33	48.84	35.07	17.42：1
2012	144.03	25.44	17.66	51.38	35.67	17.52：1
2013	149.69	28.54	19.06	53.58	35.79	17.53：1
2014	153.45	31.31	20.41	55.29	36.03	17.68：1
2015	157.26	33.84	21.52	56.93	36.20	17.73：1
2016	160.20	36.63	22.86	58.16	36.31	17.07：1

注："—"表示未获得数据。

（数据来源：《中国教育统计年鉴》1978—2016 年。其中，生师比数据来源于国家统计局网站，http：//data. stats. gov. cn/easyquery. htm？cn＝C01，2018-09-08。）

二、高校专任教师学历学位层次提高

在提高高校专任教师学历学位层次方面，多年来我国一直不遗余力地推进这项工作。1984 年，全国高校专任教师中只有 1 203 人持有博士学位，仅占专任教师总数的 0.38％；持有硕士学位的专任教师也只有 9 865 人，占专任教师总数的 0.99％。到 2016 年，全国高校专任教师中持有博士学位的已达 366 289 人，占专任教师总数的 22.86％，三十多年的时间里增长了 303 倍；持有硕士学位的专任教师为 581 615 人，占总数的 36.31％，增长了 58 倍。

从图 1-5 中可以看出，1984—2016 年全国高校专任教师总数的变化可以分为三个阶段。1984—1999 年，变化较为平缓，甚至有些年度还出现下降（1992 年、1993 年低于 1988—1991 年），总数则由 1984 年的 31.50 万人增长到 1999 年的 42.57 万人，共增加 11.07 万人。2000—2007 年的增长速度较快，2007 年增长到 116.83 万人，比 1999 年增加 74.26 万人。高校招生规模扩大对专任教师数量增长的影响显而易见。2008—2016 年增长速度减慢，到了 2016 年，高校专任教师数增长到 160.20 万人，比 2008 年增加 36.45 万人。

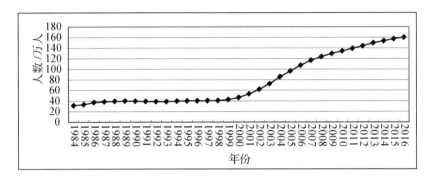

图 1-5 1984—2016 年全国高校专任教师总数变化

教师学历学位层次的变化也体现了一定的发展趋势。专任教师中持有硕士学位的比例在 1984—1996 年上升较快，从 1984 年的 3.13％上升到 1996 年的 21.31％，上升了 18.18 个百分点；2006 年为 29.54％，与 1996 年相比，上升了 8.23 个百分点。博士学位方面，1984—1996 年，持有博士学位的专任教师比例从 1984 年的 0.38％上升到 1996 年的 3.11％，上升了 2.73 个百分点；2006 年专任教师中有博士学位的比例为 10.09％，与 1996 年相比，上升了 6.98 个百分点。2016 年专任教师中有博士学位的比例为 22.86％，与 2007 年相比，上升了 11.66％。持硕士学位的人数比例增长先快后慢，持博士学位的人数比例增长情况正好相反（见图 1-6、图 1-7）。

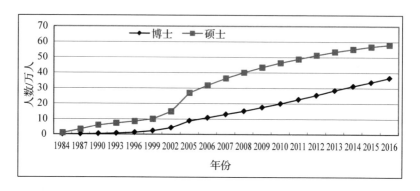

图 1-6 1984—2016 年全国高校专任教师持有博士、硕士学位的人数变化

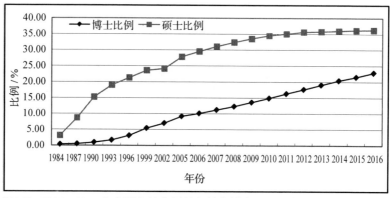

图1-7 1984—2016 年全国高校专任教师持有博士、硕士学位人数的比例变化

第三节 高校办学条件不断改善

改革开放以来，我国不断加大对高等教育的投入，高等教育经费不断增长，高校校舍面积不断增加，有力地改善了办学条件。

一、高等教育经费增长

1978 年以来，我国政府不断加大高等教育投入，高等教育经费连年增长，其占全国教育总经费的比例也不断上升，见表 1-7。

表 1-7　1996—2015 年全国高等教育经费与全国教育总经费的变化

年份	高等教育经费/亿元	高等教育经费的年增长率/%	其中：国家财政性经费/亿元	国家财政性经费的年增长率/%	国家财政性经费占高等教育经费的比例/%	全国教育总经费/亿元	高等教育经费占全国教育总经费的比例/%
1996	326.79	—	305.75	—	93.56	2 262.34	14.44
1997	390.48	19.49	305.75	—	78.30	2 531.73	15.42
1998	549.34	40.68	356.75	16.68	64.94	2 949.06	18.63
1999	708.73	29.01	443.16	24.22	62.53	3 349.04	21.16
2000	913.35	28.87	531.19	19.86	58.16	3 849.08	23.73
2001	1 166.58	27.73	632.80	19.13	54.24	4 637.66	25.15
2002	1 487.86	27.54	752.15	18.86	50.55	5 480.03	27.15
2003	1 754.35	17.91	840.58	11.76	47.91	6 208.27	28.26
2004	2 129.76	21.40	969.79	15.37	45.54	7 242.60	29.41
2005	2 550.24	19.74	1 090.84	12.48	42.77	8 418.84	30.29
2006	2 938.88	15.24	1 259.57	15.47	42.86	9 815.31	29.94
2007	3 634.19	23.66	1 598.32	26.89	43.98	12 148.07	29.92
2008	4 210.24	15.85	2 003.51	25.35	47.59	14 500.74	29.03
2009	4 645.01	10.33	2 264.51	13.03	48.75	16 502.71	28.15
2010	5 497.86	18.36	2 901.80	28.14	52.78	19 561.85	28.11
2011	6 880.23	25.14	4 023.50	38.66	58.48	23 869.29	28.82
2012	7 801.91	13.40	4 866.63	20.96	62.38	28 655.31	27.23
2013	7 975.77	2.23	4 796.88	−1.43	60.14	30 364.71	26.27
2014	8 509.86	6.70	5 144.88	7.25	60.46	32 806.46	25.94
2015	9 364.11	10.04	5 841.14	13.53	62.38	36 129.19	25.92

注："—"表示未获得数据。

（数据来源：《中国教育经费统计年鉴》1996—2015 年。）

从表 1-7 可见，1996—2015 年，全国高等教育总经费从 1996 年的 326.79 亿元增长到 2015 年的 9 364.11 亿元，增加额为 9 037.32 亿元，增长了 27.65 倍。从年增长率来看，1998 年增长最快，当年高等教育总经费为 549.34 亿元，比 1997 年增加 40.68%。高等学校招生规模大发展的 1999 年也比 1998 年增长了 29.01%。

高等教育经费占全国教育总经费的比例呈先上升后下降的趋势。1996—2005 年呈上升趋势，1996 年，高等教育经费占全国教育总经费的比例为 14.44%，到 2005 年，已上升至 30.29%，增加了 15.85 个百分点。其中，1999 年比 1998 年增加了 2.53 个百分点，2002 年也比 2001 年增加了 2 个百分点。2006—2015 年，高等教育经费占全国教育总经费的比例总体来说依然很高，但是稍有下降，2006 年这个数字为 29.94%，到 2015 年，下降到 25.92%，下降了 4.02 个百分点。

这二十年中，高等教育经费中的国家财政性经费也有较大增长，1996—2005 年，高等教育经费中国家财政性经费由 1996 年的 305.75 亿元上升到 2005 年的 1 090.84 亿元，增加了 785.09 亿元，增长幅度为 256.78%。2006—2015 年，高等教育经费中国家财政性经费由 2006 年的 1 259.57 亿元上升到 2015 年的 5 841.14 亿元，增加了 4 581.57 亿元，增长幅度为 363.74%。

不过，总的来说，高等教育经费中国家财政性经费的增长速度低于高等教育经费增长的速度（见图 1-8、图 1-9），这导致国家财政性经费在高等教育经费中的比例总体呈下降趋势，1996 年，高等教育经费中有 93.56% 来自国家财政性经费，而 2015 年，这个数字已经下降到 62.38%，充分反映了我国高校多渠道筹措办学经费的工作是卓有成效的。

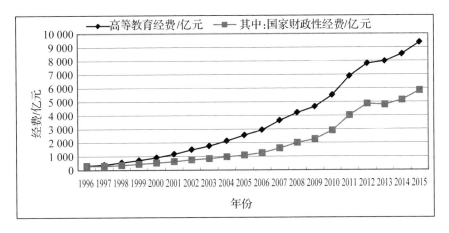

图 1-8　1996—2015 年全国高等教育经费的变化情况

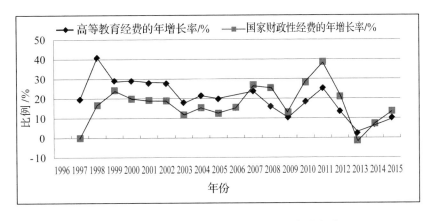

图 1-9　1996—2015 年高等教育经费的年增长率

与国家财政性经费的年增长率情况

二、高校校舍面积增加

高校校舍面积是反映高等学校办学条件的一个重要指标。1989—2016 年，普通高校校舍建筑面积由 1989 年的 9 054.93 万平方米增长至 2016 年的 92 671.05 万平方米，增长了 83 616.12 万平方米（见表 1-8）。

表 1-8　1989—2016 年全国普通高校校舍建筑面积变化表

年份	校舍建筑面积/万平方米	增长率/%
1989	9 054.93	—
1990	9 718.69	7.33
1991	10 291.03	5.89
1992	10 815.45	5.10
1993	11 445.67	5.83
1994	12 356.94	7.96
1995	13 052.63	5.63
1996	13 598.74	4.18
1997	14 373.53	5.70
1998	15 400.46	7.14
1999	17 524.79	13.79
2000	20 749.00	18.40
2001	25 956.23	25.10
2002	33 136.19	27.66
2003	38 201.76	15.29
2004	49 162.30	28.69
2005	55 270.21	12.42
2006	61 321.18	10.95
2007	65 832.66	7.36
2008	68 871.32	4.62
2009	71 872.12	4.36
2010	74 604.00	3.80
2011	78 076.00	4.65
2012	81 060.42	3.82
2013	84 154.95	3.82
2014	86 310.71	2.56
2015	89 141.38	3.28
2016	92 671.05	3.96

注："—"表示未获得数据。

（数据来源：《中国教育统计年鉴》1989—2016 年。从 2004 年开始，校舍建筑面积包含学校产权建筑面积和独立使用非学校产权建筑面积两部分。）

从校舍面积的增长率看，1989—1998 年增长趋势较为平稳，1999—2006 年则处于快速增长期，每年的增长幅度都在 10％以上，2001 年、2002 年、2004 年甚至超过 25％（见图 1-10、图 1-11）。这也反映了我国在高校大规模扩招之后，增加基本建设投资、改善办学条件的努力。2007—2016 年增长趋势较为平稳，连续十年增长率都没有超过 10％。

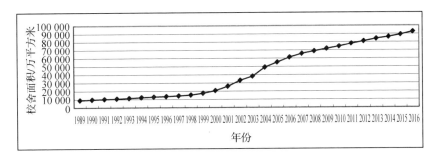

图 1-10 1989—2016 年全国普通高等学校校舍面积变化图

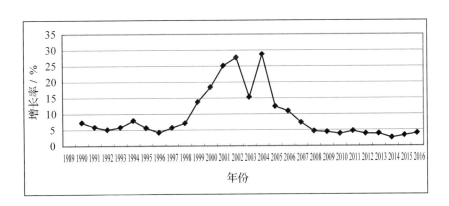

图 1-11 1989—2016 年全国普通高等学校校舍面积增长率变化图

当然，由于招生规模的扩大，高校校舍面积增长的成果被学生规模的膨胀抵消，乃至校舍面积的增长速度小于学生规模的扩张速度，从而导致生均校舍面积呈逐年下降趋势。面对高等教育规模的大发展，我国高校的办学条件依然需要进一步改善。

第四节　重点学校和学科建设成效显著

我国历来重视高等教育的重点建设，早在 1954 年，当时的高等教育部确定了 6 所全国性的重点大学；1959 年，中共中央指定 16 所高校为全国重点学校，此后又增加了若干所高校；到 1963 年，全国共有 68 所重点高校。

1978 年，中国高等教育迎来了一个新的发展时期，高等教育重点建设政策得到恢复。当年，国务院转发《教育部关于恢复和办好全国重点高等学校的报告》，提出第一批确定的全国重点高等学校为 88 所，占全国 405 所高等学校的 22％。

20 世纪 90 年代中期以来，中国开始了新一轮的高等教育重点建设，目标是建设具有世界先进水平的学科和大学。这一时期的重大政策措施是"211 工程"和"985 工程"。2015 年，国务院决定统筹推进世界一流大学和一流学科建设（"双一流"建设），从而解决"211 工程""985 工程""优势学科创新平台"和"特色重点学科项目"等重点建设中存在的身份固化、竞争缺失、重复交叉等问题，以实现我国从高等教育大国到高等教育强国的历史性跨越。

一、"211 工程"

（一）"211 工程"的由来

所谓"211 工程"，是中共中央和国务院为重点发展我国高等教育事业做出的一项重大战略部署，其目标是面向 21 世纪，分期分批重点建设 100 所左右的高等学校和重点学科、专业，使其到 2000 年左右，在教育质量、科学研究、管理水平及办学效益等方面有较大提高，在教育改革方面有明显进展，力争在 21 世纪初有一批高等学校和学科、专业接近或达到国际一流大学的水平。

"211 工程"自 1990 年开始酝酿，当时的国家教委在制订《全国教育事业十年规划和"八五"计划要点》时，提出在 2～3 个五年计划内，有计划地重点投资建成 30 所左右重点大学，后扩大到 100 所。1993 年中共中央、国务院发布的《中国教育改革和发展纲要》及 1994 年《国务院关于〈中国教育改革和发展纲要〉的实施意见》中，正式明确了"211 工程"的建设目标，并于 1994 年 5 月启动部门预审。1995 年 11 月，经国务院批准，国家计划委员会、国家教育委员会和财政部联合发布《"211 工程"总体建设规划》，我国高等教育面向 21 世纪的战略工程——"211 工程"，正式拉开帷幕。

（二）"211 工程"建设的内容

"211 工程"包括学校整体条件建设、重点学科建设和高等教育公共服务体系建设三个部分。

1. 学校整体条件建设

学校整体条件建设内容包括：造就一大批学术造诣较深、在国内外有一定影响的学术带头人和骨干教师，特别应加速青年学术带头人的培养，保持一支政治业务素质优良、结构合理、人员精干、相对稳定的教师队伍和管理干部队伍；深入进行教育教学改革，优化学科（专业）结构，促进学生德智体全面发展，确保教育质量有较大提高；加强教学、科研必需的基础设施建设、实验室建设，为培养及吸引优秀人才创造必需的条件；提高办学规模效益；加强科学研究工作，努力实现科研成果产业化，加快科学技术转化为现实生产力的步伐；推进办学体制改革，深化学校内部管理体制改革；增强高等学校国际交流与合作，扩大我国高等教育在国际上的影响。

2. 重点学科建设

重点学科建设主要是指增强科技前沿领域高层次人才培养的能力。在部分有条件的学校中选择一些对国家的经济建设、科技进步、社会发展和国防建设等领域产生重大影响，能够解决本领域的重大科技问题，并有望取得突破性成果的重点研究基地，加强培养人才的实验条件，拓宽学科面，形成一批与学科基础相关、内在联系紧密、资源共享、具有特色和优势的学科群、学科基地，以持续培养本领域高水平的骨干人才。要努力形成覆盖我国经济建设和社会发展主要行业和领域、带动学科和科技发展、分工合理、相互配套的重点学科体系。

3. 高等教育公共服务体系建设

高等教育公共服务体系建设主要包括中国教育和科研计算机网、图书文献保障系统、现代化仪器设备共享系统等建设内容。中国教育和科研计算机网将连接全国主要高等学校，并与国际网络连接，为我国教育、科技和社会各界提供信息服务。图书文献保障系统以中国教育和科研计算机网为依托，设立全国综合文献中心和一批学科文献中心，与国内外文献系统广泛联网，建立文献信息子网。根据地区优势，在全国高等学校比较集中的中心城市，结合高等学校重点学科的建设，设立现代化仪器设备共享服务中心，提高设备的使用效率。

(三)"211 工程"的实施

"九五"期间(1996—2000 年)是"211 工程"建设的第一阶段，首批进入"211 工程"的大学包括北京大学、清华大学等著名高校在内的99 所大学，主要安排了 602 个重点学科和 2 个全国高等教育公共服务体系建设项目；"十五"期间(2001—2005 年)，"211 工程"进入第二阶段，共在 107 所高校实施，主要安排了 821 个重点学科和 3 个全国高等教育公共服务体系建设项目，并加强了师资队伍建设。前两期的建设情况具体如表 1-9 所示。

表 1-9　"九五""十五"期间"211 工程"的建设情况①

建设阶段	投入/亿元				建设内容/亿元			
	小计	中央专项资金	部门和地方配套	学校自筹	重点学科建设	学校和全国的公共服务体系建设	基础设施建设	师资队伍建设
一期	186.3	27.55	103.2	55.6	64.7	36.1	85.5	—
二期	187.5	60	59.7	67.8	97.9	37.1	30.4	22.2

注："—"表示未获得数据。

2008 年 1 月 16 日，国务院召开常务会议，会议听取了"211 工程"十年建设成就的汇报，并同意进行"211 工程"的三期建设。三期建设计划中央安排资金 100 亿元，建设 1 000 个左右重点学科，适当地加强公共服务系统的建设，重点是加强创新人才的培养和师资队伍建设。

（四）"211 工程"建设取得的成就

经过十多年的建设，"211 工程"学校的整体实力得到了提高，其中，研究生培养能力提高了 5 倍，科研经费增长了 7 倍，SCI 论文发表数增长了近 7 倍，具有博士学位的教师数增加了近 5 倍，仪器设备总值增长了 4 倍。一批高水平大学与世界一流大学的差距明显缩小。1995 年全国高校被 SCI 收录的论文数总和，还不及美国哈佛大学和麻省理工学院两所学校同期被 SCI 收录的论文数。我国早期设置研究生院的 28 所"211 工程"大学，与国际公认的美国最好的 61 所大学（美国大学协会，AAU）的 SCI 论文发表和被引用次数平均值之比，从 1995 年的 1∶15.1 和 1∶51.7，缩小到 2005 年的 1∶3.6 和 1∶6.2。清华大学在上述两个重要指标上已经与美国麻省理工学院十分接近。②

———————————

① 《"211 工程"十年建设成效》，www.jyb.cn/high/xwbj/200909/t20090923_312736.html，2018-07-27。

② 《"211 工程"十年建设成效》，www.jyb.cn/high/xwbj/200909/t20090923_312736.html，2018-07-27。

在学科建设方面，"211 工程"确立了以重点学科建设为核心的指导思想，重点建设了一批基础学科、应用学科和哲学社会科学学科，支持了一批新兴交叉学科，调整、优化了学科布局结构，初步形成了适应国家发展需要的重点学科体系。通过重点建设，高等学校学科水平得到较大提高，一批重点学科实力明显增强，成为解决国家重大科技问题和培养高层次人才的基地。按国际可比指标 SCI 论文发表数统计，有 40 多个学科已接近国际先进水平。2005 年，清华大学材料科学学科 SCI 论文发表数排在世界大学第 2 位，SCI 论文被引用次数列世界大学第 14 位；北京大学化学学科 SCI 论文发表数及论文被引用次数也进入世界前列。①

"211 工程"建设了中国教育和科研计算机网、中国高等教育文献保障体系、仪器设备和优质资源共享系统 3 个公共服务体系，为及时了解世界学术信息、共享学术资源、促进高等教育可持续发展提供了有力的支持。中国教育和科研计算机网已覆盖全国，联网的大学、教育机构和科研单位达 1 500 个，是目前世界上最大的国家学术互联网，组网和管理运行达到国际先进水平。"211 工程"重点建设了中国教育和科研计算机网高速地区主干网和重点学科信息系统；建成了由全国中心、地区中心和高校图书馆三级组成的中国高等教育文献保障体系，形成了多层次、全方位的文献服务系统，极大地提高了文献保障能力，使百万册图书数字化，其数字图书馆接近国际先进水平；初步建立了仪器设备和优质资源共享系统服务与管理体系框架，有效提高了首批入网的 138 台大型仪器设备的对外服务能力和使用率，促使高等学校转变资源建设的观念。②

---

① 《"211 工程"十年建设成效》，www.jyb.cn/high/xwbj/200909/t20090923_312736.html，2018-07-27。

② 《"211 工程"十年建设成效》，www.jyb.cn/high/xwbj/200909/t20090923_312736.html，2018-07-27。

通过重点建设，"211 工程"学校在学科水平显著提升的同时，学校的创新能力和社会服务能力也明显增强，产生了一大批标志性成果，为国家和区域经济社会发展做出了重要贡献。在科学研究方面，"211 工程"学校承担了全国 1/2 的国家自然科学基金项目和"973"项目，1/3 的"863"项目。"211 工程"学校产出了一大批具有重大影响的科研成果，获得国家自然科学奖、技术发明奖和科技进步一、二等奖的数量占全国的 1/3。"211 工程"持续重点支持的中南大学"先进有色、稀有金属与粉末冶金材料"学科和西北工业大学"航空航天结构功能材料"学科取得了重大成果。"211 工程"学校承担和完成了国家大部分的哲学社会科学领域重大项目，针对现代化建设中的重大理论和实践问题，为各级政府部门提供了一大批有重要价值的决策咨询报告。①

"211 工程"学校培养了大量人才。"211 工程"学校仅占全国高校的 6％，却承担了全国 4/5 的博士生、2/3 的硕士生、1/2 的留学生和 1/3 的本科生的培养任务，拥有 85％的国家重点学科和 96％的国家重点实验室，占有 70％的科研经费。可以说，"211 工程"学校在我国高等教育中具有举足轻重的作用。②

2008—2011 年，"211 工程"进行了第三期建设，三期建设更加注重创新人才的培养和师资队伍的建设。中央安排 100 亿专项资金，主要用于学科建设、创新人才培养和师资队伍建设，以及全国高等教育公共服务系统建设。三期建设中引入绩效管理的方式、方法。2012 年，112 所高校陆续接受了国家验收，部分绩效突出的高校获得了相应奖励，同时在由教育部进行的学科评估中，"211 工程"高校也有优良表现。2016 年，教育部宣布《"211 工程"建设实施管理办

---

① 《"211 工程"十年建设成效》，www.jyb.cn/high/xwbj/200909/t20090923_312736.html，2018-07-27。

② 《"211 工程"十年建设成效》，www.jyb.cn/high/xwbj/200909/t20090923_312736.html，2018-07-27。

法》失效，原有的"211 工程"建设项目与"985 工程"及其重点建设项目一起统筹推进，成为国家新的重点建设项目的一部分。

二、"985 工程"

1998 年 5 月 4 日，时任国家主席江泽民在庆祝北京大学建校100 周年大会上发表讲话，提出"为了实现现代化，我国要有若干所具有世界先进水平的一流大学"。同年 12 月 24 日，教育部发布《面向 21 世纪教育振兴行动计划》，提出要相对集中国家有限财力，调动多方面积极性，从建设重点学科入手，加大投入力度，对若干所高等学校和已经接近并有条件达到国际先进水平的学科进行重点建设，争取使若干所大学和一批重点学科在 10～20 年内达到世界一流水平。这项重点建设计划被称为"985 工程"。1999 年，教育部分别向北京大学、清华大学投入 18 亿元，"985 工程"开始实施。此后"985 工程"建设范围不断扩大，一期（1999—2003 年）建设共有 34 所高校加入，二期（2004—2007 年）建设又有 5 所高校加入，从而使"985 工程"重点建设的高校达到 39 所。

"985"工程一期建设侧重学校的整体建设和重点学科建设，二期建设的任务是"巩固一期建设成果，为创建世界一流大学和一批国际知名的高水平研究型大学进一步奠定坚实基础，使一批学科达到或接近国际一流学科水平"①。其目标是：通过管理体制创新、运行机制创新，积极探索世界一流大学建设的新机制；造就和引进一批具有世界一流水平的学术带头人和学术团队；结合国家创新体系建设，重点建设一批"985 工程"科技创新平台和"985 工程"哲学社会科学创新基地，促进一批世界一流学科的形成，推动学科建设。

"985 工程"的建设任务包括以下几个。

---

① 《教育部财政部关于继续实施"985 工程"建设项目的意见》，www.moe.gov.cn/sYcsite/Azz/s7065/200406/t20040602 _ 174769. html，2018-07-27。

第一，机制创新，即按照世界一流大学建设的要求，改革现行的管理体制和运行机制，以适应世界一流大学建设的需要。它具体包括人事与分配制度、科研管理与学科组织模式、绩效考核与评价机制等方面的创新。

第二，队伍建设，即大力引进、培养人才，建设一支高水平的教师队伍、管理队伍和技术支撑队伍。

第三，平台建设，即建设一批高水平的"985工程"科技创新平台，与国家实验室、国家重点实验室、国家工程研究中心、国家工程技术研究中心等国家创新平台建设计划有机衔接。建设一批跨学科，具有创新性、交叉性、开放性的"985工程"哲学社会科学创新基地。

第四，条件支撑，即加快建设公共资源与仪器设备共享平台，改善高校的教学科研基础设施。

第五，国际交流与合作，即建设有利于国际学术交流与合作研究的环境，推进国际交流与合作。

三、"双一流"建设

（一）"双一流"建设的由来

改革开放40年来，高等教育的重点建设为"双一流"建设奠定了良好的基础和制度积淀。2015年10月，国务院发布了《统筹推进世界一流大学和一流学科建设总体方案》（以下简称《"双一流"方案》），标志着"双一流"建设的开始。《"双一流"方案》指出，"双一流"建设的总体目标是推进一批高水平大学和学科进入世界一流行列或前列，加快高等学校治理体系和治理能力现代化，提高高等学校的人才培养、科学研究、社会服务和文化传承创新水平，使之成为知识发现和科技创新的重要力量、先进思想和优秀文化的重要源泉、培养各类高素质优秀人才的重要基地。具体来说，就是到2020年，若干所大学和一批学科进入世界一流行列，若干学科进入世界一流学科前列；到2030年，更多的大学和学科进入世界一流行列，若干所大学进入世界一流大学行列，一批学科进入世界一流学科前列，高等教育整体实力显著提升；到 21 世纪中叶，一流大学和一流学科的数量和实力进入世界前列，基本建成高等教育强国。[①] 2015 年 10 月 29 日，中共十八届五中全会审议通过了《中共中央关于制定国民经济和社会发展第十三个五年规划的建议》，重申要持续提升大学教学水平，建设一批大学和若干学科，使其达到或接近世界一流水平，提升高校的综合实力和国际竞争力。

目前，教育部并未公布"双一流"建设高校和学科的遴选标准，但有学者收集和整理了目前国内一些学者关于世界一流大学的特征或标准的研究(见表 1-10)。同时，根据《统筹推进世界一流大学和一流学科建设实施办法(暂行)》，"双一流"建设高校和学科遴选的条件主要围绕人才培养、科学研究、社会服务、文化传承创新、师资队伍建设、国际交流与合作等方面。

表 1-10 国内部分学者关于世界一流大学的特征、标准的研究[②]

研究者	要素	大学的核心使命	学科建设	大学文化与管理	要素投入
王英杰 (2001 年)	4 个	深刻认识大学的精神、性质、功能和使命		学术自治与学术自由，选好校长，以教师和学生为中心	
丁学良 (2005 年)	9 个	课程丰富，师生比，毕业生成就，综合声誉			研究经费，硬件设施，财源，教师素质，学生素质
韩立文等 (2006 年)	12 个	高水平的研究，教学质量，与社会和社区需要之间的联系	校内合作	学术自由，有效的管理，图书馆的利用，民主领导，多样化	足够的设备和资金，高质量的本科学生，国际化(学生、学者和教员)

① 国务院：《国务院关于印发统筹推进世界一流大学和一流学科建设总体方案的通知》，www.gov.cn/zhengce/content/2015-11/05/content_10269.htm，2018-07-27。

② 孙俊华：《我国高校"双一流"建设的制度积淀与发展思路》，载《厦门大学学报(哲学社会科学版)》，2017(6)。

续表

研究者	要素	大学的核心使命	学科建设	大学文化与管理	要素投入
周光礼 (2010 年)	7 个	一流的国际声誉，培养出大批精英人才	一流的优势学科	完善的管理架构，较高的国际化水平	一流的师资队伍，重组而灵活的办学资源等
张炜 (2016 年)	6 个	学校历史，象牙之塔	学科设置	学术自由，治理模式	学校规模
陈学飞 (2016 年)	3 个	核心使命		精神气质，管理体制	
眭依凡 (2016 年)	6 个	培养世界一流专业人才	世界一流学科，专业	世界一流办学理念，大学制度和大学文化	世界一流学者，学生，办学条件

注：表中空白项表示相应文献未提及该项目。

（二）"双一流"建设的基本原则

《"双一流"方案》指出"双一流"建设应该遵循四个基本原则：其一，坚持以一流为目标。引导和支持具备一定实力的高水平大学和高水平学科瞄准世界一流，汇聚优质资源，培养一流人才，产出一流成果，加快走向世界一流。其二，坚持以学科为基础。引导和支持高等学校优化学科结构，凝练学科发展方向，突出学科建设重点，创新学科组织模式，打造更多学科高峰，带动学校发挥优势、办出特色。其三，坚持以绩效为杠杆。建立激励约束机制，鼓励公平竞争，强化目标管理，突出建设实效，构建、完善中国特色的世界一流大学和一流学科评价体系，充分激发高校内部动力和发展活力，引导高等学校不断提升办学水平。其四，坚持以改革为动力。深化高校综合改革，加快中国特色现代大学制度建设，着力破除体制机制障碍，加快构建充满活力、富有效率、更加开放、有利于学校科学发展的体制机制，当好教育改革排头兵。①

（三）"双一流"建设的实施

2017 年 1 月 24 日，教育部、财政部和国家发展改革委发布了《统筹推进世界一流大学和一流学科建设实施办法（暂行）》，提出要按照"一流大学"和"一流学科"两类布局建设高校，引导和支持具备较强实力的高校合理定位、办出特色、差别化发展，努力形成支撑国家长远发展的一流大学和一流学科体系，每五年一个建设周期，2016 年开始新一轮建设，建设高校实行总量控制、开放竞争、动态调整。2017 年 9 月，根据《"双一流"方案》及《统筹推进世界一流大学和一流学科建设实施办法（暂行）》，经专家委员会遴选认定，教育部、财政部和国家发展改革委公布了"双一流"建设高校及建设学科名单，共有 42 所大学入选一流大学建设高校行列，其中，A 类一流大学 36 所，B 类一流大学 6 所，一流学科建设高校 95 所。

在"双一流"建设中，一流大学建设高校和一流学科建设高校必须结合自身的办学历史、办学传统及学校现在的发展情况，明确学校发展的定位，选择差异化发展路径，在发展中体现出自身的特色和独特竞争力。只有这样，这些高校和学科才能在国内外的教育竞争中脱颖而出，才能实现"世界一流"的目标。目前，"双一流"建设高校已经相继公布本校的"双一流"建设方案，在立足本校特色的基础上，制定了学校未来发展的目标。

资金支持和管理是保障"双一流"建设良好运行的重要保障。为了引导中央高校加快推进世界一流大学和一流学科建设及特色发展，规范中央高校建设"双一流"大学（学科）和特色发展引导专项资金（以下简称"引导专项"）的使用和管理，教育部、财政部于 2017 年 7 月

---

① 国务院：《国务院关于印发统筹推进世界一流大学和一流学科建设总体方案的通知》，www.gov.cn/zhengce/content/2015-11/05/content_10269.htm，2018-07-27。

13 日印发了《中央高校建设世界一流大学(学科)和特色发展引导专项资金管理办法》，其中规定"引导专项"的分配、使用和管理要遵循四项原则：其一，质量导向，突出学科。在资金的使用过程中重点考虑学校办学质量和学科水平，突出学科的基础地位，引导中央高校提高办学质量和创新能力。其二，因素分配，公平公正。按照因素法测算分配额度，充分考虑不同类型学校的实际情况，科学、合理选取因素和确定权重，体现公平公正。其三，放管结合，科学管理。结合学校实际，按照类别设置项目，增强中央高校按照规定统筹安排使用资金的自主权，进一步明确管理责任，完善管理机制，规范管理行为。其四，注重绩效，动态调整。加强绩效管理和追踪问效，根据有关评估评价结果、资金使用管理等情况，动态调整支持力度。①

第五节　高等教育国际交流与合作向深层次推进

1978 年国家实施改革开放政策以来，高等教育领域的对外开放如同经济和社会领域的对外开放一样蓬勃发展起来。40 年来，我国扎实推进留学生教育工作、中外合作办学工作及其他高等教育国际交流与合作，尤其是自我国加入世界贸易组织以来，面对高等教育国际化的形势，我国高等教育的国际交流与合作也越来越频繁，高等教育国际交流与合作向深层次推进。

一、留学生教育工作

（一）派出留学生

1978 年以来，我国十分重视留学生教育，就在这一年，我国派

---

① 财政部、教育部：《关于印发〈中央高校建设世界一流大学(学科)和特色发展引导专项资金管理办法〉的通知》，jkw. mof. cn/zhengwuxinxi/zhengcefabu/201711/t20171107 _ 2745056. html，2018-04-08。

出 860 人出国留学，有 248 人学成归国。1985 年以后，我国的留学生教育工作取得了长足进步，派出留学生的数量在大多数年份呈增长趋势（见表 1-11）。

表 1-11　1985—2016 年我国出国留学人员情况

年份	出国留学人员/人	增长比例/%	留学归国人员/人	增长比例/%
1985	4 888	—	1 424	—
1986	4 676	−4.34	1 388	−2.53
1987	4 703	0.58	1 605	15.63
1988	3 786	−19.50	3 000	86.92
1989	3 329	−12.07	1 753	−41.57
1990	2 950	−11.38	1 593	−9.13
1991	2 900	−1.69	2 069	29.88
1992	6 540	125.52	3 611	74.53
1993	10 742	64.25	5 128	42.01
1994	19 071	77.54	4 230	−17.51
1995	20 381	6.87	5 750	35.93
1996	20 905	2.57	6 570	14.26
1997	22 410	7.20	7 130	8.52
1998	17 622	−21.37	7 379	3.49
1999	23 749	34.77	7 748	5.00
2000	38 989	64.17	9 121	17.72
2001	83 973	115.38	12 243	34.23
2002	125 179	49.07	17 945	46.57
2003	117 307	−6.29	20 152	12.30
2004	114 682	−2.24	24 726	22.70
2005	118 515	3.34	34 987	41.50
2006	134 000	13.07	42 000	20.04
2007	144 000	7.46	44 000	4.76

续表

年份	出国留学人员/人	增长比例/%	留学归国人员/人	增长比例/%
2008	179 800	24.86	69 300	57.50
2009	229 300	27.53	108 300	56.28
2010	284 700	24.16	134 800	24.47
2011	339 700	19.32	186 200	38.13
2012	399 600	17.63	272 900	46.56
2013	413 900	3.58	353 500	29.53
2014	459 800	11.09	364 800	3.20
2015	523 700	13.90	409 100	12.14
2016	544 500	3.97	432 500	5.72

注："—"表示未获得数据。

（数据来源：《中国教育统计年鉴》1985—2016 年。）

1985 年，我国出国留学人员仅 4 888 人，留学归国人员为1 424 人；到 2016 年，两者分别增长到 544 500 人和 432 500 人，增幅分别达到 110.40 倍和 302.72 倍。1999 年之后，出国留学人员数量增长非常迅速。1985—1998 年，出国留学人员从 1985 年的 4 888 人增加至 1998 年的 17 622 人，增加了 12 734 人，增长了 2.61 倍；而 2006 年出国留学人员数量是 1998 年的 7.60 倍，1999—2002 年，增长尤为迅速，我国已成为世界上主要的留学生输出国之一。2007—2016 年，出国留学人数从 2007 年的 144 000 人增加至 2016 年的 544 500 人，增加了 400 500 人，增长了 2.78 倍，其中，2008 年、2009 年和 2010 年年增长率最高，均超过了 20%。2016 年的出国留学人员数量是 1985 年的 111.40 倍。

虽然出国留学人员数量总体上呈上升趋势，但发展速度极不均衡，既有 1999—2002 年的快速增长，也有若干年份的负增长；相反，留学归国人员数量的增长趋势更加平稳，尤其是 1995 年以后，每年都有所增长。2006—2016 年，留学归国人员数量的增长变动比较大，尤其是 2008 年、2009 年和 2012 年，留学归国人员的年增长率超过了 45％，2008 年的年增长率更是达到 57.50％，2013 年后，留学归国人员数量的增长开始趋于稳定（见图 1-12）。

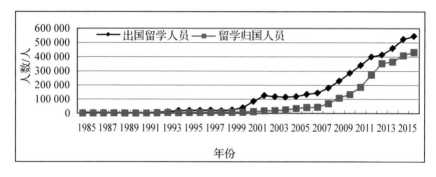

图 1-12　　1985—2016 年我国出国留学人员情况

（二）来华留学人员

我国政府始终重视接收和培养外国留学生工作，把它看作我国对外交流的一项重要内容。1950 年，我国接收了第一批来自东欧国家的 33 名留学生，1950—1978 年，累计培养外国留学生共 12 800 余名。

改革开放以后，来华留学工作进入了一个新的发展时期。1978 年，在华留学生约 1 200 名。1979—2000 年，我国累计接受了约 39.4 万人次各类来华留学生。特别是 1992 年以来，在中共十四大方针的指引下，我国社会政治稳定，经济建设实现持续高速发展，综合国力和国际地位显著提高，来华留学工作也取得了前所未有的大发展。来华留学生数量大幅度增加，从 1992 年的 1.4 万余名，发展到 1996 年的 4.1 万余名，年均增长速度超过 30％，留学生层次也明显提高。这一时期来华留学工作发展的一大标志是，自费留学生人数大幅度增加，成为来华留学生的主流。2000 年共有来自 166 个国家的 52 150 名各类来华留学生在我国 31 个省、自治区、直辖市（不含港澳台)的 346 所高等学校学习。其中，长期留学生为 35 671 名，短期留学生(留学时间在 6 个月以内)为 16 479 名。①

2001 年以后，来华留学工作继续取得突破，当年我国高校共招收外国留学生 18 201 人，毕(结)业 14 402 人，在校生 32 002 人。2016 年，我国高校招收外国留学生 138 362 人，毕(结)业 109 894 人，在校生 243 735 人(见表 1-12、图 1-13)。

表 1-12　2001—2016 年来华留学人员情况　　　　　/人

年份	毕(结)业生	授予学位	招生	在校生
2001	14 402	—	18 201	32 002
2002	34 927	2 186	37 338	54 754
2003	34 349	2 901	40 165	53 461
2004	36 454	3 030	50 603	64 107
2005	44 337	3 791	60 904	78 323
2006	44 566	4 782	62 612	82 107
2007	46 322	6 071	66 509	92 491
2008	52 745	7 406	71 294	106 870
2009	55 251	9 013	73 266	117 548
2010	62 071	11 912	80 846	130 637
2011	73 693	15 197	94 692	147 549
2012	83 613	18 259	102 991	157 845
2013	91 251	19 025	106 448	174 806
2014	95 117	19 386	111 396	192 358
2015	102 245	19 619	124 896	214 345
2016	109 894	20 876	138 362	243 735

注："—"表示未获得数据。

(数据来源：《中国教育统计年鉴》2001—2016 年。)

①　教育部：《来华留学工作简介》，www. moe. edu. cn/S78/A20/gjs _ left/moe _ 850/tnull _ 8292. html，2018-07-27。

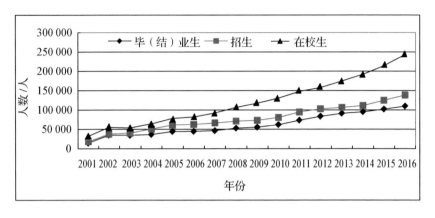

图 1-13　2001—2016 年来华留学人员数量

二、推进和规范中外合作办学

中外合作办学，指的是外国教育机构同中国教育机构在中国境内合作举办以中国公民为主要招生对象的教育机构（以下简称"中外合作办学机构"）的活动。中外合作办学在 20 世纪 80 年代开始萌芽，到 80 年代中期，发展较为缓慢。这一时期，我国政府没有对中外合作办学进行明确的规定，人们对中外合作办学持谨慎态度，一些合作项目主要在中外高校之间展开。如 80 年代中期中国人民大学、复旦大学等高等学校相继举办的中美经济学、法学培训班，原天津财经学院（后更名为天津财经大学）与美国俄克拉荷马州立大学合作举办的 MBA 班，南京大学与美国约翰·霍普金斯大学合作创建的中美文化研究中心等，均属于早期中外合作办学的案例。1993 年 6 月，《国家教委关于境外机构和个人来华合作办学问题的通知》对合作办学的意义、原则、范围、类别主体等做出了相应的规定，为我国规范中外合作办学奠定了一定的基础。1995 年 1 月，国家教委又颁布《中外合作办学暂行规定》，标志着中外合作办学走上了依法办学和管理的轨道。

2001 年，中国正式加入世界贸易组织，根据世界贸易组织的《服务贸易总协定》，凡收取学费、带有商业性的教育活动，均属教育服务范畴。加入世界贸易组织后，我国做出的教育服务承诺包括以下四个方面：第一，对于小学、初中教育，以及军事、警察、政治和党校教育，我国没有做出开放市场的承诺。第二，对于出国留学和培训，接受世界贸易组织其他成员来华留学生，没有限制。第三，对于高等教育、成人教育、高中阶段教育、学前教育和其他教育，做出了有限开放市场的承诺，允许其他成员来华开办合作办学性质的教育机构或进行其他形式的合作办学，并允许外方在合作办学机构中控股，其他成员在我国要以商业存在方式开展教育服务，只能以合作办学方式进行，不能独立在中国境内向中国公民提供教育服务，在中国境内的中外合作办学必须遵守《中外合作办学暂行规定》的要求。第四，外籍教育服务提供者受到中国学校和教育机构的聘用或邀请，可以到中国提供教育服务，但外籍个人教育服务提供者必须具备学士或学士以上的学历，从事本专业工作两年以上，具备相应的资格证书或专业职称。[1]

根据这一承诺，中国不允许境外机构单独在中国境内进行以中国公民为主要对象的教育活动，而必须以中外合作办学的方式进行，这使中外合作办学这种形式在中国迅速发展起来。2003 年，国务院颁布《中华人民共和国中外合作办学条例》，将中外合作办学纳入法治化管理轨道，使中外合作办学日益走向正规。

20 多年来，中外合作办学取得了长足进步。据不完全统计，到 2002 年年底，全国经审批的中外合作办学机构或项目共 712 个，遍及 28 个省、自治区、直辖市，与 1995 年相比，增加了 9 倍多，其

---

[1]　冯发明：《中国教育服务承诺与中外合作办学》，载《长江大学学报（社会科学版）》，2007(1)。

中属于高等教育层次的共有 225 个。① 有权授予国外学位和香港特别行政区学位的合作办学项目，到 2001 年年底为 71 个，涉及我国 47 所大学和学院；2003 年年底为 137 个，涉及我国 82 所大学和学院；到 2004 年 6 月，有 230 个。②

改革开放 40 年来，我国教育国际合作与交流快速发展，教育对外开放初步形成了全方位、多层次、宽领域的格局。截至 2013 年，由教育部审批和复核通过的中外合作办学机构和项目 930 个；由省级人民政府和教育行政部门审核并报教育部备案的中外合作办学机构和项目 1 049 个。全国中外合作办学机构和项目共 1 979 个。从办学层次来看，除义务教育和军事、警察、政治、宗教教育外，中外合作办学涉及其他各个办学层次；从办学规模来看，据不完全统计，目前各级各类中外合作办学在校生总数约 55 万人，其中，高等教育阶段在校生约 45 万人，占全日制高等学校在校生规模的 1.4%。高等教育阶段中外合作办学毕业生超过 150 万人。③ 截至 2018 年 3 月，由教育部审核和复核通过的本科中外合作办学机构和项目有 1 000 个，硕士及以上中外合作办学机构和项目 259 个。

三、加强与其他国家和地区的高等教育学历、文凭和学位互认

1983 年 12 月 12 日至 16 日，时任教育部副部长、国务院学位委员会秘书长黄辛白率中国教育代表团出席在曼谷召开的《亚洲和太平洋地区承认高等教育学历、文凭与学位的地区公约》签订会议，黄辛白代表中国政府在该公约上签字。之后我国政府批准了此项公约，成为正式缔约国，并确定国务院学位委员会及其办公室为该公约的

---

① 《中外合作办学基本情况》，http：//www. edu. cn/20030407/3081628. shtml，2003-04-07。

② 李晨：《高等教育国际化背景下的中外合作办学研究》，硕士学位论文，青岛大学，2007。

③ 中外合作办学监管工作信息平台：《教育规划纲要实施三年来中外合作办学发展情况》，http：//www. crs. jsj. edu. cn/news/index/80，2018-07-27。

国家级执行机构。我国开始加强学位制度的国际化，致力于与其他国家和地区的高等教育学历、文凭和学位的互相承认工作。

1987 年，时任国家教委副主任邹时炎率教育代表团访问斯里兰卡和缅甸，同斯里兰卡高教部草签了《关于〈斯里兰卡民主社会主义共和国和中华人民共和国相互承认学位和其他教育证书相当的议定书〉谅解备忘录》，次年与斯里兰卡签订相互承认学历与学位的协议。斯里兰卡也成为第一个与我国相互承认高等教育学历、文凭与学位的国家。截至 2017 年 4 月，我国共与 46 个国家和地区签署了这方面的协议。其中，亚洲有 8 个国家和 1 个地区：斯里兰卡、蒙古、韩国、泰国、马来西亚、菲律宾、越南、印度尼西亚、香港特别行政区；中亚 5 个：吉尔吉斯斯坦、乌兹别克斯坦、亚美尼亚、土库曼斯坦、哈萨克斯坦；非洲 4 个：阿尔及利亚、毛里求斯、埃及、喀麦隆；美洲及大洋洲 6个：澳大利亚、新西兰、秘鲁、加拿大、墨西哥、古巴；欧洲 22 个：保加利亚、罗马尼亚、俄罗斯、匈牙利、乌克兰、白俄罗斯、德国、英国、法国、奥地利、葡萄牙、荷兰、意大利、爱尔兰、瑞典、丹麦、波兰、立陶宛、西班牙、爱沙尼亚、捷克、拉脱维亚。[①]

教育部国际合作与交流司涉外监管和办学处领导表示，按照2017 年的工作重点，教育部还要推动我国与摩尔多瓦、塞浦路斯、南非等国家的学历学位互认工作。[②]

---

① 教育部国际合作与交流司（港澳台办公室）："学历学位互认"栏目，http：//www. moe. gov. cn/s78/A20/gjs＿left/moe＿857/index. html，2018-07-27。

② 转引自叶雨婷：《中国已与 24 个一带一路国家学历学位互认》，载《科学中国人》，2017(12)。

第二章

高等教育理念的变革

1978 年 12 月，中共十一届三中全会顺利召开。这次会议的召开，不仅结束了"文化大革命"和"左"倾思想的影响，而且开启了中国社会主义建设事业的新时代和新局面，将中国的发展道路重新引向正确的轨道。作为拨乱反正和改革开放的总设计师，邓小平同志高瞻远瞩地提出了"四个现代化"的思想，并将教育现代化作为恢复国民经济发展和加速实现现代化的战略手段和基础。早在小平同志复出之初，他就自告奋勇出来抓教育，并且创造性地提出"科学技术是第一生产力"等著名论断。在邓小平同志的正确领导和各条战线的共同努力下，中国的高等教育事业逐渐恢复正常，逐步走上了独立自主、自力更生、兼收并蓄、多元共存的发展道路。高等教育理念随之发生了深刻的变化，新的高等教育思想不断涌现，对中国高等教育事业的发展产生了积极的指导作用。

第一节　改革开放前后的高等教育哲学

一、中华人民共和国成立前后的高等教育哲学

纵观近代以来的中国，各种高等教育哲学思想可谓琳琅满目，

异彩纷呈，但是，随着时代的发展和政治革命的进程，政治哲学主导下的高等教育哲学似乎并未形成一致的基础。由于政权的更替和时代的变革，相应的哲学思想也随之发生了更替和变革，这种变革进一步对中国的高等教育哲学产生了深刻的影响。中华人民共和国成立以前，欧美的实用主义哲学、存在主义哲学、理性主义哲学、进步主义哲学、马克思的辩证唯物主义哲学等都相继传入我国，杜威等西方哲学大师频频来华宣讲自己的哲学思想。这些哲学和本土的儒家哲学相结合，并被逐步改造，从而形成多种哲学彼此交融、多元共存的局面。在大学校园内，中西方的各种哲学思想相互激荡、兼容并包，西方各种哲学思想可以大行其道，中国的本土哲学也占有一席之地；校园内既有西装革履的欧美学者和留学归国人员，也有坚持复古思想、拖着长辫子的国学之士。

　　哲学思想上的包容和多元，指导着中国的高等教育走过了一个辉煌的时代，为中国高等教育史写下了浓重的华章。如这个时期的北京大学、清华大学、南开大学、复旦大学，乃至后来的西南联合大学，都被认为是我国新文化、新思想的重镇，并且创造了一个个教育奇迹。蔡元培、梅贻琦、张伯苓、竺可桢、马相伯等人的高等教育思想，正是中西方多种哲学思想相互融合的结果。以蔡元培为例，他自幼进入私塾，接受过 10 年的私塾教育，有深厚的中国哲学功底，后又长期赴德留学，深受德国哲学的影响。正如他在自述中所说的那样："于哲学、文学、文明史、人类学之讲义，凡时间不冲突者，皆听之。"①这些哲学思想都对他后来形成"五育并举""思想自由，兼容并包"的高等教育理念产生了重要影响。张伯苓、梅贻琦、竺可桢等人的思想的形成也大抵如此，都深受中西方哲学思想的影响。这些人和事，至今仍为人们津津乐道。

---

　　①　崔志海：《蔡元培自述》，59 页，郑州，河南人民出版社，2004。

中华人民共和国成立以后，受国际国内形势的影响，中国和西方国家的交流被迫中断，中国的高等教育一边倒地向苏联学习，"以苏联为师"一度成为我国的指导思想。在哲学思想上，马克思主义哲学和无产阶级专政哲学全面主导甚至取代了欧美资产阶级哲学和本土儒家哲学，单一、封闭的哲学体系取代了开放、多元的哲学体系。在高等教育哲学方面，苏联专业化的高等教育哲学（实际上是一种政治论的哲学）指导着中国的高等教育建设，从院系调整、专业设置、课程设置等各个方面来看，苏联高等教育哲学都留下了深深的痕迹。这种哲学思想上的一家独尊，彻底改变了中国社会的方方面面，为中国社会带来正、反两方面的影响。一方面，哲学上的一元和统一，有利于思想和意识形态的统一，有利于维护政权的稳定；另一方面，这种一元论的哲学思想，极易导致思想的僵化和权力的过度集中，缺乏包容性和弹性，极易导致专制和"左"倾思想的产生。事实上，中华人民共和国成立以后，尽管取得了社会主义改造和社会主义建设的初步胜利，但其成果很快被"大跃进""文化大革命"等政治运动消耗殆尽。在高等教育上，取消高等教育招生考试等虽然有其合理性，但忽视了高等教育的规律和人的发展规律。这些挫折或混乱，无不与哲学思想上的苍白和单一相关。

二、改革开放所确立的高等教育哲学

改革开放的精髓是"解放思想、实事求是"，就是调动各种积极因素，解放和发展生产力。一言以蔽之，改革开放就是要兴利除弊。无疑，改革开放是一项伟大的社会工程，但它更是一项伟大的哲学重建工程，是在坚持和发展马克思主义哲学的基础上，重建一套以马克思主义哲学为核心的多元、开放和兼容的哲学体系。"思想是行动的先导"，只有确立了正确的哲学思想，才能有效地指导社会主义建设实践。这一点体现在高等教育哲学上，就是既要坚持政治论哲学，又要坚持认识论哲学，回归高等教育的本质，兼顾高等教育的工具理性和学术理性。从历史事实中不难看出，改革开放之前的高等教育哲学是单一、僵化、断裂和破碎的。首先，马克思主义哲学作为高等教育哲学的指导哲学，常常被机械、教条地加以理解：在对待自然上，将马克思主义哲学当作一种改造自然的物质哲学；在对待社会上，将马克思主义哲学当作一种阶级斗争哲学，缺乏对马克思主义哲学的全面理解和创新。其次，各种高等教育哲学之间缺乏交流和沟通，处于主导地位的哲学思想必然会处于自我封闭和唯我独尊的状态，缺乏新思想和新内容。最后，高等教育哲学变成一种专业化和专门化的哲学，过于偏重高等教育的工具理性，相对忽略了高等教育的学术理性。因此，改革开放就是要在坚持马克思主义哲学的基础上，重新建构多元、包容、连贯、辩证的高等教育哲学。

那么，改革开放到底要重建一种什么样的高等教育哲学呢？

第一，这种高等教育哲学必须是一种兼容并包的开放哲学。没有哪种哲学敢于宣称自己是最完善的，也没有哪种哲学敢于宣称自己是尽善尽美的。尼采宣称自己是太阳，光热无穷，最后他疯了；弗洛伊德的精神分析哲学，本身就建立在他过于神经质的思想基础上。改革开放之前，马克思主义哲学被绝对化和神话，成为唯一的真理和教条，这本身就不符合马克思主义辩证唯物主义和历史唯物主义的学说，最终导致整个社会的狂热和激进。诚然，马克思主义哲学是一种伟大的哲学，但它也需要随着时代的发展而不断创新。改革开放就是要在尊重事实的基础上，大胆解放思想，吸纳各种哲学理论，构建开放的哲学体系。这种哲学体系既不盲目排外，也不崇洋媚外；既不自我贬低，也不狂妄自大。它谨慎地吸纳人类一切合理的哲学思想，善意地表达自己的意见和建议。

第二，这种高等教育哲学是尊重教育规律的哲学。高等教育哲学必须尊重教育规律，否则就不能指导高等教育的发展。改革开放之前，在"左"倾错误思潮的影响下，高等教育哲学被扭曲和肢解，出现了许多违背教育规律的现象或言论，如"天才论""白卷书生""知识青年上山下乡""停课闹革命""大学就是大家来上学"等，其中某些现象或认识本身是合理的，却被片面地理解和执行，最终不可避免地出现消极后果。确立新的高等教育哲学，必须尊重和遵循高等教育的办学规律。首先，高等教育必须适应社会发展的规律。高等教育必须适应和服务社会，这是不容置疑的，但是，这种适应和服务不能脱离高等教育的本质功能。高等教育主要以知识、科研成果和人才来服务社会，过度的政治化、市场化和实用化都会损害高等教育的发展。其次，高等教育必须适应人的发展规律。高等教育的对象主要是成人，他们有独立的思考能力和判断能力，禁锢或限制他们的自由思考和独立探索都是不可取的，也是不可能的，教育方法主要应该是疏导和引导。

第三，这种高等教育哲学是真正以人为本的哲学。以人为本，就是要尊重人的价值和尊严，全面开发人的素质和潜能，培养全面发展的人。如同杨叔子先生指出的那样，教育是"育人"而非"制器"。改革开放之前，我们的目标是培养"又红又专"的人才，德、智、体、美、劳五育并存，但对五育的理解和实施是比较片面的。如德育方面，主要突出人的社会主义道德品质、政治忠诚等；智育方面，主要是教师的灌输和学生被动地接受；体育、美育、劳动等常常被作为智育的附庸，可有可无。这样的教育哲学完全是工具理性的，缺乏对学生的人文关怀。在这样的教育哲学指导之下，高等教育培养了大批专家和专门人才，但很难培养出有影响的学者和思想家，大师级的人物则少之又少。以诺贝尔奖获得者为例，西南联合大学在极其艰苦的条件下，曾培养出了杨振宁、李政道等诺贝尔奖获得者，而新中国成立以来，只有莫言、屠呦呦获得了诺贝尔奖。北京大学原校长吴树青教授认为，新中国成立以后，文科，特别是文史哲这些基础学科方面，我们没有培养出大师级的学者。也就是说，在文史哲等基础学科中，博古通今、学贯中西的大师级人物培养得太少。年纪大一些的同志中有一些是很优秀的，但只能说是准大师，不好说是大师级的人物，无论是在学术功底、知识面还是创造性等方面，和前一辈大师级的人物相比，还是有相当大的差距。为此，他发出了这样的感慨：为什么我们的大学培养不出大师？① 原因可能是多方面的，但是，缺乏人文关怀，缺乏非智力因素的开发与培养，不能不说是其中的重要原因。

第四，这种高等教育哲学是一种不断创新的哲学。正如江泽民同志指出的那样，创新是一个民族的灵魂，是一个国家兴旺发达的不竭动力。习近平总书记在欧美同学会成立 100 周年庆祝大会上的讲话中进一步指出：创新是一个民族进步的灵魂，是一个国家兴旺发达的不竭动力，也是中华民族最深层的禀赋，在激烈的国际竞争中，唯创新者进，唯创新者强，唯创新者胜。同样，任何哲学思想都需要不断创新，没有创新的哲学必将走向僵化和衰亡。在改革开放之前，马克思主义哲学被确定为我国的政治哲学，苏联专业化的高等教育哲学成为指导高等教育的唯一哲学。哲学思想上的单一和封闭，导致了人们思想上的僵化和教条。我们人为地设置了许多禁区，难以进行思想和理论上的创新。这种僵化和教条给中国的高等教育带来了巨大的损失。董健先生把"文化大革命"前和"文化大革命"中的指导哲学形象地概括为"政治实用主义"和"'左'倾教条主义"。应该说，这两种哲学是客观存在的，它深深地浸淫在中国的高等教育哲学之中，对中国高等教育的发展产生了极大的危害。改革开放，就是要解除思想上的禁锢和束缚，创造宽松、自由的思想氛围，在坚持四项基本原则的基础上，鼓励大胆探索和积极争鸣。以

---

① 吴树青：《为什么我们没有培养出文科大师》，载《教学与教材研究》，1997(1)。

邓小平同志为核心的第二代党中央集体，迅速力挽狂澜，拨乱反正，将中国拉回到正确的发展道路上。在思想上，通过真理标准大讨论，我们得出了"实践是检验真理的唯一标准"的正确结论，并在实践中坚持批判性地吸纳人类一切优秀文明成果，坚持和发展了马克思主义，构建起以马克思主义哲学为基础的多元哲学体系。

三、改革开放后高等教育哲学的演变

改革开放是一项伟大的社会主义建设工程，是一项前人没有做过，需要"摸着石头过河"的工程。这种不确定性和艰巨性，要求我们必须确立正确的哲学思想。以科学的哲学理论为指南，才能在实践中少走弯路，少犯错误。同时，这种不确定性和艰巨性表明，没有哪种指导哲学是一成不变的，任何哲学思想和哲学理论必须坚持与时俱进，不断创新。改革开放后，通过反思和讨论"什么是真正的马克思主义""什么是社会主义""如何建设社会主义"等重大理论问题，我们澄清了思想上的混乱，确立了以马克思主义哲学为基础的多元哲学体系。这种哲学体系是与时俱进的，它必然随着改革开放的进程而不断更新。反映到高等教育上，就是要回归高等教育的本源，充分发挥高等教育的核心职能。与此相适应，随着改革开放的深入发展，中西交流得到恢复和蓬勃发展，欧美的高等教育哲学又开始流入中国，如理性主义的高等教育哲学、改造主义的高等教育哲学、建构主义的高等教育哲学、实用主义的高等教育哲学、结构主义的高等教育哲学、存在主义的高等教育哲学等。杜威、洪堡、纽曼、艾略特、赫钦斯、雅斯贝尔斯、怀特海、罗素、哈贝马斯等西方学者的教育哲学思想，重新受到国内学者的普遍关注和研究。通过改革开放的推动，中国重新建立起中西融合、多元共存的哲学体系。

建立在任何哲学思想之上的高等教育哲学，其实均可以被归纳为两种类型，即政治论的高等教育哲学和认识论的高等教育哲学。

这种划分是美国著名的高等教育学者布鲁贝克在研究了各种教育哲学的基础上提出来的。所谓政治论的高等教育哲学，即以满足国家和社会的发展需要为目的的哲学；所谓认识论的高等教育哲学，即以追求"闲逸的好奇"为目的的哲学，它以追求真理为唯一目的，至于知识的价值和功用，均不在其考虑之列。布鲁贝克认为，这两种高等教育哲学一直交替地影响着高等教育的发展，有时是政治论的高等教育哲学居于统治地位，有时又是认识论的高等教育哲学取得优势地位。布鲁贝克还认为，在21世纪，政治论的高等教育哲学将处于支配地位。从我国高等教育的发展过程来看，不难发现政治论的高等教育哲学和认识论的高等教育哲学交替演进的规律。① 中华人民共和国成立以前，从蔡元培领导的北京大学、梅贻琦领导的清华大学、竺可桢领导的浙江大学都可以看出，认识论的高等教育哲学在当时占有重要地位。当然，这中间也不时受到政治论的高等教育哲学的影响和冲击，但高等教育哲学主要是认识论的。

中华人民共和国成立以后到改革开放之前，政治论的高等教育哲学一跃而取得支配地位，高等教育成为无产阶级专政和社会主义建设的工具；高等学校的主要任务是培养专门人才，服务于社会主义各行各业的建设需要。高等学校的研究职能则较少受到重视，高等学校的对外交流也因为国际环境的变化而中断。改革开放以后，政治论的高等教育哲学和认识论的高等教育哲学都受到应有的重视，成为两种并行的指导哲学。邓小平同志很早就提出，高等学校是教学和科研"两个中心"，尤其是重点大学，更应该成为教学和科研的中心。至此，高等学校的科研工作才逐渐受到重视，国家相继设立了学位点和学科点，研究生教育逐渐发展起来，1984年，我国设立了首批研究生院。进入21世纪，在邓小平同志"两个中心"的基础

---

① ［美］约翰·S. 布鲁贝克：《高等教育哲学》，13～30页，王承绪等译，杭州，浙江教育出版社，2001。

上，江泽民同志在北京大学百年校庆讲话中，进一步将"两个中心"扩大到"四项职能"，即教学、科研、服务和文化交流，标志着认识论的高等教育哲学和政治论的高等教育哲学的持续改进。胡锦涛同志将文化交流职能进一步完善为文化传承与创新。以习近平同志为核心的党中央清晰地认识到高等教育作为重要的智力源，在推动民族复兴和国际竞争方面同样发挥着巨大的作用，因而特别强调高等学校的智库作用，提出将国际交流与合作作为大学的"第五项职能"。在这两种哲学的协作指导之下，通过高等教育管理体制改革、权力下放、高校智库建设等措施，改革开放后的中国高等学校一方面继续服务于国家发展和社会主义建设的需要，成为社会发展的"服务器"；另一方面逐渐演变为社会的"思想库"和"智力源"，成为中国社会的文化中心和学术殿堂。认识论的高等教育哲学和政治论的高等教育哲学均在中国高等教育中取得了一席之地。

第二节　改革开放之初的高等教育理念

一、对政治论的高等教育哲学的反思与调整

截至 1976 年，中国高等教育的发展经历了中华人民共和国成立十七年的发展和十年"文化大革命"，政治论的高等教育哲学指导着高等教育的建设和改革。"以苏联为师"是我国在特殊国际形势下不得不采取的一种策略，尽管它在客观上对于我国的高等教育发展产生过一些积极作用，但是，在某些方面确实对中国高等教育和高等学校造成了难以弥补的损害。如过度专业化，专业划分过多过细；强调专业对口，根据对口专业将高等学校划归对应的部门；过度政治化，将意识形态和思想政治教育提高到突出地位；盲目进行院系调整，不顾历史地进行专业分割等。这样做的结果是使某些原本基础很好的高等学校或学科专业遭到削弱。如清华大学的文科和航天

学科，原本有很好的基础和历史传统，但通过院系调整，这些学科都遭到巨大的削弱。这样的情况在全国还有很多。对于苏联专业化高等教育理念的反思，其实很早就开始了。1956年，时任中宣部部长陆定一在《百花齐放，百家争鸣》的报告中指出："在学习苏联的时候，我们的学习方法必须不是教条主义的机械搬运，而是要结合我国的实际情况。这一点必须引起注意。否则，也会使我们的工作受到损失。"[1]毛泽东同志早在1957年的普通教育工作座谈会上就指出："苏联的教材，应当学的就要学，不应当学的就不要学。你们要来一个改革，不要照抄外国的，一定要符合中国的情况，并且还要有地方的特点。"[2]由此可见，我们对于苏联模式的学习还是有保留的。

"文化大革命"的十年，既是中国社会极度混乱的十年，也是中国高等教育理念和高等教育实践极为混乱的十年，高等学校遭受了史无前例的破坏。这种破坏主要表现在：第一，高校停止招生，教育质量下降。根据统计，1966—1976年，全国高等学校停止全面招生达6年之久，研究生停止招生达12年之久。[3] 大量工农兵学员被招收入大学学习，严重降低了大学教育的质量。第二，大学在人员、设备、资源等方面遭受巨大损失。大批教授被批判、打倒，图书资料被损毁，学生停课，正常的教学、科研秩序被打乱。第三，高校，尤其是重点高校，成为政治斗争的舞台。第四，乱撤乱并大学。从1969年10月开始，大批高等学校被裁并、搬迁或撤销，高等学校的数量由1965年的434所减少到1971年的328所，共砍掉高校106所。

那么，如何评价"以苏联为师"和苏联经验？苏联经验还要不要

① 陆定一：《百花齐放，百家争鸣》，见何东昌：《中华人民共和国重要教育文献(1949—1975)》，625页，海口，海南出版社，1998。

② 《毛泽东文集》第7卷，247页，北京，人民出版社，1999。

③ 曲士培：《中国大学教育发展史》，648页，太原，山西教育出版社，1993。

坚持？如何评价中华人民共和国成立十七年的中国高等教育发展？如何看待"文化大革命"对中国高等教育的冲击和影响？中国高等教育的道路该如何走？要不要恢复和重建与西方的交流？对这些问题的反思和调整，是构建新的高等教育理念的出发点。在 1977 年的教育工作会议上，邓小平同志专门召集了 30 多位专家和学者，就当时的教育焦点问题进行反思和讨论。许多知识分子打开心扉，一吐为快，对中华人民共和国成立以来的高等教育改革及高等教育中出现的许多乱象发表了很多看法。如武汉大学的副教授查全性，著名数学家苏步青，科学家童第周、于光远，时任南开大学校长杨石先等，围绕大学的招生制度、教育质量等发表了各自的意见和建议。这些意见和建议引起了时任国务院副总理的邓小平同志的高度重视，并迅速落实到政策行动中，为推动高等教育理念的反思和重建开创了良好的局面，尤其是以恢复高考为切入点，纠正了高等教育中存在的一系列弊病，对于高等教育的未来发展具有决定性意义。

显然，从哲学上厘清当时思想上的混乱对确立新的高等教育理念十分必要，许多学者不顾当时仍然存在的"左"倾压力，积极撰文展开哲学讨论。如南京大学的副教授胡福明，1978 年 5 月在《光明日报》发表了《实践是检验真理的唯一标准》一文，该文被认为是批判"两个凡是"的战斗檄文，在全国范围内引起了激烈的回响。这篇文章的问世，对于推动哲学界和教育界的思想解放发挥了积极的作用。胡福明的同事和朋友，时任南京大学校长匡亚明先生则直接对推动高等教育理念的反思和重建做出了难以磨灭的贡献。早在担任吉林大学校长兼党委书记期间，他就提出要形成和发扬教学、科研并重的办学思想；在人才上搞"五湖四海"，尊重知识，器重人才；在学术上博采众长和团结协作，勇于创新，一心办事业。[①] 他的这些高

---

① 高鸿雁、孙林、乔亚飞：《匡亚明先生传略》，载《兰台内外》，2007(1)。

等教育理念，对他后来在南京大学的工作有直接的影响。在担任南京大学校长期间，他大胆引进高素质教师，努力推进新兴学科建设，恢复和重建大学的科研工作，及时提出了把南京大学办成"有国际影响且富有特色的教育中心和科研中心"的奋斗目标。[①] 同时代的朱九思先生、刘道玉先生等人，也在各自领导的大学反思和实践高等教育理念，对高等教育理念的重建做出了积极的贡献。

二、对欧美高等教育理念的吸纳与模仿

改革开放后，中国的国门重新向世界开放，中西方的经济、文化和教育交流很快得到恢复并蓬勃发展起来，国内高等学校和西方高等学校之间的交往日益增多。伴随教育交流的进行，欧美的高等教育理念重新流到中国。这些高等教育理念主要包括两种类型：第一种类型是 19 世纪和 20 世纪早期的一些哲学理念，如理性主义、存在主义、实用主义等，这些哲学理念早在 20 世纪二三十年代就对中国的高等教育产生过深刻影响。中华人民共和国成立以后，由于全面学习苏联的"一边倒"做法，这些西方哲学理念被逐出国门，很长一段时间在中国销声匿迹或逐渐衰微。改革开放重新赋予这些哲学理念以新的生命，它们迅速流到中国，继续对中国的高等教育产生影响。一些久违的理念如"学术自由""教授治校""办学自主""以学生为中心"等，重新成为大学生活的中心，对中国高等教育发挥了积极的促进和规范作用。第二种类型是 20 世纪中后期以后涌现和发展起来的哲学流派或思想体系，如科学哲学、分析哲学、结构主义、市场主义、人力资本理论等。这些哲学理念符合改革开放进程中的中国高等教育的需求，它们将学分、聘用、成本、效率、规模等概念融入中国高等教育，对于中国高等教育的市场化、产业化和实证化产生了很大影响。90 年代中期以后的中国高等教育大规模扩招，

---

① 　高鸿雁、孙林、乔亚飞：《匡亚明先生传略》，载《兰台内外》，2007(1)。

饱受争议的中国高等教育产业化，高等教育并轨收费等，无不与这些哲学理念有着或多或少的联系。

当然，西方高等教育理念的重新介入并没有也不可能从根本上改变中国的政治论的高等教育哲学。后者依然支配着改革开放之初的中国高等教育。从办学方向、专业设置、管理体制等各个方面来看，中国的高等教育理念尚不能和西方发达国家的高等教育理念完全接轨，在高等教育管理体制上仍然十分僵化。尽管改革开放的伟大战略已经启动，但是一些领导人的思想仍然比较保守和僵化。在惯性思维的作用下，一些决策者和主管领导心存顾虑，改革的步伐很小，对于西方先进的高等教育理念持怀疑和抵制的态度。在这种背景下，从国家政策层面来看，改革开放之初，我们对西方高等教育理念依然有某种程度的抵制和保留，至多只是对某些理念进行模仿。譬如，尝试扩大校长的办学权力，对部分院校下放人事权、专业设置权等办学权力；减少行政干预，给学校更多的办学自由等。但是，这些做法距离真正的学术自由和办学自主尚有较大的差距，"统得过多，管得过死"的现象在一定程度上依然存在。相较于整个管理体制的保守和僵化，一些著名大学的校长通过对外交流，了解了西方国家大学的发展状况，对西方高等教育理念有着更深的体认。他们将西方的高等教育理念引入自己领导的高等学校，积极进行高等教育教学改革，取得了显著的成效。如朱九思先生领导下的原华中工学院，刘道玉先生领导下的武汉大学等，冲破各种压力，大胆尝试学分制、聘任制、选修制、学术休假制等改革。这些改革在今天不算新奇，但在当时是一些非常超前的教育理念，在国内引起了巨大反响，为中国高等教育发展带来了一缕清风，却遭到保守势力的阻挠和指责。可以说，这个时期正是我国现代高等教育理念萌芽的时期，但举步维艰、处境堪忧。直到邓小平同志南方谈话以后，中国改革开放的环境才有了进一步改善。

三、几种代表性的高等教育理念

改革开放之初，一批杰出的大学校长和教育家顶住风险，锐意进取，积极改革，形成了自己的高等教育理念，对于中国高等教育的发展产生了一定的影响。这里以匡亚明、朱九思、刘道玉、潘懋元几位先生为例，总结他们在这一时期形成的高等教育理念。

（一）匡亚明的高等教育理念

匡亚明（1906—1996）先生是杰出的无产阶级革命家和教育家，他1924年参加革命，1926年加入中国共产党。中华人民共和国成立后，他历任华东政治研究院党委书记兼院长、吉林大学校长兼党委书记、南京大学校长兼党委书记、江苏省第六届人大常委会副主任、国家古籍整理出版规划小组组长等。在吉林大学和南京大学任职期间，是其高等教育理念的形成时期。1955年5月至1963年5月，匡亚明先生任东北人民大学（后更名为"吉林大学"）校长兼党委第一书记。到校伊始，他便旗帜鲜明地提出了"标志一所大学水平的，是教授的数量和水平"。在东北人民大学工作的八年期间，他提出要形成和发扬教学、科研并重的办学思想；在人才上搞"五湖四海"，尊重知识，器重人才；在学术上博采众长和团结协作，勇于创新，一心办事业等。这些构成了他的高等教育理念的基础。1963年，匡亚明调任南京大学党委书记兼校长，这个时期是他继续实践高等教育改革，并且高等教育理念日臻成熟的时期。即便"文化大革命"期间，他身陷囹圄，仍然不改自己的办学初衷和教育理念，在人才培养、学科建设、科研工作方面克服各种困难，努力维持南京大学的办学秩序，为"文化大革命"后南京大学的恢复和重建奠定了良好的基础。在南京大学任职期间，他及时提出了把南京大学办成"有国际影响且富有特色的教育中心和科研中心"的奋斗目标。他先后两次率中国大学代表团赴日本、美国考察高等教育，打开了南京大学与欧美发达国家著名大学的交流合作之门。1983年，已经离开南京大学的匡亚明先生和浙江大学的刘丹、天津大学的李曙森、原大连工学院（现大连理工大学）的屈伯川联名上书中央，要求加强重点大学建设，得到了邓小平等中央领导的肯定，这就是高等教育史上著名的"四老上书"典故。匡亚明先生关于大学水平取决于教师的水平，关于教学与科研并重，关于加强重点大学建设、推动国家科技创新和经济发展等思想，对于今天的高等教育仍然具有重大的启发意义。

（二）朱九思的高等教育理念

朱九思（1916—2015）先生是我国著名的教育家，他于 1953—1984 年任华中工学院（后并入华中科技大学）副院长、院长、院长兼党委书记等职，任职时间长达 31 年，是中华人民共和国成立以来领导一所大学时间最长的校长之一。无论在任职时间还是在教育贡献方面，朱九思先生对于华中工学院的贡献都堪与美国任何一所大学历史上的著名校长媲美。在长达 31 年的任职期内，他为华中工学院的建设与发展做出了特别重大的贡献，其教育思想和办学实践对我国高等教育改革与发展产生了重要影响。朱九思先生的教育生涯先后经历了延安时期、中华人民共和国成立初期、"文化大革命"时期和改革开放初期。曲折、丰富的经历也使他积累了更加丰富和成熟的高等教育理念，他对中国高等教育改革的成败得失、苏联经验和西方经验、中国高等教育的发展道路等都有独到而成熟的看法。因此，与同时代的其他教育家或大学校长相比，他的高等教育理念更加成熟和稳定。他的高等教育理念体现在他各个时期的教育实践中，并且散见于他的一些著述中。2001 年出版的《竞争与转换》一书，可以说是对他的高等教育理念的一次汇集和提炼，该书比较全面地反映了他的高等教育理念。朱九思先生的高等教育理念主要包括：高等学校综合化，师资队伍是关键，大学要办成"两个中心"，要积极推进教育创新，要坚持高等教育质量，大学校长要重视高等教育科学的研究等。这些理念反映了朱九思先生对中国高等教育发展的理性思考，如高等学校综合化，是直接针对 20 世纪 50 年代的院系大调整所造成的后遗症的，同时，它本身就是高等学校发展的一条基本规律；再如，大学校长要重视高等教育科学的研究思想，反映了我国高等学校中的一个现状，即管大学的不懂教育、不研究教育。

（三）刘道玉的高等教育理念

刘道玉先生是我国著名的教育家、化学家，他先后担任中华人民共和国教育部高等教育司司长、武汉大学校长等职。他于 1981 年被任命为武汉大学校长，是当时最年轻的大学校长之一，在领导武汉大学的七年（1981—1988 年）时间里，他大胆进行教育改革，在武汉大学推行学分制、主辅修制、插班生制、导师制、贷学金制、学术假制等改革。这些改革在西方大学均普遍实行，但对于改革开放之初的中国高等学校而言，属于极为超前的高等教育改革。这些改革在当时引起了极大的轰动，在国内外产生了重要的影响。他本人因而被誉为"武大的蔡元培""20 世纪 80 年代中国教育改革的领军人物"。他的改革使当时的武汉大学成为充满朝气和活力的文化重镇，被誉为"高等学校中的深圳"。刘道玉先生的高等教育理念主要包括：重视调查研究，尊重教育规律，按教育规律办事；重视大学科研工作，以重大科研突破带动科研水平的提高；坚持教学与科研两条腿走路；不拘一格选拔和任用人才；教学改革的重点是教学制度改革；尊重学生的志趣，保护学生的选择权利，提倡自学，采用启发式、因材施教的方法，允许自由听课；在大学实施创造教育和素质教育等。[①] 应该说，刘道玉先生的许多高等教育理念是合乎教育规律的，是卓有成效的。他提出的这些高等教育理念和改革措施，今天已经在各个高校得到普遍实施，如学分制、导师制、学术假制等，均已成为基本的教学制度。

---

① 刘道玉：《一个大学校长的自白》，150～208 页，武汉，长江文艺出版社，2005。

（四）潘懋元的高等教育理念

潘懋元先生是我国著名的教育家，高等教育学科的奠基人。他先后担任过厦门大学教务处处长、副校长等职务，在 1978—1984 年担任厦门大学副校长期间，积极支持和推动高等教育研究和学科建设，1978 年创办了我国第一个高等教育研究机构——厦门大学高等教育科学研究室（1984 年改为高等教育科学研究所，2004 年成立教育研究院）。1981 年，该室开始招收第一批高等教育学硕士生，1986 年该所被评为高等教育学科第一个博士学位授予点，潘懋元教授被评为中国第一位高等教育学博士生导师。1988 年，厦门大学高等教育学科被评为全国教育学重点学科；1996 年，厦门大学高等教育学科被批准为国家“211 工程”重点建设项目。潘懋元先生的高等教育理念，是在长期的高校行政、教育研究与教学、高等教育学科建设工作中形成和发展起来的，这些理念集中反映在他的系列高等教育专著和论文中。早在 20 世纪 50 年代，潘懋元先生就撰写了我国第一本高等教育学专著——《高等学校教育学讲义》，80 年代后相继出版了《高等教育学讲座》（1983 年）、《高等教育学》（1984 年）、《高等教育教学原理与方法》（1995 年）、《新编高等教育学》（1996 年）等十余部著作，以及大量的学术论文。潘懋元先生的高等教育理念包括：高等教育是建立在普通教育基础上的专业教育，以培养专门人才为目标；高等教育培养人才的质量和水平对于一个国家的教育质量和水平起着决定性作用；高等教育具有更大的经济价值和经济效益；教育必须符合内部关系规律和外部关系规律；高等学校的十条教学原则等。① 潘懋元先生的高等教育理念对我国的高等教育学科建设与高等学校教育教学工作发挥了积极的指导作用。

----

① 肖海涛、殷小平：《潘懋元教育口述史》，122～201 页，北京，北京师范大学出版社，2007。

第三节 高等教育理念的分化和多元化发展

一、高等教育理念的分化与讨论

20 世纪 90 年代是我国改革开放的关键时期，也是中国改革开放真正深入发展和取得实效的时期。从国家政策层面来看，决策过程越来越趋向理性化和民主化，政治氛围和政策环境都有了极大的改善，对西方先进的思想和经验不再排斥和抵制，自信和开放的国民心态逐渐形成，从而为重新评价和利用西方先进的经验提供了思想上和制度上的保障。如 1993 年颁布的《中国教育改革和发展纲要》规定："必须坚持教育的改革开放，努力改革教育体制、教育结构、教学内容和方法，大胆吸收和借鉴人类社会的一切文明成果，勇于创新，敢于试验，不断发展和完善社会主义教育制度。"这里的"一切文明成果"显然包括西方先进的高等教育理念。在这种大环境下，西方的各种高等教育理念纷纷涌入中国，进而和中国本土的政治论的高等教育哲学相互冲突、相互比较和相互融合，从而逐步确立起多元化的高等教育理念。这种多元化的高等教育理念对中国高等教育的直接影响就是高等学校的综合化。这种综合化主要表现在三个方面：一是高等学校的合并和调整。许多高等学校被调整合并，组建综合实力更加强大的综合性大学。例如，1998 年 9 月，原浙江大学、杭州大学、浙江农业大学、浙江医科大学合并为新的浙江大学；1999年，中央工艺美术学院并入清华大学；2000 年 6 月，吉林大学、吉林工业大学、白求恩医科大学、长春科技大学、长春邮电学院合并成新的吉林大学；2000 年，北京医科大学并入北京大学。二是专科性质的大学走向综合化。例如，清华大学 1993 年重建了人文社会科学学院，恢复了大部分人文社会学科；许多大学增设了法学院、工学院等专门学院，向着综合化的方向不断发展。三是专科院校升格，即由专科升格为本科，并且不断增加学科点。

但是，欧美高等教育理念的重新介入及高等教育理念的多元化，对中国高等教育的影响表现出一定的两面性。一方面，欧美高等教育理念对中国高等教育理念是一种很好的补充，对中国高等教育的发展具有一定的指导作用；另一方面，多元化的高等教育理念给中国高等教育的发展带来了一定的混乱和损失，如高等教育的综合化、高等教育的市场化、高等教育的产业化等思想，都给中国高等教育的发展带来正、反两方面的影响。确实，中国的高等教育越来越开放，市场的参与度逐渐提高，规模不断扩大，高等学校的学科设置也越来越全，但是，高等教育的核心使命越来越模糊：一些高等学校迷失在市场经济的大潮之中，在教育产业化的道路上渐行渐远；高等学校的规模越来越庞大，学科设置无所不包，却逐渐失去了特色和优势，教育质量和效益不断下降；在"综合化"的幌子下，许多高校盲目攀比跟风，"升格风""改名风""合并风"盛行，巨型大学不断出现，但许多传统优势丢失了，一些院校变得面目全非。这些现象充分反映了高等教育理念的混乱和稚嫩，各种高等教育理念多元共存、相互激荡，但尚未得到有效的整合，还难以为改革进程中的中国高等教育提供正确、有效的指导。

著名学者董健先生用"经济实用主义"与"庸俗市侩主义"来形容 20 世纪 90 年代以来思想上的混乱。他认为，"文化大革命"前和"文化大革命"中，大学之魂主要是被"政治实用主义"和"'左'倾教条主义"消解，而近二十年，尤其是 90 年代以来，主要是"经济实用主义"和"庸俗市侩主义"消解着大学之魂，同时，"后政治实用主义"和"后'左'倾教条主义"挟着经济之势继续戕害着大学。[①] 这种观点在一定程度上反映了中国 90 年代高等教育思想的混乱和冲突。当然，

---

① 董健：《跬步斋读思录》，224 页，南京，江苏教育出版社，2001。

这种混乱是改革开放必须面对的事实，是凤凰涅槃前的阵痛，是推动高等教育理念走向多元融合所必须经历的过程。那么，如何调和这种思想上的冲突和混乱？把什么样的高等教育带入21世纪？21世纪的中国高等教育需要什么样的教育思想和教育观念？面对这一系列问题，进入90年代中期以后，从国家层面到各个高等学校内部，都自觉地开展起关于教育思想的大讨论。当时的国家教委领导概括了三句话，"增加投入是前提，体制改革是关键，教学改革是核心"，后来又增加了一句"教育思想和教育观念的改革是先导"①。基于这种清醒的认识，教育思想和教育观念的讨论成为90年代中期以后中国高等教育理念建设的一项重要内容，许多著名大学都定期开展教育教学思想大讨论，取得了显著的实效。

二、研究型大学和服务型大学理念的形成

进入20世纪90年代以后，随着改革开放的深入发展和全球竞争的加剧，中国高等教育面临着新的挑战，建设什么样的高等教育体系、将什么样的高等教育带入21世纪是中国高等教育发展必须回答的问题。由于适应科技和经济的发展，欧美研究型大学和服务型大学的理念逐渐被国人认同和接纳，并在本土高等学校得到实践。研究型大学的理念最早可以追溯到德国的洪堡。1810年，洪堡在创办柏林大学的时候明确提出了"教学与科研相统一"的原则，但研究型大学的真正发展是在美国。美国学者罗格尔·盖吉尔（Roger L. Geiger）认为，美国研究型大学出现在19世纪末期和20世纪初，它的形成经历了四个过程：一是研究结构的形成；二是学术群体的形成；三是制度性资源的繁殖，如实验室、图书馆等；四是研究功能的确立。到1920年，美国至少有25所大学将研究确定为大学的目

---

① 转引自肖海涛、殷小平：《潘懋元教育口述史》，194页，北京，北京师范大学出版社，2007。

标，其中 15 所大学将研究作为自己的明确目标，如密歇根大学、威斯康星大学、哈佛大学、麻省理工学院、约翰·霍普金斯大学、斯坦福大学和芝加哥大学等。[①] 美国研究型大学在两次世界大战中，以及战后美国的军事、科技和经济发展中做出了突出贡献，获得了广泛的认可。同时，通过拓展研究功能，美国研究型大学的实力迅速增长，很快取代欧洲大学的地位而成为世界大学的中心。服务型大学的理念最早起源于美国威斯康星州。1904 年，当时威斯康星大学的校长范海斯提出了"大学校园的边界就是州的边界"的思想。这种思想对美国大学产生了深远影响，许多大学纷纷走出象牙塔，进入社会，通过提供专利、科研成果、技术、咨询等服务社会，成为社会的"发动机"和"服务器"。90 年代以后，美国研究型大学和服务型大学的理念逐渐被译介到中国，对中国的重点大学和世界一流大学建设产生了直接的影响。

　　早在 1991 年，中国的最高决策层就在酝酿面向 21 世纪的中国高等教育发展问题。1993 年 2 月 13 日颁布的《中国教育改革和发展纲要》指出："为了迎接世界新技术革命的挑战，要集中中央和地方等各方面的力量办好 100 所左右重点大学和一批重点学科、专业，力争在下世纪初，有一批高等学校和学科、专业，在教育质量、科学研究和管理方面，达到世界较高水平。"1993 年 7 月 15 日，国家教委在《关于重点建设一批高等学校和重点学科点的若干意见》中正式宣布："决定设置'211 工程'重点建设项目，即面向 21 世纪，重点建设 100 所左右的高等学校和一批重点学科点。"工程的建设目标是："经过十年或者更长一点时间的努力，使相当一批高等学校和重点学科点能够成为培养高层次专门人才和解决国家经济建设、科技和社会发展重大科技问题的基地，在教育质量、科学研究和管理等方面

---

① Roger L. Geiger, *To Advanced Knowledge : The Growth of American Research Universities , 1900—1940* , Oxford and New York, Oxford University Press, 1986, pp. 2-3.

处于国内先进水平，并有一定的国际影响。其中若干所高等学校和部分重点学科点达到或接近世界先进水平。"由此可以看出，"211 工程"建设的是一批高水平的研究型大学。1998 年 5 月 4 日，江泽民同志在北京大学百年校庆时发表讲话。根据江泽民同志的讲话精神，教育部开始酝酿制订建设世界一流大学的计划，在《面向 21 世纪教育振兴行动计划》中明确设立了该计划，并于 1999 年 9 月开始实施，名称最终确定为：创建若干所具有世界先进水平的一流大学和一批一流学科。计划执行过程中，北京大学和清华大学的建设目标确定为世界一流大学，复旦大学等 27 校为教育部与有关省市、部委共建高水平大学。① 进入"985 工程"的这批高校的建设目标同样是高水平研究型大学。

"211 工程"和"985 工程"汇集了我国最优秀和最有潜力的大学，成为我国冲击高水平大学和世界一流大学的集群。它们中的某些大学在我国社会主义建设和重大国家战略中做出过突出贡献，如清华大学、北京大学等在"两弹一星"工程中发挥了积极作用。从这个角度看，它们本身就是我国的服务型大学，直接服务于我国国民经济建设主战场的需要。今天，面对科技、经济的发展和全球竞争的加剧，它们继续在国家科技经济发展中发挥着不可或缺的作用，成为国家创新体系的一部分。同时，"211 工程"和"985 工程"的选择和考核，主要是以质量和服务为标准，通过这样的工程，推动一部分高等学校上水平、上台阶，并不断增强服务能力和提高服务质量。事实上，我国的研究型大学理念和服务型大学理念是紧密结合在一起的，大学的服务能力和服务水平与大学的教学质量、研究质量、学科水平有着密切的关系。有些重点大学明确提出要"以服务求生存、以质量求发展"，这正是两种大学理念相互融合的体现。

---

① 《中国教育年鉴》编辑部：《中国教育年鉴（2001）》，371 页，北京，人民教育出版社，2001。

第四节　现代高等教育理念的逐步形成

一、本土化与国际化理念的全面整合

经过 20 世纪 90 年代各种高等教育理念的相互碰撞和教育改革的推行，中国本土的高等教育理念开始和西方高等教育理念全面整合，从而形成更加完善、更加成熟的现代高等教育理念。具体表现在：第一，伴随研究型大学理念和服务型大学理念的传入，中国高等学校的功能更加多元，办学思想更加开放，适应现代大学制度的一些改革措施也相继实施，如教学体制改革、科研制度改革、人事制度改革、招生制度改革等。通过这些改革，中国的高等教育逐渐和世界接轨，中国高等学校与世界的差距有所缩小，北京大学、清华大学、复旦大学等中国高校逐渐跻身世界大学排行榜前 100 名之内。第二，质量意识逐渐增强。经过 90 年代的合并、升格、扩招，中国高等学校的规模急剧扩大，但质量和效率不断下降。进入 21 世纪，随着高等教育理念越来越趋于理性和成熟，中国开始将质量提升到前所未有的高度，对高等学校的规模和数量进行控制。为了加强高等教育的质量控制，2002 年，教育部将合格评估、优秀评估和随机性水平评估三种方案合并为现行的《普通高等学校本科教学工作水平评估方案（试行）》，分期分批对全国的普通高等学校进行本科教学质量评估。2003 年，教育部在《2003—2007 年教育振兴行动计划》中明确提出实行"五年一轮"的普通高等学校教学工作水平评估制度，将高等教育质量建设推向制度化。第三，继续加强高水平大学建设和世界一流大学建设。2004 年 6 月，《教育部财政部关于继续实施"985 工程"建设项目的意见》宣布继续实施"985 工程"。第四，加强国际交往。目前，中国许多高校已经和国外许多高校建立了长期稳定的合作关系，包括互派留学生、互派教师交流、合作办学等。

二、世界一流大学理念的形成与发展

进入 21 世纪，世界一流大学成为研究的热点。根据我们对中国知网（www. cnki. net）的统计，其研究趋势如图 2-1 所示。

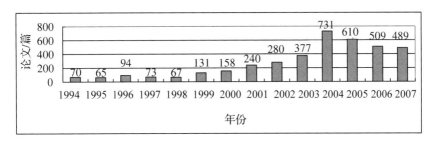

图 2-1　我国研究世界一流大学的论文统计（1994—2007 年）

从 1999 年开始，我国研究世界一流大学的论文迅速增多，几乎是成倍增长，到 2001 年，相关研究论文突破 200 篇，并持续大幅度增长。2004 年，我国对世界一流大学的研究达到高峰，全年发表相关研究论文 731 篇。政府、高校也积极行动起来，教育部于 1995 年和 1998 年分别启动了"211 工程"和"985 工程"。《全国教育事业第十个五年计划》提出要"重点支持若干所大学进入国际先进行列，重点建设一批能够达到国际先进水平的重点学科和人才培养基地"。教育部《2003—2007 年教育振兴行动计划》确定的两大战略之一是"重点推进高水平大学和重点学科建设"。与此同时，北京大学、清华大学等制定了建成世界一流大学的时间表，并积极投身于世界一流大学建设。一批重点大学如复旦大学、上海交通大学、南京大学等纷纷宣布要建成世界一流大学，从而在全国范围内形成了一股建设世界一流大学的热潮。

那么，什么是世界一流大学？如何建设世界一流大学？目前，人们对于世界一流大学尚未形成统一的定义。许多学者从指标的角度来定义世界一流大学，认为世界一流大学应该有一些共同的特征。如闵维方认为："一流大学，当然要有一流的学科，一流的教师队伍，一流的生源和一流的人才培养，一流的科学研究成果，一流的管理运行机制，强大的财政实力和物质技术基础。当然，一流大学还应该有对国家和社会发展的突出贡献。"①丁学良认为，世界一流大学最重要的，要看那些很基本的学术方面的标准、条例。这些标准应该是国际化的标准，这是最基本的一个前提。在丁学良看来，这些基本标准包括 9 项：教师的整体素质、一流的学生资源、一流的常规课程、研究资金、师生比例、硬件设备、财政来源、历届毕业生的成就和荣誉、同行评价。② 还有很多学者从排行榜的角度来定义世界一流大学，认为居于公认的排行榜前列的大学就是世界一流大学。哥伦比亚大学教育学院的韩立文教授概括了各种有关世界一流大学的文献以后认为："相关文献对于'世界一流大学'的定义是模糊的，甚至是一些无谓的赘言。这些定义均非常主观，且以研究、教学指导以及社区贡献等公认的因素为中心，侧重于名声而非确凿的实例。"③

尽管人们对于世界一流大学尚未形成统一的概念，但是，经过多年的研究、争论和实践，我国对世界一流大学已经形成了某些共性的认识，主要包括：第一，世界一流大学应该是研究型大学，研究在大学中占有重要地位。第二，目前的世界一流大学主要指美国顶尖的研究型大学，美国标准成为建设世界一流大学的主要参照标准。第三，世界一流大学是居于公认的世界大学排行榜前列的大学。第四，世界一流大学是一个动态的概念，它既是一种目标，也是一个过程。第五，世界一流大学既有共性也有个性，它既有共同的标准，也有各自的特色。第六，世界一流大学必须在国家科技、经济发展中做出重大的突出贡献，占有极其重要的地位。第七，世界一流大学必须扎根自己的土壤。脱离本土文化和本土特色，以及盲目

————————————

①　闵维方：《关于一流大学建设的几个问题》，载《北京大学教育评论》，2003(3)。
②　丁学良：《什么是世界一流大学》，载《晚霞》，2007(5)。
③　韩立文、程栋昱、欧冬舒：《什么是世界一流大学》，载《北京大学教育评论》，2006(4)。

地跟随和模仿，是不可能建成世界一流大学的。中国创办自己的世界一流大学必须"扎根中国大地办大学"。这些认识对于今后我国的世界一流大学建设具有一定的指导意义。

三、新的高等教育理念继续涌现

经过改革开放 40 年的发展，我国已经建立起比较完善的高等教育体系，取得了举世瞩目的成就。随着高等教育思想、观念和认识的深化，以及适应我国改革开放的继续深入发展和社会经济发展形势的要求，教育界又出现了一些新的高等教育理念，如可持续发展的高等教育理念、和谐高等教育理念等。2007 年 10 月，中共十七大顺利召开。这次大会确立了深入贯彻落实科学发展观、继续解放思想、坚持改革开放、推动科学发展、促进社会和谐发展的主题思想；将科学发展观、可持续发展和和谐社会的思想确立为新时期改革开放和社会主义建设的指导思想，并且将它们写入了中共十七大报告，成为指导我国社会经济建设的基本思想。

这些思想对于中国高等教育的发展同样具有重大的指导意义。许多学者都倡导可持续发展的高等教育观。如韩延明认为，高等教育作为社会大系统中的一个子系统，作为一种特殊的社会现象或活动，在应答可持续发展战略上主要有两大方面：一是高等教育如何与社会大系统相吻合，以有力地推动全社会的可持续发展；二是高等教育如何有效地使自身获得可持续发展。高等教育促进社会的可持续发展，很重要的一点是高等教育要在新的时代、新的要求下进行新的价值定位，确立新的教育职责，最大限度地发挥其社会功能。高等教育自身的可持续发展应包括如下三个方面：第一，高等教育的发展要与整个社会乃至人类的经济、政治、文化、教育、科技等领域的可持续发展相衔接、相协调并不断优化结构，共同发展；第二，高等教育的发展既要"瞻前"又要"顾后"；第三，高等教育的发展应使社会的每一个成员都能够公平地接受教育，得到全面的、持续的发展，不断满足人们日益增长的文化教育需求，并不断提高教育质量和效益。①

　　除了可持续发展的高等教育理念外，韩延明还提出了育才兴国理念、面向社会理念、教育国际化理念等新兴教育理念。② 北京邮电大学原党委书记王德宠认为，从知识经济发展需要的角度看，21世纪中国高等教育应该确立教育战略产业观、为经济服务观、素质教育观、多元化教育观、教育国际化观念、名校名师观、适应社会观、可持续发展观、抓住机遇观、大局观等理念。其中，最核心的是可持续发展观。可持续发展，其本质是强调发展的持续性、整体性、平等性、协调性。归根到底，可持续发展是以人为本的新的教育价值观、教育发展观和教育质量观，是21世纪高等教育理念的提升。从可持续发展观出发，高等教育发展过程中应该处理好若干关系，如科技与人文的关系，改革、发展与稳定的关系，硬件建设与软件建设的关系，教学、科研与社会服务的关系，高等教育发展中的数量、质量与效益的关系，主体、非主体与整体的关系，当前、长远与可持续发展的关系，常规、特色与创新的关系，知识、能力与素质之间的关系，等等。③

　　这些新的理念的出现，是对我国全部高等教育理念的提炼和升华，是从哲学观上对现代高等教育理念的全新体验和诠释，标志着有中国特色的现代高等教育理念的初步形成。

四、高等教育理念的新高度与再出发

　　虽然我国高等教育理念在21世纪初的十多年里取得了新的发展

　　① 韩延明：《高等教育的新兴理念：促进社会的可持续发展》，载《教育发展研究》，1999(9)。
　　② 韩延明：《大学理念论纲》，356页，北京，人民教育出版社，2003。
　　③ 王德宠：《确立高等教育的可持续发展理念》，载《国家高级教育行政学院学报》，2001(2)。

和进步，但是就高等教育理念本身的知识内核、方法体系、学理逻辑和哲学意蕴，以及它在治国理政、民族复兴和国际竞争中所发挥的指导作用而言，其仍然存在诸多不足。如高等教育哲学的整合度和凝聚力仍然严重缺乏，高等教育哲学理念的核心要素是什么，人们内心并没有形成真正统一的认识；与世界一流大学的水平差距并没有显著缩小，在某些领域差距甚至加大；高等教育领域也出现了某些形式的腐败现象等。事实上，与其说 21 世纪的第一个十年是中国高等教育哲学走向成熟和圆满的十年，毋宁说是中国高等教育哲学更加迷茫、剧烈冲突和潜流暗涌的十年。在各种哲学理念自话自说、表面繁荣的背后，高等教育的分化加剧，矛盾突出，严重影响了高等教育的质量效率和公平正义。中国高等教育到底需要一种什么样的哲学？到底什么样的高等教育哲学才符合中国的实际？到底什么样的高等教育哲学才能真正发挥正本清源、强筋健体的作用？人们对这些问题发出了新的思考，做出了新的探索。

中共十八大以来，以习近平同志为核心的党中央不负众望，不忘初心，肩负重责，开拓创新，以共产党人的担当和大无畏精神向着改革深水区迈进，一方面全面谋划，积极推动社会主义各项改革事业的进一步发展；另一方面去除沉疴，敢于碰硬，向各种腐败行为宣战，坚持"老虎""苍蝇"一起打，将一批批腐败分子拉下马来。短短数年之内，中国社会的面貌发生了极大的变化。通过全面深化改革，中国将改革开放 40 年来，尤其是 21 世纪初以来社会暴露出来的或者潜在的各种有形和无形的弊病和矛盾进行了一次坚决的清理和整顿，净化了政治环境，巩固和强化了党的领导核心地位，提高了政府的公信力和执政能力。十八大以来中国社会发生的变化，深刻地反映了中国共产党治国理政理念、风格的变化。这种变化对于形成新的高等教育哲学理念具有极为重要的意义。无疑，新时期中国的高等教育哲学理念必须体现人民意愿，必须坚持人民立场，必须坚持马克思主义的基本原理，必须立足中国本土，必须增强文化自信，必须有利于中华民族的伟大复兴。正如习近平总书记指出的："我国有独特的历史、独特的文化、独特的国情，决定了我国必须走自己的高等教育发展道路，扎实办好中国特色社会主义高校。我国高等教育发展方向要同我国发展的现实目标和未来方向紧密联系在一起，为人民服务，为中国共产党治国理政服务，为巩固和发展中国特色社会主义制度服务，为改革开放和社会主义现代化建设服务。"①高等教育哲学理念的变革同样如此。因此，站在新的历史起点上，在治国理政新理念的指导下，我国的高等教育哲学理念也需要来一次深刻的变革和再出发。

五、结语

本章以中国高等教育的发展进程和重大历史事件为线索，分析了中华人民共和国成立以来高等教育理念的变革和发展，尤其是改革开放 40 年时间里的发展状况，从中可以看出，中国高等教育理念的变革是一个渐进性的变革过程。这种过程，既有自上而下的政治推动，又有自下而上的变革诉求，反映了中国社会变革的一般特点。当然，在这种渐进性的发展过程中，也存在某些局部的突变或断裂现象，如中华人民共和国成立后对中华人民共和国成立前高等教育理念的否定和摒弃、中苏关系恶化后从全面学习苏联转向否定苏联经验等，都属于高等教育哲学理念的突变。从整体上看，在高等教育哲学理念的变革过程中，政治论的高等教育哲学始终居于主导地位，但其主导地位随着改革开放的深入发展有所削弱；认识论的高等教育哲学逐渐上升，逐渐确立了多元化的高等教育理念，对于推动中国高等教育的深入发展和可持续发展、建立现代高等教育制度发挥了积极的指导作用。

---

① 习近平：《习近平谈治国理政》第 2 卷，376 页，北京，外文出版社，2017。

第三章
高等教育办学体制改革

　　高等教育改革中，体制改革是关键。宏观层面的高等教育体制一般指办学体制、管理体制和投资体制，三者之间既相互联系又相互制约。就三者之间的关系而言，办学体制是基础，相应的办学体制决定着相应的管理体制和投资体制。[①]

　　高等教育办学体制是指高等教育体制中的管理归属，即所有制性质，它包括高等教育由谁举办、谁来投资、谁来办学、由谁管理、归谁所有等问题，涉及举办主体、办学主体、管理主体（中央与地方政府）、学校、社会几方面的关系，也体现了高等教育与经济、社会相适应的程度。[②]

　　长期以来，我国高等教育办学体制实行的是一元化的办学体制，即办学主体是作为国家机构的中央和地方各级政府。改革开放以来，受政治、经济等多元因素的影响，由政府垄断的高等教育一元化办学体制逐渐发生转变，高等教育办学主体多元化已开始出现并形成一定的发展格局。

[①]　刘铁：《中国高等教育办学体制研究》，博士学位论文，厦门大学，2003。
[②]　谢万华：《论高等教育办学体制改革》，载《中国地质教育》，1995(1)。

第一节　高等教育办学体制改革：政策层面

一、改革开放以前我国高等教育的办学体制

我国的现代高等教育产生于清末民初，最初由官方兴办，虽然整个民国时期官办高校居于垄断地位，但教会大学、私立大学等办学形式并存，使高等教育办学体制呈现出多元化的特征。

新中国成立后，随着社会主义大改造的进行，我国高等教育办学体制进行了第一次重大改革。这次改革是按照"中华人民共和国的文化教育为新民主主义的，即民族的、科学的、大众的文化教育"的方针，对旧中国的高等教育进行根本的改造，通过接管公立高等学校，并取消私立高校、教会学校，以建立起属于新中国的具有鲜明的公有制特色的高等教育办学体系。① 这种办学体制的基本特征是"国有、公办"，即高等学校全部由国家投资举办，学校的培养层次、规模、类型、专业等也全部由国家统一确定，学生入学、所学专业、培养和生活费用、在校学习年限、就业等全部由国家统一确定。总之，高等教育的投资者、举办者和管理者"三体合一"，统一由政府承担。这种高度集中的、垄断的高等教育办学体制是与新中国成立初期特殊的政治、经济和社会环境密不可分的。

1961 年到 1965 年，国家进入国民经济调整时期。在总结 20 世纪 50 年代经验教训的基础上，1963 年 5 月《中共中央、国务院关于加强高等学校统一领导、分级管理的决定（试行草案）》明确规定"对高等学校实行中央统一领导，中央和省、市、自治区两级管理的制度"，并对两级的分工做了具体规定。至此，我国高等教育条（中央

---

① 张乐天：《实施部分公立高校向民办高校的转制——对发展民办高等教育的另一种思考》，载《复旦教育论坛》，2003(5)。

部门)、块(地方政府)分别办学的格局基本形成。①

从 1952 年院系调整以后，直到 1978 年中共十一届三中全会以前，我国高等教育的办学体制都是公办的，全部由政府直接举办和投资，大致有四种体制：一是教育部直属高等学校，由财政部拨款，如北京大学、清华大学、复旦大学、上海交通大学等；二是中央有关部委举办的高等学校，由财政部拨款、有关部委补贴一部分办学经费，如铁道部举办的上海铁道学院；三是地方政府举办的高等学校，主要由省、自治区、直辖市举办，由省级财政拨款，如北京市政府举办的北京工业大学，上海市政府举办的上海师范大学等，也有省属市举办的高校，如南京市举办的晓庄学院；四是由行业或企业举办的高校，如原上海轻工业专科学校由原上海市轻工业局举办，办学经费由举办方筹措。②

这一时期的办学体制虽然经历了由中央(教育部和行业)举办到中央和地方政府两级举办，但总体来看还是全部由国家来举办，办学体制没有实质性突破。可以说，新中国成立到改革开放前的近 30年中，我国的高等教育一直保持着"一花独放"式的办学体制。

二、20 世纪 80 年代我国高等教育办学体制的改革政策

改革开放之前单一的高等教育办学体制是同新中国成立后实行的严格的计划经济体制相适应的。改革开放以来，这种办学体制已逐步显露出种种弊端和不适应，主要表现为：不利于高等学校主动适应社会经济的发展和变化；单一的国家经费投入不利于高校培养能力的快速提高；单一的国家计划管理体制不利于打破高校封闭的办学模式。因此，必须迅速改革这种陈旧的办学体制。

随着经济体制改革号角的吹响，在高等教育领域，一些新的办

---

① 刘铁：《中国高等教育办学体制研究》，博士学位论文，厦门大学，2003。

② 杨德广：《60 年来中国高等教育办学体制和管理体制的变革》，载《大学教育科学》，2009(5)。

学形式开始逐渐得到尝试。例如，从 20 世纪 80 年代初开始，一些中心城市开始用地方资金举办高校，南京的金陵职业大学、武汉的江汉大学等是最早出现的这类学校。[①] 同时，民间力量举办高等学校开始萌芽。1982 年 3 月，全国第一所民办大学——中华社会大学在北京成立。1982 年 12 月颁布的《中华人民共和国宪法》第十九条第四款规定："国家鼓励集体经济组织、国家企业事业组织和其他社会力量依照法律规定举办各种教育事业。"这是我国第一次以法律形式明确规定可以举办非公有制的学校，极大地鼓舞了社会力量办学的积极性。这些新的办学形式对旧的办学体制带来了最早的冲击，但其波及的范围和冲击的力度远远不够，基本上没有动摇旧的办学体制的根基。

1985 年 5 月，中共中央发布了《中共中央关于教育体制改革的决定》，指出"当前高等教育体制改革的关键，就是改变政府对高等学校统得过多的管理体制。在国家统一的教育方针和计划的指导下，扩大高等学校的办学自主权"。为了调动各级政府办学的积极性，我国开始实行中央、省（自治区、直辖市）、中心城市三级办学的体制。但这一体制只是适当扩大了地方政府办学的自主权，提高了地方办学的积极性，并没有打破政府垄断办学的高等教育办学体制。《中共中央关于教育体制改革的决定》只是规定在发展职业技术教育方面"要充分调动企事业单位和业务部门的积极性，并且鼓励集体、个人和其他社会力量办学"。该文件虽然"鼓励各民主党派、人民团体、社会组织、离休退休干部和知识分子、集体经济单位和个人，遵照党和政府的方针政策，采取多种形式和办法，积极地自愿地为发展教育贡献力量"，但并没有明确提出民间力量可以举办高等教育，而且未出台社会力量举办高等教育的相关政策。从《中共中央关于教育

[①] 刘幼昕、沈民：《我国当代高等教育办学体制分析》，载《北京教育学院学报》，2005(3)。

体制改革的决定》的具体条款可以看出，国家关注的重心是理顺高等教育的管理体制，而对办学体制的改革并没有真正提上议事日程。

三、20 世纪 90 年代我国高等教育办学体制的改革政策

20 世纪 90 年代初期，我国迎来了一个新的里程碑。邓小平同志南方谈话和中共十四大的召开，进一步解放了人们的思想，我国经济体制改革进一步深化。受其影响，教育体制改革也掀开了新的篇章。根据中共十四大的精神，教育体制改革要采取综合配套、分步推进的方针，加快步伐，改革包得过多、统得过死的体制，初步建立起与社会主义市场经济体制、政治体制和科技体制改革相适应的教育新体制。办学体制改革又是教育体制改革的重点，其中心任务是改变政府包揽办学的格局，逐步建立以政府办学为主、社会力量共同办学的体制。

中共十四大报告明确提出："鼓励多渠道、多形式社会集资办学和民间办学，改变国家包办教育的做法。"随后中共中央、国务院于 1993 年 2 月 13 日颁发《中国教育改革和发展纲要》，在办学体制改革方面明确提出："改变政府包揽办学的格局，逐步建立以政府办学为主体、社会各界共同办学的体制。在现阶段……高等教育要逐步形成以中央、省（自治区、直辖市）两级政府办学为主、社会各界参与办学的新格局。职业技术教育和成人教育主要依靠行业、事业单位办学和社会各方面联合办学。国家对社会团体和公民个人依法办学，采取积极鼓励、大力支持、正确引导、加强管理的方针。国家欢迎港澳台同胞、海外侨胞和外国友好人士捐资助学。在国家有关法律和法规的范围内进行国际合作办学。"这样，高等教育办学主体单一的格局逐步被打破，发展教育，尤其是高等教育，不仅是国家和政府的职责，而且社会团体、企业、公民个人等逐渐成为推动高等教育发展的重要力量，从而形成了以政府办学为主、社会各界参与的办学主体多元化的格局。民办高等教育的兴起与发展就是高等教育

体制改革的重要成果，也是中国高等教育大发展的现实要求。

中共十四大召开后，国家对民办高等教育发展的限制得以松绑。1993 年 8 月 17 日，国家教委颁发了《民办高等学校设置暂行规定》，首次对民办高校的法律地位、设置标准、设置申请与审批、管理、变更与调整等问题做出了明确规定，并按照有关标准，评定、公布了第一批具有学历授予权的民办高校。

1995 年颁布的《中华人民共和国教育法》（以下简称《教育法》）和1996 年颁布的《中华人民共和国职业教育法》（以下简称《职业教育法》）都有鼓励发展民办教育的规定。1996 年 4 月 10 日，国家教委印发的《全国教育事业"九五"计划和 2010 年发展规划》指出：到 2010年，基本形成以政府办学为主、社会各界共同参与的办学体制及公立学校和民办学校共同发展的格局。

为了鼓励民办教育，包括民办高等教育的发展，国务院于 1997年 7 月 31 日颁布《社会力量办学条例》，该条例首次以行政法规的形式提出了国家对社会力量办学实行"积极鼓励、大力支持、正确引导、加强管理"的方针，并对民办教育机构的设立、教学和行政管理、财产和财务管理、机构的变更和解散、政府的保障与扶持、法律责任等内容做出了明确规定，使民办教育的发展走上了法制化的轨道。但条例第五条同时规定："社会力量应当以举办实施职业教育、成人教育、高级中等教育和学前教育的教育机构为重点。国家鼓励社会力量举办实施义务教育的教育机构作为国家实施义务教育的补充。国家严格控制社会力量举办高等教育机构。"这说明国家对举办民办高等教育的控制仍然较为严格。

1998 年出台的《中华人民共和国高等教育法》（以下简称《高等教育法》）第六条第二款规定："国家鼓励企业事业组织、社会团体及其他社会组织和公民等社会力量依法举办高等学校，参与和支持高等教育事业的改革和发展。"这是国家首次以法律的形式对社会力量举办高等学校明确表示鼓励，相对于一年前的《社会力量办学条例》，是一大进步。1999年第三次全国教育工作会议也明确指出要进一步解放思想、转变观念，积极鼓励和支持社会力量以多种形式办学，满足人民群众日益增长的教育需求，形成以政府办学为主体、公办学校和民办学校共同发展的格局。

总之，整个20世纪90年代，国家和有关部门在多个法规、条例中都明确表示对社会力量举办高等教育进行鼓励和支持，尽管没有出台具体可行的保障措施，但相对于之前的无法可依，已经是一个重大进步。法律上的许可为民间力量参与高等教育办学提供了合法性依据，在一定程度上激发了社会力量自发参与高等教育办学的积极性，也为我国高等教育办学体制的继续改革指明了前进的方向和发展的道路。

四、21世纪以来我国高等教育办学体制改革的深化和突破

(一)21世纪初期我国高等教育办学体制改革的深化

如果说整个20世纪90年代我国办学体制改革的重点是法律制度的建设，那么，21世纪的前十年，其主要任务就是如何对之前的法律制度进行完善，更加深入地进行办学体制改革。《中华人民共和国民办教育促进法》(以下简称《民办教育促进法》)和《独立学院设置与管理办法》的先后出台，对社会力量举办高等教育起了非常重要的促进作用，同时，也对社会力量办学进行了必要的规范和管理。

2002年12月28日，在社会各界的强烈关注和期盼下，《民办教育促进法》终于通过，这是迄今为止第一部专门规范和促进民办教育发展的国家法律。《民办教育促进法》重申了国家对民办教育实行"积极鼓励、大力支持、正确引导、依法管理"的方针。为了进一步加强对《民办教育促进法》的贯彻执行，国务院于2004年颁布了《中华人民共和国民办教育促进法实施条例》，对《民办教育促进法》中的一些条款做了明确的说明。至此，民办高等教育的发展逐步趋向规范化和有序化。

《独立学院设置与管理办法》主要是针对 20 世纪 90 年代以来部分省市的公立高等院校以新的机制举办的民办二级学院（现在统称为"独立学院"）的发展现实而制定的。通过一段时期的探索，独立学院从最初的试点到大面积推广，逐渐形成了一种新的办学机制，在保证高等教育规模扩大、增加高等教育资源等方面起到了积极作用。但是，一些独立学院在办学过程中出现了不少问题，对相关的政策急需进一步明确，管理工作亦应加强和规范。因此，教育部于 2003 年提出了《关于规范并加强普通高校以新的机制和模式试办独立学院管理的若干意见》，明确要求独立学院的办学要贯彻"积极支持、规范管理"的原则。为了更好地促进和规范独立学院持续、健康发展，教育部又于 2008 年 4 月 1 日起施行《独立学院设置与管理办法》，对独立学院的性质、设立、组织运作、监督管理和法律责任等问题进行了明确规定。

改革开放以来，在中国共产党的正确领导下，经过多次重大改革和政策调整，我国的教育事业取得了举世瞩目的成就，已拥有世界上规模最大的基础教育和高等教育。但是，我们也应该清醒地认识到，由于历史欠账和现实国情，我国的教育事业跟发达国家相比，还存在很大差距和不少问题，如教育发展不平衡，教育公平问题仍然突出，政府对教育经费的投入长期严重不足，教育行政化色彩较浓厚，学校办学自主权短缺，国民总体教育程度不高，职业教育水平较差。总之，我国的教育事业发展水平与建设人力资源强国的目标还有很大的距离。因此，中共十七大以来，我国教育体制改革的步伐不断加快。在科学发展观的指引下，中共十七大对优先发展教育、建设人力资源强国做出了新的部署，阐明了深化教育改革的战略思路。

2008 年 3 月，胡锦涛总书记、温家宝总理分别做出重要指示：要把研究制定中长期教育规划纲要作为新一届政府必须着力做好的一件大事。2008 年 8 月 29 日，温家宝总理主持召开国家科技教育领导小组第一次会议，听取教育部关于制定《教育规划纲要》工作情况的汇报，审议并原则通过规划纲要制定工作方案，决定成立教育规划纲要领导小组和工作小组，正式启动《教育规划纲要》的编制工作。经过长达两年时间的深入调研、专家咨询和民意征求，2010 年 6 月，中央政治局审议通过了《教育规划纲要》。

《教育规划纲要》从我国现代化建设的总体战略出发，描绘了我国未来 10 年教育改革发展的宏伟蓝图，科学确定了到 2020 年我国教育改革发展的战略目标、工作方针、总体任务、改革思路和重大举措。这是 21 世纪以来我国第一个教育改革发展规划纲要，是指导我国教育改革发展的纲领性文件。

《教育规划纲要》明确提出要深化办学体制改革，坚持教育公益性原则，健全政府主导、社会参与、办学主体多元、办学形式多样、充满生机活力的办学体制，形成以政府办学为主体、全社会积极参与、公办教育和民办教育共同发展的格局，调动全社会参与的积极性，进一步激发教育活力，满足人民群众多层次、多样化的教育需求。

《教育规划纲要》明确提出大力支持民办教育发展，各级政府要把发展民办教育作为重要工作职责，鼓励出资、捐资办学，促进社会力量以独立举办、共同举办等多种形式兴办教育，依法落实民办学校、学生、教师与公办学校、学生、教师平等的法律地位，保障民办学校办学自主权，清理并纠正对民办学校的各类歧视政策，制定、完善促进民办教育发展的优惠政策。

为进一步深化教育体制改革，根据《教育规划纲要》的部署，2010 年 12 月，《国务院办公厅关于开展国家教育体制改革试点的通知》出台，决定在部分地区和学校开展国家教育体制改革试点。关于深化办学体制改革方面，该文件要求："探索营利性和非营利性民办学校分类管理办法(上海市，浙江省，广东省深圳市，吉林华桥外国语学院)。清理并纠正对民办教育的各类歧视政策，保障民办学校办学自主权(上海市，浙江省，广东省深圳市，云南省)。完善支持民办教育发展的政策措施，探索公共财政资助民办教育具体政策，支持民办学校创新体制机制和育人模式，办好一批高水平民办学校(上海市，浙江省，福建省，江西省，广东省深圳市，云南省，宁夏回族自治区，武汉科技大学中南分校)。"

(二)中共十八大以来我国高等教育办学体制改革的突破

中共十八大以来，我国的办学体制改革继续深化，并取得了重大政策突破，最主要的体现是国家对民办教育发展政策的调整。《中华人民共和国国民经济和社会发展第十三个五年规划纲要》提出："建立分类管理、差异化扶持的政策体系，鼓励社会力量和民间资本提供多样化教育服务。"2016 年 11 月 7 日，第十二届全国人民代表大会常务委员会第二十四次会议通过了《关于修改〈中华人民共和国民办教育促进法〉的决定》，对 2002 年颁布、2013 年第一次修正的《中华人民共和国民办教育促进法》做出了第二次修正，规定："民办学校的举办者可以自主选择设立非营利性或者营利性民办学校。但是，不得设立实施义务教育的营利性民办学校。""营利性民办学校的举办者可以取得办学收益，学校的办学结余依照公司法等有关法律、行政法规的规定处理。"这次法律修正的亮点是允许非义务教育阶段的民办学校举办者取得办学收益，突破了之前"民办教育不能营利"的政策限制，必将激发社会力量举办教育的热情，促进民办教育这一办学模式的进一步发展。

经过七年的教育体制改革试点，2017 年 9 月，中共中央办公厅、国务院办公厅印发《关于深化教育体制机制改革的意见》，明确提出我国深化教育体制机制改革的指导思想、基本原则和主要目标。在指导思想方面，《关于深化教育体制机制改革的意见》指出，要全面深化教育综合改革，全面实施素质教育，全面落实立德树人根本任务，系统推进育人方式、办学模式、管理体制、保障机制改革，使各级各类教育更加符合教育规律、更加符合人才成长规律、更能促进人的全面发展，着力培养德智体美全面发展的社会主义建设者和接班人，为实现"两个一百年"奋斗目标、实现中华民族伟大复兴的中国梦奠定坚实基础。关于办学体制，《关于深化教育体制机制改革的意见》指出，要改进产教融合、校企合作的办学模式。健全行业企业参与办学的体制机制和支持政策，支持行业企业参与人才培养全过程，促进职业教育与经济社会需求对接。

第二节　高等教育办学体制改革：实践层面

改革开放以来，为了打破公立高校"一枝独秀"的格局、切实推进高等教育办学体制改革，国家及有关部门先后颁布了多项法规和条例，鼓励和支持民间力量参与举办高等教育。在这些法规和条例的许可与激励下，各种不同的办学形式不断得到尝试，逐步形成了以政府办学为主体、多种办学形式并存、公民办高等教育共同发展的办学格局。下面从实践层面对这些办学形式进行简要总结。

一、公立高等教育的办学体制和办学模式的探索与改革

（一）中心城市经济的发展与中心城市办学的兴起

20 世纪 70 年代末 80 年代初，许多城市，特别是沿海经济比较发达的中心城市出现了办大学的热潮，其中办学最为突出的是广东省所属的中心城市。到 2008 年 7 月，广东省共有普通高校 114 所（包括民办高校和独立学院），其中超过半数位于省会广州市区以外的地级市、县级区和市，约 1/3 的高校由地、县级政府举办。如深圳大学、深圳职业技术学院、广州大学、五邑大学、佛山科技学院、肇庆学院、茂名学院、东莞理工学院、嘉应学院、惠州学院、韶关

学院等，均由中心城市举办。中心城市办学，突破了以往中央、省（自治区、直辖市）两级办学的体制，形成了新的中央、省（自治区、直辖市）、中心城市三级办学的新格局，调动了各级政府的办学积极性。但中心城市办学在本质上还是政府办学，只是投资渠道发生了部分变化，在管理体制、运行机制等方面仍然体现了国家办学的基本特征。

（二）产学研结合的办学模式

产学研结合（即教学、科研、生产结合）的办学模式包括两个层次：①人才培养过程中实行教学、科研、生产结合。②学校、产业部门和科研单位结合，通过这种形式的结合，促进高校面向经济建设的主战场。[1] 据不完全统计，我国已有 240 多所高等学校与 5 000 多家企业开展了多种形式的合作办学与管理。[2] 特别是原属中央业务部门举办和管理的一大批高等学校，它们和相关企业有着许多天然的联系和历史渊源，与这些企业的合作促进了学校的发展和改革。

例如，重庆大学从 20 世纪 80 年代初开始探索产学研结合的办学模式，先后同 160 多个大中型企业建立了合作关系，与 60 多个地区和单位签订了全面合作协议。[3] 90 年代以来，重庆大学把进一步加强与大中型企业的合作作为重点，加强了全面规划，按照学科专业对口的原则，将 30 个重点合作的企业分别落实到 16 个院、系、所，完善了组织机构，配备专人联络协调，建立联系业务档案，将合作进展情况纳入各部门和院系的年度工作目标，根据企业的不同特点和要求，或从人才培养入手，或从科技攻关启动，逐步拓宽和深化合作的方式与内容。通过扎实的工作，该校与大中型企业的合

---

① 马寿喜：《改革高等教育办学体制初探》，载《高等工程教育研究》，1994(1)。

② 蔡克勇：《21 世纪我国高等教育办学和管理体制改革的走向》，载《中国高教研究》，2002(12)。

③ 马寿喜：《改革高等教育办学体制初探》，载《高等工程教育研究》，1994(1)。

作在原有基础上取得了实质性进展。该校还与中国工程物理研究院、西南自动化研究所等单位共同承担国家"火炬计划"项目，对推动我国科技、经济发展产生了积极作用。

高校与科研单位在人才、技术、设备和信息资料等方面具有很大的互补性，在培养高层次人才和承担重大科研项目等工作中加强合作，有利于发挥双方的优势。产学研结合的办学模式包含了人才培养、科学研究、科技开发等多方面的内容，它加强了高校与经济、社会的联系，推动了企业和地方经济的发展，促进了中央、地方和企业联合办学体制的建立。

(三)公立高校转制

公立高校转制是在保证学校资产为国家所有的前提下，减少或停止公立高校的财政拨款，改为运用民办机制，自主筹集办学经费，自主聘任教职员工，依法面向社会自主办学。它的核心是在保持高校国有性质不变的前提下，通过教育资源的合理配置，转变高校单一的投资体制和运行机制，调动学校和社会办学的积极性，提高教育质量和效益。

最早成功实施公立高校转制的学校是由原来的浙江省农村技术师范专科学校(以下简称"浙江农技师专")转制而来的浙江万里职业技术学院。[①] 1999 年，在征得教育部同意后，浙江省政府决定将浙江农技师专转制，由万里教育集团承办，实行所有权与举办权分离，学校财产全部归国有，学校更名为浙江万里职业技术学院(后升格为浙江万里学院)，从而揭开了我国首家公立高校转制的序幕。

浙江万里学院走国有改制之路，选择的是"国有、事办、民营"的模式。所谓"国有"，指浙江万里学院现有资产及以后累积的资产全部归国家所有；所谓"事办"，即改制后学院发展所需的经费，不

---

① 张兴：《高等教育办学主体多元化研究》，博士学位论文，华东师范大学，2002。

再由政府财政拨款，改由新的举办者——全国第一家全民所有制事业单位性质的教育集团——万里教育集团提供；所谓"民营"，即允许浙江万里学院参照万里教育集团其他民办学校的运作方式，按教育成本收取学费，全部用于办学所需。学院建立董事会，实行董事会领导下的院长负责制。

体制改革和运行机制的创新，给浙江万里学院带来了巨大的办学活力，实现了办学条件改善、教育资源扩张、办学规模扩大、办学水平提高的跨越式发展。这种办学机制不仅激活了一所曾经长期苦苦挣扎的普通高校，使其走出了困境，更重要的是探索出了国有大学，特别是地方薄弱高校在市场经济条件下，在没有国家财政投入的情况下，如何通过改制广泛吸纳社会力量办学、增强竞争实力并快速发展的新路。

浙江万里学院是由办学困难的第一部门高校向第三部门转型而取得成功的范例。有研究者将浙江万里学院的办学模式界定为一种既不同于公办院校又不同于一般民办院校的独特的现代大学制度——万里模式。[①] 这一模式对于我国高等教育办学体制改革具有重要的借鉴意义和启示作用，许多难以从政府部门得到足够支持的公办高校都可以借鉴浙江万里学院的经验，探索自己的发展道路。

公立高校成功改制的另一个例子是黑龙江东亚大学[②]，其前身是齐齐哈尔第一机床厂职工机电学院，其所依附的企业——齐齐哈尔第一机床厂，是拥有 1.2 万名职工的国有大型企业，共有成人职业教育及基础教育学校 9 所，因经费不足，学校发展举步维艰。

为了从根本上解决企业办教育经费严重不足、教育效益低下的

---

① 厦门大学教育研究院课题组：《万里模式：一种可资借鉴的现代大学制度》，载《高等教育研究》，2007(12)。

② 柯佑祥、邬大光：《从企办教育向民办教育转制的一种尝试——黑龙江东亚学团办学模式的思考》，载《黑龙江高教研究》，2000(5)。

弊端，黑龙江省原齐齐哈尔第一机床厂职工机电学院通过改制，有目的、有计划地逐步走出了一条以学院办学体制改革为突破口的改革之路。1993 年年末，机电学院与工厂签订了分离合同，学院由企业办转为国有民办，校名改为黑龙江东亚大学。分离后，学院费用全部自筹，依据市场对教育的多样化需求，学院由依赖企业生存、单一为企业培养人才的成人高专教育转变为自考本科、专科、中专的民办高校。

转制高校是近些年来我国高等教育领域出现的一种新型办学形式，是高校办学体制改革的一项重大突破，具有一定的积极意义：①打破了传统单一由政府包揽办学的格局，促进了多元化办学体制的形成；②增加全社会对教育的投入，在一定程度上解决了高校经费严重短缺的问题，促进了高等教育的可持续发展；③转换高校运行机制，有利于促进高校内部管理体制改革，增强高校的办学活力；④满足了社会对高等教育的需求；⑤合理调整高校布局，优化教育结构和教育资源，加大改造薄弱高校的力度，缩小了校际差距；⑥改变了师生员工的观念，有利于教育教学改革。①

（四）公办民助高校

公办民助高校即由国家举办的公立高校，办学经费主要依靠政府拨款，在经费不足的情况下，由国家机关以外的各种社会组织、公民个人捐资助学或以多种形式吸引社会力量投资支持学校发展。学校的经费来源主要是财政拨款，财政拨款应占其办学经费的 2/3以上，其余由学费、社会赞助等解决。"民助"主要有以下几种形式。②

1. 公民个人、团体或企业、公司无偿捐赠办学

改革开放以后，我国高校利用自身的专业优势吸引了社会各界

---

① 李祖超、黄文彬：《对我国公办高校办学体制改革的断想》，载《教育研究》，2002(10)。

② 张兴：《高等教育办学主体多元化研究》，博士学位论文，华东师范大学，2002。

的捐赠，在一定程度上缓解了经费不足的压力，但这些捐赠活动大多为专项捐赠，具有临时性和不确定性，无法保证高校经费来源的稳定。

2. 企业或公司投资学校基本建设，促进公立高校的发展

目前，投资学校的基本建设成为许多公司投资办学的一条重要途径。例如，上海外国语大学新校区（松江大学城校区）的全部校舍、设备等硬件设施由东方明珠有限公司投资，基本建设总投资 3.5 亿元。新校区建成后，环境非常优美，学校办学条件有了明显改善，招生人数有了显著增长，大大促进了学校的发展。投资方可以每年从学费中获得一定比例的投资收益。

3. 公司或企业参与高校后勤社会化建设，促进公立高校发展

高校后勤社会化首先是从解决与师生生活关系密切而又因为资金短缺长期难以解决的教师公寓、学生公寓、食堂等问题入手的。学校一般不给投资者以直接的经济回报，只是将若干年的资产经营、使用权给投资者，若干年后全部权利收归学校。投资方可以在经营后勤实业中获得回报。如中国煤炭经济学院（后更名为山东工商学院）与鸡西矿务局烟台建筑公司达成协议，由该公司投资 500 多万元承建学生食堂，建筑面积 3 800 平方米，建成后产权归学校，公司获得 25 年的使用权，期满后所形成的固定资产及其使用权无偿归学校。华东师范大学由台商投资 800 万美元建造了一个现代化的体育馆，建成后全部产权归华东师范大学，作为回报，学校允许台商将体育馆底层的保龄球馆经营 25 年。①

高校后勤社会化改革较好地解决了制约高等教育发展的瓶颈问题。比如，上海市在新中国成立后的 49 年间，单纯依靠政府投资，共建设学生宿舍 98 万平方米，而实行后勤社会化后，在 2 年多的时

---

① 张兴：《高等教育办学主体多元化研究》，博士学位论文，华东师范大学，2002。

间里，基本不要财政拨款就建成了 60 多万平方米。可见，后勤社会化是社会力量支持高等学校发展的一条很好的途径。[1]

（五）院校合作办学

院校合作办学是 20 世纪 90 年代我国蓬勃兴起的一种改革模式。较早的如北京市东北片区的几所学校（对外经济贸易大学、北京中医药大学、北京化工大学等），广州市石牌片区的几所学校（华南理工大学、华南农业大学、华南师范大学等）的合作办学。其特点是：地理位置相近的学校各自以独立法人身份，通过协议，就教学、科研、后勤服务等若干大家共同感兴趣的方面进行合作，以达到优势互补、资源共享、共同发展的目的。[2] 这种模式既有利于提高教育质量和办学效益，又不涉及隶属关系、投资渠道等外部关系，简易可行，是教育主管部门大力推进的改革模式，并且取得了显著的成效。

在教育部和天津市政府的推动下，南开大学和天津大学开展了紧密合作的全新办学模式。两校成立了由教育部有关负责人任组长，南开大学、天津大学主管教学的副校长任副组长的本科教学合作办学协作组，制定教学合作方案。在这个基础上，两校分别建设共同的文化素质教育基地和工程训练基地，面向两校师生开放，并组织开展两校学生共同参加的教学活动。两校还共同申请设置本科专业目录外的新兴学科、交叉学科专业，在本科教学领域实施全新的办学模式改革，共同制定适应新的办学模式的相关制度。两校在培养研究生、攻读第二学位等方面也进行合作。

截至 1999 年年底，全国共有 317 所高等学校开展了校际合作办

---

① 张兴：《高等教育办学主体多元化研究》，博士学位论文，华东师范大学，2002。

② 蔡克勇：《21 世纪我国高等教育办学和管理体制改革的走向》，载《中国高教研究》，2002(12)。

学，形成了 227 个合作办学体，总计 571 校次。[①]

二、民办高等教育的办学体制与发展模式

(一)我国民办高等教育的发展历程

我国本来有着悠久的私学传统，然而，在新中国成立初期进行的全国高等学校院系调整中，政府接管了所有的私立高等院校，私立高等教育也随之在我国消失。1978 年，邓小平同志在全国科学大会开幕式上的讲话强调："教育事业，决不只是教育部门的事，各级党委要认真地作为大事来抓。各行各业都要来支持教育事业，大力兴办教育事业。"[②]于是，沉寂了近 30 年的私立教育以社会力量办学的形式又得到了恢复和发展。40 年来，民办高等教育的发展过程大体可以分为四个阶段。

1. 恢复和鼓励发展阶段：1978—1986 年

1978 年 10 月，我国第一所民办高等教育机构——湖南中山进修学校(原中山业余大学)成立。[③] 1981 年 1 月，国务院批转教育部《关于高等教育自学考试试行办法》的报告，在全国建立了高等教育自学考试(以下简称"自考")制度。这种新的教育考试制度促使社会助学机构纷纷建立，孕育了中国当代民办高等教育的发展。1982 年 3 月，由全国科学社会主义学会(筹委会)和北京科学社会主义学会举办的中华社会大学在北京成立。但是，从严格意义上说，这些机构还不能算是真正的民办高校，只是职业培训机构或自考助学机构，而且数量有限。以北京为例，到 1983 年仅有 4 所，其中面授与函授各 2 所。

[①]　蔡克勇：《21 世纪我国高等教育办学和管理体制改革的走向》，载《中国高教研究》，2002(12)。

[②]　《邓小平文选》第 2 卷，95 页，北京，人民出版社，1994。

[③]　邬大光：《21 世纪中国民办高等教育面临的机遇、挑战、危机与使命》，载《黄河科技大学学报》，1999(3)。

1984 年，全国第一批 4 所国家承认学历的民办高等学校诞生了，包括北京海淀走读大学（后更名为北京城市学院）、浙江树人大学、四川天一学院和黄河科技学院。这之后一度兴起了举办民办高等学校的热潮。到 1986 年年底，全国民办高等学校发展到 370 余所。

2. 调整、规范阶段：1987—1991 年

随着民办高等学校的发展，办学中的一些问题逐渐暴露出来。针对一些民办高等学校办学条件差、教育质量低劣、滥发毕业证书等问题，1987—1991 年，国家教委先后颁布了《关于社会力量办学的若干暂行规定》及教学、财务、证书等管理规定，加强了国家对民办高等学校的规范和整顿，并督促地方教育行政部门对民办高等学校进行清理，撤销了一批不合格的学校。在这期间，民办高等学校的数量仍有发展，但发展缓慢，到 1991 年年底，民办高等学校数量发展到 450 余所。

3. 新的发展阶段：1992—1997 年

1992 年年初，邓小平同志南方谈话后，民办高等教育受到国家的重视和积极支持。江泽民总书记在中共十四大报告中指出："鼓励多渠道、多形式社会集资办学和民间办学，改变国家包办教育的做法。"1993 年 3 月，李鹏总理在第八届全国人民代表大会第一次会议上所做的《政府工作报告》中进一步指出："积极探索建立以政府办学为主体、社会各界共同办学的新体制和多种办学模式。"随后，中共中央、国务院又在《中国教育改革和发展纲要》中提出："改革办学体制。改变政府包揽办学的格局，逐步建立以政府办学为主体、社会各界共同办学的体制。""国家对社会团体和公民个人依法办学，采取积极鼓励、大力支持、正确引导、加强管理的方针。"1993 年 8 月，国家教委颁布了《民办高等学校设置暂行规定》，肯定了"民办高等学校是我国高等教育事业的组成部分"。这些方针、政策大大促进了民办高等教育的发展。据 1995 年的统计，当时全国民办高等教育机构

达 1 230 所，其中，具有实施高等学历教育资格的民办高校 21 所，学历文凭考试试点学校 49 所。1997 年 7 月 31 日，国务院发布《社会力量办学条例》，其中第五条第一款规定："社会力量应当以举办实施职业教育、成人教育、高级中等教育和学前教育的教育机构为重点……国家严格控制社会力量举办高等教育机构。"第六条规定："社会力量举办教育机构，不得以营利为目的。"国家开始控制民办高等教育的发展。

4. 快速发展阶段：1998 年至今

1998 年，教育部在《面向 21 世纪教育振兴行动计划》中提出"今后 3～5 年，基本形成以政府办学为主体、社会各界共同参与、公办学校和民办学校共同发展的办学体制。"1999 年 6 月 13 日发布的《中共中央、国务院关于深化教育体制改革全面推进素质教育的决定》提出："在发展民办教育方面迈出更大的步伐。鼓励社会力量以各种方式举办高中阶段和高等职业教育。经国家教育行政主管部门批准，可以举办民办普通高等学校。"随着实施高等学历教育资格的审批权下放到各省（直辖市、自治区），民办高等教育机构在各地迅速发展起来。

2002 年 12 月 28 日，姗姗来迟的《民办教育促进法》终于通过。为了加强对《民办教育促进法》的贯彻执行，国务院于 2004 年颁布了《中华人民共和国民办教育促进法实施条例》。为了规范独立学院的发展，教育部于 2008 年 4 月 1 日起施行《独立学院设置与管理办法》，对独立学院的性质、设立、组织运作、监督管理和法律责任等问题进行了明确规定。此后，民办高等教育开始朝着规范、有序的方向发展。

（二）民办高等教育机构的类型

1. 自考助学形式

20 世纪 80 年代初，我国创立了自考制度。自考是国家面向社会的认定高等教育学历资格的考试，具有权威性、公正性，它的出现产生了极大的社会吸引力，从而带动了一批以自学考试辅导为初衷的民办高中后教育培训机构的迅速发展。这类学校多为省、市、区审批，统称为非学历高等教育机构，该类学校曾一度占全国民办高校总数的 2/3。[①] 由于上述学校的学员入学不受国家招生计划的限制，宽进严出，培养与考试相分离，所以形式灵活，也能推动民办学校提高教学质量，使高等教育学历体系进一步扩展。

2. 学历文凭考试形式

学历文凭考试是国家对尚不具备颁发学历文凭资格的民办高等教育机构的一种扶持形式，1993 年开始试点。进入试点省（自治区、直辖市）的基本符合国家规定的民办高等学校，经所在省（自治区、直辖市）教育行政主管部门确定，可进行文凭考试试点。

1991 年 6 月，国家教育委员会致函北京市人民政府，委托北京市对社会力量举办的民办高等学校教育进行学历文凭考试的试点工作。[②] 北京市于 1993 年开始在 15 所民办高校的 15 个专业中试行学历文凭考试，1995 年年底，首届毕业生取得国家承认的大学专科毕业证书。在北京市民办高校试点的基础上，该项试点相继扩大到辽宁、上海、四川、陕西等省（直辖市）的民办高等学校。

到 1999 年，全国已有 18 个省份开展了此项工作，学校数达 370 多所。学历文凭考试是学校办学与国家考试相结合的一种教育形式，它有别于传统学校教育，又不同于完全的自学考试。它力图试验一种以国家考试为导向、民办高校为依托，宽进严出，教考分离的办学模式。在学校总体水平尚未达标时，为保护办学者、上学者的积极性，以及坚持国家宏观教育质量标准，采取国家、省级、学校三

① 瞿延东：《民办高教的发展模式》，载《中国教育报》，2001-10-30。
② 瞿延东：《民办高教的发展模式》，载《中国教育报》，2001-10-30。

级考试的办法，对学生及学校教育质量进行客观评价，三级考试合格者，国家承认其学历。

2003 年、2004 年，国务院先后下发"国发〔2003〕5 号"（《国务院关于取消第二批行政审批项目和改变一批行政审批项目管理方式的决定》）、"国发〔2004〕16 号"（《国务院关于第三批取消和调整行政审批项目的决定》），决定取消"对实施高等教育学历文凭考试试点省份的资格审批"，取消"省级对实施高等教育学历文凭考试试点学校的资格审批"。根据国务院文件的精神，2004 年 7 月，教育部发出通知，结束高等教育学历文凭考试试点工作，取消高等教育学历文凭考试，并从 2005 年开始，所有进行学历文凭考试试点的民办教育机构，一律终止招收学历文凭考试学生。

3. 民办普通高校

1993 年 8 月，国家教委颁发了《民办高等学校设置暂行规定》，文件第十三条明确规定："国家鼓励设置专科层次的民办高等学校。设置本科层次的民办高等学校，其标准需参照《普通高等学校设置暂行条例》的规定执行。"第六条第一款指出："民办高等学校及其教师和学生享有与国家举办的高等学校及其教师和学生平等的法律地位。民办高等学校招收接受学历教育的学生，纳入高等教育招生计划。学生毕业后自主择业，国家承认学历。"

截至 2016 年年底，教育部审批的国家承认具有颁发学历文凭资格的民办高校达 476 所。

4. 独立学院

20 世纪 90 年代，某些经济发达地区在加快高等教育发展的过程中，出现了二级学院的办学模式，后来教育部对这种办学模式进行规范，现在统称为"独立学院"。独立学院具有独立的法人资格、独立的校区，独立进行财务核算，单独招生，独立颁发证书。它依托现有的普通高校延伸办学，试行民办学校运行机制。截至 2016 年 12

月，全国共有独立学院 266 所。[①]

（三）民办高等教育的办学体制与发展模式

1. 民办公助学校

民办公助学校即由民营企业、公民个人、社会团体或其他社会经济组织通过多种形式广泛募集社会上的闲散资金，接受各方投资和捐赠来发展高等教育，其办学经费和运行经费主要来源于非财政性经费，但学校在师资、财政、土地、建设等方面享受政府的优惠政策，政府积极支持学校的发展。

政府资助是各国促进私立教育发展的重要途径，相比较而言，我国对民办高校的资助体系还没有完全建立，覆盖面也比较小。目前的政府资助主要有以下几种形式。[②]

（1）提供部分经费

由于财力有限，目前我国还没有对民办高校实行普遍的经费资助，只是在一些经济比较发达的地区，对一部分办得较好的民办高校给予财政上的支持。如原北京海淀走读大学的办学经费主要来自学生交费，但北京市政府也向学校提供了部分经费，以示鼓励和支持。

（2）免费划拨或优惠提供土地

1999 年，全国教育工作会议明确宣布：新建扩建学校，包括民办学校，政府可以无偿提供办学用地，免收校舍配套费用。在财政无力为民办高校提供资金支持时，一些地方采取了免费划拨或优惠提供土地的办法，支持民办高校的发展。比如，金华职业技术学院自筹建以来，金华市委、市政府通过划拨和兼并等途径为学院提供

①　教育部：《2016 年全国教育事业发展统计公报》，http：//www. moe. edu. cn/jyb_sjzl/sjzl_fztjgb/201707/t20170710_309042. html，2018-07-10。

②　张兴：《高等教育办学主体多元化研究》，博士学位论文，华东师范大学，2002。

土地 1 300 多亩。

(3)其他支持政策

除了前面几种资助形式外，减免各类项目建设配套费，为学校引进高学位、高职称人才提供优惠政策，政府领导出任学校董事会主要成员或兼任学校领导等，都是政府支持民办高校发展的有效形式。如金华市政府为鼓励、支持金华职业技术学院的发展，减免各类项目建设配套费 1 000 多万元。在投资兴建学院图书馆时，将原金华市公共图书馆与新建图书馆合并，不仅丰富了学院的藏书，而且扩大了学院对社会的影响。金华市委、市政府主要领导还长期兼任学院的领导职务，不仅不从学院支薪，还把工资的 10% 捐给学院，对学院的发展起到了巨大的推动作用。由市委领导担任学院的领导职务，实际上代表了政府主管部门对它的赞许和认可，给学院带来了很高的社会声誉，大大增强了学院的市场竞争力和号召力。

2. 独立学院

(1)独立学院的发展概况

独立学院的前身是公立大学下设的民办二级学院，这是在公立高等教育投入不足和民办高等教育发展艰辛的背景下，自下而上地探索出来的一种高校办学新模式。这类新的二级学院在扩大优质高等教育资源和解决高校扩大招生规模问题上发挥了积极作用。独立学院则是教育部为了进一步促进高等教育办学体制的改革与创新，自上而下地对公立大学民办二级学院进行规范而出现的高校办学新模式。这是一种既有别于公立大学又有别于公立大学二级学院和纯民办高校的全新办学模式。

1999 年第三次全国教育工作会议召开之后，经济较发达的浙江、江苏、广东等省市在普通高等学校中试办的公立民办二级学院如雨后春笋般出现，仅浙江省就有 18 所，而到 2003 年，经济并不发达的湖北省就发展到 27 所之多。① 公立民办二级学院的异军突起，引起了高等教育界的普遍关注。

随着民办二级学院的逐步发展，其弊端也日益凸显，主要有三种：一是相当一部分高校在校内举办了所谓"二级学院"，这种"校中校"本质上是变相地在搞收费"双轨制"；二是颁发学历证书的政策不统一，有的学校以独立学院的名义颁发，有的学校则以母体高校的名义颁发；三是法人、产权等重大法律关系问题不明确。

针对民办二级学院发展中存在的问题，教育部于 2003 年 4 月 23 日发布了《关于规范并加强普通高校以新的机制和模式试办独立学院管理的若干意见》，对独立学院进行了明确界定："本文所称独立学院，是专指由普通本科高校按新机制、新模式举办的本科层次的二级学院。"该文件要求独立学院的办学贯彻"积极支持、规范管理"的原则，一律采用民办机制试办。2003 年 8 月 15 日，《教育部关于对各地批准试办的独立学院进行检查清理和重新报批工作的通知》出台。在该文件发布之后，各地按其规定，对原有民办二级学院进行检查清理并向教育部重新报批，教育部有关部门的负责人和专家组也抽查了一批民办二级学院，一些不符合条件的学院有的被停办，有的被要求进行整改，同时也批准了一些新的独立学院。此后，独立学院的办学逐渐趋于规范。

2008 年 4 月 1 日起施行的《独立学院设置与管理办法》，是专门针对独立学院的发展与管理而颁布的行政性法规，对独立学院的性质、设立、组织运作、监督管理和法律责任等问题进行了明确规定。

（2）独立学院的特征

独立学院有三个重要特征。

第一个特征是"优"，即独立学院拥有优质资源。优质资源的组

---

① 黄建军：《再议公有民办二级学院的办学模式》，载《湖北社会科学》，2003(10)。

合主要来自两个方面：一个是现有的公办高校，他们有好的教学传统和教学资源，也有好的管理模式，而且教师队伍确有余力；另一个是社会力量，他们有好的资金、资源和办学的热情，更重要的是，他们会带来民营的机制与活力。这两个资源的有机组合，是民办教育发展的结合点。

独立学院的第二个重要特征是"独"，也就是说，独立学院在办学和管理上必须与校本部相对独立。独立学院要有独立的法人资格，要独立颁发证书，有独立的校园，实行独立的财务核算。强调一个"独"字，既有利于防止出现"校中校"，影响教育公平，消除由于办学机制不统一可能引发学生不稳定事件的隐患；也有利于避免校本部与独立学院产生今后发展中可能出现的民事纠纷，特别是在债务纠纷中承担无限的连带责任，在一定程度上化解校本部的风险；还从法律和制度上保持了独立学院的独立地位和相应的权力，防止校本部对其过度干涉，有利于独立学院在办学机制和模式方面进行大胆的、独立的改革和探索。可见，坚持一个"独"字，是实现校本部和独立学院双赢的制度保证。

独立学院的第三个重要特征是"民"。独立学院应该是一个民办机制的学校，由普通高校和社会力量合作举办，不是原来意义上的公办学校。独立学院不靠政府投入，其投入主要是合作方承担或者以民办机制共同筹措，收费也是按照国家有关民办高校招生收费的政策进行。这就保证了独立学院成为在现有体制之外，依靠民办机制新增的高等教育资源。

（3）独立学院的办学模式[1]

①校政合作模式。

校政合作模式是指公立高等学校与地方政府共建独立学院的办

---

[1]　苗玉宁：《我国独立学院办学模式研究》，硕士学位论文，山西大学，2007。

学模式，学院实行董事会领导下的校长负责制，具有相对独立的法人地位。如浙江大学宁波理工学院是由浙江大学和宁波市政府合作举办的，而浙江大学城市学院是由杭州市人民政府、浙江大学和浙江省电信实业集团共同创办。

这是一种具有很大发展潜力的模式，它不仅得到了母体高校的支持，更有政府做后盾，在解决办学过程中诸如发展所需要的土地、资金、师资聘任等方面的问题时，政府可以给予优惠政策。如浙江大学城市学院，它的奋斗目标是"千亩校园、万人规模"，如果没有政府做后盾的话，这种目标在短期内是很难实现的。

②改制模式。

改制模式是由公立大专或中专改制而成的，分为整体改制、部分改制、兼并与改制三种形式。如浙江工业大学之江学院就是由杭州船舶工业学校与浙江工业大学合并，经改制而成的。这是普通高校扩大规模、提升实力和质量的途径之一。

相较其他模式而言，改制模式更显优势和活力，也更为部分学者看好。首先，诸如浙江工业大学之江学院等学院成功转制，不仅盘活了原有的教育资源，而且使原有的教育资源经过重组得到了较大的提升，更由于其有独立的校区和一定的师资及无形资产，只需要进一步加大建设力度，就会获得较快发展。

③校企合作模式。

校企合作模式是指高校与企业共同投资创办学院的模式。　一般由企业集团、大型企业或较具有实力、资金雄厚的中型企业提供（全部或部分）资金，负责办学所需硬件建设，包括校园设施、设备、后勤设施建设等；高校提供软件建设，即负责办学管理，包括教师聘任、教学管理等。如山西大学商务学院是山西大学与山西省供销学校共同发起成立的独立学院。商务学院的土地、部分校舍及教学科研办公设备由山西省供销社承担。学院教学管理、师资选派、教学质量监管与保证等软件由山西大学投入。学院具有独立校区，独立教学，独立进行财务管理。

这是目前普通高校普遍采用的一种模式，也是《关于规范并加强普通高校以新的机制和模式试办独立学院管理的若干意见》极力推崇的一种模式。这种模式使有远见卓识的企业主体能够从投资高等教育中获得长期的教育投资回报；高校也因此可以解决建设资金不足的问题，从而可以不断增加教育资源，实现自身的发展。可见，校企合作模式是一种双赢的选择。

④中外合作模式。

中外合作模式是指由公立大学与港澳台同胞或海外侨胞或国外大学合作举办二级学院，双方共同承担教学、管理工作的模式。如原郑州大学升达经贸管理学院（后更名为郑州升达经贸管理学院），就是以王广亚为董事长的台北广兴文教基金会与郑州大学合作兴办的。上海大学悉尼工商管理学院、中欧国际工商学院、东华大学—莱佛士国际设计专修学院则是我国公立大学与外国大学（机构）合作兴办的。外方主要提供国外有特色的学科专业、课程教材、师资、教学方法乃至教学计划、学历资格证书等，也有的提供资金、教学设备而进行教学和科研方面的合作。

它的最大优势在于实现了东西方教育与文化文明的相互吸收与融合，适应了教育全球化趋势，这是其他办学模式所不具备的优势。它通过引进境外资金或国外大学的优秀教师、先进的管理方法和教学方法提高教学质量，培养在素质、知识和能力诸方面具有竞争力的国际化人才。

⑤公立高校与私立高校合作模式。

原四川师范大学电影电视学院（后更名为四川电影电视学院）是这种类型的代表。该学院是四川师范大学与原四川电影电视艺术进修学院（公民个人办学）于 1997 年正式签订协议成立的。新学院成立后，各专业招生列入国家艺术院校招生计划。学生毕业时颁发四川师范大学大专毕业文凭。学院自筹经费，在成都西郊独立建院，占地 260 亩，建筑面积 5 万余平方米。学院财务独立，教学管理和师资力量依托四川师范大学的支持。

公办院校与民办院校的成功合作，可以实现双方的优势互补，利用公办院校的品牌、经验和师资，发挥民办院校机制灵活、筹资渠道灵活、机构精练等优势，这样办学具有更强的生命力。

3. 教育集团

近年来，随着我国非公立教育机构的迅速发展和教育产业论的广泛传播，按经济规律办事，把教育作为产业来经营开发，以投入—产出原则来对待教育等观点得到了很多教育界和经济界人士的认同，各种产业经营管理手段和企业组织形式被移植到教育领域。于是，一种教育开发经营的新的组织形式——教育集团应运而生。尽管目前教育行政部门对教育产业性质的认识还不一致，有关教育产业的政策还未出台，但教育集团的发展势头比较迅猛。

教育集团是从企业集团的组织形式移植而来的教育经营开发组织形式。我国目前已出现了浙江省万里教育集团、宁波华茂教育集团、中锐教育集团、黑龙江东亚学团、南洋教育集团等，这些教育集团以教育就是服务为理念，初步形成了从幼儿园到大学"一条龙"的办学模式。它们把市场运作机制引入教育集团，逐步实现教育规模的集团化。

有学者通过考察那些目前运行良好的教育集团，将教育集团概括为三种模式。①

---

① 高耀明、魏志春：《论我国教育集团发展的现状和趋势》，载《高等教育研究》，2001(6)。

（1）积累拓展模式

这种模式创立的教育集团通常从开办短期职业培训班或接管不大景气的成人学校或职业学校开始，经过一段时间的资金和经验积累，拓展投资面，创办或接管不同类型的学校，形成滚雪球效应，成为由多家类型和层次不同的学校所组成的教育集团。广东信孚教育集团和浙江万里教育集团是这种模式的代表。

（2）连锁投资模式

这种发展模式由企业或财团进行先期投资，再滚动运行，扩大投资范围，连锁发展，建成学校系列。由于这类学校的硬件设施起点标准高，用高薪招聘水平较高的教师，因而学费也较高。它们采用统一校名、统一模式、统一管理等发展手段，以产业发展的观点，从产业组织、区域布局、资源配置、运行优化等方面进行产业化管理运作，因而集团的滚动发展较快。南洋教育集团就是其中的典型。

（3）名牌复制模式

这种发展模式由原有的名牌学校依靠其教育品牌，兼并同类薄弱学校或与企业创办新学校，通过人才和管理经验的输出，实现名牌复制、优质教育资源扩张，形成具有名牌学校特色的系列学校。前述两种教育集团发展模式都是企业界人士通过接管原有学校或创办新的学校直接参与教育发展，而名牌复制模式则是教育界与经济界利用各自优势，合作参与教育发展。上海市建平教育集团是这种模式的代表。

三、其他形式的办学模式[1]

（一）公、民联办

公、民联办即公办高校和民办高校联合办学。它是公、民办高

---

[1] 该部分内容除特别注明外，主要参考张兴：《高等教育办学主体多元化研究》，博士学位论文，华东师范大学，2002。

校为了克服自身的不足，在自愿、互利、互惠的基础上，采取多种形式进行合作，达到资源共享、学科交叉、优势互补、协调发展，共同提高办学水平和办学效益，促进自身发展的一种办学模式。

联合办学是公、民办高校自身发展的需要。公立高校希望通过联合办学提高办学效益、增加办学经费；民办高校则希望依托公立高校在师资、场地、设施、社会声誉等方面的优势，弥补自己的先天不足，解决发展过程中自己无法独立解决的问题。

公、民联办有松散型联合和实质性联合两种模式。公立高校与民办高校联合办学刚开始时的主要形式是松散型联合办学，20 世纪90 年代中后期开始出现实质性联合办学。

1. 松散型联合办学

松散型联合办学是在隶属关系、投资渠道不变的前提下进行的联合办学，即公、民办高校的建制仍然保留，双方（主要是民办高校）在师资、场地、图书资料等方面相互依托，发展壮大自己。这种联合办学的特点是原隶属关系和投资渠道不变，在自愿互利的基础上，实现资源共享、优势互补、学科交叉、协调发展。联合办学的范围相当广泛，涉及教学、科研、管理、后勤等各个领域，内容丰富多彩。联合的形式也是多种多样的，主要有：教师交流；联合招生，联合培养；共同使用教学、科研、后勤、文化等活动设施；建立情报交换中心，信息共享等。

1985 年成立的旭日服装职业学校，在发展过程中碰到了不少困难。1987 年在原纺织工业部的直接支持下，它与西北纺织学院联合办学，成立了西北纺织学院惠州分院，初步解决了师资、教育教学管理、人才培养档次等问题。1989 年与惠州师范专科学校实行联合办学后，西北纺织学院惠州分院解决了学生的生活设施、图书资料、活动场地等问题。1999 年，西北纺织学院惠州分院改名为西纺广东服装学院，实行董事会领导下的院长负责制，董事会由香港旭日集团、惠州市人民政府、惠州大学、西北纺织学院的代表组成，董事长由旭日集团董事长担任，院长由惠州大学派出，管理人员、教师由三方共同负责。该院现已并入惠州学院服装系。

2. 实质性联合办学

实质性联合办学实际上是不同高校之间的合并办学，是联合办学的最高形态，指隶属于不同部门、不同层次、不同形式的高校，在人、财、物等方面进行重组，合为一个办学实体。即几所公立学校和民办高校实施实质性的合并后，成立一所新的公立高校或民办高校，被合并方的建制取消。实质性联合办学又可以细分为公立高校兼并民办高校和民办高校兼并公立学校两种类型。

公立高校兼并民办高校，往往是将民办高校作为附属于自己的民办二级学院。在目前的形势下，民办高校由于财力、社会声誉等方面与公立高校的差距较大，民办高校兼并公立高校的形式目前尚未出现，但民办高校兼并公立中等专科学校的形式已经出现。

浙江树人大学（浙江树人学院）成立于 1984 年 12 月，是国内首批国家承认学历的全日制民办高校。由于种种原因，浙江树人大学在办学过程碰到了许多困难，学校发展缓慢。为了支持民办高等教育的发展，同时提升中等职业技术学校的层次，2000 年，浙江省政府决定，将原浙江树人大学、浙江省电子工业学校、浙江省轻工业学校、浙江省对外经济贸易学校，以资产为纽带，按股份制形式联合组建为新的浙江树人大学。经浙江省教委、省国资局会同学校主管部门进行清产核资和资产评估工作，明确原浙江树人大学和三所中专学校在新浙江树人大学中的股份分别为 36％、24％、22％和 18％。政府对三所中专学校原有投入所形成的全部资产，各自以股本金形式注入新的浙江树人大学，作为国家财政性投入，全部用于学校建设。为鼓励和支持学校发展，近期内原中专学校主管单位继续给予经费支持，每年投入约 1 000 万元，占浙江树人大学全部收入的 15％左右。

合并后的浙江树人大学占地面积近 300 亩，校舍建筑面积 10 万余平方米，拥有专业实验室和基础实验室 40 多个，图书馆藏书量 23 万余册，成为一所文、理、工、管理与艺术兼具的多学科全日制民办高校，是目前为止，全国民办高校中学科设置较多、办学规模较大、办学条件和设施较为齐备的一所高校。

（二）股份制办学

股份制办学是指以股份形式，按照"入股自愿、股权平等、利益共享、风险共担"的原则，把分散的资金吸收到办学中来，按持股份额分配股息，承担有限风险，实行董事会领导下的校长负责制，由校长负责具体办学的模式。股东可以用货币投资，也可以用实物、房屋等有形资产或知识、技术等无形资产折价入股，但后两者一般有比例限制。

按照出资渠道的不同，我们可以把股份制办学分为以下几种类型。

1. 自然人合股型

这是由多个自然人以股份形式联合出资设立的学校。如东海学院就是由四位老教师每人出资 5 万元合股创办起来的。他们既是学校的所有者，又是学校的骨干，现在学院资产已经超过千万元。

2. 混合型

这是由自然人和法人以股份形式联合出资设立的学校。如黑龙江东亚学团所属的东亚大学，由齐齐哈尔第一机床厂职工机电学院改制而成，该校开展"以工龄置换产权"的教育股份制试点，将原机床厂员工的工龄全部买断后，根据工龄长短置换成若干货币，然后员工用这笔钱作为资金投资入股，与东亚学团一样成为东亚大学的股东，同时与原齐齐哈尔第一机床厂完全脱离关系。

3. 法人合股型

这是由具有法人资格的企事业单位或社会团体联合出资组建或

承办的学校。如上海师范大学与上海亚达投资发展有限公司、上海漕河泾实业总公司两家公司联合组建了厚德教育投资发展有限公司，共同承办上海师范大学奉贤校区。海南省政府、海南电视大学、海南农工贸股份有限公司共同出资设立了股份制的海南职业技术学院。

股份制办学成绩比较突出的要数温州大学。温州大学由温州教育产业集团董事会投资经营，集团不管教学，温州大学是办学的实体。1999年4月，温州市政府决定，由政府出资40%，社会企业出资60%，筹资2亿元创建股份制的温州大学。学校实行两级法人制，温州大学为一级法人，各学院为二级法人，分别成立董事会。温州汇丰投资有限公司等三家民营企业创办了管理学院、国际关系学院等5个学院。温州大学在人才培养、引进、考核、激励机制上大胆创新，在机构岗位设置、人事分配、财务运行、教学改革、学科建设、学生工作、后勤社会化体制运行上加强管理、强化考核。同时，温州大学还出台了在全国范围内招聘优秀教师的措施，建立社会保障、人才开发服务等一系列新的机制。温州大学逐渐成为一所在浙江省乃至全国有一定影响的大学。[1]

(三)中外合作办学

根据2003年9月1日起施行的《中华人民共和国中外合作办学条例》第二条的规定，中外合作办学是指外国教育机构同中国教育机构在中国境内合作举办以中国公民为主要招生对象的教育机构的活动。

在我国，中外合作办学的出现是改革开放以后的事情。新中国成立后，受国际国内政治环境的影响，我国的高等教育基本上是在封闭的环境中自我运行的，与外界很少发生联系。改革开放之初，

---

[1] 许长青：《新时期我国高等教育办学主体多元化理论与实践研究》，硕士学位论文，广西师范大学，2003。

我国开始探索各种形式的中外合作办学活动。中外合作办学的最初形式是各种类型的培训班和 MBA（工商管理硕士）班，如 20 世纪 80 年代中期中国人民大学、复旦大学相继举办了中美经济学、法学培训班，原天津财经学院与美国俄克拉荷马大学合作举办的 MBA 班等。此后，中外合作办学的机构逐渐增多。

到 20 世纪 80 年代末 90 年代初，由于缺乏明确的法律规定，中外合作办学出现了较多的问题，加上受当时国际国内政治因素的影响，这一时期各种形式的中外合作办学发展较为缓慢，基本上处于停滞不前的状态。1993 年 6 月 30 日，国家教委在大量调查研究的基础上，下发了《国家教委关于境外机构和个人来华合作办学问题的通知》，1995 年 1 月 26 日又颁布了《中外合作办学暂行规定》。从此，中外合作办学走上了依法办学、依法管理的轨道。随着改革开放的不断深入，我国对高等教育领域的对外开放也制定了一系列鼓励政策。《中国教育改革和发展纲要》规定："进一步扩大教育对外开放，加强国际教育交流与合作。"《教育法》第六十七条第一款规定："国家鼓励开展教育对外交流与合作，支持学校及其他教育机构引进优质教育资源，依法开展中外合作办学，发展国际教育服务，培养国际化人才。"在这种形势下，中外合作办学重新出现了迅猛的发展势头，至今方兴未艾。

目前，我国已与美国、加拿大、德国、英国、法国、澳大利亚等诸多国家开展了中外合作办学。根据不同的标准，我们可以将各种形式的中外合作办学归结为不同的类型。

1. 根据投资主体的不同，中外合作办学可以分为单一型和复合型

单一型合作办学又可以分为全部由外方投资和全部由中方投资两种类型。全部由外方投资的合作办学由外方提供校舍、场地等必要的教学资源和一部分教师；全部由中方投资的合作办学则由中方

负责全部的硬件设施，外方只是提供教材、教师和管理上的帮助。复合型合作办学则是由中外双方共同投资进行合作办学，其中又可以分为以外方投资为主和以中方投资为主两种类型。不管哪种类型，中方都必须以校舍及其他教学资源作为投入。

2. 根据中外合作办学的具体实施机构的不同，中外合作办学可以分为依托型和新建型

依托型合作办学是依托校内现有二级学院，由二级学院与外方合办有关专业，如上海理工大学与德国汉堡大学合办的机械设计制造及其自动化专业与电器工程及其自动化专业（中德班）属于这一类型。新建型合作办学是组建新的学院开展合作办学，如原上海外贸学院与原澳大利亚皇家墨尔本理工学院（RMIT）合办的澳曼特学院就属于这一类型。这两种模式在内部管理体制上都采取"一套班子、两块牌子"的做法，从而大大节约了行政成本和教学成本。

3. 根据学生学历文凭或学位的最终获得情况，中外合作办学可以分为五种类型

第一种，由国外大学授予学历文凭或学位。这种类型的合作办学一般由国外大学提供全套教材、师资和教育教学管理，学生在国内培养后，由国外大学授予学历文凭或学位，如 20 世纪 80 年代初期，我国一些大学与国外大学合作举办的 MBA 教育。

第二种，由合作双方同时授予学历文凭或学位。如上海大学悉尼工商学院计划内统招的学生，其专业名称均以教育部颁发的"本科专业目录"中的名称为准，学生毕业后，可以获得中国与澳大利亚双毕业证书。

第三种，国内学历教育与国际专业资格教育相结合。学生学完规定课程后，经考试合格，在国内获得学历文凭或学位，同时可以获得国际专业资格证书，并可以向国外有关大学申报相应学位。如南京审计学院与英国特许公认会计师公会（ACCA）合作办学，学生

在就读本科大学课程的同时攻读 ACCA 的 14 门课程，在完成基础阶段和证书阶段后，可向英国有关大学申请学士学位；通过专业阶段后，可获得英国总部颁发的 ACCA 毕业证书，并有资格申请硕士学位。

第四种，国内学历教育与国外职业资格证书相结合。学生完成学业后，在国内获得学历文凭或学位，同时获得国外大学授予的职业资格证书或单科课程结业证书，但不能向国外有关大学申请学位。

第五种，由国内大学招收非学历班学生，中方和外方共同培养，学生学完全部课程，成绩合格，获得结业证书或外方毕业证书，如上海大学悉尼工商学院计划外招收的学生毕业后可以获得澳方毕业证书。

第三节　高等教育办学体制改革的
成就、问题与走向

一、改革开放以来我国高等教育办学体制改革的主要成就

纵观改革开放 40 年来我国高等教育的发展历程，无论在政策方面还是在办学实践方面，我国高等教育办学体制改革都获得了重大突破，取得了令人瞩目的成就。政府垄断的"一元化"办学体制被彻底打破，逐步形成了"一主多元"的办学体制，即以国家办学为主、多种办学体制并存的高等教育办学体制。具体而言，高等教育办学体制改革主要在如下方面取得了比较突出的成就。

(一)高等教育办学体制的有关政策法规不断完善，从法律上确立了民办高等教育的合法地位

与高等教育办学体制的有关政策法规主要涉及非政府办学活动即民办高等教育的发展问题。新中国成立初期，随着"社会主义改造"的一声令下，此前的私立高等教育消失殆尽，民办高等教育失去

了合法性。伴随着十一届三中全会而来的思想大解放，为民办高等教育的恢复带来了新的生机。20 世纪 80 年代初期，在公办高等教育的社会供给严重不足的情况下，担负"拾遗补阙"作用的民办高等教育获得了一种事实上的承认，但它存在与发展的政策环境并不明朗，也不具备形式上的合法性。虽然 1985 年颁布的《中共中央关于教育体制改革的决定》允许非政府办学，但在整个 80 年代，国家没有出台支持、鼓励民间办学的具体政策、法规，而是对非政府办学持谨慎、保守的态度。中共十四大召开后，随着解放思想的进一步深化，非政府办学的政策环境有所好转，一批民办高等院校获得了学历授予权，这标志着民办高等教育正式被纳入普通高等教育体系。随后，在世纪之交高等教育大发展、大改革的背景下，一批鼓励、支持和规范非政府办学的政策法规相继出台，民办高校、独立学院等办学形式得到鼓励，非政府办学取得了较明显的进展，尤其是《民办教育促进法》和《独立学院设置与管理办法》的先后颁布，使民办高等教育的法律地位得以重新确立。

2016 年 11 月 7 日，第十二届全国人民代表大会常务委员会第二十四次会议通过了第二次修正的《民办教育促进法》，并于 2017 年 9 月 1 日起施行。各地为落实新修正的《民办教育促进法》，启动了有关促进民办教育健康发展的实施意见的制定或修订。新修正的《民办教育促进法》，最大的变动是对民办学校实行分类管理——分为营利性的民办学校与非营利性的民办学校，一直困扰我国民办教育发展的"营利问题"终于以法律形式得到明确解决。营利性高等教育的法律障碍的扫除，必将大大激发民间兴办高等教育的热情，促进我国高等教育办学多样化的发展。

（二）多种办学形式不断得到尝试，从而逐步形成了多元化的办学体制

相对于国家政策法规对待非政府办学的谨慎和保守，一些社会

团体和个人却大胆地进行了办学体制改革的探索和试验。其实，无论是 20 世纪 80 年代民办高等教育的恢复还是后来的公立高校改制、民办二级学院的产生，都不是来自国家政策自上而下的支持、鼓励，而是自下而上的大胆探索。这种探索最初的力量非常单薄、微弱，可以说是星星之火。正是这些星星之火，最后不断发展壮大，最终获得了政策上的承认。也正是有了这些自下而上的大胆探索，才有了今天高等教育多元化办学格局的存在。

改革开放 40 年来，我国高等教育办学体制的改革与发展呈现出以下特点：①办学主体由单一国家（政府）包揽办学向以政府办学为主，企事业单位、社会团体和公民个人多种办学主体并存的格局发展。②办学形式呈现出多样化办学的特征，如公民联办、公办民助、民办公助、教育股份制、教育集团、中外合作办学等。③在办学类型和结构上，重点高校及高层次办学以政府办学为主，低层次普通高等教育由地方政府和民间力量共同办学，高等职业教育和成人高等教育主要依靠行业、企事业单位、社会团体和公民个人办学。

（三）从纵向的发展历史看，民办高等教育的发展取得了实质性进展

从机构数量看，1978 年 10 月，我国第一所民办高等教育机构——湖南中山进修学校（原中山业余大学）成立，1984 年，国家承认学历的民办高等学校只有 4 所，截至 2016 年年底，全国共有民办普通高校 742 所（含独立学院 266 所），在校生 634.06 万人，民办的其他高等教育机构 813 所，各类注册学生 75.56 万人。[①] 截至 2016 年年底，全国共有普通高等学校 2 596 所，民办普通高校数占全国普通高校总数的 28.58%，具有颁发学历文凭资格的民办高等学校总数

①　教育部：《2016 年全国教育事业发展统计公报》，http：//www.moe.edu.cn/jyb_sjzl/sjzl_fztjgb/201707/t20170710_309042.html，2018-07-10。

与公立高校数之比为 0.35：1，相比九年前（2007 年具有颁发学历文凭资格的民办高等学校数与公立高校数之比为 0.27：1），民办普通高校在数量上有实质性增长。

二、我国高等教育办学体制存在的问题

尽管 40 年来我国高等教育办学体制改革取得了令人瞩目的成就，但现有办学体制还远远不够完善，仍然存在诸多问题和不足，主要表现在以下几个方面。

（一）高等教育中的非政府办学主体力量仍然较弱，难以满足人民群众对高等教育多样化的需求

从机构总数来看，截至 2016 年年底，尽管我国民办高等学校达 1 555 所，但其中具有颁发学历文凭资格的民办高校仅 742 所（其中独立学院 266 所），而全国公立普通高等学校和成人高等学校总共为 2 138 所。具有颁发学历文凭资格的民办高校数与公立高校数之比约为 0.35：1，公立高校的数量远远超过民办高校的数量。

从办学层次来看，目前民办高校主要开办本、专科层次教育，仅有极少数民办高校取得了研究生教育的举办权。虽然 266 所独立学院全部属于本科院校，但独立学院主要由其母体公立高校举办，带有很大的公立高等教育的特点。

从学生人数来看，截至 2016 年年底，民办高校在校生共计 634.06 万人，其中，硕士研究生在校生 715 人，本科在校生 391.52 万人，高职（专科）在校生 242.46 万人；另有自考助学班学生、预科生、进修及培训学生 35.45 万人。而公立高校在校生总数为 2 844.28 万人（包括普通高校生和成人高校生），民办高校（包含独立学院）学生数与公立高校学生数之比为 0.22：1。

也就是说，无论从机构数看还是从学生数看，民办高等教育仍然处于绝对弱势地位，主要开展本、专科层次的学历教育和其他类型的培训教育。这一方面说明民办高等教育的总体办学水平还有待

提高，同时也说明民办高等教育的发展规模仍然偏小，虽然形成了"一主多元"的办学体制，但居于支配地位的还是"一主"，即以政府办学为主。"一主"办学的局面没有得到根本改变，人民群众对于高等教育多样化的需求仍然没有得到充分满足。

(二)关于高等教育办学体制的法律、法规、条例等政策规定模糊、笼统，缺乏可操作性，执行效果不佳

国家发展民办高等教育的初衷是解决国家教育经费不足、高等教育规模有限与不断增长的高等教育需求之间的矛盾，而不是着眼于改变公立高校效率低下、资源浪费的弊端，提高高等教育领域的效率和竞争力，促进高等教育办学模式的多样化。中央政府及教育主管部门先后在多个重大法律、法规、条例、决定中提及民办教育的发展问题。总体上看，民办高等教育的地位在不断提高，但是这些法律、法规、条例、决定反复多变，随意性太强，政策前后多次自相矛盾，没有形成一套有效的机制和制度。有关部门在发展民办教育上缩手缩脚，不敢放手，提防、控制多于支持、鼓励，民办高等教育的发展缺乏整体规划和完善的制度保障。民办高等教育的发展与否、发展快慢在很大程度上取决于主管领导的意愿，"长官意志"严重地影响民办高等教育的发展。

民办教育的有关法律、法规、条例、决定内容空洞、模糊，只具有导向性，缺乏可操作性，结果无法落到实处。如2002年颁布的《民办教育促进法》第五条规定："民办学校与公办学校具有同等的法律地位，国家保障民办学校的办学自主权。国家保障民办学校举办者、校长、教职工和受教育者的合法权益。"但没有就如何保障民办学校的地位和权利做出具体的、可以操作的规定。法律对民办学校的产权界定也比较模糊。对产权关系的界定不明确、对营利问题的争论不休，直接限制了民办高等教育的发展。民办高等教育的办学者缺乏对未来的预期，办学的热情和积极性没有得到充分激发。这

也是民办高等教育发展实力较弱，难以与公立高等教育竞争的原因所在。

即便是法律、法规、条例、决定中有规定，但在具体执行中也会大打折扣，甚至走样。一些组织会采取各种方式和途径进行游说、讨价还价甚至违规操作，使一些规定形同虚设。例如，《独立学院设置与管理办法》第七条规定："参与举办独立学院的普通高等学校须具有较高的教学水平和管理水平，较好的办学条件，一般应具有博士学位授予权。"这一规定看似明确，实则含糊不清。如何判断举办独立学院的普通高等学校"具有较高的教学水平和管理水平，较好的办学条件"？判断的具体指标是什么？如何理解"一般应具有博士学位授予权"？这些含糊不清的规定实际上为执行中的"寻租"和"违规"行为提供了机会。事实上，从教育部公布的独立学院名单看，办学质量平平、没有博士学位授予权的普通高等学校举办的独立学院不在少数。

令人欣慰的是，以上问题正在逐步得到解决，相比之前法律、法规的模糊性，2016 年 11 月 7 日第二次修正的《民办教育促进法》在民办高等教育的办学性质和营利问题上进行了明确界定，并对民办高校及其师生的合法权益做出了明确的规定。

三、我国高等教育办学体制继续改革的方向

继往开来，在今后一段时间，我国高等教育办学体制改革应该在以下几方面继续努力。

第一，加大社会力量办学的比重，打破公立高校"一枝独秀"的格局，加快实现办学主体多元化的步伐。以政府办学为主，并不等于政府继续把公办学校统统包下来，公办学校的实现形式可以多样化。采取积极措施，加大社会力量办学的比重，加快实现办学主体

多元化的步伐，将是未来深化办学体制改革的侧重点。①

　　第二，进一步调动地方政府办学的积极性，还大部分办学权给地方政府，中央政府通过立法、规划、拨款等方式进行宏观管理，让地方政府充分发挥因地制宜、结合实际举办各类高等学校的作用。在充分调动地方政府举办高等教育的积极性的同时，中央政府主要通过政策引导、执法监督和督导等手段，使地方高等教育发展与地区经济社会发展、城乡统筹发展相谐调、相统一，充分发挥高等教育为地方经济社会服务的重要作用。

　　第三，加大开放办学的力度，在我国法律和教育法规允许的范围内，采取积极措施吸引港澳台同胞、海外侨胞和外国友好人士捐资办学或合作办学。打破长期封闭办学的格局，加强国内高校与国外著名高校之间的交流与深层次合作，采取"引进来、走出去"的策略，允许国外著名大学在国内开办分校，也鼓励我国高校到境外开办分校，在交流与合作过程中尊重高校的自主性，增强我国高校在国际上的竞争力。

　　第四，必须高度重视民办高等教育发展的制度环境建设，增加制度供给，尤其是配套的法规和激励政策应尽快出台，进一步调整不合理、不明确的制度安排，理顺涉及民办高等教育各方的权利义务关系，增强制度的有效性和权威性。

　　总之，一个开放、多元的高等教育系统既是我国高等教育改革的未来目标，也是高等教育系统的生机与活力之所在。

———————————

① 　赵庆典：《新中国高等学校办学体制50年发展与展望》，载《辽宁教育研究》，2000(11)。

第四章
高等教育管理体制改革

高等教育管理体制是指高等教育在管理机构设置、领导隶属关系和管理权限划分等方面的体系、制度、方法、形式的总和。高等教育管理体制从其组织体系的结构来看，可以分为两个层次：高等教育宏观管理体制和高等教育微观管理体制。高等教育宏观管理体制是指中央和地方行政组织机构的设置、隶属关系和相互间的职权划分，以及政府主管部门和高等学校的关系。高等教育微观管理体制是指高等学校内部管理体制，即高等学校的领导体制、机构设置、管理权限及其相互关系。改革开放以来，随着我国社会经济的发展，以及经济管理体制、政治管理体制和科技管理体制等的改革，高等教育管理体制的改革也成为高等教育改革的一项重要内容。

第一节 高等教育宏观管理体制的改革与发展

改革开放40年来，我国经济管理体制、政治管理体制和科技管理体制改革不断深入，高等教育宏观管理体制也进行了相应的改革，政府、学校与社会关系发生了很大的变化。

一、改革开放以前高等教育宏观管理体制的沿革

从新中国成立到改革开放前，我国高等教育宏观管理体制曾几

度变更，其发展过程大致可以划分为以下几个阶段。

（一）集中统一管理阶段（1950—1957 年）

美国比较教育学家卡扎米亚斯等人在研究了教育的传统及变革后指出：所有社会在民族危机和重大事变时期之后都有过重大教育改组的尝试。① 新中国成立不久，随着社会政治、经济体制的剧烈变动，政府开始对高等教育管理体制进行改造。

新中国成立之时，全国有高等学校 227 所，其中，公立学校 138 所，私立学校 65 所，接受外国津贴的教会大学 24 所。为有效地管理全国高等学校，1950 年 5 月，政务院颁布《各大行政区高等学校管理暂行办法》，规定"除华北地区高等学校由中央教育部直接领导外"，"各大行政区高等学校暂由各大行政区教育部或文教部代表中央教育部领导"，"各大行政区高等学校的重要方针，除由中央教育部作一般性的统一规定外，各大行政区教育部或文教部亦得作适应地方性之规定，但须报中央教育部核准后始得执行"。② 该文件确立了中央教育部对高等学校的领导地位，为新中国成立初期集中统一的高等教育管理体制的确立奠定了基础。

1950 年 7 月，《政务院关于高等学校领导关系问题的决定》提出全国高等学校"以由中央人民政府教育部统一领导为原则"，强调中央人民政府教育部对全国高等学校（军事学校除外）均负有领导的责任，各大行政区人民政府或军政委员会或文教部均有根据中央统一的方针政策，领导本区高等学校的责任。文件还规定："凡中央教育部所颁布的关于全国高等教育的方针、政策与制度、高等学校法规，关于教育原则方面的指示，以及对于高等学校的设置变更或停办，

---

① ［美］卡扎米亚斯、马西亚拉斯：《教育的传统与变革》，福建师范大学教育系等译，231～232 页，北京，文化教育出版社，1981。

② 《各大行政区高等学校管理暂行办法》，见何东昌：《中华人民共和国重要教育文献（1949—1975）》，14 页，海口，海南出版社，1998。

大学校长、专门学院院长及专科学校校长的任免，教师学生的待遇，经费开支的标准等决定，全国高等学校均应执行。"①该文件的颁布，标志着集中统一的高等教育管理体制的正式确立。

1952 年 11 月，中央人民政府委员会第十九次会议决定成立高等教育部。② 1953 年 5 月 29 日，政务院颁布了《政务院关于修订高等学校领导关系的决定》，该文件强化了高等教育部对高等学校的领导，规定："凡中央高等教育部所颁布的有关全国高等教育的建设计划(包括高等学校的设立或停办、院系及专业设置、招生任务、基本建设任务)、财务计划、财务制度(包括预决算制度、经费开支标准、教师学生待遇等)、人事制度(包括人员任免、师资调配等)、教学计划、教学大纲、生产实习规程，以及其他重要法规、指示或命令，全国高等学校均应执行。"③文件还强调，高等教育部必须与各有关业务部门密切配合，有步骤地对全国高等学校实行统一与集中的领导。其中，综合性大学由高等教育部直接管理；与几个业务部门有关的多科性高等工业学校由高等教育部直接管理，或经协商后委托某一中央有关业务部门管理，单科性高等学校可委托中央有关业务部门管理；中央部门直接管理有困难的高等学校，可委托学校所在地的大区行政委员会或省级政府管理。高等教育部根据政务院的这一精神，确定了 148 所高等学校的隶属关系，其中，高等教育部管理 8 所，中央业务部门管理 30 所，大区行政委员会管理 72 所，委

---

① 《政务院关于高等学校领导关系问题的决定》，见何东昌：《中华人民共和国重要教育文献(1949—1975)》，44 页，海口，海南出版社，1998。
② 新中国成立后，教育部和高等教育部曾几分几合：1949 年 11 月 1 日，教育部成立；1952 年 11 月 15 日，高等教育部成立；1958 年 2 月 11 日，高等教育部和教育部合并为教育部；1963 年 12 月 16 日，教育部又设为高等教育部和教育部；1966 年 7 月 23 日，又将高教部和教育部合并为教育部；1985 年 6 月 18 日，国家撤销教育部，设立国家教育委员会；1998 年 3 月 10 日，国家教育委员会更名为教育部。
③ 《政务院关于修订高等学校领导关系的决定》，见何东昌：《中华人民共和国重要教育文献(1949—1975)》，212 页，海口，海南出版社，1998。

托省、市、自治区政府管理 38 所。这样，就确定了中央高等教育部与中央有关部门分工负责管理学校的领导体制，该体制一直延续到 20 世纪 90 年代末。

　　该阶段的高等教育宏观管理体制基本上是仿照苏联高等教育管理体制模式建立起来的，是当时我国高度集中的政治体制和经济体制在高等教育领域的反映。新中国成立初期的这种集中统一的高等教育管理体制对于保证中国共产党对高等教育的统一领导、保证高等教育满足国民经济发展的需要、恢复和建立正常的教学秩序发挥了积极的作用。但是，正如 1956 年 6 月高等教育部部长杨秀峰在第一届全国人大三次会议上所做的《当前高等教育工作中的几个主要问题》的发言中指出的那样："现有的高等学校的事业体制、计划体制、财政体制、领导关系以及毕业生全部统一分配的制度等等，过多地强调了集中统一，影响和限制了各业务部门和地方上办理高等教育事业的积极性，应该适当加以改变。"①

　　（二）权力下放、分级管理阶段（1958—1962 年）

　　1956 年以后，我国开始以扩大地方管理权力为中心的行政和经济管理体制的变革。与此相适应，我国高等教育管理体制在 1957 年下半年也进入调整时期，开始了高校管理权限下放工作。1957 年 10 月，原由高等教育部直接领导的，以及委托各省代管的高等农业院校，除个别院校仍由农业部领导外，其余一律转交省级政府领导，或以省为主，与农业部双重领导。1957 年 12 月，国务院又将高等医学院校逐步下放给各省、市、自治区政府领导。

　　1958 年 3 月 22 日，《中共中央关于高等学校和中等技术学校下放问题的意见》颁布。文件规定：除少数综合大学、某些专业学院和

---

　　①　杨秀峰：《当前高等教育工作中的几个主要问题》，见何东昌：《中华人民共和国重要教育文献（1949—1975）》，642 页，海口，海南出版社，1998。

某些中等技术学校仍旧由中央教育部或者中央有关部门直接领导以外，其他的高等学校和中等技术学校都可以下放给省、市、自治区政府领导。[①] 根据该文件精神，教育部只保留清华大学、北京大学等 7 所高等学校的直接管理权，而将以前由教育部管辖的另外 39 所高等学校移交给省、市、自治区政府，7 所移交给业务部门。另外，中央各部门管辖的 47 所高等专业学校中的 21 所也移交地方管辖。这样，当时的 229 所高等学校中有 187 所先后下放给地方管辖。

同年 8 月 4 日，《中共中央、国务院关于教育事业管理权力下放问题的规定》颁布，调整了中央与地方的管理权限，要求"必须改变过去条条为主的管理体制，根据中央集权和地方分权相结合的原则，加强地方对教育事业的领导管理"[②]。根据这个文件，教育部和中央各主管部门的管理权限主要是集中精力研究和贯彻执行中央的教育方针和政策，综合平衡全国的教育事业发展规划，组织编写通用的基本教材、教科书，拟定必要的全国通用的教育规章、制度，办好直接管理的学校；各地方根据因地制宜、因校制宜的原则，可以对教育部和中央主管部门颁发的各级各类学校指导性教学计划、教学大纲和通用的教材、教科书，领导学校进行修订补充，也可以自编教材和教科书；对于国务院或教育部颁布的过去全国通用的教育规章、制度，地方可以结合当前工作发展的情况，因地制宜、因事制宜地决定存、废、修订或者另行制定适合地方情况的制度；新建高等学校，地方可自行决定或由协作区协商决定。

这次改革将高等教育的管理权下放给地方，对于改变高等教育管理上以条条为主、集中过多的状况，发挥地方办学的主动性和积

---

① 《中共中央关于高等学校和中等技术学校下放问题的意见》，见何东昌：《中华人民共和国重要教育文献(1949—1975)》，812 页，海口，海南出版社，1998。

② 《中共中央、国务院关于教育事业管理权力下放问题的规定》，见何东昌：《中华人民共和国重要教育文献(1949—1975)》，850 页，海口，海南出版社，1998。

极性,为高等教育适应地方社会经济发展需要发挥了很大作用。但由于中央政府缺乏对高等教育发展的宏观控制,而地方政府对高等教育的管理又缺乏经验,在高等教育发展上出现了盲目冒进的问题。特别是在 1958 年 9 月,《中共中央、国务院关于教育工作的指示》提出了"我们将以 15 年左右的时间来普及高等教育"①这一严重脱离我国国情的目标后,教育领域出现了"教育革命""教育大跃进",导致各省、自治区、直辖市,各厂矿、企业、人民公社出现盲目大办高等教育的局面。仅三年时间,全国高校数量由 1957 年的 229 所猛增至 1960 年的 1 289 所,不仅超过了当时国民经济的承受能力,而且严重影响了教育质量。

(三)统一领导、分级管理阶段(1963—1965 年)

在经历了"大跃进"之后,1961 年 1 月,中央提出了"调整、巩固、充实、提高"的方针,我国国民经济进入了调整时期,与此同时,政治、思想、文化方面也进行了政策调整。1961 年 9 月,《中华人民共和国教育部直属高等学校暂行工作条例(草案)》颁布,成为高校调整和发展的依据。关于教育部直属高等学校的管理体制,文件指出:"教育部直属高等学校,行政上受教育部领导,党的工作受省、市、自治区党委领导。省、市、自治区党委和学校党委对这些学校的领导,应该根据中共中央、国务院的方针、政策和教育部的各项有关规定办事。"②"教育部直属高等学校规模的确定和改变,学制的改变和改革,都必须经过教育部批准。"③该文件开始适当收回1958 年不当下放的权力。

---

① 《中共中央、国务院关于教育工作的指示》,见何东昌:《中华人民共和国重要教育文献(1949—1975)》,861 页,海口,海南出版社,1998。

② 《中华人民共和国教育部直属高等学校暂行工作条例(草案)》,见何东昌:《中华人民共和国重要教育文献(1949—1975)》,1 061 页,海口,海南出版社,1998。

③ 《中华人民共和国教育部直属高等学校暂行工作条例(草案)》,见何东昌:《中华人民共和国重要教育文献(1949—1975)》,1 061 页,海口,海南出版社,1998。

1963 年 5 月，中共中央、国务院在总结前一阶段高等教育管理体制改革经验教训的基础上，颁发了《中共中央、国务院关于加强高等学校统一领导、分级管理的决定（试行草案）》。该文件规定："为了加强对高等学校的领导和管理，中共中央和国务院决定对高等学校实行中央统一领导，中央和省、市、自治区两级管理的制度。在高等教育工作中，各地区、各部门、各学校都要贯彻执行中央统一的方针政策；都要遵守中央统一规定的教学制度和其他重要的规章制度；都要按照全国统一的高等教育事业规划和计划办事。在中共中央和国务院的统一领导下，中华人民共和国教育部（以下简称中央教育部），国务院其他各部、委（以下简称中央各业务部门）和省、市、自治区人民委员会，对高等学校的管理工作进行适当的分工合作，共同办好高等学校。"[①]该文件还对中央教育部、中央各业务部门和省、市、自治区人民政府管理高等教育的职权分工做了规定。根据该文件，中央教育部是在中共中央和国务院的直接领导下管理全国高等学校的行政机关，中央各业务部门协同教育部分工管理一部分高等学校。省、市、自治区政府和高教（教育）厅、局在地方党委的领导下，根据中央的方针政策、计划和规章制度，进行中央授权的行政管理工作，直接管理一部分高等学校，并在工作中同时对教育部负责；省级有关业务厅、局协同高教（教育）厅、局分工管理与本部门业务有关的高等学校，并在工作中接受中央有关业务部门的指导。

这个时期开始形成全国高等学校在中央统一领导下，由中央部、委和省、市、自治区两级管理的体制。这为加强国家对教育工作的宏观管理和指导，同时调动各方面办学的积极性起到了积极作用。经过调整，全国高校由 1960 年的 1 289 所下降至 1963 年的 407 所，

---

① 《中共中央、国务院对高等学校领导、管理问题两个文件的批示》，见何东昌：《中华人民共和国重要教育文献（1949—1975）》，1 183 页，海口，海南出版社，1998。

到 1965 年，全国有高等学校 434 所，其中，由高等教育部直接管理的有 34 所，由中央业务部门管理的有 149 所，由各省、市、自治区管理的有 251 所，形成了中央统一领导、中央与地方分级管理的格局。

（四）管理失控阶段（1966—1976 年）

从 1966 年到 1976 年，我国处于"文化大革命"时期。"文化大革命"期间，包括高等学校在内的教育事业成为斗争的焦点，高等学校的管理权力再次下放，一些高等学校被撤、并、迁，正常的管理体制被打乱，高等学校处于管理失控状态。

管理权力的再次下放是从招生权力下放开始的。1966 年 6 月，中共中央批转教育部党委《关于改进 1966 年高等学校招生工作的请示报告》，决定将招生工作下放到大区或省、市、自治区办理，继续采取推荐与考试相结合的办法，招收经过"三大运动"（土地改革、抗美援朝、镇压反革命）、有高中毕业文化程度的工农青年入学。1966 年 7 月，《中共中央、国务院关于改革高等学校招生工作的通知》出台，决定根据中央关于领导体制适当下放、充分发挥地方积极性的精神，从当年起，高等学校招生工作下放到省、市、自治区办理；教育部负责编制各高等学校招生计划和检查各地贯彻执行中央的方针政策，以及完成招生任务的情况。

1969 年 2 月，全国计划工作座谈会召开。座谈会根据毛泽东关于经济建设问题的　系列指示，批判了所谓"条条专政"，提出条块关系要以"块块"为主，绝大多数企业要有准备、有步骤地下放。与经济体制的改革相适应，1969 年 10 月，中共中央发布了《关于高等院校下放问题的通知》，该通知规定：国务院各部门所属的高等学校（包括半工半读、函授学校），设在北京市的仍由各有关部门领导；如果搬到外地，可交由其他省、市、自治区革委会领导，与厂矿结合办学的，也可交由厂矿革委会领导；设在其他地方的，交由当地省、市、自治区革委会领导。教育部所属的高等学校（包括函授学校），全部交由所在省、市、自治区革委会领导。高等学校在本校所在省、市、自治区以外设有分校或教改机构的，则实行以总校为主、当地革委会为辅的双重领导。根据上述规定，除国务院各部委所属的在北京的少数院校外，包括北京大学、清华大学在内，都下放归省、市、自治区领导；部分高等院校被撤销或合并。到 1971 年，全国原有的 434 所高等院校，继续办学的还有 328 所。

这个时期高等教育管理体制的最大特征是管理权力的下放，但是由于从 1966 年至 1975 年教育部被撤销，教育事业长期没有专门的主管部门，缺乏宏观的领导和管理，同时各级政府基本上处于瘫痪状态，全国高等学校的管理实际上处于一种失控状态。

二、改革开放初期高等教育宏观管理体制的调整与确立

中共十一届三中全会以后，改革开放成为我国的基本国策，我国在政治、经济、教育等领域全面拨乱反正，高等教育事业逐步恢复和发展。我国重新确立了对高等教育实行统一领导、分级管理的宏观管理体制，高等教育宏观管理体制逐步完善。

(一)统一领导、分级管理制度的恢复

1977 年 8 月 8 日，邓小平在科学和教育工作座谈会上发表了《关于科学和教育工作的几点意见》的讲话。他指出，教育工作"需要有一个机构，统一规划，统一调度，统一安排，统一指导协作"[1]。1978 年 2 月，《国务院转发教育部关于恢复和办好全国重点高等学校的报告的通知》的附件《关于恢复和办好全国重点高等学校的意见》要求："根据有利于党的领导，有利于发挥中央和地方两个积极性，有利于在教学和科学研究工作中早见成效的原则，对全国重点高等学校要实行统一领导，分级管理。教育部应根据党中央、国务院的指

---

[1] 《邓小平文选》第 2 卷，52 页，北京，人民出版社，1994。

示，研究制定有关全国重点高等学校的具体方针、政策和实施办法
等。有关部委和省、自治区、直辖市应结合本行业、本地区的情况，
组织所属全国重点高等学校贯彻执行。面向全国和面向地区的全国
重点高等学校，除少数院校实行有关部委直接领导外，多数院校实
行有关部委和省、自治区、直辖市双重领导，以部委为主……面向
省、自治区、直辖市的全国重点高等学校，原则上由本省、自治区、
直辖市领导，有关部委要给予支持。"这个文件标志着我国开始在全
国重点高校恢复统一领导、分级管理的体制。

1979 年 9 月 18 日，中共中央又批转了《教育部党组关于建议重
新颁发关于加强高等学校统一领导、分级管理的决定的报告》，肯定
了 1963 年的《中共中央、国务院关于加强高等学校统一领导、分级
管理的决定（试行草案）》的效果，认为除个别条文由于情况发生了变
化需要略加修订外，其基本精神和各项主要规定仍是适用的。此后，
我国开始在全国高等学校恢复统一领导、分级管理的体制，国务院
各部委和各省、市、自治区对各自所属的高等学校的领导管理关系
进行了调整。经过这次管理体制的调整，国务院各部委加强了对重
点高等学校的领导，各部委所属的高等学校数增加了。至 1981 年，
恢复"中央统一领导，中央和省、市、自治区两级管理"的工作基本
完成。1981 年，全国共有高等学校 704 所，由教育部直接领导管理
的有 38 所，由国务院其他各部委领导管理的有 226 所，由省、市、
自治区领导管理的有 440 所。

统一领导、分级管理的高等教育管理体制的恢复，促进了高等
教育事业的发展。但是，随着经济体制改革的逐步深化，统一领导、
分级管理的高等教育管理体制的弊端也日益暴露出来，主要表现在
中央有关部门对一些具体事务集中管理过多，不利于发挥地方的积
极性；对高等学校统得过死，致使高等学校缺乏应有的主动性和
活力。

　　(二)统一领导、分级管理制度的调整

　　1984 年 10 月，中共十二届三中全会通过了《中共中央关于经济体制改革的决定》；1985 年 3 月，《中共中央关于科学技术体制改革的决定》颁布。经济体制和科技体制的改革必然要求教育体制的改革。1985 年 5 月 27 日，《中共中央关于教育体制改革的决定》颁布，其有关高等教育体制改革的基本精神是：①高等教育体制改革的关键，就是改变政府对高等学校统得过多的管理体制，在国家统一的教育方针和计划指导下，在加强国家对教育的宏观管理的原则下，扩大高等学校的办学自主权，加强高等学校同生产、科研和社会其他各方面的联系，使高等学校具有主动适应经济和社会发展需要的积极性和能力。②改变高等学校全部按国家计划统一招生，毕业生全部由国家包下来分配的办法，实行国家计划招生、用人单位委托招生和在国家计划外招收少数自费生三种招生办法。③为调动各级政府办学的积极性，实行中央、省(自治区、直辖市)、中心城市三级办学的体制。④为了加强党和政府对教育工作的领导，成立国家教育委员会，负责掌握教育的大政方针，统筹整个教育事业的发展，协调各部门有关教育的工作，统一部署和指导教育体制的改革。⑤鼓励各民主党派、人民团体、社会组织、离退休干部和知识分子、集体经济单位和个人，遵照党和政府的方针政策，采取多种形式和方法，积极自愿地为发展教育贡献力量。1985 年《中共中央关于教育体制改革的决定》和 1963 年《中共中央、国务院关于加强高等学校统一领导、分级管理的决定(试行草案)》的基本精神是一致的，即对高等学校实行统一领导、分级管理。《中共中央关于教育体制改革的决定》更加明确了对高等学校实行中央、省(自治区、直辖市)和中心城市三级办学的体制，扩大了地方和高等学校的办学自主权，从而使高等学校面向社会需要的主动性和活力增强。从这个意义上讲，《中共中央关于教育体制改革的决定》是对我国长期实行的"统一领导、分级管理"体制的进一步发展。

(三)统一领导、分级管理制度的确立

1986 年 3 月 12 日,为了贯彻落实《中共中央关于教育体制改革的决定》的精神,加强和改进国家对高等教育的宏观指导和管理,扩大高等学校的管理权限,国务院发布了《高等教育管理职责暂行规定》,就国家教育委员会、国务院有关部门和省、自治区、直辖市人民政府对高等教育的管理职责及扩大高等学校的管理权限做出了明确规定。[①]

第一,国家教育委员会在国务院的领导下,主管全国高等教育工作,其主要职责是:贯彻执行党和国家有关高等教育的方针政策、法律和行政法规,制定高等教育工作的具体政策和规章,指导、检查各省、自治区、直辖市,以及国务院各有关部门和高等学校对党和国家有关高等教育的方针政策、法律和行政法规的贯彻执行;组织进行全国专门人才需求预测,编制全国高等教育事业发展规划和年度招生计划,调整高等教育的结构和布局;审批高等学校(含高等专科学校,下同)、研究生院的设置、撤销和调整;制定招生和毕业生分配工作的规定,编制国家统一调配的毕业生年度分配方案;制定高等学校、研究生院的设置标准,制定高等学校的基本专业目录与专业设置标准,组织审批专业设置;会同国务院有关部门制定高等教育的基建投资、事业经费、人员编制、劳动和统配物资设备的管理制度和定额标准的原则;制定高等学校人事管理的规章制度,规划、组织高等学校师资队伍和干部队伍建设;指导高等学校的思想政治工作、教学工作、科学研究工作、研究生工作、体育工作、卫生工作和总务工作;指导和管理到国外高等学校留学人员、来华

---

① 《高等教育管理职责暂行规定》,见何东昌:《中华人民共和国重要教育文献(1976—1990)》,2 392~2 394 页,海口,海南出版社,1998。

留学人员及对外智力援助的工作，促进高等学校的国际学术交流与合作；组织为高等学校提供教育情报、人才需求信息和考试等方面的服务工作；指导各种形式的成人高等教育，编制成人高等教育发展规划，制订和下达年度招生计划；直接管理少数高等学校。

第二，国务院有关部门在国家教育委员会的指导下，管理其直属高等学校，其主要职责是：贯彻执行党和国家有关高等教育的方针政策、法律和行政法规；组织进行本系统、本行业专门人才的需求预测，编制直接管理的高等学校的发展规划、年度招生计划和自行分配部分的毕业生分配计划；对直接管理的高等学校的设置、撤销和调整及所属专业的设置和重点学科建设进行审查，向国家教育委员会提出申请或建议；接受国家教育委员会的委托，按照有关规定，审批直接管理的高等专科学校所属专业的增设和撤销；负责直接管理的高等学校的基建投资、统配物资设备、事业经费预算的分配和决算的审核；指导直接管理的高等学校的思想政治工作、教学工作、科学研究工作和总务工作；按照国家教育委员会的统一部署，会同有关省、自治区、直辖市对高等学校对口专业的教育质量组织评估，组织和规划对口专业的教材编审；指导和协调高等学校学生在本系统的生产实习和社会实践，鼓励高等学校有关专业、研究机构参加本系统的科学技术开发，促进企业与学校的联系；鼓励直接管理的高等学校面向社会办学，实行本部门与国务院有关部门、本部门与地方联合办学；管理本部门成人高等教育、专业培训、继续教育和有关教材编审的工作。

第三，省、自治区、直辖市人民政府管理本地区内的高等学校，其主要职责是：负责指导、检查本地区内各高等学校对党和国家有关高等教育的方针政策、法律和法规的贯彻执行；组织进行本地区专门人才的需求预测，编制直接管理的高等学校的发展规划、年度招生计划，组织领导招生和毕业生分配工作；对直接管理的高等学校的设置、撤销和调整及专业设置进行审查，向国家教育委员会提出申请或建议；接受国家教育委员会的委托，按照国家有关规定，审批直接管理的高等专科学校所属专业的增设和撤销；负责直接管理的高等学校的基建投资、统配物资设备、事业经费预算的分配和决算的审核；指导直接管理的高等学校的思想政治工作、教学工作、科学研究工作和总务工作；组织本地区内各高等学校的校际协作和经验交流，进行教育质量的检查与评估；鼓励本地区各高等学校面向社会办学和跨地区、跨部门联合办学；在国家教育委员会的指导下，对国务院有关部门直接管理的高等学校，在保证投资、经费和人才需求等条件下，统筹组织联合办学的试点，促进高等学校与科学研究、生产等部门的联合与协作；管理本地区所属成人高等教育。

第四，扩大高等学校管理权限，增强高等学校适应经济和社会发展需要的能力，其主要内容是：在保证完成国家下达的培养人才任务的前提下，可以按照国家规定的比例实行跨部门、跨地区的联合办学，接受委托培养生和自费生；执行勤俭办学的方针并在遵守国家财务制度的前提下，按照"包干使用，超支不补，节余留用，自求平衡"的经费预算管理原则，可以安排使用主管部门核定的年度事业经费；按照主管部门批准的总体设计任务书、总体规划、长远和年度基建计划，在向主管部门实行投资包干的前提下，可以自行择优选择设计施工单位；按照干部管理权限，可以根据规定的干部条件、编制和选拔步骤，由校长提名报请任免副校长，任免其他各级行政人员，聘任、辞退教师和辞退职工；经过批准的高等学校，可以按照国家有关规定，评定副教授的任职资格，其中少数具备条件的高等学校，可以评定教授的任职资格；审定授予硕士学位的学科、专业，增补博士研究生导师；根据党和国家的教育方针政策及修业年限、培养规格，可以按社会需要调整专业服务方向，制订教学计划(培养方案)、教学大纲，选用教材，进行教学内容和方法的改革；

在保证完成国家下达的科学研究任务的前提下，可以自行决定参加科学研究项目的投标，承担其他单位委托的科学研究任务，面向社会开展技术服务和咨询；在国家外事政策和有关规定的范围内，积极开展对外交流活动。

三、我国高等教育宏观管理体制改革的探索与深化

1992 年，中共十四大确定我国经济体制改革的目标是建立社会主义市场经济体制。随着经济体制、政治体制和科技体制改革的深化，我国原有的与计划经济体制相适应的高等教育宏观管理体制也暴露出一些弊端，主要表现在：高等学校隶属关系复杂，管理上"条块分割"现象严重，不利于统一管理；中央与地方教育行政部门之间、各级教育主管部门与高等学校之间职权、责任不清；政府对高等学校包得过多、统得过死，高等学校缺乏必要的办学自主权。在这种形势下，高等教育宏观管理体制必须进行改革，逐步建立起与社会主义市场经济体制、政治体制和科技体制相适应的高等教育管理体制。

（一）以适应经济体制转型为基础的高等教育管理体制改革

从 1992 年到 1997 年，我国高等教育管理体制改革的重心在于突破适应计划经济体制的高等教育管理体制的障碍，探索适应社会主义市场经济体制的高等教育管理体制。

1993 年 1 月，国务院批转《国家教委关于加快改革和积极发展普通高等教育的意见》，指出："高等教育管理体制和改革方向是，逐步实行中央与省（自治区、直辖市）两级管理、两级负责为主的管理体制。"①为此，文件要求改革原有的由国家包办高等教育的单一体制和模式，探索适应社会主义市场经济体制、调动社会办学积极性、

---

① 《国家教委关于加快改革和积极发展普通高等教育的意见》，见何东昌：《中华人民共和国重要教育文献(1991—1997)》，3 451 页，海口，海南出版社，1998。

多种形式和途径发展高等教育的新路子；进一步改革原有的国家集中计划和政府直接管理的办学体制，逐步建立和完善国家统筹规划和宏观管理、学校面向社会自主办学的新体制；改革高等教育投资体制，逐步建立财政拨款为主、多渠道筹措经费的投资体制；进一步改革招生计划体制，实行国家任务计划和调节性计划相结合；进一步改革高等学校毕业生"包当干部"和由国家"统包统分"的就业制度，实行少数毕业生由国家安排就业，多数毕业生自主择业的就业制度。

1993 年 2 月，中共中央、国务院印发了《中国教育改革和发展纲要》，要求深化高等教育体制改革，主要是理顺政府与高等学校、中央与地方、国家教委与中央各业务部门之间的关系，逐步建立政府宏观管理、学校面向社会自主办学的新体制。主要改革措施包括：第一，改革办学体制，改变政府包揽办学的格局，逐步建立以政府办学为主体、社会各界共同办学的体制。第二，在政府与学校的关系上，要按照政事分开的原则，通过立法，明确高等学校的权利和义务，使高等学校真正成为面向社会自主办学的法人实体；政府要转变职能，由对学校的直接行政管理转变为运用立法、拨款、规划、信息服务、政策指导和必要的行政手段进行宏观管理。第三，在中央与地方的关系上，进一步确立中央与省（自治区、直辖市）分级管理、分级负责的教育管理体制。中央直接管理一部分关系国家经济、社会发展全局并在高等教育中起示范作用的骨干学校和少数行业性强、地方不便管理的学校。在中央大政方针和宏观规划指导下，对地方举办的高等教育机构的领导和管理，责任和权力都交给省（自治区、直辖市）。第四，在国家教委与中央业务部门的关系上，国家教委负责统筹规划、政策指导、组织协调、监督检查、提供服务。中央业务部门要加强对本行业的人才预测和规划，协助国家教委指导本行业的人才培养工作，负责管理其所属学校。第五，改革高等学校的招生和毕业生就业制度。改变全部按国家统一计划招生的体制，实行国家任务计划和调节性计划相结合。改革学生上大学由国家包下来的做法，逐步实行收费制度；改革高等毕业生"统包统分"和"包当干部"的就业制度，实行少数毕业生由国家安排就业，多数由学生"自主择业"的就业制度。第六，改革对高等学校的财政拨款机制，充分发挥拨款手段的宏观调控作用。①

1995 年 7 月，国务院办公厅转发《国家教委关于深化高等教育体制改革的若干意见》，肯定了前一阶段高等教育管理体制改革取得的进展，但是同时也指出，从总体上说，高等教育体制改革的进程仍然滞后于经济体制改革和社会发展，与社会主义市场经济体制的建立不相适应，必须抓好高等教育管理体制的改革。文件提出："高等教育管理体制改革的目标是，争取到 2000 年或稍长一点时间，基本形成举办者、管理者和办学者职责分明，以财政拨款为主、多渠道经费投入，中央和省、自治区、直辖市人民政府两级管理、分工负责，以省、自治区、直辖市人民政府统筹为主，条块有机结合的体制框架。"②在这个体制框架中，国家教委和中央业务部门仍要继续办好、管好少数有代表性的骨干学校，以及一些行业性强而一个省（自治区、直辖市）需要量有限、不便管理的学校；积极促进那些专业通用性强、地方建设又需要的中央部门所属院校，转由省、自治区、直辖市人民政府领导和管理；积极推进中央部门与地方政府共同建设、共同管理高等学校的改革试验，淡化学校单一的隶属关系观念，拓宽学校的服务面，加强条块结合；积极开展多种形式的合作办学试验，距离相近的不同类型、不同科类的学校，开展学校之

① 《中国教育改革和发展纲要》，见何东昌：《中华人民共和国重要教育文献（1991—1997）》，3 469～3 470 页，海口，海南出版社，1998。

② 《国家教委关于深化高等教育体制改革的若干意见》，见何东昌：《中华人民共和国重要教育文献（1991—1997）》，3 852 页，海口，海南出版社，1998。

间的合作办学，在自愿互利的基础上，实行资源共享、优势互补、学科交叉、协调发展，共同提高办学水平和效益；积极创造条件，促进部分学科互补的或一些规模较小、科类单一、设置重复的学校进行合并；鼓励企业、企业集团、科学研究单位积极参与高等学校的办学和管理，加强学校与企业、科研单位的联系，促进教育、科研、生产三结合。

这一阶段高等教育管理体制改革的主线是淡化和改革学校单一的隶属关系，加强省级人民政府的统筹，变条块分割为条块有机结合，通过"共建""合作""合并""协作"和"划转"等形式推进改革；通过"双轨并存"（即公费和自费）的过渡和"并轨"改革的推进，进一步确立大学生"缴费上学"制度。据统计，到 1997 年年末，全国已有 30 个省、自治区、直辖市和 48 个中央部委不同程度地进行了高等教育管理体制改革的探索，涉及普通高校 400 多所、成人高校 200 多所；1 000 多所普通高校全部实行了公费和自费"并轨"；实行不同形式共建的高校共有 100 所，其中，国家教委所属高校 31 所，其他部委所属高校 54 所，地方所属高校 15 所；159 所高校合并成 74 所，减少了 85 所，使全国高校由 1994 年的 1 080 所变为 1997 年的 1 020 所（含新批的若干所）；进行各种形式合作办学的高校达到 288 所，形成了 162 个合作办学体，总计 372 校次；5 000 多家企业和科研单位参与了 217 所高校的办学与管理；8 所中央部委所属高校调整为地方政府管理的高校。[①] 但是，由于部门办学体制的改革步履维艰，条块分割的体制还没有实质性的转变。

（二）高等教育管理体制改革的全面推进

1997 年 9 月召开的中共十五大十分重视高等教育改革，提出了"优化教育结构，加快高等教育管理体制改革的步伐，合理配置教育

---

①　邓晓春：《中国高等教育体制改革的回顾与展望》，载《辽宁高等教育研究》，1998(1)。

资源，提高教育质量和办学效益"的改革思路，成为新一轮高等教育改革的指导思想，高等教育管理体制改革也进入全面推进的新阶段。

在中共十五大召开之前，国家教委就开始尝试在直属高校的管理体制上进行改革。1997 年 1 月颁布的《国家教委关于转变职能，加强宏观管理，扩大直属高校办学自主权的若干意见》指出，根据我国高等教育体制改革的目标，将加强地方政府对所在地区学校的统筹权，国家教委逐步淡化以"条条"为主的管理办法，促进"条块"的有机结合，进一步发挥学校在区域经济建设和社会发展中的作用。文件还要求进一步改进管理决策体系，加强社会参与，促使决策民主化、科学化。

为落实中共十五大精神，大力推进高等教育管理体制改革，国家教委于 1998 年 1 月 17 日至 19 日在扬州召开了全国高等教育管理体制改革经验交流会。会上，李岚清副总理指出，我国现行的高等教育的办学和管理体制是适应当时高度集中的计划经济体制形成并发展起来的，它的最主要特征是"条块分割"，主要弊端是在低水平上重复设置高等学校和专业，教育资源不能优化配置和充分利用，造成很大浪费，从而影响了整体教育质量和办学效益。高等教育的发展必须从过去"条块分割"体制下主要靠外延扩张式的发展转变为主要靠重视质量的内涵式发展。通过教育体制改革，建立起与社会主义市场经济体制及科技进步和社会发展相适应的教育管理体制。李岚清副总理提出，高等教育管理体制改革要实行"共建、调整、合作、合并"的八字方针。①

1998 年 3 月，九届全国人大一次会议通过了国务院机构改革方案，国家教育委员会更名为教育部，其职责和权限也做了相应的调整。在国务院机构改革中，原机械工业部、煤炭工业部、冶金工业部、化学工业部、国内贸易部、中国轻工总会、中国纺织总会、国

---

① 严燕：《世纪之交的回眸与前瞻：全国高等教育管理体制改革经验交流会述要》，载《扬州大学学报（高教研究版）》，1998(1)。

家建筑材料工业局、中国有色金属工业总公司九个部门改组或组建为国家经济贸易委员会(以下简称"国家经贸委")管理的九个国家局。1998年7月1日,《国务院关于调整撤并部门所属学校管理体制的决定》颁布,决定对这九个部门所属的211所学校(其中,普通高等学校93所、成人高等学校72所、中等专业学校和技工学校46所)的管理体制通过共建、合并、合作、调整等方式进行调整。其中,93所普通高等学校原则上都实行中央与地方共建,以地方管理为主;72所成人高等学校,除几所由中央财政负担的管理干部学院原则上就地并入普通高等学校或改制为培训教育机构外,其余由企事业单位举办的成人高等学校一律划转地方管理;46所中等专业学校和技工学校划转地方管理。1998年7月3日,国务院办公厅转发《教育部、国家经贸委、国家计委、财政部关于调整撤并部门所属学校管理体制的实施意见》,在93所普通高等学校中,除中国矿业大学、华北矿业高等专科学校暂时仍由国家煤炭工业局管理外,其余91所普通高等学校都实行中央与地方共建。1999年3月16日,国务院办公厅转发《教育部、国防科工委、国家计委、财政部关于调整五个军工总公司所属学校管理体制的实施意见》,对原中国船舶工业总公司、中国兵器工业总公司、中国航空工业总公司、中国航天工业总公司、中国核工业总公司五个军工总公司(以下简称"五公司")所属的25所普通高等学校实行中央与地方共建,其他34所成人高等学校、98所中等专业学校、232所技工学校改制为非学历教育培训机构或划转地方举办和管理。1999年12月,《国务院关于进一步调整国务院部门(单位)所属学校管理体制和布局结构的决定》颁布。文件规定,除教育部、外交部、国防科工委、国家民委、公安部、安全部、海关总署、民航总局、体育总局、侨办、中科院、地震局等部门和单位继续管理其所属学校外,国务院部门和单位不再直接管理学校;按照"共建、调整、合作、合并"的方针,在对有关部门和单位所属普通高等学校管理体制调整的同时，调整学校布局结构，优化教育资源配置。2000 年 1 月 29 日，教育部、国家计委、财政部联合下发了《关于调整国务院部门（单位）所属学校管理体制和布局结构的实施意见》，开始对 161 所普通高等学校和 617 所成人高等学校、中等专业学校和技工学校的管理体制进行调整。

　　1998 年通过的《高等教育法》①，以法律的形式巩固了前一阶段高等教育体制改革的成果。其中，第十一条规定："高等学校应当面向社会，依法自主办学，实行民主管理。"第十二条规定："国家鼓励高等学校之间、高等学校与科学研究机构以及企业事业组织之间开展协作，实行优势互补，提高教育资源的使用效益。国家鼓励和支持高等教育事业的国际交流与合作。"第十三条规定："国务院统一领导和管理全国高等教育事业。省、自治区、直辖市人民政府统筹协调本行政区域内的高等教育事业，管理主要为地方培养人才和国务院授权管理的高等学校。"第十四条规定："国务院教育行政部门主管全国高等教育工作，管理由国务院确定的主要为全国培养人才的高等学校。国务院其他有关部门在国务院规定的职责范围内，负责有关的高等教育工作。"第二十五条规定："设立高等学校，应当具备教育法规定的基本条件。大学或者独立设置的学院还应当具有较强的教学、科学研究力量，较高的教学、科学研究水平和相应规模，能够实施本科及本科以上教育。大学还必须设有三个以上国家规定的学科门类为主要学科。设立高等学校的具体标准由国务院制定。设立其他高等教育机构的具体标准，由国务院授权的有关部门或者省、自治区、直辖市人民政府根据国务院规定的原则制定。"第二十九条规定："设立高等学校由国务院教育行政部门审批，其中设立实施专科教育的高等学校，经国务院授权，也可以由省、自治区、直辖市人

---

① 本法于 2015 年进行了修正，行文中的部分条款内容有变动。

民政府审批。对不符合规定条件审批设立的高等学校和其他高等教育机构，国务院教育行政部门有权予以撤销。审批高等学校的设立，应当聘请由专家组成的评议机构评议。高等学校和其他高等教育机构分立、合并、终止，变更名称、类别和其他重要事项，由原审批机关审批；章程的修改，应当报原审批机关核准。"第六十条第一款规定："国家建立以财政拨款为主、其他多种渠道筹措高等教育经费为辅的体制，使高等教育事业的发展同经济、社会发展的水平相适应。"第六十条第三款规定："国家鼓励企业事业组织、社会团体及其他社会组织和个人向高等教育投入。"

1999 年 1 月，国务院批转教育部《面向 21 世纪教育振兴行动计划》，要求"继续实行'共建、调整、合作、合并'的方针，今后 3～5年，基本形成中央和省级政府两级管理、分工负责，在国家宏观政策指导下，以省级政府统筹为主的条块有机结合的新体制。除少数关系国家发展全局以及行业性很强，需由国家有关部门直接管理的高等学校外，其他绝大多数高等学校由省级政府管理或者以地方为主，与国家共建"。

1999 年 6 月，《中共中央、国务院关于深化教育改革全面推进素质教育的决定》发布，要求"进一步简政放权，加大省级人民政府发展和管理本地区教育的权力以及统筹力度，促进教育与当地经济社会发展紧密结合。今后 3 年，继续按照'共建、调整、合作、合并'的方式，基本完成高等教育管理体制和布局结构的调整，形成中央和省级人民政府两级管理、以省级人民政府管理为主的新体制，合理配置教育资源，提高教育质量和办学效益。经国务院授权，把发展高等职业教育和大部分高等专科教育的权力以及责任交给省级人民政府，省级人民政府依法管理职业技术学院（或职业学院）和高等专科学校"。文件还要求"按照《中华人民共和国高等教育法》的规定，切实落实和扩大高等学校的办学自主权，增强学校适应当地经济社会发展的活力……进一步扩大高等学校招生、专业设置等自主权，高等学校可以到外地合作办学。深化学校内部管理体制改革，进一步精简机构，减员增效"。

自 1993 年中共中央、国务院做出逐步推进高等教育体制改革的正确决策，提出"共建、调整、合作、合并"的八字方针，到 2002 年，我国对 517 所高校进行了管理体制调整，实行以地方为主、中央和地方共建的体制；对 29 所重点高校实行以中央为主、中央和地方共建的体制；在 317 所高校开展校际合作办学，形成了 227 个合作办学实体；先后将 637 所高校合并组建为 70 所多科性和综合性高校。改革基本扭转了长期形成的部门和地方条块分割、重复办学、教育资源浪费严重的局面，对大多数高校确立了中央和省级人民政府两级管理、以省级政府管理为主的新体制，扩大了高校的办学自主权，初步实现了教育资源的优化配置，使办学的整体质量和效益明显提高。至此，"全国高校大规模的共建、调整、合作、合并工作已基本告一段落。下一阶段，高校要按照'巩固、深化、提高、发展'的要求，把高等教育全面改革与发展引向深入"①。

2010 年 7 月，《教育规划纲要》发布，开启了我国新一轮的教育改革。该文件要求：①深化办学体制改革。"坚持教育公益性原则，健全政府主导、社会参与、办学主体多元、办学形式多样、充满生机活力的办学体制，形成以政府办学为主体、全社会积极参与、公办教育和民办教育共同发展的格局。"②简政放权，明确各级政府责任。"中央政府统一领导和管理国家教育事业，制定发展规划、方针政策和基本标准，优化学科专业、类型、层次结构和区域布局。整体部署教育改革试验，统筹区域协调发展。地方政府负责落实国家

---

① 李岚清：《继续深入贯彻实施科教兴国战略，进一步推动高等教育全面改革与发展》，见何东昌：《中华人民共和国重要教育文献(1998—2002)》，1 205 页，海口，海南出版社，2003。

方针政策，开展教育改革试验，根据职责分工负责区域内教育改革、发展和稳定。"③进一步加大省级政府对区域内高等教育的统筹。"完善以省级政府为主管理高等教育的体制，合理设置和调整高等学校及学科、专业布局，提高管理水平和办学质量。依法审批设立实施专科学历教育的高等学校，审批省级政府管理本科院校学士学位授予单位和已确定为硕士学位授予单位的学位授予点。"④转变政府教育管理职能。"各级政府要切实履行统筹规划、政策引导、监督管理和提供公共教育服务的职责，建立健全公共教育服务体系，逐步实现基本公共教育服务均等化，维护教育公平和教育秩序。改变直接管理学校的单一方式，综合应用立法、拨款、规划、信息服务、政策指导和必要的行政措施，减少不必要的行政干预。"⑤落实和扩大学校办学自主权。"政府及其部门要树立服务意识，改进管理方式，完善监管机制，减少和规范对学校的行政审批事项，依法保障学校充分行使办学自主权和承担相应责任。高等学校按照国家法律法规和宏观政策，自主开展教学活动、科学研究、技术开发和社会服务，自主设置和调整学科、专业，自主制定学校规划并组织实施，自主设置教学、科研、行政管理机构，自主确定内部收入分配，自主管理和使用人才，自主管理和使用学校财产和经费。"⑥培育专业教育服务机构。"完善教育中介组织的准入、资助、监管和行业自律制度。积极发挥行业协会、专业学会、基金会等各类社会组织在教育公共治理中的作用。"经过近十年的落实，符合中国具体国情、具有中国特色的高等教育宏观管理体制正在形成。

四、我国高等教育宏观管理体制改革的反思与前瞻

新中国成立以来，特别是中共十一届三中全会以来，我国高等教育宏观管理体制不断调整改革，既有成功的经验，也有失败的教训，值得认真反思。

（一）高等教育宏观管理体制改革的核心主题与成就

几十年来，我国高等教育宏观管理体制的改革主要涉及四个方面的内容：一是解决中央和地方的关系问题；二是解决部门办学的体制问题；三是解决政府和学校的关系问题；四是解决社会和学校的关系问题。

新中国成立以来，中央和地方的关系问题一直是我国高等教育管理体制改革的焦点。从新中国成立初期到1957年，我国对高等学校采取集中统一管理，强调中央的管理权限，而当集中统一管理影响了地方办学的积极性时，从1958年到1962年又实行权力下放、分级管理的管理体制，强调地方的管理权限，结果中央的宏观管理遭到削弱，于是从1963年到1965年调整为统一领导、分级管理的体制，但好景不长，"文化大革命"的爆发使整个高等教育处于失控状态。改革开放以后，我国恢复了统一领导、分级管理的体制，并通过30多年的改革，权力过于集中在中央和教育部的现象不断改善，省级人民政府在学校和专业设置、招生计划制订方面的权力不断加大，基本完成了高等教育管理体制和布局结构的调整，形成了中央和省级人民政府两级管理、以省级人民政府管理为主的新体制，提高了教育质量和办学效益。

部门办学的体制问题也是我国高等教育体制改革的核心问题。新中国成立后，我国学习苏联的高等教育管理体制，不但将高等学校分为中央部门直接管理的学校和委托学校所在地的大行政区或省级政府管理的学校，而且在中央部门和省级政府管理高等学校的内部又分为教育行政部门直接管理的高等学校和委托其他有关业务部门管理的高等学校。几十年来，部门办学现象时强时弱，到1996年，部门办学达到最高峰，有62个中央部门办了366所普通高校。这些学校大都是某一个行业的龙头学校，为特定行业的发展做出了重要的贡献，但是随着经济体制的转型和机构改革的推进，部门办学体制已经难以适应形势的需要。1998 年出台的《国务院关于调整撤并部门所属学校管理体制的决定》和 1999 年出台的《国务院关于进一步调整国务院部门(单位)所属学校管理体制和布局结构的决定》按照"共建、调整、合作、合并"的方针,解决部门办学问题。除教育部、外交部、国防科工委、国家民委、公安部、安全部、海关总署、民航总局、体育总局、侨办、中科院、地震局等部门和单位继续管理其所属学校外,国务院部门和单位不再直接管理学校,部门办学、"条块分割"的问题基本得到解决。

在新中国成立后的很长一段时间,政府是把学校当作行政机构的附庸来处理政府和学校的关系的,高等学校只是执行机构,在办学的重大问题上没有决策权。1985 年《中共中央关于教育体制改革的决定》颁布,要求改变政府对高等学校统得过多的管理体制,在国家统一的教育方针和计划指导下,在加强国家对教育的宏观管理的原则下,扩大高等学校的办学自主权;1986 年国务院发布的《高等教育管理职责暂行规定》,对扩大高等学校的管理权限做出了明确规定,标志着政府和学校关系模式的转变。政府和学校关系性质的转变是在 1992 年经济体制转型之后。1993 年 2 月,中共中央、国务院颁布的《中国教育改革和发展纲要》要求逐步建立政府宏观管理、学校面向社会自主办学的新体制,通过立法明确高等学校的权利和义务,使高等学校真正成为面向社会自主办学的法人实体。1998 年 8 月通过的《高等教育法》,更是以法律的形式规定:"高等学校应当面向社会,依法自主办学,实行民主管理。"

长期以来,在高等学校的管理上,我国政府不但包办学校,而且有着包办社会的倾向,因此,社会和学校的关系问题一直受到忽视。把社会因素纳入高等教育管理体制,始于 1985 年的《中共中央关于教育体制改革的决定》。该文件鼓励各民主党派、人民团体、社会组织、离休退休干部和知识分子、集体经济单位和个人,遵照党和政府的方针政策，采取多种形式和办法，积极、自愿地为发展教育贡献力量。1994年颁布的《国务院关于〈中国教育改革和发展纲要〉的实施意见》则更加明确地指出：为保证政府职能的转变，使重大决策经过科学的研究和论证，要建立健全社会中介组织，包括教育决策咨询研究机构、高等学校设置和学位评议与咨询机构、教育评估机构、教育考试机构、资格证书机构等，发挥社会各界参与教育决策和管理的作用。1995年颁布的《国家教委关于深化高等教育体制改革的若干意见》则鼓励企业、企业集团、科学研究单位积极参与高等学校的办学和管理，加强学校与企业、科研单位的联系。1997年1月颁布的《国家教委关于转变职能，加强宏观管理，扩大直属高校办学自主权的若干意见》则规定："进一步改进管理决策体系，加强社会参与，是国家教委转变职能，加强对学校宏观管理的重要内容之一。国家教委要逐步建立健全教育改革与发展的决策咨询研究机构、高等学校设置审议机构、学位授予资格审议机构、教育教学评估机构、考试与资格证书机构以及教委直属高等学校咨询委员会等机构，并充分发挥其作用，使它们真正做到为国家教委提供政策建议，促使决策民主化、科学化。学校可根据需要，成立有社会各界参与的，对学校发展规划、教育教学改革、运行管理等方面提供咨询、进行审议的机构。"[1]2010年颁布的《教育规划纲要》再次要求落实和扩大学校办学自主权，建立促进高等学校与社会紧密联系的新机制。

(二)现行高等教育宏观管理体制存在的问题

虽然从政策到实践，我国高等教育宏观管理体制在改革开放以来取得了很大的成绩，而且高等教育管理体制的调整也基本上告一段落，但高等教育管理体制仍然存在一些问题。

---

① 《国家教委关于转变职能，加强宏观管理，扩大直属高校办学自主权的若干意见》，见何东昌：《中华人民共和国重要教育文献(1991—1997)》，4 138～4 139页，海口，海南出版社，1998。

1. 政府管理职能不清，高等教育管理存在明显的"越位"和"缺位"现象

我国虽然确立了统一领导、分级管理的高等教育体制，但只对中央和地方的管理权限做了笼统的划分，许多地方缺乏明确、具体的规定，导致高等教育管理往往会出现权限范围内和权限范围外的角色偏离、主要角色与次要角色偏离等问题，也就是教育行政管理中的"越位"和"缺位"现象。所谓"越位"，多指教育行政管理部门超越了其职责的权限范围，通俗地说，就是"管了不该管的事"，主要表现在教育行政部门做了许多社会中介机构、学校甚至教师应该做的事情，如高等学校教学工作水平评估、研究生招生专业课统一考试、国家学位颁发等；所谓"缺位"，则恰恰相反，是指教育行政管理部门没有尽其应尽的职责，或实施得不到位，也就是说，"该管的没管好"，主要表现在教育规划、教育预测不够，规章制度不完善，教育宏观监控不力。"越位"和"缺位"现象造成政府精力分散，负担过重，不可避免地影响政府工作的效率，甚至误导政府决策，同时也抑制了学校办学和社会办学的积极性和活力，阻碍了教育中介组织的发育和成长。

2. 管理观念落后，政府对高等学校的管理方式僵硬

由于长期以来行政机构是把高等学校作为自己的附庸而施加管理的，并没有注意到高等学校作为文化教育机构的特殊性，因此在管理方式上主要采用行政指令、计划等方式。最典型的管理手段就是行政性审批，计划体制和集权管理的色彩明显，而通过协商、法律、拨款、评估、信息服务等手段引导和管理高等学校发展的手段不多。近年来出台的一些"工程""项目""计划"，虽然为高等学校的发展提供了经费支持，强化了国家急需的学科领域，但同样也强化了高等教育管理体制的集权倾向，以及政府对高等学校的控制，甚至出现了"权力寻租"现象。

3. 高等学校缺乏办学自主权，难以真正面向社会自主办学

如前文所述，1985 年发布的《中共中央关于教育体制改革的决定》提出要扩大高等学校办学自主权，并对高等学校办学自主权的范围做了规定。国务院 1993 年颁布的《中国教育改革和发展纲要》进一步明确了高等教育改革要逐步建立政府宏观管理、学校面向社会自主办学的体制。1998 年《高等教育法》的颁布，以法律的形式对高等学校的办学自主权做了明确的规定。① 第十一条规定："高等学校应当面向社会，依法自主办学，实行民主管理。"第三十条第一款规定："高等学校自批准设立之日起取得法人资格。高等学校的校长为高等学校的法定代表人。"第三十三条规定："高等学校依法自主设置和调整学科、专业。"第三十四条规定："高等学校根据教学需要，自主制定教学计划、选编教材、组织实施教学活动。"从法律上讲，高等学校的自主权扩大了，而且有明确的规定，与以前单纯依靠政策指导工作相比，是一个很大的进步。但是，法律规定的这些办学自主权并没有真正落实，高等学校离作为独立法人面向社会自主办学还有很长的路要走。

4. 教育中介组织发展不完善，社会力量难以发挥应有的作用

在西方国家，中介组织是政府与高等学校之间的"缓冲组织"或"减压阀"，充当着缓和政府与高校之间的矛盾，架起双方沟通的桥梁和媒介的作用。我国高等教育中介组织产生于 20 世纪 90 年代初，在 1994 年《国务院关于〈中国教育改革和发展纲要〉的实施意见》出台后有了较大的发展，包括学会、协会、研究会、教育基金会、大学校友会、研究中心、信息中心、评估中心等，在开展教育研究、受委托开展教育评估、提供政策咨询等方面发挥了一定的作用。但是，由于一些有影响的高等教育中介组织无论是在机构设置、人员安排、

---

① 此段中的《高等教育法》的条款内容均为 1998 年版，2015 年进行了修正。

项目来源还是在经费保障等方面都存在着明显的政府依赖性，在教育部的领导下开展工作，实际上是代替政府行使职能，具有官方或者半官方性质，并不是真正意义上的中介机构，而没有政府背景的中介机构很难发展起来和发挥作用，严重影响了教育中介组织的权威性、公正性和社会声望，所谓"社会力量"也就难以代表社会。

(三)高等教育宏观管理体制改革的政策建议

随着我国创新型国家建设和人才强国建设目标的确立，高等教育在社会经济发展中的地位和作用日益突出，同时社会对高等教育的期待和要求不断提高。要促进高等教育的健康发展，提高高等教育的质量和效益，充分发挥高等教育在社会经济发展中的作用，必须解决高等教育宏观管理体制中存在的种种问题。

1. 正确认识教育与政治、经济之间的关系，适度保持高等教育管理体制与政治体制、经济体制间的张力

新中国成立以来，特别是在改革开放之前和改革开放初期，我国高等教育管理体制在很大程度上是政治体制、经济体制在教育上的翻版。政治体制、经济体制的变革方向就是高等教育体制的变革方向。毋庸置疑，高等教育的发展与政治、经济的发展有着密切的关系，必须反映政治、经济发展的需要，政治体制和经济体制变革引发高等教育体制的变革是必然的。但是，高等教育作为一种有别于政治、经济的活动，有着自己的独特性和发展规律，不能为了适应政治、经济发展的需要而使高等教育政治化或经济化，不能违背高等教育的基本规律。高等教育体制改革必须与政治体制、经济体制间保持适度的张力。

2. 进一步加大省级教育部门对区域内高等教育的统筹，完善以省级政府为主管理高等教育的体制

《教育规划纲要》不但要求简政放权，明确各级政府责任，而且要求进一步加大省级教育部门对区域内高等教育的统筹，完善以省

级政府为主管理高等教育的体制，合理设置和调整高等学校及学科、专业布局，提高管理水平和办学质量。依法审批设立实施专科学历教育的高等学校，审批省级政府管理本科院校学士学位授予单位和已确定为硕士学位授予单位的学位授予点。2013 年，中共十八届三中全会提出全面深化改革的总目标是完善和发展中国特色社会主义制度，推进国家治理体系和治理能力现代化。2015 年，为了进一步健全中国特色教育管理制度、现代学校制度和教育评价制度，加快推进教育治理体系和治理能力现代化，《教育部关于深入推进教育管办评分离　促进政府职能转变的若干意见》出台。2015 年修正的《高等教育法》赋予了地方更大的权限，如第二十九条第一款规定："设立实施本科及以上教育的高等学校，由国务院教育行政部门审批；设立实施专科教育的高等学校，由省、自治区、直辖市人民政府审批，报国务院教育行政部门备案；设立其他高等教育机构，由省、自治区、直辖市人民政府教育行政部门审批。审批设立高等学校和其他高等教育机构应当遵守国家有关规定。"教育治理体系和治理能力现代化，意味着必须实现由集权控制向分权治理转变，进一步加大省级教育部门对区域内高等教育的统筹，充分发挥中央和地方的积极性，坚持顶层设计和基层探索相结合，整体推进和先行先试相促进。

3. 进一步明确政府职能，落实和扩大高等学校的办学自主权

国内外的政府管理实践都表明，无所不在、无所不管、无所不包的"全能型"政府不是最好的政府，我们有必要摒弃"全能主义"的政府观，重新定位教育行政机构的职能，落实并扩大高等学校的办学自主权。《高等教育法》曾赋予高等学校独立法人地位，赋予高等学校七项权利：高等学校根据社会需求、办学条件和国家核定的办学规模，制定招生方案，自主调节系科招生比例；高等学校依法自主设置和调整学科、专业；高等学校根据教学需要，自主制订教学

计划、选编教材、组织实施教学活动；高等学校根据自身条件，自主开展科学研究、技术开发和社会服务；高等学校按照国家有关规定，自主开展与境外高等学校之间的科学技术文化交流与合作；高等学校根据实际需要和精简、效能的原则，自主确定教学、科学研究、行政职能部门等内部组织机构的设置和人员配备；高等学校对举办者提供的财产、国家财政性资助、受捐赠财产依法自主管理和使用。在未来高等教育管理体制的改革中，我们首先应该真正落实这些自主权。

4. 转变政府对高等学校的管理模式，实现管理手段的多样化

在当代，公共管理的主流模式已经从"统治"走向"治理"（governance）。治理理论运用到对高等学校的管理上，要求政府以一种新型管理模式来管理高等学校。也就是说，要求政府与高等学校之间建立一种合作伙伴关系，政府将不再以"统治者"的姿态来管理高等学校，而应以合作者的身份来治理高等学校。这样，政府对高等学校的管理模式将实现从控制到服务、从规制到协调的转变。由于文化传统、政治体制等方面的差异，我国不大可能完全照搬国外的治理理论，但应该吸收其优点，改造我国的高等教育管理模式，实现管理手段的多样化。在我国，传统的行政指令、计划等管理方式依然是有效的管理手段，但法律、拨款、评估等手段应该加强，同时强化政府的服务意识，通过协商、沟通、信息与咨询服务提高管理效益。《教育部关于深入推进教育管办评分离　促进政府职能转变的若干意见》明确提出推进管办评分离，构建政府、学校、社会之间新型关系；推进依法行政，形成政事分开、权责明确、统筹协调、规范有序的教育管理体制；推进政校分开，建设依法办学、自主管理、民主监督、社会参与的现代学校制度；推进依法评价，建立科学、规范、公正的教育评价制度。这是我国推进教育治理体系和治理能力现代化的具体体现，预示着政府对高等学校的管理模式的变化。

5. 发展教育中介机构，强化高等教育管理的社会参与

在欧美发达国家，无论是中央还是地方，都有发达的中介机构和组织，通过研究、咨询、信息、拨款、评估、考试、督导等手段，沟通高校与政府、高校与社会之间的联系，起到重要的缓冲和润滑作用。我国政府文件虽然鼓励和支持中介机构参与高等教育管理，但由于中介机构偏少而且大都具有明显的官方背景，从而减弱了这一制度安排的功能。为了真正维护人民群众在高等教育中的利益，真正体现民主和公平，我国必须吸收与高等教育相关的社会各个阶层、团体和个人参与到高等教育管理中来。我国应打破那种与行政区域、行政级别对应设置教育中介组织的单一思路，建立跨区域、跨部门、性质多样的综合或专业教育中介组织，打破中介机构的"官办"或"半官办"的性质，保证中介机构的独立性、公正性、权威性，增强中介机构的社会参与度和社会代表性，规范中介组织的运作，充分发挥中介机构在高等教育管理中的作用。

第二节　高等教育微观管理体制的改革与发展

高等教育微观管理体制，亦即高等学校内部管理体制。新中国成立以来，特别是改革开放以来，我国高等学校微观管理体制不断改革与完善，逐渐建立起具有中国特色的高等学校微观管理体制。

一、改革开放以前我国高等教育微观管理体制的历史沿革

从新中国成立到改革开放前，我国高等学校微观管理体制大体经历了以下几个发展阶段。

（一）校（院）长负责制（1950—1956 年）

新中国成立后，中央按照"维持原有学校，逐步加以必要的与可能的改良"的指导思想，对高等学校采取先接管、接收、接办然后予

以改造的方法。各高等学校成立校务委员会(临时管委会)作为临时性、过渡性的领导体制，行使管理学校的权力，维持高等学校教学秩序。

1950 年 4 月，中央教育部指示："高等学校一律实行校长负责制。"同年 8 月 14 日，中央教育部颁布了《高等学校暂行规程》，规定"大学及专门学校采校(院)长负责制"，并明确校(院)长的职责如下："(一)代表学校；(二)领导全校(院)一切教学、研究及行政事宜；(三)领导全校(院)教师、学生、职员、工警的政治学习；(四)任免教师、职员、工警；(五)批准校(院)务委员会决议。①"文件还规定，在校(院)长领导下成立校(院)务委员会，负责审查各系及各教研组的教学计划、研究计划及工作报告；通过预算和决算；通过各种重要制度及规章；议决有关学生重大奖惩事项；议决全校(院)重大兴革事项。

1952 年我国开始进行院系调整，进一步确立了校(院)长负责制，校(院)长领导高等学校内部的全盘工作，直接向党和国家负责。当时高等学校党的组织实行党组制，即党组成员以行政负责人的身份贯彻党的方针、政策，而学校的党委会和政府机关的党委一样，在政治上起核心作用，不领导行政工作。1955 年 5 月，中宣部《关于学校教育工作座谈会的报告》指出："学校中的党组织和学校行政互相间都没有领导或指导关系，但应互相帮助，密切配合，为搞好教学、办好学校而协同进行工作。②"该报告得到中共中央的支持。1955 年 8 月，中共中央批转中宣部《关于学校教育工作座谈会的报告》，要求各地党委认真研究执行。

---

① 《高等学校暂行规程》，见何东昌：《中华人民共和国重要教育文献(1949—1975)》，45 页，海口，海南出版社，1998。

② 转引自张应法、刘宝存：《现代高等教育原理》，164 页，济南，山东大学出版社，1996。

我国高等学校的校（院）长负责制，是在新中国成立初期对旧中国高等教育进行接管和改造的一种体制形式，明显受到当时苏联高等学校行政首长一长制的影响。这种管理体制既保证了中国共产党在学校内部的政治核心地位，又稳定了学校的秩序，推动了高等学校的调整与改造，对于高等教育事业的发展起到了积极的作用。

（二）党委领导下的校（院）务委员会负责制（1956—1961 年）

1956 年，我国社会主义改造基本完成，开始探索自己的社会主义发展道路。1956 年 9 月，中国共产党第八次全国代表大会通过的《中国共产党章程》第五十一条第一款规定："在企业、农村、学校和部队中的党的基层组织，应当领导和监督本单位的行政机构和群众组织积极地实现上级党组织和上级国家机关的决议，不断地改进本单位的工作。"[①]根据这一精神，高校内部开始加强党委的领导。

1958 年 9 月，《中共中央、国务院关于教育工作的指示》明确规定"一切教育行政机关和一切学校，应该受党委的领导"；"在一切高等学校中，应当实行学校党委领导下的校务委员会负责制；一长制容易脱离党委领导，所以是不妥当的"。[②] 在这种体制下，党委全面领导学校的政治思想教育、行政管理、教学、行政和生产等工作；校务委员会是在党委领导下的权力机构，实行集体领导，由校长主持；学校工作中的重大问题，由校长提交校务委员会讨论，做出决定，由校长负责组织执行。

这种管理体制强调了党对高等学校的领导，这在当时是十分必要的。但是随着我国政治形势的发展，特别是 1957 年反右派斗争严重扩大化以后，"左"的错误思想滋长起来，出现了以党代政、党政

---

① 《中国共产党章程》，http://www.chinadaily.com.cn/dfpd/18da/2012-08/29/content_15715159.htm，2008-08-02。
② 《中共中央、国务院关于教育工作的指示》，见何东昌：《中华人民共和国重要教育文献（1949—1975）》，859 页，海口，海南出版社，1998。

不分的情况，校(院)务委员会有名无实，党委包办了学校的行政事务，校(院)长的作用难以发挥，党委领导下的校(院)务委员会负责制实际上成了党委书记负责制，对我国高等教育事业的发展产生了明显的消极影响。

(三)党委领导下的以校(院)长为首的校务委员会负责制(1961—1966年)

1958年以后，受"左"的错误思想的影响，我国出现了困难和挫折。1961年，中共中央开始纠正"左"的错误思想，实行"调整、巩固、充实、提高"的八字方针。1961年9月，经过总结新中国成立12年来高等教育工作正、反两方面的经验教训，中共中央批准了《中华人民共和国教育部直属高等学校暂行工作条例(草案)》，其中规定："高等学校的领导制度，是党委领导下的以校长为首的校务委员会负责制。高等学校的校长，是国家任命的学校行政负责人，对外代表学校，对内主持校务委员会和学校的经常工作。"①该文件还规定"高等学校设立校务委员会，作为学校行政工作的集体领导组织。学校工作中的重大问题，应该由校长提交校务委员会讨论，做出决定，由校长负责组织执行。"②"校务委员会在校长的主持下，讨论和决定学校工作中的重大问题。"③文件还对高等学校党的组织和党的工作做了规定："高等学校的党委会，是中国共产党在高等学校中的基层组织，是学校工作的领导核心，对学校的工作实行统一领导。高等学校中，党的领导权力应该集中在学校党委会一级，不应该

① 《中华人民共和国教育部直属高等学校暂行工作条例(草案)》，见何东昌：《中华人民共和国重要教育文献(1949—1975)》，1 065页，海口，海南出版社，1998。
② 《中华人民共和国教育部直属高等学校暂行工作条例(草案)》，见何东昌：《中华人民共和国重要教育文献(1949—1975)》，1 065页，海口，海南出版社，1998。
③ 《中华人民共和国教育部直属高等学校暂行工作条例(草案)》，见何东昌：《中华人民共和国重要教育文献(1949—1975)》，1 065页，海口，海南出版社，1998。

分散。"①

这种管理体制纠正了党组织包办一切的做法，学校在党委统一领导下党政分工比较明确，党的思想政治工作得到了加强，校长和行政系统的作用得到了发挥，从而调动了知识分子的积极性，对我国高等教育事业的发展起到了很好的作用。但是，由于当时"左"的错误思想并没有彻底纠正，这一管理体制没有坚持下来。特别是1962 年以后，"左"的错误思想日益严重，在高等学校的管理体制上又出现了强调党委的领导而削弱行政管理的倾向。

（四）党的一元化领导下的革命委员会制（1966—1976 年）

1966 年，我国开始了长达十年的"文化大革命"。在此期间，广大干部和教师成为专政和批判的对象，高等学校的党政领导均遭受空前破坏。1967 年 1 月，革命委员会成立，并成为权力机构。1968年 7 月，工宣队、军宣队进驻高等学校，此后，全国高等学校都由工宣队和军宣队实施领导。1971 年 8 月，中共中央批准的《全国教育工作会议纪要》规定，学校"实行党的一元化领导。毛泽东思想宣传队要长期留下去，在党委统一领导下充分发挥政治作用"；"革委会是党委领导下的权力机构"。② 这样，高等学校的党政领导组织被以工宣队为主体的"三结合"（指工农兵、革命技术人员和原有教师三结合）的革命委员会代替，学校各系、各行政职能部门大多数也由工宣队参与领导。这种管理体制既否定了党的领导，又取消了校长的行政领导，使高等学校的管理体制遭受了严重破坏，高等教育事业发展严重受挫。

---

① 《中华人民共和国教育部直属高等学校暂行工作条例（草案）》，见何东昌：《中华人民共和国重要教育文献（1949—1975）》，1 066 页，海口，海南出版社，1998。

② 《全国教育工作会议纪要》，见何东昌：《中华人民共和国重要教育文献（1949—1975）》，1 480 页，海口，海南出版社，1998。

二、改革开放以来高等教育微观管理体制的调整与确立

"文化大革命"结束后，特别是改革开放以后，我国高等学校的领导体制经历了党委领导下的校（院）长分工负责制、校长负责制的试点和党委领导下的校长负责制几个阶段。

（一）党委领导下的校（院）长分工负责制（1976—1984 年）

1978 年 10 月，教育部重新修订了"高校六十条"，颁布了《全国重点高等学校暂行工作条例（试行草案）》（即"新高校六十条"），规定"高等学校的领导体制是党委领导下的校长分工负责制"；"学校党委员会要支持以校长为首的全校行政指挥系统行使职权，并督促和检查他们的工作"。[①] 同时，高校系一级也仿照学校领导体制，"实行系党总支委员会（或分党委）领导下的系主任分工负责制"[②]。在这种管理体制下，"学校的教学、科学研究、后勤工作中的重大问题，一定要经过党委员会讨论。党委员会做出决定后，由校长负责组织执行"[③]。校长是国家任命的学校行政负责人，副校长协助校长分工领导教学、科研、总务等方面的工作。

与 1961 年的"高校六十条"相比，"新高校六十条"取消了校务委员会，设立学术委员会，其职责包括"在校长或副校长领导和主持下，对学校教育事业发展规划、科学研究工作和研究生培养工作中的重大问题提出建议，审查、鉴定科学研究的成果，评议研究生的毕业论文、毕业设计，参与提升教授、副教授工作的审议，主持校

---

① 《教育部关于讨论和试行全国重点高等学校暂行工作条例（试行草案）的通知》，见何东昌：《中华人民共和国重要教育文献（1976—1990）》，1 646 页，海口，海南出版社，1998。
② 《教育部关于讨论和试行全国重点高等学校暂行工作条例（试行草案）的通知》，见何东昌：《中华人民共和国重要教育文献（1976—1990）》，1 646 页，海口，海南出版社，1998。
③ 《教育部关于讨论和试行全国重点高等学校暂行工作条例（试行草案）的通知》，见何东昌：《中华人民共和国重要教育文献（1976—1990）》，1 646 页，海口，海南出版社，1998。

内学术讨论会，组织参加国内和国际学术交流活动等"①。直到 1983年 5 月的全国高等教育工作会议才提出学校可以试行设立起参谋、咨询作用的校（系）务委员会。1984 年 12 月，《教育部党组关于高等学校试行设立校务委员会的通知》规定："校务委员会的成员，应以对教育工作有见解、在学术上造诣较深的学者或富有经验的老教育工作者为主体，也要有在教学、科研和管理等方面做出贡献的优秀中青年代表参加。"②"高等学校校务委员会是学校工作的咨询机构，在校长领导下开展工作，并可以受校长委托，代表学校进行某些活动。"③

党委领导下的校（院）长分工负责制对高等教育战线的拨乱反正及使高等教育事业重新走上正轨起了积极的作用。然而，这种体制仍未能使行政系统形成强有力的独立的工作体系，在实际工作中也未能改变长期以来形成的党政不分、以党代政的格局，影响了行政管理工作的效率，也影响了党的自身建设和思想政治工作。

（二）校长负责制的试点（1984—1989 年）

为了推进高等学校微观管理体制改革，1984 年 11 月，中宣部和教育部在四川成都召开高等学校实行校长负责制试点工作座谈会。会议确定在北京工业大学、北京师范大学、辽宁大学、西北工业大学、成都科技大学、同济大学、湖北大学、天津医学院等 9 所高等学校试行校长负责制，试点学校约占全国高等学校的 1%。

1985 年 5 月，《中共中央关于教育体制改革的决定》明确规定：

---

① 《教育部关于讨论和试行全国重点高等学校暂行工作条例（试行草案）的通知》，见何东昌：《中华人民共和国重要教育文献（1976—1990）》，1 646 页，海口，海南出版社，1998。
② 《教育部党组关于高等学校试行设立校务委员会的通知》，见何东昌：《中华人民共和国重要教育文献（1976—1990）》，2 249 页，海口，海南出版社，1998。
③ 《教育部党组关于高等学校试行设立校务委员会的通知》，见何东昌：《中华人民共和国重要教育文献（1976—1990）》，2 249 页，海口，海南出版社，1998。

"学校逐步实行校长负责制，有条件的学校要设立由校长主持的、人数不多的、有威信的校务委员会，作为审议机构。要建立和健全以教师为主体的教职工代表大会制度，加强民主管理和民主监督。学校中的党组织要从过去那种包揽一切的状态中解脱出来，把自己的精力集中到加强党的建设和加强思想政治工作上来；要团结广大师生，大力支持校长履行职权，保证和监督党的各项方针政策的落实和国家教育计划的实现；要坚持用马克思主义教育广大师生，激励他们立志为祖国的富强奋勇进取、建功立业，保证学生德智体的全面发展，使学校真正成为抵御资本主义和其他腐朽思想的侵蚀，建设社会主义精神文明的坚强阵地。"该文件为校长负责制试点工作的推进奠定了基础。

　　1985年9月，国家教委在北京师范大学召开了校长负责制试点工作座谈会，会上肯定实行校长负责制是高等学校微观管理体制的重大改革，认为应积极创造条件，逐步实行。此后，校长负责制的试点步伐逐步加快，到1986年年底，全国进行校长负责制试点的高等学校达100多所，占全国高等学校的10％。

　　在总结部分高等学校校长负责制试点的基础上，1988年4月，国家教委发出《关于高等学校逐步实行校长负责制的意见》，指出："高等学校必须按照党政分开的原则，逐步实行校长负责制。"①文件充分肯定了校长负责制，指出"高等学校实行校长负责制的方向必须明确，态度要坚定，步了要稳妥。已经实行校长负责制的学校，要认真总结经验，逐步完善这一领导体制；尚未实行校长负责制的学校，要进一步理顺党政关系，加强行政组织职能，积极创造条件，

---

① 刘英杰：《中国教育大事典(1949—1990)》，下册，1 096页，杭州，浙江教育出版社，1993。

条件成熟时，改行校长负责制"①。文件还规定了高等学校校长的主要职责："根据社会主义现代化建设的需要，支持制定并组织实施学校事业发展规划和年度工作计划；领导教师和职工不断提高教育质量和科学水平，保证完成培养人才和科学研究等项任务；抓好学生的思想政治教育，推动教职工教书育人、服务育人，使学生在德育、智育、体育等方面都得到发展；加强教职工队伍的建设，不断提高他们的政治、思想和业务素质；采取切实措施，逐步改善师生员工的工作、学习和生活条件。"②对于党组织在高等学校中的作用，文件规定："学校党组织应当对党和国家的方针、政策在本校的贯彻执行和教育任务的完成负有保证监督的责任。"③

　　从1984年11月9所高等学校试点校长负责制至1989年8月《中共中央关于加强党的建设的通知》的颁布可以看出，高等学校实际上运行着两种微观管理体制：一种是大部分高等学校实行的党委领导下的校（院）长分工负责制，一种是在部分高等学校试行的校长负责制。

（三）党委领导下的校长负责制（1989年以来）

　　1989年8月，《中共中央关于加强党的建设的通知》颁布。该文件规定："高等院校实行党委领导下的校长负责制。试行校长负责制的范围不再扩大。已经试点而收效较好的，可以继续试验。无论实行何种领导体制，党委都是学校的政治核心，全面领导思想政治工作，管理干部，同时支持行政领导独立负责地工作，力戒包揽行政事务。"1990年7月，《中共中央关于加强高等学校党的建设的通知》

---

　　① 刘英杰：《中国教育大事典（1949—1990）》，下册，1 096页，杭州，浙江教育出版社，1993。
　　② 刘英杰：《中国教育大事典（1949—1990）》，下册，1 096页，杭州，浙江教育出版社，1993。
　　③ 刘英杰：《中国教育大事典（1949—1990）》，下册，1 096页，杭州，浙江教育出版社，1993。

颁布。该文件再次明确"高等学校实行党委领导下的校长负责制"，并指出："经上级主管部门和地方党委确定继续进行校长负责制试点的学校，要做好试点工作。在这些学校，党委要发挥政治核心作用，坚持党管干部的原则，全面领导学校的思想政治工作，参与对教学、科研和行政管理工作重大问题的决策。"根据上述文件精神，原先试行校长负责制的学校，大部分开始实行党委领导下的校长负责制，少数仍继续进行校长负责制的试点。

在 1989 年之后的几年，虽然中共中央和政府的不少文件都强调高等学校在微观管理体制上实行党委领导下的校长负责制，但并没有完全排斥校长负责制。即使在 1995 年 3 月颁布的我国教育的根本大法《教育法》也明确规定："学校的教学及其他行政管理，由校长负责。"这里所说的"学校"虽然并没有明确说明包括高等学校，但同样也没有把高等学校排除在外。这样，在 20 世纪 90 年代初期，我国高等学校微观管理体制仍然维持着党委领导下的校长负责制和校长负责制两种制度并存的局面。

1996 年 4 月，中共中央颁布《中国共产党普通高等学校基层组织工作条例》，结束了高等学校内部领导体制的模糊状态，"党委领导下的校长负责制"成为唯一选项。文件第三条规定："高等学校实行党委领导下的校长负责制。校党委统一领导学校工作，支持校长按照《中华人民共和国教育法》的规定积极主动、独立负责地开展工作，保证教学、科研、行政管埋等各项任务的完成。"第十一条又明确了高等学校党的委员会的主要职责："1. 学习、宣传和执行党的路线、方针、政策，坚持社会主义办学方向，依靠全校师生员工推进学校的改革和发展，培养有理想、有道德、有文化、有纪律的社会主义事业的建设者和接班人。2. 按照从严治党的方针，加强学校党组织的思想、组织、作风建设，发挥党的总支部的政治核心作用、党支部的战斗堡垒作用和党员的先锋模范作用。3. 讨论决定学校改革和发展以及教学、科研、行政管理等工作中的重大问题。4. 领导学校的思想政治工作和德育工作。5. 按照干部管理权限，负责干部的选拔、教育、培养、考核和监督。6. 领导学校的工会、共青团、学生会等群众组织和教职工代表大会。7. 做好统一战线工作。对学校内民主党派的基层组织实行政治领导，支持他们按照各自的章程开展活动。"

之后，《中国共产党普通高等学校基层组织工作条例》关于高等学校微观管理体制的规定，被 1998 年通过的《高等教育法》以法律的形式固定下来。《高等教育法》①第三十九条第一款规定："国家举办的高等学校实行中国共产党高等学校基层委员会领导下的校长负责制。中国共产党高等学校基层委员会按照中国共产党章程和有关规定，统一领导学校工作，支持校长独立负责地行使职权，其领导职责主要是：执行中国共产党的路线、方针、政策，坚持社会主义办学方向，领导学校的思想政治工作和德育工作，讨论决定学校内部组织机构的设置和内部组织机构负责人的人选，讨论决定学校的改革、发展和基本管理制度等重大事项，保证以培养人才为中心的各项任务的完成。"第四十一条第一款规定了校长的职责："高等学校的校长全面负责本学校的教学、科学研究和其他行政管理工作，行使下列职权：（一）拟订发展规划，制定具体规章制度和年度工作计划并组织实施；（二）组织教学活动、科学研究和思想品德教育；（三）拟订内部组织机构的设置方案，推荐副校长人选，任免内部组织机构的负责人；（四）聘任与解聘教师以及内部其他工作人员，对学生进行学籍管理并实施奖励或者处分；（五）拟订和执行年度经费预算方案，保护和管理校产，维护学校的合法权益；（六）章程规定的其他职权。"另外，《高等教育法》第四十二条规定："高等学校设立

① 本法于 2015 年进行了修正，此段的条款内容指 1998 年的内容。

学术委员会，审议学科、专业的设置，教学、科学研究计划方案，评定教学、科学研究成果等有关学术事项。"第四十三条规定："高等学校通过以教师为主体的教职工代表大会等组织形式，依法保障教职工参与民主管理和监督，维护教职工合法权益。"

2010年7月颁布的《教育规划纲要》提出了要求：①完善中国特色现代大学制度和高校治理结构。"公办高等学校要坚持和完善党委领导下的校长负责制。健全议事规则与决策程序，依法落实党委、校长职权。完善大学校长选拔任用办法。充分发挥学术委员会在学科建设、学术评价、学术发展中的重要作用。探索教授治学的有效途径，充分发挥教授在教学、学术研究和学校管理中的作用。加强教职工代表大会、学生代表大会建设，发挥群众团体的作用。"②推进政校分开、管办分离。"适应中国国情和时代要求，建设依法办学、自主管理、民主监督、社会参与的现代学校制度，构建政府、学校、社会之间新型关系。适应国家行政管理体制改革要求，明确政府管理权限和职责，明确各级各类学校办学权利和责任……健全校务公开制度，接受师生员工和社会的监督……探索建立符合学校特点的管理制度和配套政策，克服行政化倾向，取消实际存在的行政级别和行政化管理模式。"③加强章程建设。"各类高校应依法制定章程，依照章程规定管理学校。尊重学术自由，营造宽松的学术环境。全面实行聘任制度和岗位管理制度。确立科学的考核评价和激励机制。"④扩大社会合作。"探索建立高等学校理事会或董事会，健全社会支持和监督学校发展的长效机制。探索高等学校与行业、企业密切合作共建的模式，推进高等学校与科研院所、社会团体的资源共享，形成协调合作的有效机制，提高服务经济建设和社会发展的能力。推进高校后勤社会化改革。"

为了落实文件精神，2014年，中共中央办公厅印发了《关于坚持和完善普通高等学校党委领导下的校长负责制的实施意见》，指出党委领导下的校长负责制是中国共产党对国家举办的普通高等学校领导的根本制度；2017 年 9 月，中共中央办公厅、国务院办公厅印发《关于深化教育体制机制改革的意见》，要求坚持和完善党委领导下的校长负责制，发挥党委领导的核心作用，党委领导下的校长负责制得到巩固。至此，我国高等学校微观管理体制经过几十年的变化与反复，终于在 21 世纪初形成了一个符合中国具体国情、具有中国特色的基本框架。

三、我国高等教育微观管理体制改革的反思与前瞻

新中国成立以来，我国不断探索高等学校微观管理体制，先后实行过校（院）长负责制、党委领导下的校（院）务委员会负责制、党委领导下的以校（院）长为首的校务委员会负责制、党的一元化领导下的革命委员会制、党委领导下的校（院）长分工负责制、校长负责制的试点、党委领导下的校长负责制。中共十一届三中全会以来，我国高等学校微观管理体制也在不断调整，其中的经验教训值得认真反思。

（一）高等学校微观管理体制改革的核心主题与成就

几十年来我国高等学校微观管理体制改革主要涉及四个方面：一是高等学校内部与外部的关系；二是高等学校内部政治权力与行政权力的关系；三是高等学校内部政治权力、行政权力与学术权力的关系；四是高等学校与内部院系的关系。

英国比较教育学家萨德勒曾经说过：“学校以外的事情甚至比学校内部的事情更重要，并且校外的事可以支配和说明校内的事。”①这句话可以用来解释我国高等学校微观管理体制形成与发展的外部关系。新中国成立以来，我国一直对高等教育实行高度集中的宏观管理体制，即使曾经出现过几次“权力下放”和“权力集中”的反复，

---

① 转引自王英杰：《比较教育》，42 页，广州，广东高等教育出版社，1999。

也都是相对的、暂时性的。高等教育高度集中的宏观管理体制决定了影响和制约高等学校微观管理体制变动的主要因素，往往来自外在的政治体制和行政体制以及不同时期有关政策的变化，而与高等学校自身的因素和需要关系不大，甚至几乎不存在直接的关系。也就是说，高等学校微观管理体制在何时变化、发生什么变化及如何进行改变，主要不是由高等学校根据自身需要自发或主动开展的行为，而是由教育行政部门（甚至是中央政府）根据不同时期的政治形势和政治需要决定的。① 由于高校在政府的直接领导和控制下办学，高校的办学自主权有限，高校成了政府的附庸，高等学校微观管理体制的变化自然成为我国政治形势变化的晴雨表。

　　我国高等学校微观管理体制历次演变的核心问题就是如何处理内部政治权力与行政权力的关系，这与上一个问题密切相关。新中国成立以来，除了最初短暂的校务委员会制和特殊时期的革命委员会制外，我国高等学校微观管理体制实际上是在不同类型的校（院）长负责制和党委领导下的校长负责制之间转换。由于我国强调中国共产党对高等教育事业的领导，高等学校内部一直存在着党政并存的二元体制，存在着党委和行政、书记和校长两种主体之间的权力分配与平衡。比较而言，校（院）长负责制更多地强调了校长作为高等学校行政首长和学术首脑的权力，突出了行政权力在高等学校中的地位；而党委领导下的校长负责制则更重视高等学校中政治权力的作用。在不同时期，我国高等学校微观管理体制或强调政治权力或突出行政权力，与中央政府对不同时期的政治形势和政治需要的判断有密切的关系，而高等学校微观管理体制的变化又直接影响内部两种权力的兴衰。

　　内部政治权力与行政权力是高等学校内部客观存在的两种力量，

---

① 张斌贤：《我国高等学校内部管理体制的变迁》，载《教育学报》，2005(1)。

但在与学术权力的博弈中，它们又是作为一种力量出现的，这种力量可以称为广义的行政权力。在新中国成立后的很长一段时间，作为知识分子的高校教师是被教育和改造的对象，不属于领导阶级的组成部分，没有政治地位，在政府部门为高等学校安排的管理体制中自然不会被赋予权力，更没有权力的制度平台。他们参与高等学校管理的平台一直是起咨询和审议作用的学术委员会和校务委员会。1956 年 5 月颁发试行的《中华人民共和国高等学校章程草案》曾规定学术委员会的职权为讨论学校工作中的重大问题和学衔授予问题。改革开放以后，我国确立了"尊重知识，尊重人才"的政策，知识分子成为"工人阶级的一部分"，高校教师逐渐有了较多的参与管理的权力。1978 年 10 月，教育部颁发的《全国重点高等学校暂行工作条例（试行草案）》规定取消校务委员会，设立学术委员会，负责对学校教育事业发展规划、科学研究工作和研究生培养工作中的重大问题提出建议等。1984 年 12 月，《教育部党组关于高等学校试行设立校务委员会的通知》规定，成立咨询机构性质的校务委员会，校务委员会的成员应以对教育工作有见解、在学术上造诣较深的学者或富有经验的老教育工作者为主体，也要有在教学、科研和管理等方面做出贡献的优秀中青年代表参加。1998 年 8 月通过的《高等教育法》取消了作为咨询机构的校务委员会，并在第四十二条对学术委员会的职权做了规定："高等学校设立学术委员会，审议学科、专业的设置，教学、科学研究计划方案，评定教学、科学研究成果等有关学术事项。"①虽然教师在高等学校微观管理体制中所代表的学术权力依然薄弱，但与改革开放之前相比，有增强的趋势。

　　高等学校与内部院系的关系是管理体制改革中的一个重要关系。新中国成立前，我国高等学校仿照欧美大学的管理体制，在大学设

---

　　①　该条在 2015 年修正时有变动。

置学院，在学院下设置学系。20世纪50年代初，我国高等教育的发展放弃欧美模式，转而效法苏联，对全国的高等院校进行调整，撤销了学院的建制，改变了以往学院下只设系科、不设专业的做法，在大学下直接设系科，在系科下设置了口径较小的专业，在管理组织上设置了教研室（教研组），形成了权力高度集中的"校—系—专业（教研室）"管理体制。20世纪80年代初，随着高等学校职能的拓展，我国高等学校开始自发地恢复学院制。特别是随着经济体制的转型，市场经济呼吁管理重心下移，学院制改革蓬勃开展。除了一些高等学校维持传统的"校—系—专业（教研室）"管理体制外，我国普通高等学校还出现了"校—系—研究所（室）""校—系/研究所—研究室""校—院—系""校—院—系/所—专业教研室/研究室""校—院/系/所—研究室/专业教研室""校—院—系/所"等管理模式。1993年2月8日，国家教委颁布《关于普通高等学校内部管理体制改革的意见》，要求"逐步理顺校、院、系（所）几级关系，分清职责，实现治事用人相结合，责权利相统一"，但并没有提出明确的意见。虽然学院制改革仍然存在不少问题，但它推动了我国高等学校的学科整合，而且推动了高等学校的权力下移，提高了管理效率。

（二）现行高等学校微观管理体制存在的问题

新中国成立以来，特别是在改革开放之前的二十几年中，与高等教育宏观管理体制相类似，我国高等学校微观管理体制变化频繁，有的管理体制只实行三五年就会变化，长的话也只实行十几年，这在世界各国高等学校管理体制中可以说是绝无仅有的。改革开放以后，我国一方面学习国外的通行做法，探索高等学校微观管理体制的改革；另一方面维护中国共产党对高等学校的绝对领导地位，选择了党委领导下的校长负责制作为高等学校微观管理制度，在现行的体制框架内较好地解决了党政这对主要矛盾，并且推动了其他方面的改革，取得了一些成就和进展。

但是，我们也应该看到，现行的高等学校微观管理体制仍然存在不少矛盾和问题，必须在实践中予以解决。

1. 政治权力与行政权力边界模糊

现行的高等学校微观管理体制明显带有革命时期军队和政府管理体制的痕迹，既维护中国共产党的领导，又要行使行政职能。这种体制在实施过程中逐渐暴露出一些问题：①党政两支队伍共同行使一套领导管理职能，彼此分工模糊，出现问题谁都有责任而又无责可负，致使管理效率低下；同时，由于党政职能分界不清，容易导致党政纷争。②在党政共管、两支专职管理队伍并存的情况下，行政队伍承担主要管理任务，党的专职队伍只承担管干部和一些辅助性工作，这往往会给人一种假象，即把党的这支专职管理队伍所承担的职能当作党在高校所起的全部作用，而将以党员为主体的行政管理队伍所承担的工作排除在党的作用之外，这种假象有损党在学校的地位、形象和威信。③由于党委的职能以"务虚"为主，不直接从事教学、科研、后勤等的实际管理，这样容易使党委贯彻党的路线、方针、政策的工作停留在念文件、传达上级指示精神的表层，思想政治工作的权威性和针对性较差。④党委介入行政管理，势必会影响党自身的建设和思想政治工作。总之，实行党委领导下的校长负责制的目的是要加强党在高等学校的领导地位，而目前高等学校微观管理体制的运行情况并不一定能有效地实现这一目的。

2. 行政权力与学术权力失衡

在高等学校内部，管理权力有行政权力与学术权力之分。虽然在行政权力与学术权力的关系上并没有通行的模式，但行政权力与学术权力各司其职、协调运作，是各国高等学校内部管理权力配置中普遍遵循的原则。由于受计划经济体制、高度集权的管理体制和官本位文化的影响，我国高等学校内部行政权力与学术权力严重失衡，主要表现在行政权力与学术权力界定不明，定位不清；行政权力泛化，学术权力淡化，甚至出现学术管理行政化的倾向。无论是在高等学校一级还是在学院一级，权力仍然过于集中在党政领导手中，学术权力孱弱。2015年修正的《高等教育法》虽然加强了学术委员会的职能，但其权力依然有限。一方面，权力有限，仅限于"审议学科建设、专业设置，教学、科学研究计划方案"，"评定教学、科学研究成果"，"调查、处理学术纠纷"，"调查、认定学术不端行为"，"按照章程审议、决定有关学术发展、学术评价、学术规范的其他事项"，没有实际决策权；另一方面，高等学校许多学术事务的决策并不通过学术委员会，在许多情况下，学术委员会成了一个"橡皮图章"和摆设。

3. 校、院、系三级的责权利关系不顺，权力高度集中在学校一级，院、系的权力过小

由于行政权力对学术权力的侵蚀，强调学术权力和权力下移的学院制有名无实。学院的权力并没有伴随着高等学校权力的下移而扩大，学院的权力与原来的系的权力并没有什么不同，甚至由于学院规模的扩大而减少了教授参与决策的权力。根据廖世平对原国家教委直属高校实行学院制的情况的问卷调查，全面推行学院制，最迫切需要解决的问题就是理顺学校和院系的责权利关系，以及赋予学院较大的权力。"不少学校认为，权力过多地集中在学校一级，影响着学院的管理功效和办学积极性，学院的责权利是分离的。学院的工作范围扩大了，事务性工作增多了，任务加重了，但在科研、教学、人事、办学等方面没有太多的自主权和决定权，比如，职称评聘、人员调配、经费使用等诸多权力都集中在学校及其职能部门，学院只是被动执行的一级机构。如此带来的后果必然是校领导管得过细，职能部门管得太死，学院一级穷于应付，整个学校的运转就

显得忙乱。"①虽然调查已经过去 20 年，但这种情况仍然没有太大的改观。

(三)高等学校微观管理体制改革的政策建议

2014 年，中共中央办公厅印发了《关于坚持和完善普通高等学校党委领导下的校长负责制的实施意见》，指出党委领导下的校长负责制是中国共产党对国家举办的普通高等学校领导的根本制度，是高等学校坚持社会主义办学方向的重要保证，必须毫不动摇、长期坚持并不断完善。因此，我们必须在坚持党委领导下的校长负责制的前提下，改革和完善高等学校微观管理体制。

1. 坚持和完善党委领导下的校长负责制，发挥党委的领导核心作用

党委领导下的校长负责制的核心是党委统一领导学校工作。高等学校党的委员会是学校的领导核心，履行党章等规定的各项职责，把握学校的发展方向，决定学校的重大问题，监督重大决议的执行，支持校长依法独立负责地行使职权，保证以人才培养为中心的各项任务完成。校长是学校的法定代表人，在学校党委的领导下，贯彻党的教育方针，组织实施学校党委的有关决议，行使《高等教育法》等规定的各项职权，全面负责教学、科研、行政管理工作。高等学校要结合实际，健全党委与行政议事决策制度，制定全委会、常委会、校长办公会议(校务会议)的会议制度和议事规则。党委领导下的校长负责制是一个不可分割的有机整体，必须坚持党委的领导核心地位，保证校长依法行使职权，建立健全党委统一领导、党政分工合作、协调运行的工作机制。要合理确定领导班子成员分工，明确工作职责。领导班子成员要认真执行集体决定，按照分工，积极主动开展工作。

---

① 廖世平：《部分重点高校实行学院制的调查分析》，载《高等教育研究》，1998(6)。

2. 正确处理行政权力与学术权力的关系，强化学术权力

我国高等学校内部的权力配置模式是一种以行政权力为主导的模式，行政权力泛化，实行严格的科层等级管理，权力的重心偏上，各种学术组织基本上听命于行政机构，学术权力较弱。这种模式是在集权的普通行政管理体制和计划经济体制的影响下形成的，可以说是我国普通行政管理模式在高等学校管理中的应用。这种模式虽然有一定的优点，如有利于统一指挥、提高决策效率等，但其局限性也很明显，如学术权力受到侵蚀、对学术发展的规律尊重不够、不利于调动基层组织的积极性等。因此，必须改革和完善我国高等学校内部的权力配置模式。首先，要厘清行政性事务与学术性事务。一般而言，有关教学、科研等的学术工作属于学术性事务，有关人、财、物等的行政工作属于行政性事务。其次，加强学术组织建设，健全以学术委员会为核心的学术管理体系与组织架构，合理确定学术组织人员的构成，制定学术组织章程，保障学术组织依照章程行使职权，充分发挥其在学科建设、学术评价、学术发展和学风建设等方面的重要作用，积极探索教授治学的有效途径。

3. 尊重高等学校"松散联合系统"的组织特性，扩大院系的自主权

作为以知识或学术发展为根本任务的学术性组织，高等学校的重心在基层，而且知识的高度专业化使得各院系之间的联系趋于松散，形成相对独立性，使得高等学校呈现出一种"有组织的无序状态"，成为一种"松散联合系统"。根据高等学校的这种组织特性，高等学校微观管理体制和权力配置的改革应该遵循以下几个思路：第一，明确划分学校和院系的权限，将管理权力的重心放在学院，赋予院系在学校的领导下统筹本单位教学、科研、开发、师资队伍建设和学科建设工作，统一管理本单位的人事、财务、资产、学生培养教育和思想政治工作的权力，同时提高学校一级的管理水平。第

二，建立分权的微观管理体制。在高等学校一级，可以建立强有力的统一的决策机构、执行机构、咨询机构和反馈机构，行政权力与学术权力并重，但分而治之；但在院系一级应该充分放权，以充分发挥学术权力的作用为主，淡化行政权力，强化学术管理，充分发挥院系学术委员会、学位委员会、教学指导委员会等组织的作用；对基层组织的教学科研人员，应该保证其教学自由、研究自由，调动其积极性和独创性。第三，建立适当分散的权力配置模式。高等学校组织的"松散联合系统"特征，要求改变权力集中在各级组织负责人一人身上的局面，适度分散权力，使校长、行政管理人员、院长和系主任、教学科研人员、学生、社区代表等都有一定的决策权。

4. 加强民主管理，建立党务公开和校务公开制度

坚持并完善党委领导下的校长负责制，不仅要充分发挥党委在学校工作中的统一领导，校长在学校党委领导下组织实施学校党委有关决议，而且要充分发挥教职工代表大会在民主管理、民主监督和维护教职工合法权益等方面的重要作用；坚持和完善学生代表大会制度，充分发挥其作为学校与学生之间的桥梁纽带作用；探索建立高等学校理事会或董事会，健全社会支持和监督学校发展的长效机制；实行党务公开和校务公开，及时向师生员工、群众团体、民主党派、离退休老同志等通报学校重大决策及实施情况。

第五章
高等教育投资体制改革

高等教育投资是指为培养不同程度的具有各种技能、知识的专门人才，投入高等教育领域的人力、物力和财力等资源的货币表现。高等教育投资体制是高等教育体制的重要组成部分，它有狭义和广义之分。狭义的高等教育投资体制是指各投资主体在发展高等教育事业中与高等教育机构之间形成的责、权、利关系及其组织运行方式。它包括三种关系：一是高校财产所有权与经营权的关系，即高校产权归属与产权支配的关系；二是财权与事权的关系，即高等教育经费拨款权、投资权与高等教育事业管理权的关系；三是集权与分权的关系，即对高等教育集中统一管理与分级分层管理的关系。广义的高等教育投资体制是指高等教育资源的运作系统和制度，包括高等教育投资主体的确立及其行为，经费的筹措途径、配置方式及其合理利用，高等教育投资的决策程序和管理方式及宏观调控制度等。我国现行高等教育投资体制的基本内容是建立以国家财政拨款为主、其他多种渠道为辅的高等教育投资新体制。

第一节 高等教育投资体制改革的历史与发展

改革开放以来，随着整个经济管理体制和教育管理体制改革的不断深入，我国在高等教育投资体制方面进行了一系列重大改革，其中既有国家关于高等教育宏观投资体制的改革，也有在院校层次上实施的微观财务管理体制改革。这些改革的基本特点是从高度中央集权的体制逐步转向中央和地方分级管理的财政体制。本节主要从以下几个方面进行阐述。

一、政府关于高等教育投资制度的变迁

（一）高等教育投资方式由中央统一计划拨款改为分级计划拨款

新中国成立以后，中央实行高度集中的计划经济体制，相应地也建立起了高度集中的财政体制。当时各项经费包括教育经费，均由国家财政统一列支。1949—1979 年，教育经费列入国家预算，实行统一领导，中央、省（直辖市、自治区）、市、县分级管理的体制。各地方政府根据当地需要拟订教育发展计划，逐级上报，最终由中央政府进行统一调整和平衡。高等教育实行"条块结合"的管理办法，中央各部委与各省（直辖市、自治区）制订自己的高等教育发展计划与经费预算，上报中央平衡、审批，这种高度集中的教育财政管理体制是与当时高度集中的政治体制相吻合的。但这种过分集中的教育财政管理体制不利于发挥地方政府发展教育的积极性，影响了地方高等教育发展的进程。

改革开放以后，1980 年我国财政体制进行了重大改革。同年 2 月，国务院颁布了《关于实行"划分收支、分级包干"财政管理体制的暂行规定》，将国家预算管理由过去的"统收统支"改为"划分收支、分级包干"的"分灶吃饭"体制，即由过去的中央政府统一管理国家全部收支的财政体制，变为中央和地方分级管理财政收入与支出的分级负责的新财政体制。与此相适应，财政用于高等教育的支出，根据学校行政隶属关系，分别由中央和地方财政各自负担。除中央各部属高校仍然由中央政府财政部负责外，各地方高校所需经费均由各省财政部门负责计划拨款，中央财政对地方高等教育不再统一计划拨款。高等院校办学经费也开始由政府包办、单一拨款向以国家

财政拨款为主、多渠道筹措经费的体制过渡。这样就把地方高等教育的管理权和责任同时交给了地方政府，使地方政府可以根据本地区社会经济发展对人才的需求，适当调整本地区的高等教育结构。这一改革措施有利于调动各省、自治区、直辖市政府投资兴办高等教育的积极性，并使高等教育的发展更适合经济发展的需要。从1980年到1989年，中国新增建的404所高等院校中，有300多所是用地方财力办起来的，占新增高等院校总数的70％以上。这一以"实行分级管理"为基本特征的高等教育投资体制的改革有力地促进了全国高等教育的发展，但容易造成各省之间教育发展不平衡。

(二)高等院校的微观投资体制改革由"统收统支"转向"预算包干、结余留用"

1980年以前，高校经费均由国家财政统一计划拨款，高校在年终决算后需将全部结余款项交回国家财政。高校本身缺乏经费使用方面的自主权，亦缺乏提高经费使用效益的积极性。许多高校往往是年终决算前"突击花钱"，力求把分到手的钱全部花掉，因此在一定程度上造成高等教育经费使用不当，降低了高校的办学效益。1980年以来实行"预算包干、结余留用"的办法，即由各个高校按照国家下达的年度预算包干使用，年终结余全部留归高校结转下年度支配。这项改革的目的在于赋予高校资金使用自主权，形成促进高校提高经费使用效益的激励机制，使得高校能够把提高办学效益同其自身利益有机结合起来，以充分调动高校办学的积极性，强化高校的成本意识，提高办学效益。1998年年底，全国财政工作会议上正式提出了新的公共财政改革，它包括部门预算改革、国库集中收付制度改革、"收支两条线"改革、政府采购制度改革等，对高校的财务管理和运作产生了重要影响。2012年，财政部、教育部印发了最新修订的《高等学校财务制度》，明确了高校总会计师的职权和责任，即总会计师为学校副校级行政领导成员，协助校(院)长管理学校财务工作，承担相应的领导和管理责任。总会计师的设置不仅迎合了高校资金来源多渠道化的需要，而且将促进学校内部财务管理的科学化和精细化，这一专业岗位已经成为当前我国高校财务管理体制改革的重要工作。[①]

(三)政府公共拨款分配机制的改革由"基数＋发展"转为"综合定额＋专项补助"的方式

在改革开放以前，高等教育经费实行的是单一的国家投入政策。20 世纪 80 年代以前，我国对高等教育拨款实行的是"基数＋发展"的拨款方式。这种方式是由财政部和高校主管部门根据高校的规模及各种日常经费开支的需要，核定一个拨款基数，以后各财政年度的经费开支预算在上年度经费基数的基础上，根据财力状况增加本年度的发展经费。"基数＋发展"的拨款方式简明易行，能简化决策程序，并且易于配合政府对高等院校的集中财政管理。在高等院校数量较少、结构单一的情况下，"基数＋发展"的方法具有一定的适用性。但由于基数的确定缺乏科学依据，预算分配过程本身缺乏量化、公正和透明，直接导致各高等院校之间资源分配的不平衡和不合理。20 世纪 80 年代以后，因高等教育财政体制发生重大改革，与此相适应的拨款机制也发生了明显的变化。为了克服"基数＋发展"拨款方式的弊端，国家从 1986 年开始实行"综合定额＋专项补助"的"公式法"拨款方式。"综合定额"是指财政部门或学校主管部门制定的每生教育经费的定额标准，对不同层次、不同种类的学生分别制定了不同的定额标准，计算确定的"综合定额"部分的经费预算数额；"专项补助"是对"综合定额"的补充，它是在考虑学校的各种特殊需要后，由财政部门和教育主管部门根据国家的政策导向和学校的特殊需要单独核定下达的(见图 5-1)。这种拨款方式的量化性强、透明度高，

---

① 财政部、教育部：《关于印发〈高等学校财务制度〉的通知》，http：//old. moe. gov. cn/publicfiles/business/htmlfiles/moe/moe_1779/201212/146191. html，2018-08-21。

激发了学校为社会多出人才的积极性。自 20 世纪 90 年代以来，我国在高等教育财政拨款体制方面进行了一些改革。如根据教育发展的整体规划和部署，在原有教育经费分配方式的基础上，探索了其他一些特殊的分配方式，如"211 工程""985 工程""重点办好几所世界一流的大学，给予一定的资金支持"等。

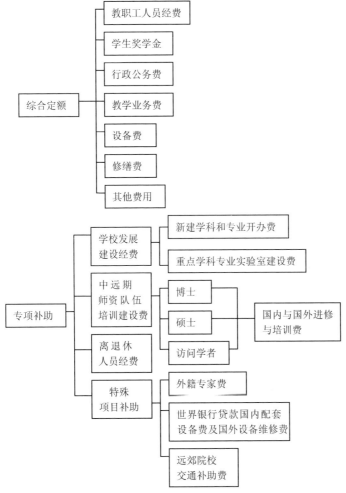

图 5-1　综合定额和专项补助费结构图①

————————

① 孔祥彬：《中国高等教育体制改革研究》，102 页，沈阳，东北大学出版社，1998。

为加强顶层设计，兼顾当前和长远，统筹考虑中央高校各项功能，2015 年 11 月，财政部、教育部联合发布《财政部教育部关于改革完善中央高校预算拨款制度的通知》，改革的主要内容包括两个方面：一是完善基本支出体系，更好地支持中央高校的日常运转，促进结构优化；二是重构项目支出体系，区分不同情况，采取调整、归并、保留等方式，加大整合力度，进一步优化项目设置。中央高校预算拨款制度改革后，地方高校也要协同推进。各地要按照该通知的精神，结合实际，改革完善地方高校预算拨款制度，促进从整体上提升高等教育质量。①

二、高等教育的成本分担和成本补偿制度的发展

自新中国成立至 20 世纪 80 年代中期，我国高等教育一直实行"免费＋人民助学金"的制度，高等院校不仅不向学生收取学费，而且要拨出相当一部分资金用于补贴学生学习期间的部分生活费开支，如伙食补助等，并需要列部分高等教育事业费支付学生宿舍所需的各项费用。1985 年颁布的《中共中央关于教育体制改革的决定》提出高等学校"可以在国家计划外招收少数自费生。学生应缴纳一定数量的培养费"，这标志着我国的"免费＋人民助学金"制度开始发生改变。1987 年，国家开始推行非义务教育的成本分摊和回收制度，把原来的助学金改为奖学金、助学金和贷学金制度，并鼓励高等院校拓宽经费来源渠道。1989 年，国家教委等三部委联合发出《关于普通高等学校收取学杂费和住宿费的规定》，从政策上肯定了高等教育应该实行成本分担和补偿制度。当年，全国大部分高等学校开始收取每年每生 100～300 元的学费，开始将国家负担全部高等教育经费的旧体制转变为国家和个人共同分担高等教育成本的新体制。1992 年，

---

① 财政部、教育部：《财政部教育部关于改革完善中央高校预算拨款制度的通知》，http://www.mof.gov.cn/zhengwuxinxi/caizhengwengao/wg2015/wg201512/201604/t20160421_1960415.html，2018-08-21。

中国高等教育开始大范围推行招生收费制度改革，自费学生的比例得到提高，学费也提高了。同时为了使高等教育主动适应社会主义市场经济的需要，更好地贯彻教育公平性原则，转变高校的培养机制，激励学生奋发学习，提高教育质量，原国家教委提出了逐步实行公费、自费并轨的思路。

1993 年，中共中央、国务院出台的《中国教育改革和发展纲要》提出："改革学生上大学由国家包下来的做法，逐步实行收费制度。"同年将上海外国语大学和东南大学作为收费并轨试点院校，当年进入这些院校的新生统一缴纳学费。1995 年通过的《教育法》正式以法律的形式确立了新的投资体制，即"国家建立以财政拨款为主、其他多种渠道筹措教育经费为辅的体制，逐步增加对教育的投入，保证国家举办的学校教育经费的稳定来源"。1996 年 12 月，国家教委、国家计委、财政部发布了《高等学校收费管理暂行办法》，对高等学校的收费进行了规范，规定公办普通高校的学费按不高于其年生均教育培养成本的 25％收取。1997 年在全国范围内实现普通高校的"并轨"，我国高等教育全面实行收费制度，新中国成立以来实行的高等教育免费制度成为历史。1998 年通过的《高等教育法》规定"高等学校的学生应当按照国家规定缴纳学费"，这就在法律上确立了高等学校学费收取制度的地位。收费政策全面实施后，学费水平以较高的比例持续上涨，1999 年生均学费 2 769 元，2001 年达到生均 3 895 元，2000 年和 2001 年的学费占学校经常性支出的比重分别达到 27.7％和 31.4％。①

随着高等教育改革的不断深化，一些新的教育教学形式的收费政策尚不明确，高校为学生提供服务的收费和代收费等收费行为缺乏必要的规范，部分地方和高校仍存在擅立收费项目和提高标准等

---

① 刘微、陈中原：《高校收费：公平与效率辨析》，载《中国教育报》，2003-01-19。

违规收费行为。为进一步加强高校收费管理，规范高校收费行为，坚决治理乱收费，维护高校和学生的正当权益，保障学校、学生正常的教学及学习生活，促进高等教育事业持续健康发展，2006 年 5 月，《教育部国家发展改革委财政部关于进一步规范高校教育收费管理若干问题的通知》出台，明确了高校行政事业性收费包括学费、住宿费和考试费三类，并加强对高校行政事业性收费的管理，同时规范高校服务性收费和代收费管理，要求严格执行教育收费公示制度，并加强许可证、收费票据和资金的管理，等等。该文件还指出，高校要切实落实收费管理"一把手负责制"和责任追究制，自觉规范收费行为。各地教育、价格、财政、审计部门要加强对学校收费的监督，对高校不按国家规定的收费项目和标准收费，或违反规定巧立名目乱收费的，要按各自的职责依法进行严肃查处，并依照相关法规的规定，追究有关负责人的责任。①

三、高等学校办学经费来源的变化

在高等学校办学经费来源方面，最重要的是赋予高等学校开展创收活动的自主权。20 世纪 80 年代以前，我国高等学校办学所需的全部费用均由国家财政负担，实行由政府包办、单一拨款的经费政策。1985 年发布的《中共中央关于教育体制改革的决定》明确规定，高等学校有权具体安排国家拨发的基建投资和经费，有权利用自筹资金等。1993 年发布的《中国教育改革和发展纲要》则更加明确地将学费、校办产业、高新科技企业、社会服务、社会捐资助学、金融信贷手段等作为国家财政性教育经费之外的教育经费筹措主要措施。自 1985 年以来，由于高等学校有了开展创收活动的自主权，许多学校充分利用自己的科学技术优势和人才优势，结合自身的教学和科

---

① 教育部、国家发展改革委、财政部：《教育部国家发展改革委财政部关于进一步规范高校教育收费管理若干问题的通知》，http：//old. moe. gov. cn//publicfiles/business/html files/moe/moe＿1338/200701/19550. html，2018-08-12。

研工作，开展了多种多样的科技开发、技术咨询和人才培训等创收活动，其主要包括以下几个途径：与学校所在地的科研机构和高新技术工业企业共建科技产业实验区；高校与有关生产单位联合建立"教学、科研、生产联合体"；高校与地方联合办企业；开展技术转让，将科学研究与实验发展的成果有偿转让给生产部门；开展技术服务与推广、咨询服务；创建校办产业；为企事业单位等有偿培训人才；接受捐赠等。高校通过上述形式的创收活动，有效地挖掘和利用了其在人才方面和科学技术方面的潜力，增加了高校的收入和经费来源渠道。更重要的是，多种多样的科技开发、技术咨询和人才培训活动亦有力地促进了高校自身教学和科研工作的改革，同时又推动了社会经济发展。①

　　为了进一步规范高等学校的财务行为，加强财务管理和监督，提高资金使用效益，促进高等教育事业健康发展，2012年12月，财政部、教育部新修订了《高等学校财务制度》。该制度规定，高等学校收入包括：①财政补助收入，指高等学校从同级财政部门取得的各类财政拨款，包括财政教育拨款、财政科研拨款和财政其他拨款。②事业收入，即高等学校开展教学、科研及其辅助活动取得的收入，包括教育事业收入和科研事业收入。③上级补助收入，指高等学校从主管部门和上级单位取得的非财政补助收入。④附属单位上缴收入，指高等学校附属独立核算单位按照有关规定上缴的收入。⑤经营收入，指高等学校在教学、科研及其辅助活动之外，开展非独立核算经营活动取得的收入。⑥其他收入，即上述规定范围以外的各项收入，包括投资收益、利息收入、捐赠收入等。②

---

①　闵维方、陈晓宇：《中国高等教育经费需求与投资体制改革》，载《教育研究》，1994(12)。

②　财政部、教育部：《关于印发〈高等学校财务制度〉的通知》，http://old.moe.gov.cn/publicfiles/business/htmlfiles/moe/moe_1779/201212/146191.html，2018-08-21。

四、社会投资高等教育的演进

中国有私立教育的传统，新中国成立前，私立教育也曾相当发达，但新中国成立以来，随着教育国有化的推行，私立教育大幅度萎缩，直至 20 世纪 80 年代以前，我国基本上是公立教育一统天下。20 世纪 80 年代以后，伴随着改革开放的深入，我国的私立教育开始复苏，与之相应，相关的民办教育法规、政策也开始不断出台。

1982 年通过的《中华人民共和国宪法》第十九条第四款规定："国家鼓励集体经济组织、国家企业事业组织和其他社会力量依照法律规定举办各种教育事业。"在此基础上，1985 年《中共中央关于教育体制改革的决定》进一步提出，地方要鼓励和指导企业、社会团体和个人办学。1992 年，国家教委在《全国教育事业十年规划和"八五"计划要点》中提出，为满足社会日益增长的需要，要逐渐建立以政府办学为主、社会各界共同办学的体制。高等教育以中央政府和省、自治区、直辖市两级政府办学为主。在此基础上，1993 年，中共中央、国务院在《中国教育改革和发展纲要》中明确提出了改革政府包揽办学的格局，要逐步建立以政府办学为主体、社会各界共同办学的体制。国家对社会团体和公民个人依法办学，采取积极鼓励、大力支持、正确引导、加强管理的方针。1995 年，我国正式颁布了《教育法》，提出要逐步建立以国家财政拨款为主，辅之以征收用于教育的税费、校办产业的收入、社会捐集资和设立教育基金等多渠道筹措教育经费的新体制。这就在法律上确立了教育经费的多元投资体制，同时明确了财政经费在多元教育投资中的主体地位。在完成上述政策准备后，1997 年，国务院正式出台了我国第一部民办教育法规——《社会力量办学条例》，这是我国民办教育政策的一个大的转折点。《面向 21 世纪教育振兴行动计划》正式提出"今后 3～5 年，基本形成以政府办学为主体、社会各界共同参与、公办学校和民办学校共同发展的办学体制"。2002 年，《民办教育促进法》出台，相对于以前的条例,《民办教育促进法》更具有现实意义。《民办教育促进法》从法律地位、产权归属、合理回报、税收优惠等方面对民办教育予以明确规定。这些制度是基于我国民办教育发展"捐资办学少,投资办学多"的实际情况制定的,所以在某种程度上能够推动我国民办教育的发展。[①] 随着社会的不断发展,《民办教育促进法》又分别于2013 年 6 月和 2016 年 11 月进行了两次修正。法律的不断健全和完善为民办高等教育的发展打下了良好的基础,民办高等教育近年来得到了蓬勃发展,但当前主要以职业技术教育为主,还未曾在前沿科学研究和高技术领域的高层次人才培养方面取得重大成就。2015年 3 月 11 日,施一公、陈十一、潘建伟、饶毅等七位科学家、学者、企业家,向国家提交《关于试点创建新型民办研究性的大学的建议》并获得支持。2018 年 4 月 1 日,教育部正式批复同意浙江省设立西湖大学(筹)。西湖大学(筹)是一所新型民办、小而精的高等学校。杭州市西湖教育基金会是西湖大学(筹)的举办方及西湖大学(筹)捐赠基金的筹资主体。西湖大学(筹)开创了民间资本支持高端科学技术研究的先河。[②]

第二节　高等教育投资体制改革的成就

改革开放以来,通过一系列的高等教育投资体制改革措施,国家在高等教育财政方面逐步给地方和高等院校更多的自主权,调动了地方各级政府和高等院校在增加高等教育投资、克服高等教育经费短缺、提高经费使用效益方面的积极性和创造性,增加了高等院校的活力,收到了较好的效果。这些成就主要体现在以下几方面。

[①]　王翊:《新中国高等教育投资制度变迁分析》,硕士学位论文,湖南师范大学,2007。
[②]　WIAS:《西湖大学》,http://www.wias.org.cn/chinese-xh.html,2018-08-20。

一、高等教育投资体制改革支撑了高等教育规模的扩张

高等教育投资体制从单一的经费来源到多渠道经费筹措格局的转型，为我国高等教育的发展提供了坚实的经济基础，使高等教育的大规模扩张得以成为现实。高等教育规模的扩张，特别是 1999 年以来规模的急速扩张是人类历史上前所未有的。我国仅用不到 10 年的时间，就实现了许多国家用了几十年才实现的高等教育由精英化阶段向大众化阶段的历史性跨越。2005 年，高等教育经费支出的 2 117 亿元中，政府财政拨款 885 亿元，占当年高等教育经费的 42%，而包括学杂费、校办产业、社会捐集资、银行贷款、设立教育基金等收入的非财政经费高达当年高等教育经费的 58%。由此可见，多种渠道的高等教育筹资体系已经初步形成。如果投资体制改革没有取得突破，仍然只依靠政府投入来办教育，那么今天我国的高等教育规模大约只能有当前的一半左右，不但高等教育的快速发展不可能实现，而且设备更新、校舍扩建、待遇提高等都难以实现。[1] 正是高等教育投资体制的改革，以及由此形成的经费来源渠道的多元化，使得这种扩张成为可能。2012 年，国家财政性教育经费首次突破 2 万亿元，占 GDP 的比例首次超过 4%。2012 年至 2016 年，国家财政性教育经费占 GDP 的比例连续五年超过 4%，五年累计投入 13.5 万亿元，超过 1952 年至 2011 年六十年累计投入之和。高等教育在学总规模 3 699 万人，比 2012 年增加 373.8 万人，增长 11.2%，占世界高等教育总规模的比例达到 20%，成为世界高等教育第一大国；高等教育毛入学率达到 42.7%，比 2012 年提高 12.7 个百分点，提前实现了《教育规划纲要》确定的 40% 的目标，正在向国际公认的高等教育普及化阶段迈进。[2]

---

[1]　潘懋元：《潘懋元谈中国改革开放 30 年的 3 件事》，http://www.znonline.net/html/jiaoyu/2008/0611/12827.html，2018-08-15。

[2]　张烁：《我国高等教育在学总规模位居世界第一》，载《人民日报》，2017-09-29。

二、高等教育投资体制改革调动了地方投资办学的积极性

我国的高等教育投资体制改革使得中央各部属高校由中央政府财政部负责，其余各地方高校所需经费均由各省财政部门负责，这样，地方高等教育的管理权和责任在于地方政府。近几年来，在政府的高度重视和社会各界的共同努力下，通过切实贯彻落实一系列政策措施，高等教育经费持续大幅增加。例如，为确保教育经费有较大增长，《中共中央、国务院关于深化教育改革全面推进素质教育的决定》提出："中央决定，自1998年起至2002年的5年中，提高中央本级财政支出中教育经费所占的比例，每年提高1个百分点。各省、自治区、直辖市人民政府也要根据本地实际，增加本级财政中教育经费的支出。"这是近几年来中央政府在解决教育经费问题上的重大举措。这一政策出台后，全国大部分省、自治区、直辖市人民政府也比照中央政府的做法，相继增加本级财政中教育经费的支出。总之，这样的高等教育投资体制使得各地方政府可根据本地区社会经济发展对人才的需求，适当调整本地区的高等教育结构，从而调动各省、自治区、直辖市投资办高等教育的积极性。

三、高等教育投资体制改革推动了高等教育类型和结构的多元化

高等教育投资体制的不断变革促使高等教育的投资渠道不断拓宽，资金总量不断增加，支持了高等教育规模的不断扩大，同时也催生了在多渠道投资架构基础上的一些新的办学模式，促进了我国高等教育类型和结构的多元化发展。20世纪80年代以来，随着体制改革的推进，省级政府管理高等教育的权限扩大，省会城市的高等学校数量增加。在一些经济发达地区，地级中心城市举办的高等学校也逐渐增多。这一发展进程表明，随着区域经济、市场经济的发展，高等学校的布局已经逐步下移，地级城市兴办高等学校成为高等教育大众化发展阶段的重要特征。投资体制的改革还直接促进了办学主体的多元化。除了以各级政府为办学主体的公办高校模式外，

我国还出现了完全市场化的各类民办高校的办学模式，以及政府、公办高校和市场相结合的混合型高校的办学模式等新的高等学校类型（如独立学院），从而极大地促进了我国各类高等教育形式的蓬勃发展。高等教育办学的合作者多种多样，有境内的国营与民营企业、民办学校、社会和学术团体、科技开发公司等，也有境外的优质大学、国际组织等，而办学的方式也呈现多样化的特征。民办高等教育经费来源渠道多，既有通过融资手段筹资的，也有靠企业投入经费的，还有依靠学费滚动发展的等，但都不依靠国家财政性经费投入。[①]

四、高等教育投资体制改革确立了高校经费的多元化发展格局

20 世纪 80 年代初，我国开始探索多渠道筹措高等教育经费的体制。1998 年颁布的《高等教育法》将国家建立以财政拨款为主、其他多种渠道为辅的高等教育经费筹措方式写入法律，确立了以财政拨款为主、其他多种渠道筹措教育经费为辅的体制的合法性。目前中国高等教育筹资的多元化格局中，经费来源主要包括"财、税、费、产、社、基、科、贷、息"。"财"是指国家财政拨款，即高等学校根据事业计划和所承担的专项任务，可以从中央和地方财政渠道分别得到教育经费拨款、科研经费拨款和其他经费拨款。"税"是指依据《高等教育法》规定收取的用于高等教育的税收或税收性质的资金，以及国家为鼓励高等学校发展校办高科技产业实行税收优惠政策，使学校少支出的部分资金。"费"是指按照国家规定由高等学校向学生收取的学费和住宿费等。"产"是指高等学校按照规定创办校办产业所取得的收入。"社"是指高等学校从社会乃至海内外各方面获得的捐赠赞助收入。"基"是指高等学校通过广泛的社会联系，由国内

---

① 丁小浩、李锋亮、孙毓泽：《我国高等教育投资体制改革 30 年——成就与经验、挑战与完善》，载《中国高教研究》，2008(6)。

外企业、公司、社团、个人等在学校设立的有指定用途和无指定用途的基金所形成的收入。"科"是指高等学校通过承接科研课题，或与企业、公司等携手开展科研合作，为社会、为企业等提供科研开发、科技咨询、科技成果转让等服务取得的收入。"贷"是指高等学校按照国家政策，通过金融机构获得的用于科研、校办产业、后勤社会化和学校基础设施建设等方面的贷款及通过国家有关部门获得的用于资助学校教学、科研基础工作的外资贷款。"息"是指高等学校在国家政策许可范围内，将学校的部分沉淀资金按照"合法、安全、低风险"的原则进行运作取得的利息收入。高校经费来源渠道日趋多元化，自筹经费和创收能力得到很大的增强。高等教育经费投入的总量不断增大，大大缓解了高等教育资源的供需矛盾，有力地促进了高等教育的大众化进程。

五、高等教育投资体制改革强化了高校的成本意识，推动了高校办学效益的提高

高等教育投资体制改革中的"预算包干，结余留用"的财务管理制度使得高校能够把提高办学效益同其自身利益有机结合起来，努力节约开支，提高资金的使用效率。各高校都逐步建立健全了经济责任制和财务管理制度，比较注意节约经费的支出，积极组织收入，对预算内和预算外资金都加强了管理，综合平衡，妥善安排。许多高校还在便于统一调度、合理使用、保证重点和留有后备的原则下，对预算资金中的各项公用经费，在高校内部各系各单位实行包干办法，进一步调动了各部门和各单位的积极性，精打细算，节约使用。更重要的是，这项改革提高了校级领导对财务管理的重视，加强了财会工作的领导，注意更好地贯彻艰苦奋斗、勤俭办学、厉行节约、反对浪费的方针。许多高校还对全校教职工各类人员制定了工作量定额和岗位责任制，并建立了适当的奖惩制度；对于坚持勤俭办学，积极挖掘人力、物力、财力等各方面潜力，确实做到了人尽其才、物尽其用、经济效果好的单位和个人，给予适当的奖励；对于那些严重不负责任，花钱大手大脚，使国家资产受到损失或造成积压浪费的单位和个人，则给予必要的处理。这些改革措施极大地强化了高校的成本意识，推动了高校办学效益的提高。[①]

六、高等教育投资体制改革调动了民间资本办教育的积极性

随着高等教育社会需求的不断增大，借助民间力量参与举办高等教育是发展高等教育的必要举措。高等学校学生及其家庭负担的成本的比例逐渐增大，高等教育的成本分担与补偿机制不断完善。特别是近年来，非财政性经费投入的大幅度增加，政府财政性拨款的绝对数虽然每年都有所增长，但从相对比例来看，在逐年下降。现在虽然政府始终处于主导地位，但随着公办高校非财政渠道经费的增加及民办高等教育的发展，民间资本所占的比例逐渐增大。这表明，在政府财政拨款不断增加的情况下，非财政性经费的增长速度更快，我国高等教育发展对政府财政的依赖程度在逐渐降低。近年来通过借力于民，投资体制改革调动了民间资本办教育的积极性，较成功地支撑了高等教育的增长，有效地缓解了高等教育供求之间的尖锐矛盾。

七、高等教育投资体制改革改善了社会资源分布的公平

高等教育投资体制从单一的经费筹措渠道向多渠道转型，除了为应对高等教育旺盛需求下的高等教育经费紧张外，很重要的一个理念是为了实现更大的高等教育财政公平。我国的高等教育系统实施的是严格的高考选拔制度，入学机会在很大程度上是由考生的高考成绩来决定的，而高考成绩的高低又在很大程度上取决于学生所接受的中小学教育质量。由于经济发达地区及富裕家庭的孩子较经

[①] 闵维方、陈晓宇：《中国高等教育经费需求与投资体制改革》，载《教育研究》，1994(12)。

济不发达地区及贫困家庭的孩子，有更多的机会接受较高质量的中小学教育，因此，前者在高考竞争的起跑线上往往处于优势。如果高等教育完全由政府通过税收来承担，那么只能是少数接受高等教育的人占用了大量的公共教育资源，这就意味着是穷人在对富家子弟接受高等教育进行补贴。实行多渠道筹措经费后，当政府投入高等教育的资源保持不变时，生均公共资源的占有量将减少，这就意味着有更多的人有机会接受高等教育，从而实现公共教育资源在社会成员中配置的结构性公平；当接受高等教育的人数一定时，生均公共教育资源占有量的减少意味着政府投入高等教育的总资源可以减少，政府便可以将更多资源向基础教育倾斜。因此，多渠道筹措经费有利于促进社会公共教育资源在全体社会成员中的公平分布。

八、高等教育投资体制改革在一定程度上促进了高等教育入学机会平等

多渠道筹措高等教育经费，使得经费总量增大的同时，教育行政部门和高校还能拿出其中的一部分经费，建立和完善各种学生资助体系，使家庭经济困难的学生同样可以获得接受高等教育的机会。目前的相关研究发现，尽管在考虑了高等教育的质量后，高等教育入学机会的公平是否得到了改善并没有定论，但是多数实证研究的一致结论是：如果不考虑质量这一因素，伴随着我国高等教育投资体制的改革，高等教育规模获得了空前的发展，使得更多来自较低社会经济背景的学生能够有机会接受高等教育，高等教育入学率的均等化程度有了显著的提高，这在一定程度上促进了高等教育入学机会的平等。[①]

九、高等教育投资体制改革赋予了高校发展的自主权

高等教育投资体制改革的重要意义还在于它开始改变高等学校过

---

① 丁小浩、李锋亮、孙毓泽：《我国高等教育投资体制改革 30 年——成就与经验、挑战与完善》，载《中国高教研究》，2008(6)。

去由于在经济上主要依赖财政从而在办学上过于依赖政府的状况，为高校注入了新的活力，使高校面向社会自主办学具有了经济基础和激励机制。处于市场经济环境的高校，已经改变了过去完全依赖政府的习惯，开始积极主动地面向社会开放办学，成为融资主体。参与市场竞争的高校也开始改变过去隔离于社会的象牙塔作风，更加灵活、更加主动地加强人才培养与社会需求、科研开发与经济发展的密切联系，动员各种社会资源，提高办学的质量和效益。而且高校一旦与社会和市场接触更加紧密，问责意识与项目管理意识都会无形中得到提高，就有动力改变自身内部资源的分配方式，从而降低运行成本，使得高校在资源投入相同的情况下，教学、科研和社会服务这些不同产出之间的联系更加紧密，从而提高总的产出效益。

第三节　高等教育投资体制中存在的问题

随着新的高等教育投资体制的确立，我国的高等教育步入了一个快速发展阶段。但由于高等教育体制与社会主义市场经济体制还存在不相适应的地方，高等学校作为独立办学的主体地位没有得到完全确立，这种体制在实际运行中尚存在诸多问题。

一、政府对高等教育经费投入仍显不足，结构有待完善

目前我国公立高校占绝大多数，高等教育经费投入仍主要依靠国家财政拨款。国家教育投入的多少，必然极大地影响高等教育事业的发展。虽然改革开放以来我国教育事业有了较快发展，财政性教育投入自 20 世纪 80 年代以来逐年稳定增长，但是《中国教育改革和发展纲要》及《教育法》中规定的教育经费的"三个增长"一直没有真正兑现，教育经费占国民生产总值的比例和预算内教育经费占财政支出的比例一直很低。研究表明，"九五"期间，虽然全国财政性教育经费投入占国民生产总值的比例从 1995 年的 2.46% 增加到了

2001 年的 3.19％，但还是没有达到《中国教育改革和发展纲要》规定的 4％的目标；同时预算内教育经费投入占财政支出的比例逐年下降，也就是说，在政府的财政支出中，分给教育的比例越来越小了。各级学校生均预算内教育事业费虽有增长，但增长率不够稳定；各级学校生均预算内公用经费增长缓慢，且有些年份出现负增长。[①] 2012 年，国家财政性教育经费为 22 236.23 亿元，占 GDP 的比例为 4.28％，实现了《中国教育改革和发展纲要》提出的 4％的目标，成为中国教育发展史上重要的里程碑。2012—2016 年，国家财政性教育经费占 GDP 的比例连续五年超过 4％，充分体现了中央优先发展教育的决心，但同经济合作与发展组织（OECD）国家平均水平相比，我国政府对高等教育的投入仍显不足。另外，以"分级管理"为基本特征的高等教育投资体制改革虽然一方面促进了地方高等教育的发展，但另一方面也造成了全国高等教育发展条件的极其不平衡。在经济比较发达的地区，高等教育经费比较充足，办学条件相对较好；而在经济比较落后的地区，高等教育经费相对短缺，办学条件相对较差，有些高校的基本运转非常困难。20 世纪 90 年代末期，伴随着"211 工程""985 工程"的实施，国家对高校的财政投入出现了学校之间的不平衡和区域之间的不平衡。

二、高等教育经费投入渠道仍然单一且不稳定

虽然《高等教育法》明确了"多种渠道筹措教育经费"的高等教育投资体制，但由于高等教育投资体制的配套措施不完善，缺乏吸纳各种教育投资的鼓励性政策，导致大有潜力的民间资金投向高等教育的渠道不畅或受阻，高等教育资金来源仍然单一且不稳定，主要表现在以下几个方面。

---

① 温松岩：《我国高等教育投资体制改革的成效、问题及对策》，载《辽宁教育研究》，2004(4)。

第一，我国自20世纪90年代浙江、江苏等率先探索和试办二级学院(2003年，教育部把这种形式的高校规范为"独立学院"，以下对这类高校统称为"独立学院")以来，独立学院十多年来取得了很大的发展，截至2010年3月25日，我国独立学院数量达到322所。由于多数独立学院是由普通本科院校和社会力量合办的，其投入主要是合作方承担或者以民办机制共同筹措，吸引了很多社会资本投入高等教育，为实现高等教育高起点快速发展提供了强有力的支撑与保障。但是由于独立学院的法人、产权等重大法律关系问题不明确，导致独立学院的举办过程中出现了许多不稳定的现象，影响了社会资本对高等教育的投入及独立学院的进一步发展。2008年2月，教育部出台第26号令《独立学院设置与管理办法》，按照要求，从2008年4月1日起，全国独立学院在五年内，符合条件的都要转设为独立建制的普通本科高校。但由于申请专设为独立设置的民办本科高校较少，加上对教育部独立学院规范验收政策有争议，五年后，教育部又把独立学院规范验收的最后期限延迟到2016年。①

第二，我国民办高校经费的来源渠道十分单一，学费收入占高校总收入的比重过高。2008—2012年，学费占总收入的比例在80%以上，举办方投入、政府拨款、捐赠、学校自营及其他收入的比例都较低。② 而以学费为主要融资渠道的办学体制必然使民办高校失去其社会性，最终导致办学困难，民办高等教育的发展也将举步维艰。

第三，高校创收主要来源于校办产业、勤工俭学和为社会服务等方面，其他渠道进一步拓展的空间不容乐观。在我国高等教育经

---

① 李剑平：《292所独立学院"验收大考"延期为何牵动中央领导——关注教育领域全面深化改革报道的实践》，paper. people. com. cn/xwzx/html/2014-06/01/content_1476545. htm，2018-08-21。

② 周海涛、张墨涵：《如何突破民办高校筹资的困境》，载《国家教育行政学院学报》，2015(2)。

费来源的总盘子里，来自校办企业和高校的社会性服务收入的比例自 20 世纪 90 年代中期以来一直呈明显的下降趋势，进入 21 世纪以来，一直徘徊在 1％左右。而社会捐集资经营收益用于教育的经费和捐集资收入的比例停留在 1％的水平。总体而言，我国公办高校在除政府和学费两个主渠道外的筹资能力是极其有限的。由于经济环境、经营状况等原因，实际上创收能力真正强的只是少数高校，而且竞争日趋激烈，很难对学校的经费做出大的贡献。

第四，虽然包括个人、企业、机构等在内的社会群体对教育的捐赠已成为我国教育经费的来源之一，但由于我国社会捐赠的配套措施不完善等，捐赠的数量不多，占教育经费的比重较低且不稳定。近十几年来，我国高校社会捐赠占高校教育经费的比例一直低于 1％，甚至超低位徘徊于 0.5％左右。而且捐赠中有相当一部分是来自港澳台同胞和海外侨胞的捐赠，还没有成为社会对高等教育投入的一支稳定且强大的力量。

三、高等教育的投资效益不高

高校由于缺乏科学的成本核算机制与竞争机制，在制度安排上漠视了成本效益在高校经济运行中的重要性，造成办学成本高昂、结构倒挂，具体表现如下。

第一，高校行政成本近年来一直居高不下。随着高等教育投入的不断增加，高校的规模越来越大，高校行政部门和行政层级有增无减，加上受到物价上涨、社会收入普涨等因素的影响，高校人员经费和行政运行经费普遍增加。另外，尽管自 1999 年国务院办公厅召开第一次全国高校后勤社会化改革工作会议以来，全国高校后勤发生了深刻变化，高校后勤保障能力、运行效率和服务质量显著提高，但是由于受多方面制度的制约，部分地区和部分高校后勤服务模式落后、后勤保障的运行效率和服务质量还不能适应形势发展的要求。

第二，高校的成本结构中存在着投资"重物不重人""重行政不重学术"的失调现象。目前，一线教学人员和科研人员的工资待遇与行政后勤人员没有明显差距，甚至出现倒挂。我国公办高校从 2010 年 1 月 1 日起实施绩效工资。实施绩效工资的目的，是把工作人员的薪酬待遇和个人工作成效密切挂钩，是排除"干多干少一个样，干好干坏一个样"顽疾的一个重大改革举措。但在高校行政化背景下，很多高校一线教师的地位和待遇实际上比行政管理人员要低。[①] 这种情况与迅速发展的我国劳动力市场的现实形成强烈的反差，造成教师人力资本贬值、浪费，加剧了高校一线教学、科研人才的流失。

另外，高等教育资源共享不完全。随着高等教育的蓬勃发展，高等教育教学等领域出现了合作的趋势。相邻的学校间或"大学城"内开展合作，以实现资源共享。信息技术和互联网的迅猛发展使高等教育资源共享更加便捷。但由于现行高等教育的设置、布局、结构仍带有计划经济体制下的痕迹，总体上反映不出现实的市场选择和市场导向，很多高等教育资源如师资、课程、实验室及运动场地等不能共享或共享不完全，造成了不必要的浪费。甚至在同一所高校内，由于部门管理不规范，仍然存在着设备、实验室重复建设及教学和科研资源不能共享的状况。我国本身存在着高等教育经费投入不足的问题，而有限资源的共享又不完全，且又有许多花在了与教学、科研没有必然联系的方面，这就导致了高校人才培养成本的增加，使得办学效益下降。

四、政府的拨款制度不太适应高等教育投资体制的改革

我国现行的财政分配关系中，高等教育的财权与事权是分离的，教育经费的预算没有单独立项。也就是说，我国高等教育经费的划拨权在财政部门和计划部门，高等教育的规划和政策制定在教育部门，这就导致了财权与事权的分离、拨款行为与政策调控的分离。

---

① 胡乐乐：《绩效工资应向一线教师倾斜》，载《光明日报》，2013-03-25。

在实际操作中，一方面，政府往往只根据财力状况来进行教育预算而不考虑高等教育发展的实际经费需求；另一方面，由于教育行政部门没有财权，所以就难以发挥拨款手段对高等教育发展的宏观调控作用，也难以扶持高校面向社会自主办学。我国实行的"综合定额＋专项补助"的拨款制度虽然能够很好地体现政府对各个高校拨款上的公平，同时扩大了高校在经费使用上的自主权，但由于它无法体现高校之间在经费的使用效率和社会效益上的差别，因此难以反映新形势下各级各类高校经费需求的差别及其成本行为的变化规律。更严重的是，把在校学生数作为唯一的政策参数，势必刺激一些高校为得到更多的经费而不顾办学条件，盲目扩大招生规模，盲目追求学校层次的升格，从而影响办学质量。另外，政府的这种拨款方式对高校间竞争机制的引入不利。政府拨款基本上起到的只是"输血"的作用，而对高校提高成本效益、提高自主融资能力的激励不够；而且，政府拨款在缩小高校间固有的地区差距和历史背景造成的不平衡方面发挥的作用也不够。

五、高校债务危机较严重，其不良影响加剧

由于20世纪90年代末以来学生规模的超常规快速扩张，原有渠道的资金来源数量远远不能满足包括大量新建教学设施在内的资金需求。在政府拨款不足、经费供给缺口日趋扩大的状况下，许多高校被迫选择借贷筹资，既包括从外部金融机构获得贷款，也包括来自高校内部不同项目之间的债务。负债运行是近年来各地高校普遍采用的筹资行为，成为继财政拨款、学杂费收入之后，高校筹措资金的第三个主要渠道。虽然负债融资作为在原有财力有限制条件下高等教育非常规发展的特殊的资金融通手段，在一定程度上缓解了高校经费不足的困境，为高等教育的跨越性发展提供了重要的财力支撑，但与此同时，部分高校通过各种外部或者内部债务来维持学校的经营与发展，在相当程度上加重了后续财务运作的风险。而进入还款期使得高校的风险

压力不断升级，这已经成为威胁我国高等教育良性可持续发展的严重隐患。① 截至 2012 年，广东 50 所公办高校贷款 98.69 亿元，年需向银行支付利息 7 亿元；2013 年，浙江公办普通高校的债务额已经达到94.68 亿元。近几年来，随着还贷高峰期的到来，高校负债危机加剧。为化解高校债务危机，有的省份由地方财政提供补贴的方式进行，例如，2017 年年初，广东省财政厅下发《关于安排 2017 年化解高校债务资金的通知》，由广东省财政一次性安排 3.4 亿元专项用于化解学校基建债务②，但在巨额贷款面前仍然是杯水车薪。

六、高校的收费管理不够科学和规范，且学生资助制度有待健全

对非义务教育阶段的学生征收学费，可以说是高等教育投资体制改革中最突出的一点。收费制度既是解决高等教育经费投入不足的措施之一，也是高等教育经费来源多元化的途径之一。我国从1989 年开始对高校计划内新生收取学杂费和住宿费，20 世纪 90 年代中期实行招生与收费并轨，90 年代后期，大学学费已经成为学校经费的重要组成部分。1996 年 12 月，国家教委、国家计委、财政部下发《高等学校收费管理暂行办法》，学费标准根据年生均教育培养成本的一定比例确定，但在实际执行过程中，存在着收费管理不规范及乱收费的现象。为规范高校收费行为，坚决治理乱收费，维护高校和学生的正当权益，保障学校、学生正常的教学及学习生活，2006 年 5 月，《教育部国家发展改革委财政部关于进一步规范高校教育收费管理若干问题的通知》出台，高校收费管理工作不断加强③，

---

① 丁小浩、李锋亮、孙毓泽：《我国高等教育投资体制改革 30 年——成就与经验、挑战与完善》，载《中国高教研究》，2008(6)。

② 广东省财政厅：《关于安排 2017 年化解高校债务资金的通知》，http://zwgk.gd.gov.cn/006939991/201703/t20170303_695044.html，2018-02-21。

③ 教育部、国家发展改革委、财政部：《教育部国家发展改革委财政部关于进一步规范高校教育收费管理若干问题的通知》，http://old.moe.gov.cn//publicfiles/business/htmlfiles/moe/moe_1338/200701/19550.html，2018-08-21。

但仍然存在着一些新的教育教学形式的收费政策尚不明确，以及高校为学生提供服务的收费和代收费等收费项目缺乏必要的规范的问题，而且部分高校仍存在擅立收费项目和提高收费标准等违规收费行为。同时，与收费改革措施配套的学生的资助制度也不够健全，主要表现在资助的覆盖面不大，资助金额过小，并不能从根本上解决来自困难家庭的学生的学习和生活费用，造成很多优秀的贫困生无法享受到接受高等教育的权利。政府高度重视家庭经济困难学生的资助工作。为了保障家庭经济困难学生顺利入学、完成学业，2007 年 5 月，《国务院关于建立健全普通本科高校高等职业学校和中等职业学校家庭经济困难学生资助政策体系的意见》出台。文件首次对我国学生资助制度做出了全面、系统的规划设计。经过十多年的发展，我国学生资助工作取得了重大进展，促进教育公平实现了质的飞跃。① 但在资助政策的执行过程中，有的地方存在着附加额外受助条件、降低资助标准、改变资助用途、伤害受助学生心理等缩水、变形的制度规定，存在着资助监管责任不到位的问题，在资助程序上还存在着认定标准和资助档次不明确，以及"轮流坐庄"、平均资助等现象，学生资助制度在精准资助、资助育人和依法资助等方面有待进一步健全。

七、高等教育公平问题比较突出

20 世纪 90 年代中期以来，特别是高校扩招以来，由于政府拨款的相对不足及后来国家物价上涨造成高校运行成本增加等，高校的学费水平不断上涨。从 90 年代中期开始，学费就成为除政府财政投入外的第二大经费来源，而且其在整个高等教育经费中所占的比例不断上升，从 2003 年起，已高居 30% 以上。2007 年，不少省份曾

---

① 全国学生资助管理中心：《十年资助　硕果累累——2007—2016 年中国学生资助发展报告》，www.eduyun.cn/fundingm/20180329/31060.html，2018-08-21。

酝酿调整高校学费。当年 5 月，国务院要求"今后五年各级各类学校的学费、住宿费标准不得高于 2006 年秋季相关标准"。这让高校学费调整工作又进入五六年的"休眠期"。然而，五年期限一过，各地高校学费纷纷上涨。从 2013 年开始，福建、山东、湖北、贵州、天津、广西 6 个省（自治区、直辖市）相继上调了高校学费，且近几年仍有逐渐增加之势。根据高等教育成本分担理论，家庭在力所能及的限度内分担一定的学杂费是合理的，也是世界上除少数福利国家之外的通例。但是，一段时期以来，高校收费水平及其上涨速度不仅使居民普遍感到了经济上的压力，更在相当程度上超越了社会普遍的心理承受能力。虽然目前大学学费对于社会平均收入水平来说并不能算贵，但不同社会阶层、不同收入水平的家庭对于这笔支出的承受能力仍然有极为明显的差距，高等教育公平问题越来越突出。经济状况处于劣势家庭的子女的升学问题已成为全社会关注的焦点问题。因此，目前高校学费水平的制定不再单纯是一个依据培养成本进行科学核算的技术问题，它越来越成为一个关系到社会和谐稳定的政治问题。可以说，高等教育收费机制的改革正在遭遇改革开放以来未曾有过的来自社会各方面的压力。

第四节　高等教育投资体制改革的政策建议

为了进一步提高我国的教育投资水平，解决高校普遍存在的教育经费不足和资源配置效率低下等问题，使"双一流"大学的建设具有充足的经费保障和物质保障，必须完善高等教育投资体制的改革。

一、政府方面，改变政府投资行为，完善政府投入体制

因为我国的高等教育机构大部分是由国家举办的，而且国家是教育投资的受益者，因此，我国各级政府必须承担起教育投资主体的责任，创造条件，增加财政预算内教育拨款，真正落实"三个增

长"的指标。具体来说，政府要进行以下方面的改革。

（一）政府应进行拨款制度的改革

由于不同的拨款方式可以对大学产生不同的影响，因此，政府对大学拨款应该采取灵活的途径和方式，并建立相对完善、具有激励机制的拨款制度。原有的拨款模式是以规定项目、按人员编制计划为基础的预算分配方式，大学没有任何自由选择分配的余地。而为了充分发挥财政拨款的作用，在保持以规定项目、按人员编制计划为基础下拨办学经费制度的同时，政府应采用多种途径拨款，如以科研合同或资助大学生入学等方式进行拨款，给予大学较为自由选择分配的余地，以充分调动大学参与竞争的活力，以期产生比单一拨款方式更好的效果。政府在拨款制度中应把投入—产出效益的评估作为财政拨款的重要指标，以发挥评估激励机制在拨款中的作用。比如，在招生方面，政府通过对高校进行办学效益评估，对效益好的办学单位，扩大招生，扩大投入；对培养质量比较好的办学单位，在招生的生源选择上予以优先，以便培养出更好的"产品"。另外，还应该调整财政拨款结构，适当降低目前专项补贴偏高的比例，增加综合定额类一般性拨款在高等教育财政总投入中的份额，增强拨款程序中的公平性和透明度，确保高校能够获得维持正常运转所必需的稳定的财源。2015 年 11 月，《财政部教育部关于改革完善中央高校预算拨款制度的通知》要求立足高等教育发展实际，积极构建科学规范、公平公正、导向清晰、讲求绩效的中央高校预算拨款制度，支持世界一流大学和一流学科建设，引导中央高校提高质量、优化结构、办出特色，加快内涵式发展，更好地为全面建成小康社会服务。同时，根据部署，各地要结合实际，改革完善地方高校预算拨款制度，促进从整体上提升高等教育质量。

（二）政府应开辟新的投资渠道

为解决高等教育经费不足的问题，政府还要采取措施，开辟新的投资渠道，使高等教育的投资主体多元化。

一是鼓励国内的非国有经济成分参与教育投资。政府应鼓励并积极吸纳民间资本和企业投资，为他们积极主动地进入我国高等教育市场提供合理、宽松的环境，并尽可能地保护其合法权益。一方面，政府要鼓励一部分教学质量好、办学水平高的公立大学进一步吸收企业、民间投资，兴办独立学院，多渠道集资，缓和高校投入不足带来的资金困难局面，使高校与社会紧密合作，推动高等教育的发展；另一方面，政府要制定鼓励政策，支持各种社会力量投资办学，建立和完善鼓励民办高校发展的机制，切实解决多样化带来的民办高校产权问题，加大对民办高校的政策优惠和投资支持力度，通过对民办高校适当给予财政资助，对民办高校学生给予贷款、发放奖学金、专项补贴等方式支持民办高校发展，给民办高校一个宽松的政策环境，促使公办高校和民办高校能够在一个相对公平的环境中优势互补、共同发展。为此，政府还应完善一系列鼓励国内社会资本向高等教育投资的相关政策。比如，完善我国的税收制度，对于社会的教育捐赠，无论是来自个人还是营利机构，均给予税收上的减免优惠；要尽快推出财产税、遗产税、赠与税等新税种，鼓励一些富裕起来的工商企业和企业家通过设立各种基金等形式无偿向教育事业捐赠；还要创建高等教育筹款机制，使捐赠向制度化和规范化方向发展。

二是鼓励外国资本投资办学和中外合作办学。中国加入世界贸易组织后，外国资本进入中国高等教育市场已成定局，发达国家过剩的教育资源正在积极地寻找出路，而中国无疑是世界上最有吸引力的市场之一，占领中国教育市场的份额已是各国教育投资的重要策略。政府可以根据相关法律，鼓励和规范外国资本办学和中外合作办学。国外资本对中国高等教育的投入在某种程度上可以缓解经费问题。

总之，政府应根据谁投资、谁受益的原则，明晰各投资主体及其权利关系，这样才会调动社会各界投资教育的积极性，将更多的资金吸引到高等教育中来，我国投资体制的格局才会由一元走向多元、由封闭走向开放。

二、高校方面，完善教育经费筹措体制，进一步提高投资效益

高等教育投资体制改革不仅要求政府负有"为主"的责任，而且对其他投资主体也提出了新的要求。高校作为教育投资的客体也绝不仅仅是作为经费接受者的角色，从本质上看，各个渠道的经费投入都是建立在高校的高质量的劳动成果——高质量的人才、科技成果和服务效果基础上进行交换而得到的，没有高水平的办学成果是难以获取更多的教育经费的。因此，要更多地发挥高校的自主性和能动性，完善高校教育经费的筹措体制，进一步提高投资效益。

(一)高校要大力推进科技创新

高校要通过加强科技创新平台和科技创新队伍建设，进一步提高自主创新能力和集成创新能力；加速科技成果转化，出让专利技术，促进高新技术产业化，实现产、学、研结合，发展高校科技企业和企业集团，加大高校科技园区或生产力促进中心的建设，将科技发明的优势快速地转化为效益和经济上的优势。另外，高校可以凭借自身在人力、科技、信息、实验设备等多方面的优势条件，开展多种形式的科技服务、合作项目及信息咨询等活动，不断拓宽经费来源渠道，增强资金总量的供给。

(二)实行高校微观管理创新，改革内部的资金等财务管理体制

一是进一步改革微观管理体制，加快和完善后勤社会化改革，大力压缩不必要的行政后勤成本；改革高校公费医疗制度，由学校、保险机构共同承担医疗费用制度，以减轻高校负担，增强高校适应社会的能力；改革离退休制度，推行社会和高校共同养老保险制度。

总之，高校要大胆实行住房、医疗和社会保障体制改革，彻底改变"学校办社会"的局面。

二是在微观财务管理上，要建立健全经济责任制，提高年度预算核定和预算管理的科学性。高校编制预算要坚持"量入为出、收支平衡"的总原则：收入预算坚持积极稳妥原则，支出预算坚持统筹兼顾、保证重点、勤俭节约等原则。自主统筹安排使用好主管部门核定的预算经费，并加强成本核算，以避免浪费和效率低下，提高办学效益。

三是建立科学的管理制度和有效的监督体系。高校既要根据学校情况制定具体的筹资方案和措施，又要制定各种资金的具体管理和使用办法，还要将各种资金的收支情况定期公布，实行由校长每年向全校做包括学校运行与财务状况在内的年度报告的制度，接受师生和社会对办学质量和效益的民主监督与评议，使高校的资金等财务管理制度更加科学、合理。

三、努力开拓国际教育市场

我国加入世界贸易组织以后，教育，特别是高等教育，已作为服务项目对外开放。国家必须切实转变观念，大力开拓国际教育市场，创新和完善公派出国留学机制，在全国公开选拔优秀学生进入国外高水平大学和研究机构学习。加强对自费出国留学的政策引导，加大对优秀自费留学生的资助和奖励力度。坚持"支持留学、鼓励回国、来去自由"的方针，提高对留学人员的服务和管理水平。总之，政府既要充分利用我国高等教育的优势发展自我，又要将开拓国际教育市场作为创新高等教育投资体制、增加高等教育投入的重要手段。唯有如此，我国高等教育才能适应国际高等教育市场竞争的需要。

此外，我国还要吸引境外知名学校、教育和科研机构及企业，合作设立教育教学、实训、研究机构或项目；鼓励各级各类学校开展多种形式的国际交流与合作，办好若干所示范性中外合作学校和一批中外合作办学项目；探索多种方式利用国外优质教育资源。

四、完善高等教育成本分担机制，建立科学、规范的学费征收制度和学生资助制度

我国高等教育成本分担机制应是社会主义市场经济体制与政府宏观调控共同作用的结果，并且最终是高校在面向社会自主办学中，顺应市场经济规律，自主融资的结果。

(一)完善个人与国家共同承担教育投资的体制

我国实行的大学本专科学生缴费上学的政策，开创了个人与国家共同承担教育投资的新体制，现在学费已成为高等教育经费的一大来源。高等教育是一种有偿教育，在今后一段时期内，尽管国家还必须对高等教育给予大力支持，但更要积极引导公民个人的教育消费，科学引导家庭教育投资，形成完善的以举办者投入为主、受教育者合理分担培养成本、学校设立基金接受社会捐赠等筹措经费的机制。

(二)建立科学、规范、灵活多样的学费征收制度和学生资助制度

近几年高校学费普遍上涨，每年学费的征收与调整问题几乎牵动每个人的神经，要建立科学规范、灵活多样的学费征收制度。高校在学费上调前应公布账单，剥掉不合理的经费，科学核算出清晰的生均培养成本。目前，高校的一般做法是把所有办学经费半摊到每个学生身上，这样核算的生均培养成本显然虚高。所以，一定要进行合理的成本分摊，不能让受教育者承担的比例过高，这样才能使制定的学费标准更为合理。另外，为了不使那些家庭贫困的学生由于经济原因而失去上大学的机会，应进一步改革和完善学生资助制度，以缓解一部分学生的经济困难，使一部分低收入家庭乃至中等收入家庭的子女获得继续求学深造的机会，促进教育公平的实现。

第一，建立新的学生贷款制度。要制定有关法律文件，使学生贷款制度的建立和实施具有法律依据；另外，还要建立完善的学生贷款管理系统。第二，设立多种形式的奖学金。按照不同的资金来源，奖学金可分为政府奖学金、行业奖学金、企业奖学金和个人奖学金等。第三，设立助学金。根据一定的规程，资助经济状况低于一定水平的学生，尽可能地保证每一个通过正常程序升入高校的学生具有相对公平的受教育机会。第四，制订勤工助学计划。一方面可以使学生通过自己的双手获得日常生活费用和学习费用；另一方面还可以通过劳动锻炼学生意志，培养自强精神。第五，实施学杂费减免政策。另外，要探索银行、高校、社会中介机构协调合作的借贷管理体制，结合社会信用机制建设，促进贷款的发放和回收，同时加强贷款资助的信息服务，使弱势群体得到充足、有效的信息，以促进教育机会的均等和社会的公平。①

五、为高等教育投资立法，构建高等教育投资的法律政策体系

要实现高等教育经费投入总量和生均值的明显增长，必须调动政府、社会、团体、企业、个人及家庭投资高等教育的积极性，构建高等教育投资的法律政策体系。

（一）国家应为高等教育投资立法

《教育法》确定的"以财政拨款为主"的政府投入是高等教育投资的主渠道。在我国公立高校占绝大多数、高校经费投入仍主要依靠国家财政的情况下，国家总体教育投入的不足必将极大地限制高等教育的投入。因此，国家要在《教育法》《高等教育法》的基础上，为高等教育投资立法，尽早出台如《高等教育投资法》等法律，明确投资高等教育主体的权利和义务，不断加大政府对高等教育经费的投

---

① 范先佐：《筹资兴教——教育投资体制改革的理论与实践问题研究》，280～284页，武汉，华中师范大学出版社，1999。

入，把教育作为财政支出的重点领域，予以优先保障。

（二）完善高等教育捐赠的法律法规

对高等教育的捐赠主要指国内企事业单位、社会团体和个人根据自愿和量力的原则捐资助学、集资办学及国外的资助和捐助。改革开放以来，社会团体、公民个人集资办学的经费逐步增长，但是，由于政策法规的不健全，高校融资主体地位没有落实，使得大有潜力的民间资本投向高等教育的渠道不畅通。因此，应尽快制定《高等教育捐赠法》和个人所得税的相关政策，以充分调动全社会办教育的积极性，扩大社会资源进入教育途径，多渠道增加教育投入。完善财政、税收、金融和土地等优惠政策，鼓励和引导社会力量捐资、出资办学。完善捐赠教育激励机制，落实个人教育公益性捐赠支出在所得税税前扣除的规定。

（三）完善关于高等教育产权的法律

现行的投资体制改革处于由一元向多元、由封闭向开放的产权结构过渡的时期，在这一过程中，政府必须明晰各投资主体及其权利关系，如资产的所有权关系、增值部分的归属等，这样才能激发社会各界投资教育的积极性，将更多的资金吸引到高等教育中来。因此，投资体制改革需解决的关键问题是明晰产权。关于产权的问题，《高等教育法》和《民办教育促进法》中都有所规定，但没有对高校的产权给予清晰的界定，而且《中华人民共和国民法通则》和《高等教育法》在学校法人财产权的界定问题上是有冲突的，对民办高校的产权界定更是存在着问题。2002 年通过的《民办教育促进法》对民办学校的财产收益权，只在第五十一条提出"民办学校在扣除办学成本、预留发展基金以及按照国家有关规定提取其他的必需的费用后，出资人可以从办学结余中取得合理回报"等。2017 年 9 月 1 日起，我国第二次修正的《民办教育促进法》开始生效，但新修正的法律也未能在这个问题上加以界定。总之，由于法律上的界定不清，目前的政策还不能为高等教育大规模吸引具有雄厚经济实力的社会企业、集团和个人的投资提供宽松的环境，对民办高校的投资和办学行为的具体指导也有些力不从心。因此，我国应完善高等教育产权的有关法律，以保护社会各界投资高等教育的积极性。

六、结语

高等教育体制改革是一项系统工程，高等教育投资体制的改革和完善需要协同推进相关教育改革，实现互促互动。比如，推进高等教育体制机制改革，加快建立高校分类体系，引导高校在不同层次、不同领域办出特色，争创一流。落实立德树人根本任务，创新高校人才培养机制，全面提高人才培养质量。深入推进政校分开、管办评分离，进一步落实和扩大高校办学自主权。完善中国特色现代大学制度，健全高校内部治理结构等。

高等教育投资体制的改革和完善，有利于拓宽高等教育投资的渠道，逐步改变高校对行政主管部门的从属地位，向独立的法人实体过渡；有助于调动社会、企业及个人投资办学的积极性，使高校通过加强科技创新平台和科技创新团队的建设，进一步提高自主创新能力和集成创新能力，增加高校的经费，扩大办学规模，满足人民群众和社会对高等教育的需求；有利于政府将教育资源的统筹分配和必要的政策引导统一起来，改变对高校的拨款和管理"政出多门、条块分割"的局面，有效地实现政府必要的宏观统筹和调控；有利于统一拨款标准，提高拨款的整体效益，体现公平、透明和有效的原则，把竞争机制引入高等教育之中，促进教育质量和办学水平的提高，改变单一的公办高校长期以来形成的"大锅饭""铁饭碗"机制，防止高校在资源分配上的过大差距，实现高校平等有序的竞争。

高等教育投资体制的改革与完善，需要我国的高等教育经费总投入有稳定的来源并保持稳定的增长。从中央层面来说，要确保中央公共财政支出绝对量和相对量同时增长；从地方层面来说，要确保地方政府的高等教育投入及比例双增长，确保生均拨款水平达到国家规定要求；从学校层面来说，要确保教育教学经费比例逐年增长。[①] 同时需要依法理财，严格执行国家财政资金管理法律制度和财经纪律。建立科学化、精细化的预算管理机制，提高预算执行效率；还要增强经费分配的科学性，提升经费使用和资产管理专业化水平等。只有这样，我国的高校才有可能顺应世界高等教育和科技发展的潮流，发挥人才培养与科学研究相辅相成、基础研究与应用研究紧密联系、学科交叉与融合的优势，不断强化高等学校的知识传播和科研创新、教学创新、知识创新等功能，从而为我国建设创新型国家和人力资源强国做出更大的贡献。

坚持走自己的高等教育发展道路，是由我国独特的历史、独特的文化、独特的国情决定的。为此，我们必须坚持正确的政治方向，以马克思主义为指导，全面贯彻党的教育方针，巩固和加强改革开放 40 年来体制改革的成果，坚持高等教育体制改革的正确方向，维护高等学校在资源配置方面的自主权，扭转教育主管部门和高校事权和财权弱化的被动局面，实现高等教育事权和财权的真正统一，使高校真正成为面向社会依法自主办学和有效自我约束的法人实体。只有切实加强政府职能的转变，真正落实政府宏观管理、高校自我约束、社会参与评价相互结合的有效机制，高等教育才能获得健康发展，这已经是为国际国内高等教育发展的经验和教训反复证明的真理。

---

① 厦门大学：《高等教育第三方评估报告（摘要）》，http：//www.moe.gov.cn/jyb_xwfb/xw_fbh/moe_2069/xwfbh_2015n/xwfb_151204/151204_sfcl/201512/t20151204_222891.html，2018-04-13。

第六章
高等教育若干重要制度改革

在世界高等教育改革的浪潮中，高等教育的制度改革一直是各国政府和各高等院校关注的焦点。制度改革、制度创新是高等教育改革的关键。回顾改革开放 40 年，特别是 1985 年《中共中央关于教育体制改革的决定》的颁布和 1992 年第四次全国高等教育工作会议以来，我国高等教育制度改革取得了辉煌成就，为高等教育整体改革的顺利进行提供了重要的制度保障。2015 年 11 月，国务院正式印发《"双一流"方案》，旨在实现我国从高等教育大国到高等教育强国的历史性跨越，为高等教育制度的进一步改革指出了明确的方向。本章主要就高校教师聘任制度、招生就业制度、学位制度的改革和发展进行阐述。

第一节 高等学校教师聘任制度的改革与发展

1993 年通过的《中华人民共和国教师法》（以下简称《教师法》）第十六条规定："国家实行教师职务制度，具体办法由国务院规定。"根据教育部人事司的解释，以及 2000 年由中组部、人事部、教育部印发的《关于深化高等学校人事制度改革的实施意见》，教师职务制度也即教师职务聘任制度，是教师管理和教师任用的重要制度。实施教师聘任制，就是按工作任务需要设置教师职务岗位，明确岗位职责和任职要求；以岗位任职要求选择合适的任职人选，按岗位聘任，学校和教职工在平等自愿的基础上，签订聘约，明确聘期和双方的权利、义务，确立受法律保护的人事关系。受聘上岗人员在聘任期内履行相应的岗位职责，领取相应的职务工资，享受相应的待遇。学校按聘约管理，对被聘教师履职情况进行考核，考核结果作为续聘、解聘、职务变动和奖惩的依据。实行教师聘任制度作为一种用人制度改革，其重要意义在于引入竞争激励机制，破除教师职务终身制，强调权责利相统一的用人机制。高素质、高质量的高校教师队伍，是高等教育发展的重要保障。高校教师聘任制度改革是提升高校教师队伍总体水平、增强高校教师职业吸引力的重要制度保证。作为高等教育制度的重要组成部分，高校教师聘任制度的改革与发展对高等教育的改革与发展具有重要意义。高校教师聘任制度的建立、改革与发展，成为我国高等教育发展的一个重要制度保障。

一、高校教师聘任制度的初步发展

新中国成立以后，教师纳入了国家干部体制，高校教师属于国家干部。1956 年，国家高等教育部发布《高等学校任用教、职、工人的暂行规定》，确立了教师作为国家工作人员的法律地位，列入国家行政计划调整范围。1960 年，《国务院关于高等学校教师职务名称及其确定与提升办法的暂行规定》颁布，将高等学校教师职务名称定为"教授、副教授、讲师、助教"四级。"文化大革命"期间，教师职务制度停止实施。1978 年，国务院批转了教育部《关于高等学校恢复和提升教师职务问题的请示报告》，并指出原来已经提升为教授、副教授、讲师、助教者，一律有效，恢复职称，不须重新办理报批手续。国务院 1960 年颁布的《国务院关于高等学校教师职务名称及其确定与提升办法的暂行规定》仍可执行，并且教授的提升批准权限改为由省、自治区、直辖市批准。根据这个文件的精神，高校全面恢复了教师职称及提升制度，而且国家对教授的审批权限也下放到省、自治区、直辖市。1979 年开始实行高等学校实验技术人员、图书情报人员职务名称制度。为提高师资质量，1979 年，教育部试行《关于高等学校教师职责及考核的暂行规定》，对助教、讲师、副教授、教授的职责做出具体规定，提出对各级教师考核的内容包括政治表现、业务水平和工作成绩三方面。实行定期考核，并填写《高等学校教师工作登记卡》，存入教师业务档案。[①] 1982 年，《教育部关于当前执行〈国务院关于高等学校教师职务名称及其确定与提升办法的暂行规定〉的实施意见》出台，提出在 3 年内恢复教师职称的确定和提升工作的基础上，这项工作开始转向经常，其中明确规定了高校教师职务确定与提升的思想政治条件、业务条件、考核制度、评审程序、批准权限等方面的内容，教授职务的提升与确定仍由教育部批准。1983 年 9 月以后，教育部在进行较深入研究的基础上，先后草拟了实行学衔制、学衔与职务聘任"双轨制"、教师职务聘任制三种改革方案。其中，学衔与职务聘任"双轨制"于 1984 年 12 月先后在北京、上海等八所院校进行试点。改革开放以后，我国初步恢复了高校教师职务名称，并进行了教师提职工作，试行了学衔与职务聘任"双轨制"，这是教师聘任制度的初步发展。

二、高校教师聘任制度的改革与进一步发展

1985 年，《中共中央关于教育体制改革的决定》出台，全面推进了我国教育领域的改革。随着我国高等教育领域在办学体制、管理体制等方面的改革不断深入，高校人事制度的改革已经成为其中的重要组成部分。在建立社会主义市场经济体制的过程中，我国迫切需要建立一种合理的、符合经济与社会发展的高等院校用人机制，以促进高等教育的健康发展。在此背景下，高校教师聘任制度的改

① 高奇：《中国高等教育思想史》，410 页，北京，人民教育出版社，2001。

革成为高等教育改革的核心。

　　1986年国务院颁布的《关于实行专业技术职务聘任制度的规定》，明确规定专业技术职务是根据实际工作需要设置的，有明确职责、任职条件和任期，并需要具备专门的业务知识和技术水平才能担任的工作岗位，不同于一次获得而终身拥有的学位、学衔等各种学术、技术称号。同年3月，中央职称改革小组批转了国家教委《高等学校教师职务试行条例》，对各级教师职务的职责、任职条件、任职资格评审、聘任及职务任命分别做出了具体规定。该条例的第二条指出，高等学校教师职务是根据学校所承担的教学、科学研究等任务设置的工作岗位。教师职务设助教、讲师、副教授、教授。各级职务实行聘任制或任命制，并有明确的职责、任职条件和任期。这一阶段的高校聘任制度的改革，是为了适应经济体制的改革和科技、教育体制改革的需要，由政府主导的改革，是国家整体制度变迁的一环。[①] 在这一背景下，如何在高校教师聘任制度改革中发挥各高等院校的自主权，成为教师聘任制改革中的又一重要课题。

　　1992年，国家教委印发的《关于国家教委直属高校深化改革，扩大办学自主权的若干意见》指出，高校有权自行选择不同的用人制度和管理制度；有权设置和调整专业技术职务岗位，自主进行专业技术职务评聘等。有些高校开始有了评审高级专业技术职务的自主权。1993年通过的《教师法》第十七条明确规定"学校和其他教育机构应当逐步实行教师聘任制"。此外，1995年颁布的《教育法》和1998年颁布的《高等教育法》均提到教师聘任制度。高校教师聘任制的制度保证和法律保障逐步健全和完善。

　　随着1999年我国高等院校的扩招，高等院校教师的质量成为高等教育改革发展的关键。在此背景下，高校教师聘任制度的改革进

---

　　① 郭丽君：《大学教师聘任制——基于学术职业视角的研究》，121页，北京，经济管理出版社，2007。

入全面深化时期。1999 年，《教育部关于当前深化高校人事分配制度改革的若干意见》要求高校加大人事分配制度改革的力度，用 2～3 年的时间全面推行高校教师聘任制。2000 年 6 月，中组部、人事部、教育部又联合下发了《关于深化高等学校人事制度改革的实施意见》，明确要求加快高等学校人事、分配制度改革的步伐，全面推行聘用（聘任）制度，改革的核心和重点是聘任制，从此，我国高等学校教师聘任制度的改革工作全面铺开。2000 年以后，许多高等学校围绕建立与社会主义市场经济体制相适应的用人机制，加快了教师聘任制度改革、职员制度改革、机构编制改革和分配制度改革的步伐。高等学校教师聘任制度改革破除了教师职务终身制和人才单位所有制，全面推进聘任合同制。在教师聘任中推行公开招聘制度；实行评聘完全合一的教师岗位聘任制；改革教师聘任组织和工作机制，将选聘教师和决定教师职务晋升的工作重心下放到院系，充分发挥教授委员会集体决策的作用；严格教师聘任条件；规范聘任合同和聘后管理，实行灵活多样的聘任形式；将教师人事争议的处理由主要依靠行政救助和申诉转变为以聘任合同为依据的协商、调解、仲裁、诉讼途径。2003 年 1 月，华东师范大学率先推出"终身教授聘任制"，首批 62 名终身教授，平均年龄为 58 岁。被聘任为终身教授的教师包括"两院院士""长江学者""紫江学者"。该校称实施终身教授聘任制的目的在于保证终身教授全身心地投入重大基础性、原创性科研课题研究，在全面推行教师职务聘任制的过程中，将采用终身教授、合同教授、非固定教研岗位的临时外聘等聘任形式，逐步实现与国际接轨。在此之前，厦门大学、清华大学、南京大学等高等学校在实施教师聘任制方面也都进行了许多有益的尝试。2003 年 5 月，北京大学出台了《北京大学教师聘任和职务晋升制度改革方案（征求意见稿）》，接着，在 6 月又发布了第二次征求意见稿，对前一稿进行修改。鉴于教师对此稿的意见颇为强烈，北京大学对方案进

行了修改。2004 年，经过近一年的酝酿，北京大学新的人事制度改
革开始启动，依据《北京大学教师聘任和职务晋升（暂行）规定》，公
开向海内外招聘 95 名教授。

　　在经历了几年的高等教育加速扩招后，2004 年普通高校本专科
生当年招生总数达到 447.34 万人，大约是 1998 年的 4 倍。高校招
生规模在短短六年内翻了两番，高等教育在校生规模已经超过 2 000
万人。伴随着扩招，高校教师规模也迅速扩大。到 2004 年，普通高
等学校专任教师规模由 1998 年的 40.72 万人增长到 85.84 万人，增
幅达 110.81%。1998 年，普通高校专任教师与学生的师生比为 1∶
11.6，2003 年为 1∶17.0。高等教育的大幅扩招，对高校师资队伍
提出了更高的要求。高校教师聘任制成为提高高校教师质量的重要
制度保障。2005 年 9 月，北京市教委、北京市人事局联合出台了《北
京市属市管高等学校教师职务聘任制实施意见（试行）》，北京 33 所
市属市管高校和成人高校全面实行教师聘任制和全员聘用合同制。
实行教师聘任制后，由北京市组织的一年一度的职称评审将被取消，
权力下放到各高校，高校根据自己的岗位需求进行聘任，实施以教
师为主体的专业技术岗位聘任制。2006 年，人事部开始执行《事业单
位公开招聘人员暂行规定》，之后又印发了《事业单位岗位设置管理
试行办法》和《〈事业单位岗位设置管理试行办法〉实施意见》。高校积
极响应，例如，从 2006 年开始，所有新进北京理工大学的教师需要
把人事关系放在北京市人才服务中心，同时与学校签订劳动合同。
截至 2006 年，北京理工大学的 1 789 名教师中有约 60 人实行了人事
代理制度。[①] 2007 年，我国高校开始实行岗位设置管理制度和教师
岗位聘任制度，高校教师岗位分为四层十三级，一、二、三、四级
为教授岗位，五、六、七级为副教授岗位，八、九、十级为讲师岗

---

① 吕磷峰：《深化高校教师聘任制改革研究》，硕士学位论文，华中科技大学，2006。

位，十一、十二、十三级为助教岗位。我国明确了教师岗位设置，强调岗位的重要性，鼓励高校自主进行教师岗位聘用制度的改革探索，使教师聘任制与岗位聘任制相衔接。2008 年，国家开始实施"海外高层次人才引进计划"（又称"千人计划"），是高校岗位聘任制的最初实践，具有示范作用。2010 年，《教育规划纲要》提出制定高等学校编制标准，加强岗位管理，创新聘用方式，完善激励机制并激发教师的积极性和创造性。

2011 年，《中共中央国务院关于分类推进事业单位改革的指导意见》将事业单位作为一个整体进行改革的顶层设计，提出分类指导人员聘任制度改革和实施，赋予高校在分类设岗、分类评价方面的自主权。此后，浙江大学、南京大学等纷纷进行聘任制度改革。2012 年，《教育部关于全面提高高等教育质量的若干意见》（俗称"高教三十条"）明确了岗位聘用分类改革的方向，指出要完善教师分类管理和分类评价办法，明确不同类型教师的岗位职责和任职条件，制定聘用、考核、晋升、奖惩办法文件，为高校探索人员招聘准入机制和退出机制提供了指导。

这一时期，高校教师聘任制度改革进入实质性阶段，并推动改革不断深化。各高校都纷纷出台了关于教师聘任、解聘、晋升、奖励或处分的一系列具体规定，重视对教师的考核工作，将考核结果作为教师聘任、解聘、晋升、奖励或者处分的依据。考核内容一般包括思想政治表现、业务水平、工作成绩三个方面。与考核工作相适应，许多高校还建立了岗位津贴制度。同时，高校还实行教师职务等级工资制和结构工资制。根据这些制度，高校教师的工资基本上由两部分组成：按职务等级（学术人员分为助教、讲师、副教授、教授四层）确定的工资及福利和按岗位确定的津贴。职务等级工资、教学科研岗位津贴则按照各校制定的岗位津贴标准和相应工作量标准发放，岗位津贴一般以严格的年度履职考核为前提。由于岗位津贴标准由高校根据自身情况制定，所以各校岗位分类、工作量标准、津贴水平存在差异。2008年12月和2009年9月召开的国务院两次常务会议决定对我国事业单位实施绩效工资制度改革。《教育规划纲要》指出，高校要改进管理模式，引入竞争机制，实行绩效评估，进行动态管理。2010年以来，各高校开始致力于绩效工资的改革，将激励理念引入高等教育管理中，以便提高高等教育质量。各高校通过一系列具体制度的实施，使教师聘任制度不断完善，激发了教师工作的积极性，提高了教师队伍的素质，同时也增强了高校教师职业的吸引力，使我国高校教师聘任制度逐渐与国际接轨。

2016年11月，中共中央办公厅、国务院办公厅印发《关于深化职称制度改革的意见》，提出科学界定、合理下放职称评审权限，发挥用人主体在职称评审中的主导作用，推动高校等企事业单位按照管理权限自主开展职称评审工作。2017年3月，《教育部等五部门关于深化高等教育领域简政放权放管结合优化服务改革的若干意见》明确指出，将高校教师职称评审权直接下放至高校，由高校自主制定本校教师职称评审的办法和操作方案，自主组织职称评审，自主评价，按岗聘用。2018年1月，《中共中央国务院关于全面深化新时代教师队伍建设改革的意见》正式印发，这是新中国成立以来，中共中央出台的第一个专门面向教师队伍建设的里程碑式的政策文件，在切实理顺体制机制方面提出了具体举措。文件重申应推动高等学校教师职称制度改革，将评审权直接下放至高等学校；推行高等学校教师职务聘任制改革，加强聘期考核，准聘与长聘相结合，做到能上能下、能进能出。教育部、人力资源和社会保障部等部门要加强职称评聘事中事后监管。这些举措使教师聘任制改革有了机制体制方面的切实保障。

三、高校教师聘任制度的未来发展趋势

经过40年的努力，高校教师聘任制度改革取得了很大成效，提

高了高校教师的总体水平，激发了教师的积极性和主动性，进一步完善了我国的劳动人事制度，促进了与高校教师聘任制相关的立法进程。截至 2014 年，我国高校共有专任教师 1 566 048 人。其中，具有正高级职称的有 190 528 人，副高级职称的有 458 388 人，中级职称的有 627 233 人，初级职称的有 201 440 人。① 我国已经形成了一支具有较高素质的高校教师队伍，他们成为我国高等教育发展的中坚力量，但还需在相关人事制度方面努力。

（一）加强与教师聘任制度相关的立法

高校教师聘任制度是建立在坚实的法律基础之上的。目前我国高校所实施的聘任制主要受《中华人民共和国劳动法》《教育法》《教师法》《高等教育法》等相关法律的调节与制约。今后，应进一步健全高校教师聘任制度的法律保障机制，通过法律手段解决在教师聘任过程中出现的一些具体问题和法律纠纷，使教师的权益得到法律的保障。同时，将建立司法救济制度，保障教师的合法权益。

（二）完善与教师聘任制度相关的配套制度的建设

实行教师聘任制度，要求高校运用市场化竞争机制，建立"按需设岗、公开招聘、平等竞争、择优聘任、严格考核、合约管理"的制度，形成"能上能下、优胜劣汰、合理流动"的竞争机制。这要求建立一系列的相关配套制度与教师聘任制度相适应。例如，建立教师聘任制度的监督机制，完善教师激励机制，完善社会保障体系，形成健全的学术劳动力市场，促进教师的有序流动等。

在扩大高校对教师聘任自主权的同时，教育主管部门将逐步建立人事宏观管理和监督机制，依法保护高校和教师双方的合法权利，保证高校在国家法律、法规规定范围内行使用人自主权，保证教师

---

① 《中国教育年鉴》编辑部：《中国教育年鉴（2015）》，118 页，北京，人民教育出版社，2016。

聘任制度实施过程中的程序公正和结果公平。

高校要保障教师聘任制度顺利实施，还应建立完善的激励制度，通过对教师精神和物质方面的有效激励，提高高校教师职业的吸引力，保障高素质的人才安心从事高校教师职业，从根本上达到高校教师聘任制度改革的最终目的，提高高校教师的总体质量。社会保障体系是整个社会和谐发展的稳定器，也是建立高校教师流动制度的重要保障，应通过完善的社会保障体系，切实保障教师的合法权益。

（三）充分发挥高校在教师聘任制度实施过程中的自主权

随着职称评审权直接下放到高校，高校有了职称评审的自主权。自主制定本校教师职称评审办法和具体的操作方案，有助于各校根据自身的具体情况制定和实施适合本校发展的教师职称聘任制度，切实保证高校在用人制度、分配制度、评审制度等方面自主权的充分发挥。这必将促使各高校从长远发展的角度出发，科学设置教师岗位，合理配置教师资源，提高教师质量。同时，各高校应建立健全教师职业准入制度，形成严格的教师选拔机制和程序；建立健全评价体系和监督机制，形成全新的教师聘任管理模式，科学地考核教师的绩效，激励教师不断进取。通过教师职务聘任制度的改革，各高校将为教师提供良好的教学和科研环境，并通过建立教师职业发展制度，促进教师的职业发展，激发教师的工作热情，提高教师的创新能力。

第二节　高等学校招生就业制度的改革与发展

一、高等学校招生制度的改革与发展

招生制度改革是我国高等教育体制改革的一个突破口。知识经济的发展，要求全面推进素质教育，提高教育质量和管理水平，造

就数以亿计的高素质的劳动者、数以千万计的专门人才和一大批拔尖创新人才。为此，坚持教育创新，改革我国各类人才选拔和培养的考试制度，是高素质人才培养的关键。高校招生制度改革的重要意义也在于此。2013 年 11 月，《中共中央关于全面深化改革若干重大问题的决定》指出，要深化教育领域综合改革，创新高校人才培养机制，推进考试招生制度改革，为高校招生制度改革明确了方向。

（一）高考制度的恢复

1977 年，我国恢复高等学校招生考试制度，这在我国高等教育发展史上具有划时代意义，为 1985 年以后高等教育的改革和发展打下了基础。2016 年，我国普通高校本专科招生 748.6 万人。本科计划招生 328.2 万，全国本科录取率在 50% 左右。而在 1977 年刚刚恢复高考时，全国有 570 多万人报考，录取人数仅为 27.3 万，录取率约为 4.8%。高考制度作为人才及阶层的分离器，为社会的繁荣稳定提供了机制保障。高考制度属于社会制度的范畴，是社会制度的重要组成部分，它一方面受社会政治、经济、劳动、人事、文化、就业和科技等制度的制约；另一方面，它又能动地对各项制度产生重要影响。高考制度与社会制度有着不可分割的联系。高考制度作为一种社会制度，其形成与发展充分体现了社会进步的水平。

1977 年，《教育部关于 1977 年高等学校招生工作的意见》出台，恢复了在应届高中生和社会青年中直接招生的办法。1978 年以后，我国正式实行全国统一命题，统一考试科目，各省、市、自治区集中评卷，录取工作采取按批次划定录取分数最低控制线录取新生的办法。

从 1983 年起，高校开始进行招生制度的改革。招生形式主要有国家任务招生、定向招生、委托培养招生、招收自费生，还有保送生、少年大学生等。从 1992 年起，我国开始了大规模的高等教育体制改革。1993 年出台的《中国教育改革和发展纲要》提出了改革高校招生和毕业生就业制度的总体要求。1994 年，我国一些高校开始实行招生并轨改革并逐步扩大范围,至 1996 年,全国有 10 个省份的高校实行招生并轨改革,并轨院校占全国高校的一半以上。1997 年,全国实行了招生并轨,高校招生制度发生了根本性变革。1999 年,《教育部关于进一步深化普通高等学校招生考试制度改革的意见》出台,标志着新一轮高考改革正式启动,高考改革进入了一个新的阶段。中共十八大以来,国务院启动恢复高考以来最全面、最深刻的考试招生制度改革。31 个省(自治区、直辖市)均已形成高考改革实施方案。2014 年,《国务院关于深化考试招生制度改革的实施意见》从改进招生计划分配方式、改革考试形式和内容、改革招生录取机制、改革监督管理机制、启动高考综合改革试点五个部分和十八个方面全面优化和改革考试招生制度。上海、浙江开展高考综合改革试点,改革包括实施"两依据,一参考"(依据统一高考成绩、高中学业水平考试成绩,参考综合素质评价)、外语科目一年两考等内容,旨在逐步形成分类考试、综合评价、多元录取的考试招生模式。高校招生录取公平状况明显改善,通过实施"支援中西部地区招生协作计划",近百万中西部孩子圆了大学梦。实现教育公平成为考试招生制度改革的主要目标。

(二)关于高考制度的争议

自 1977 年高考制度恢复以来,高考为我国高等教育选拔了大量优秀人才。从 20 世纪 90 年代中期至高考恢复 30 周年的 2007 年之间,高考制度发展进程中出现的诸多问题引发了人们关于高考制度的争议,甚至出现了废除高考的言论。但随着高考制度的不断改革与发展,已经很少再有关于废除高考的言论,更多的是对高考制度的改革与完善的建言。尤其是在 2014 年《国务院关于深化考试招生制度改革的实施意见》颁布之后,"以高考为代表的考试招生制度是国家的基本教育制度"的观念已经成为全社会的共识。该文件指出,我国考试招生制度不断改进、完善,初步形成了相对完整的考试招生体系，为学生成长、国家选才、社会公平做出了历史性贡献，对提高教育质量、提升国民素质、促进社会纵向流动、服务国家现代化建设发挥了不可替代的重要作用。这一制度总体上符合国情，权威性、公平性得到社会认可。

（三）高考制度的改革

自 1977 年全国高考制度恢复以来，我国高考已经历了 40 多个年头。我们可以将高考制度的发展分为四个阶段，即 1977—1980 年的高考制度恢复阶段、1981—1998 年的高考制度调整改革阶段、1999—2013 年的高考制度全面改革阶段、2014 年至今的高考制度深化改革阶段。

自 1977 年高考制度恢复以来，教育部多次对高考制度进行改革，主要包括改革科目设置、考试内容、考试形式、录取方式等，强调采取多种方式进行高考改革试点，取得经验后逐步推广。改革的成就主要体现在以下方面。

1. 高考的科学化

1985 年，为减少人为阅卷误差，我国引入国外技术，尝试标准化命题，实行机器阅卷。从此，许多科目的考试逐渐走向命题标准化和阅卷自动化的轨道。

2. 高中会考制度的实施

1985 年，上海率先试行了高中会考和高考改革的实验。后来，高中会考制度向全国推广。自 1990 年起，我国逐渐形成了会考和高考的区分，将作为选拔性考试的高考与作为水平性考试的高中会考分开，前者在后者的基础上进行，并明确了会考是中学教学水平的鉴定性考试，高考以为高等学校选拔新生为主要任务，突出选拔性。

3. 高考科目的改革

在考试科目方面，1989 年，湖南、云南、海南三省尝试"3＋1"

高考科目设置方案。1993 年，在全面推行会考的基础上，国家实行
"3＋2"高考科目设置方案。为了加强考试工作的专业性，原国家教
委成立了专门的考试机构，各省招生办公室的考试工作得以加强，
近半数的省（自治区、直辖市）将各种招生、考试机构合并，成立统
一的教育考试院或考试局、考试中心。教育部 1998 年正式推出了高
考科目改革的"3＋X"方案，进行考试科目改革。这个方案既有利于考
生发挥特长，也有利于扩大高校招生的自主权。2001 年，全国共有 18
个省（自治区、直辖市）进行了"3＋X"高考模式试点。经过试点和推广，
这个高考模式取得了很好的预期效果。2003 年，全国各地都实行了"3
＋X"科目改革设置方案，有 25 个省（自治区、直辖市）实行的是"3＋文
综/理综"。2013 年，《中共中央关于全面深化改革若干重大问题的决
定》提出，逐步推行普通高校基于统一高考和高中学业水平考试成绩的
综合评价多元录取机制，探索全国统考减少科目、不分文理科、外语
等科目社会化考试一年多考措施。2014 年，《国务院关于深化考试招
生制度改革的实施意见》提出了新一轮高考改革方案，既关注促进公
平，同时也关注科学选才。2017 年，新高考的考试科目采取"3＋3"模
式，学生的最终成绩包括"两依据、一参考"，即不仅依据统一高考成
绩和高中学业水平考试成绩，还参考综合素质评价，实现了从考试科
目、考试内容与招生形式、招生录取机制等方面的全面深入改革。

4. 改革招生形式

从 1999 年起，教育部启动了新一轮高考改革，主要包括考试内
容、考试科目、录取方式、招生形式等方面的改革。考试科目内容
方面，更加注重对学生能力和素质的考核，这对于促进中国的素质
教育起到了积极作用。招生形式尝试春夏两次高考，突破了新中国
成立以来沿袭了数十年之久的"一考定终身"的高考制度，增加了考
生的选考机会，扩大了高校招生自主权，拓展了高考改革的空间。
2000 年，北京、安徽等省市实行了两次高考，两季招生，一年一次

新生入学和一年一届毕业生的情况也被打破。与此同时，国家改革保送生制度。1998 年，教育部对上海、四川、河北、黑龙江、北京和湖北 6 个省市的保送生进行了综合能力测试。1999 年，保送生综合能力测试在全国所有省（自治区、直辖市）展开。《教育部关于 2001 年普通高等学校招收保送生工作的通知》提出，严格保送生制度，并取消了保送生综合能力测试。同年，高考还取消了原有的年龄限制和婚否限制，允许各个年龄段的人自由报名参加考试，为构建终身教育体系提供了制度保障。

5. 录取方式的网络化和公开化

1999 年，天津、广西实行计算机网上录取，到 2000 年，全国一半以上的省市和高校实行了计算机网上录取，提高了招生技术手段的现代化水平。目前，全国的招生录取已实现了网络化、公开化。

6. 实施自主招生改革试点

自主招生制度的实施，是深化高校招生制度改革的一个重要举措。高校自主招生试点与统一高考协调并行，有利于选拔优秀人才，扩大高校办学自主权。实施自主招生是社会经济和科技发展的要求，也是高校增强自身竞争力的需要。2002 年，教育部在北京师范大学召开了自主招生座谈会，拉开了高校自主招生试点工作的序幕。2003 年，教育部推出了在全国 22 所高校试点自主招生的方案，允许北京大学、清华大学、北京师范大学等 22 所著名高校自主录取 5％ 的新生。2006 年，教育部批准复旦大学和上海交通大学扩大自主招生的比例。2006 年 4 月，1 208 名考生中，有 300 人有幸告别"一考定终身"，转而以"一面定乾坤"的方式被复旦大学录取。这一数字占到了招生总数的 10％，在当时被誉为中国高考改革的"破冰之旅"。①

---

① 陈新焱：《30 年后的怀疑和论争》，载《成功（教育）》，2007(4)。

2007 年，全国有 59 所高校取得了自主招生资格①，这是对高校招生制度改革的重大突破。它改变了传统的高校招生模式，激发了高校的竞争意识，扩大了学生的选择范围，实现了人才选拔标准、人才培养模式等的多元化，是我国高校人才选拔模式的创新之举。但高校自主招生改革中存在自主招生运行机制不健全、自主选拔录取制度有待规范、招生的公平性缺乏保证等问题。为此，从 2015 年开始，高校自主招生安排在统一高考后进行，且不再实行联考方式，通过法律建设，依法自主招生，规范招生行为，从而真正达到通过自主招生选拔优秀人才的目的。

7. 高考的公平化

随着高考录取率和高等教育毛入学率的大幅提升，人们对高等教育质量的需求不断增加。与此同时，全国各地高考录取率差异问题也随之凸显出来。2008 年开始实施的"支援中西部地区招生协作计划"、2012 年实施的"面向贫困地区定向招生专项计划"等，旨在招生计划分配方面实现均衡和公平发展。2017 年，教育部持续实施国家、地方、高校 3 个专项计划，重点高校共招收农村和贫困地区学生 10 万人。教育部继续实施"支援中西部地区招生协作计划"，2017 年高考录取率最低省份与全国平均水平的差距由 2016 年的 5 个百分点降至 4 个百分点左右。② 在高考招生录取方面，国家努力通过高考改革实现公平、科学选才。

(四)研究生招生制度的发展

国家在对高考制度进行改革的同时，对研究生的招生制度也进行了相应的改革。我国现行的研究生招生制度是在计划经济体制下

---

① 吕小芳：《我国高校自主招生制度研究》，硕士学位论文，武汉理工大学，2007。
② 万玉凤：《高考改革　公平科学选才——新高考招生录取改革述评》，载《中国教育报》，2018-03-10。

建立的，具有高度集中的计划性和统一性，难以适应社会主义市场经济的发展要求。自 1977 年恢复研究生招生制度以来，为了选拔更多的优秀人才，我国不断对研究生招生制度进行改革。目前我国硕士研究生招生主要是由教育部组织统一考试，包括全国统考、全国联考、单独考试、推荐免试。在招生权限方面，各高校的自主权不断扩大，尤其是博士招生，各高校享有较高的自主权。改革招生考试科目内容和方式，重视考查学生的能力，改变了以往过分重视分数的状况；特别强调通过严格的复试，考查考生的人文素养、发展潜力等方面；制定灵活的录取标准，保障录取具有科研能力和发展潜质的学生。2013 年，《教育部国家发展改革委财政部关于深化研究生教育改革的意见》提出，以提高研究生招生选拔质量为核心，积极推进考试招生改革，建立与培养目标相适应、有利于拔尖创新人才和高层次应用型人才脱颖而出的研究生考试招生制度。这标志着我国研究生招生制度改革进入深化阶段，意味着要增强高校在招生中的自主权，而与此相应的是建立一系列保障机制。我国研究生招生制度改革将进一步区分学术型研究生考试和专业型研究生考试，建立标准化、科学化的研究生招生考试体系，同时形成相应的监督机制。研究生招生制度的改革与发展，保证了我国研究生教育的质量，很多有创新潜能的人才通过研究生考试脱颖而出，成长为优秀的高层次人才和拔尖人才。在我国学位与研究生教育的发展历程中，研究生招生制度作为重要的优秀人才选拔机制，功不可没。

与上述对高校招生制度改革相适应的是我国接受高等教育的人数激增。2016 年，全国各类高等教育在学总规模达 3 699 万人，高等教育毛入学率达 42.7%，普通高等教育本专科共招生 748.61 万人。研究生招生 66.71 万人，比上年增加 2.20 万人，其中，博士生招生 7.73

万人，硕士生招生 58.98 万人。在学研究生 198.11 万人。① 我国实现
了高等教育大众化的目标，成为世界高等教育大国。高校招生制度
的改革不仅适应了我国高等教育改革与发展的要求，也与我国社会
经济政治发展战略相适应。2014 年印发的《国务院关于深化考试招生
制度改革的实施意见》对高等职业教育考试招生制度改革做出了系统
部署，要求加快推进高职院校分类考试，使通过分类考试录取学生
成为高职招生的主渠道，成为构建人才成长"立交桥"的制度性保障。

随着深化考试招生制度改革的全面推进，我国高等教育入学机
会更加公平，考试评价的素质教育导向不断强化，人才选拔方式更
加科学、规范。高等教育招生制度的改革走向将更加注重对学生平
时学业成绩的全面考查，注重学生的素质教育，从根本上解决"一考
定终身"的问题；进一步推进考试专业化的进程，推广标准化考试，
开发考试的新方法和新技术，增强高校招生考试制度的科学性和公
正性；拓宽招生渠道，实现人才选拔标准的多元化，使高校招生制
度成为构建终身教育体系的一个重要制度保障，同时要完善社会监
督机制，努力实现高校招生制度的公平与公正，使全体国民均有享
受高等教育的平等机会。

二、高校毕业生就业制度改革

我国高校毕业生就业制度改革是与我国经济体制的改革与发展
相适应的。随着我国经济体制的改革，高校毕业生就业先后实行了
"统包统分"的制度、"供需见面，双向选择"的制度和"双向选择，自
主择业"的制度。

我国政府历来十分重视高校毕业生的就业工作。1983 年，国家
在进行高校招生制度改革的同时，对就业制度也进行了改革，提出

---

① 教育部：《2016 年全国教育事业发展统计公报》，http：//www.moe.gov.cn/jyb_
sjzl/sjzl_fztjgb/201707/t20170710_309042.html，2018-07-10。

扩大学校毕业分配的自主权，并广泛实行"供需见面"的办法。1985
年，国家提出了对招生计划内的学生的毕业分配实行在国家计划指
导下，由本人选报志愿、学校推荐、用人单位择优录用的政策。
1986 年，国务院批转国家教委《关于改进一九八六年高等学校毕业生
分配工作的报告》，提出国家教委直属学校毕业生采取"上下结合"的
办法制订分配计划。1989 年，国家教委制定了《高等学校毕业生分配
制度改革方案》，由国务院批转全国贯彻执行。方案提出把竞争机制
正确地引入高等教育，增加高等学校主动适应经济和社会发展的活
力与动力，决定将高等学校的招生计划分为国家任务招生计划和社
会调节性计划，逐步将毕业生计划分配制度改为社会选择就业制度；
开始实施"双向选择"的就业制度，将竞争机制引入高等教育体系。
在 1988 年之前，高等教育毕业生就业实行"统包统分"。

    20 世纪 90 年代，中国开始了由计划经济向社会主义市场经济的
转型，商品市场和包括劳动力在内的要素市场逐步建立和完善，高
校毕业生就业市场的发展也是如此。1993 年，中共中央、国务院印
发的《中国教育改革和发展纲要》提出：改革高校毕业生"统包统分"
和"包当干部"的就业制度，实行少数毕业生由国家安排就业，多数
由学生自主择业的就业制度，并逐步推行毕业生与用人单位双向选
择的办法。1994 年之后，全国大部分高校按照"双向选择"的就业模
式安排毕业生的就业工作，1997 年，"双向选择"的高校毕业生就业
政策开始在全国全面实行。

    1999 年，各高校扩大招生规模；2002 年，我国高等教育入学率
达 15％，提前实现了高等教育大众化的目标。随着高等教育规模的
不断扩大，毕业生就业压力相应增大，需要改革高校毕业生就业制
度，以适应高等教育大众化的发展要求。截至 2005 年 9 月 1 日，全
国高校毕业生就业率为 72.6％。在这种情况下，高校更加注重科学
的就业教育，引导毕业生树立正确的择业观念，强化创业能力培养。

以往毕业生在单位上首选国家机关、国有企事业单位、外资企业或合资企业，在地区上首选大城市，但在新的就业形势下，高校毕业生就业时越来越趋于实际，中小企业、乡镇企业、一般事业单位及中西部地区、中小城市也成了他们的重要选择。另外，考取研究生和出国留学深造也被大学毕业生看作缓解就业压力、长远上寻求更多更好就业机会的较为理想的选择。

针对高校毕业生的就业现状，政府采取了一系列措施，积极促进大学生就业，在大力发展经济、拓宽就业渠道的同时，不断加大宏观调控力度，努力破除政策性和体制性障碍，积极推动和促进高校毕业生就业，已经形成了适应我国社会经济发展需要的、具有中国特色的高校毕业生工作管理和运行机制。政府努力为高校毕业生就业创造良好的政策和制度环境，推进有关人事制度、劳动用工制度、户籍管理制度及社会保障制度等方面的改革，促进毕业生就业。此外，政府推动高校毕业生就业市场的建设。高校毕业生就业实行自主择业、不包分配、市场导向的模式，已建立、完善了"市场导向、政府调控、学校推荐、学生与用人单位双向选择"的就业机制。1999年，国务院办公厅转发了教育部等部门《关于进一步做好1999年普通高等学校毕业生就业工作的意见》；2002年，国家出台了未就业毕业生可将其户口和档案保留在原就读学校或省级毕业生就业指导服务机构的政策；2003年5月，国务院召开常务会议，专题研究部署高校毕业生就业工作；2003年6月，国务院召开全国高校毕业生就业工作电视电话会议，为做好毕业生就业工作明确了任务、提出了要求、指明了方向，初步形成了各级领导重视、中央有关部门通力合作、省级政府责任明确的领导机制和运行机制，毕业生就业政策的框架体系基本建立。毕业生服务体系进一步完善，就业指导的能力和水平逐步提高，就业服务信息化建设取得明显成效。2003年6月13日，"中国高校毕业生就业服务信息网"开通。国家实施了

"大学生志愿服务西部计划""'三支一扶'计划"，各地因地制宜，启动了为基层服务的地方项目，引导大学生到当地贫困地区服务。此外，各高校以就业为导向，深化教育教学改革，全面提高学生的综合素质和就业能力。在政府指导及高校和社会各方面的积极努力下，我国高校毕业生数目虽然不断攀升，但就业状况整体良好。2011 年，《国务院关于进一步做好普通高校毕业生就业工作的通知》着重提出要继续把高校毕业生就业摆在就业工作的首位，千方百计促进高校毕业生就业；强调加快转变经济发展方式和调整经济结构，积极拓展高校毕业生的就业领域；鼓励、引导高校毕业生面向基层、中西部地区及民族地区、贫困地区和艰苦边远地区就业；鼓励、支持高校毕业生自主创业，稳定、灵活就业；支持高校毕业生参加就业见习和技能培训，鼓励科研项目单位吸纳高校毕业生就业；加大就业指导、就业服务和就业援助。2017 年，全国普通高校毕业生有 795万人；2018 年，全国高校毕业生将达 820 万人，就业人数再创历史新高。为了实现更高质量和更充分的就业，国家将实施就业优先战略，探索建立与高质量经济发展相适应的就业体系，完善相关政策措施。《教育部关于做好 2018 届全国普通高等学校毕业生就业创业工作的通知》鼓励毕业生服务国家发展战略，到重点领域、新兴领域就业创业，鼓励毕业生到国际组织实习任职，引导毕业生到基层就业，促进以创业带动就业。我国政府提出把扩大就业摆在经济社会发展更加突出的位置；强调就业是最大的民生；指出高校毕业生就业事关广大学生及其家庭的切身利益，事关社会主义现代化建设，事关社会和谐稳定。为此，国家应围绕经济生活发展的需要，充分发挥市场的引导作用，适应劳动力供求结构的新变化，强化政府促进就业的公共服务职能，健全就业服务体系，建立扩大就业的有效机制。这在很大程度上促进了高等教育与劳动力市场之间良性机制的形成，有利于高等教育的健康发展。

第三节　学位制度的建立与改革

学位制度是国家或高等学校为授予学位和保证学位授予质量，以及对学位工作实施有效管理所制定的有关法令、规程或办法的总称。学位制度是国家衡量和评价学术水平的客观标准，为选拔和使用人才提供了学术能力方面的依据。[①] 1977 年，我国恢复高等学校研究生招生制度。1980 年通过的《学位条例》作为一项重要的政策，标志着我国学位制度的正式建立。这是我国改革开放过程中的一项重要战略举措，对我国教育事业的进步、科技的发展，乃至整个社会政治经济的发展具有重要的历史意义。截至 2014 年，我国普通高等教育本科招生 3 834 152 人，毕业生 3 413 787 人；研究生招生 62.13 万人，比上一年增加 0.99 万人，增长 1.63%。其中，博士招生 7.26 万人，硕士招生 54.87 万人。研究生毕业 535 863 人，其中，博士 53 653 人，硕士 482 210 人。[②] 40 年来，我国学位制度不断完善和发展，形成了中央、地方、学校或科研院所三级学位管理体制，成为我国高层次人才培养的重要制度保障。

一、学位制度的建立与改革发展

（一）学位制度的建立

1980 年我国通过《学位条例》，自 1981 年 1 月 1 日起施行学士、硕士、博士学位制度。建立学术水平评价尺度和制度，是我国发展教育、科学事业的一项重要政策。1981 年 11 月，国务院批准我国首批博士学位授予单位 151 个，学科、专业点 812 个，指导教师1 155

---

① 骆四铭：《试论我国学位制度体系的局限》，载《民办教育研究》，2005(5)。
② 《中国教育年鉴》编辑部：《中国教育年鉴(2015)》，95、98 页，北京，人民教育出版社，2016。

人。其中，高等学校占 70％；硕士学位授予单位 358 个。学科、专业点 3 185 个，其中，高等学校占 84％。[①] 我国开始依靠自己的力量培养高级专门人才。这是我国在高级专业人才中建立学术水平评价制度之始，为职业资格的审定和高校人才走向市场奠定了基础。1982 年，我国开始招收首批博士学位研究生。学位制度的建立极大地促进了我国教育、科技的发展和社会的进步。

（二）学位制度的改革与发展

我国学位制度建立和施行后，很多方面有待完善和发展。通过学习和借鉴国外的先进经验，结合我国的实际情况，我们探索出了适合国情的学位制度体系，形成了有中国特色的学位制度。我国学位制度的改革与发展可以分为两个阶段：第一阶段从 1985 年至 1992 年，为学位制度深化改革与发展时期；第二阶段从 1992 年至今，为有中国特色的学位制度形成与确立时期。

1985 年颁布的《中共中央关于教育体制改革的决定》规定研究生教育的硕士、博士阶段皆为三年制，并确立了建立我国专业学位制度的方针，同时为在职人员授予学位指明了方向。针对 1984 年和 1985 年研究生教育发展过急、过快的问题，1986 年，《国家教委关于改进和加强研究生工作的通知》重申研究生教育的发展原则为"保证质量，稳步发展"，注重提高研究生教育的质量。由于博士研究生在学人数的增长，从 1987 年起，国家教委研究生司草拟了《关于加强博士研究生培养工作的几点意见》。1992 年，《博士生培养工作暂行规程》等文件要求在实施中不断提高博士研究生的培养水平。这一时期，国家还对外国来华留学生的学位授予进行了规范。1988 年 9 月，国家教委发布《关于招收和培养外国来华留学研究生的暂行规定》，规范留学生的学位授予工作。

---

① 高奇：《中国高等教育思想史》，410 页，北京，人民教育出版社，2001。

1992 年，我国学位制度进入全面改革开放时期，有中国特色的学位制度已经建立起来。1993 年，中共中央、国务院颁布了《中国教育改革和发展纲要》，拟在全国重点建设约 100 所大学，建设一批重点学科（即"211 工程"），促进了有中国特色的学位制度的形成和建立。1995 年，《国家教委关于进一步改进和加强研究生工作的若干意见》强调优化和调整学科、专业结构，改进研究生培养制度，加强研究生培养基地建设，建立学位质量监督和评估制度等。

1999 年以来，我国研究生教育实现了跨越式发展，取得了举世瞩目的成就。1999 年，高等学校，包括本专科和研究生教育层次在内，大幅度扩招。2000 年，教育部在"十五"发展规划中曾提出到 2005 年，使在校研究生达到 50 万人左右；2002 年，教育部又进一步提出 3 年内使研究生的招生规模翻一番的发展目标。而从 1999 年到 2003 年，我国研究生招生数量的平均增长率为 29.5%，实际上我国在校研究生已接近 100 万。自 1999 年后，我国学位与研究生教育迅速发展。到 2003 年为止，全国已有博士学位授予单位 342 个（其中高等学校 273 所）；一级学科博士、硕士学位授权点 974 个；二级学科博士学位授权点 1 717 个；有硕士学位授予单位 783 个（其中高等学校 506 所），二级学科硕士学位授权点 12 704 个，初步形成了较为完善的学位授权体系。1995 年以来，通过重点学科建设、"211 工程"和"985 工程"，全国逐步建立了一批学科门类比较齐全、指导力量比较雄厚、科研基础比较扎实的高层次人才培养基地。研究生院和一级学科授权点在全国各地区高校中均有不同程度的分布，这标志着我国高等教育整体水平的提高。一个具有相当规模、学科门类大体齐全、学位质量能够得到保证、以高等学校为主体的学位与研究生教育体系已经形成。

经过 40 年的发展，我国学位制度基本完善。其主要特点包括：硕士学位作为一级独立学位，有别于某些国家的过渡学位；国家统一制定和颁布学位的授予学科和专业目录；实行严格的学位授予权审核制度；建立了国家、地方、学校或科研院所三级学位管理体制；始终坚持高质量的原则。在学位制度的保障下，截至 1998 年 8 月，我国已经自主培养了 460 万名学士，为国家科技、教育、经济和国防建设输送了大批合格的高层次专门人才。① 2016 年，全国在学研究生 198.1 万人，其中，在学博士生 34.2 万人，硕士生 163.9 万人。另有在职攻读硕士学位者 58.2 万人。2016 年，全国授予 53 360 人博士学位，授予 505 421 人硕士学位，授予 3 659 686 名普通本科毕业生学士学位。② 改革开放以来，我国学位制度的改革与发展主要体现在以下几个方面。

1. 完善博士学位制度

在学位制度的发展中，国家不断对博士学位制度进行完善，主要表现在建立博士后科研流动站制度、建立名誉博士学位制度、实行博士学位论文盲审制度等方面。

首先，建立博士后科研流动站制度。1985 年，我国开始实行建立博士后科研流动站的制度，进一步完善了博士学位制度。1983 年，著名美籍华裔科学家李政道向有关方面建议建立"科学流动站"，以解决留学回国的博士进一步研究的需要。根据他的建议，1985 年 7 月 5 日，国务院批转了国家科委、教育部和中国科学院提出的关于《关于试办博士后科研流动站的报告》。报告认为：设立科研流动站有利于造就适应现代化建设和当代科学发展的高水平科研人才；有利于促进人才流动，使科研与教学队伍保持活力；有利于学术交流，博采众长，避免学术上的近亲繁殖；有利于取得博士学位的人员和用人单位有更多的机会相互挑选。1985 年，博士后管理委员会正式

---

① 骆四铭：《中国学位制度：问题与对策》，25 页，武汉，华中科技大学出版社，2007。
② 教育部：《2016 年教育统计数据》，www.moe.gov.cn/s78/A03/moe_560/jytjsj_2016/2016_qg/201708/t20170822_311603.html，2018-07-10。

成立。到 1991 年，全国共有 156 个单位在理、工、农、医、法五个学科门类设立博士后科研流动站 278 个，累计进站博士后 1 260 人，其中，在国外获博士学位进站的占 1/4。[①] 国家建立和逐步完善了博士后研究制度。到 1991 年，全国已有博士点 2 116 个。

其次，建立名誉博士学位制度。我国从 1983 年下半年起就开始对国外有关人士授予名誉博士学位。1989 年，国务院学位委员会颁布了《关于授予国外有关人士名誉博士学位暂行规定》，对名誉博士学位做出规定："我国授予国外有关人士名誉博士学位，是经国务院学位委员会批准、博士学位授予单位授予的一种荣誉称号，目的在于表彰国外卓越的学者、科学家或著名政治家、社会活动家在学术、经济、教育、科学、文化和卫生等领域，以及社会发展和人类进步事业中的突出贡献。"这标志着我国按照国际惯例对国外有关人士依法授予名誉博士学位规范的开始。

最后，实行博士学位论文盲审制度。博士学位论文是博士生科研能力、创新能力、掌握和运用知识能力及书面表达能力的综合体现，是衡量博士生学习、科研能力和教育培养质量的重要指标。建立科学、公正的博士学位论文评价体系和监督机制，规范博士学位论文的评阅，成为提高博士学位论文质量的一个有力措施。目前，全国各高校普遍探索建立了包括双盲评阅在内的博士学位论文质量评价机制，尤其是重点知名大学，有些大学的全部论文都以双盲形式进行评阅。以国防科技大学为例，2001 年，该校在借鉴全国著名大学博士学位论文评阅制度改革成果的基础上，增加了对博士学位论文的双盲评阅，并将对评阅意见的处理权下放给学位评定分委员会，建立了包括双盲评阅机制在内的博士学位论文评阅制度，使论

---

① 高奇：《中国高等教育思想史》，420 页，北京，人民教育出版社，2001。

文评阅更加客观、公正、规范，提高了博士生培养水平。[①] 博士学位论文双盲评审制度是控制博士学位论文质量的有效手段，有助于增强论文评价结果的公平性，同时也应建立博士学位论文作者申辩制度，保护论文作者的权利。

2. 设立专业学位，实现学位种类的多样化

学位可以根据培养目标强调理论研究和以解决实际应用问题的不同，分为学术性学位和专业性学位。我国学位制度实施以来，由于当时社会经济和科技发展的现状，强调以学术性研究为主，没有区分学术性学位和专业性学位。随着我国社会经济和科技的发展，培养具有应用性知识和技能的高级专门人才、发展专业学位成为我国学位制度改革的重要议题。我国专业学位设置政策的出台，始于1990 年的《关于设置和试办工商管理硕士学位的几点意见》，但起源可追溯到 1984 年工商硕士培养试点。1992 年，国家颁发了《建筑学专业学位设置方案》，决定设置建筑学专业学士、专业硕士学位。1995 年，国家发布了《关于开展法律专业硕士学位试点工作的通知》，决定增设法律硕士专业学位。1996 年，国务院学位委员会颁布了《专业学位设置审批暂行办法》，确立了专业学位授予制度。其后，教育、工程、口腔医学、预防医学、农业推广、兽医、公共管理等专业学位陆续设置。《专业学位设置审批暂行办法》成为我国专业学位发展的法规性依据。文件对专业学位进行了明确界定，指出"专业学位作为具有职业背景的一种学位，为培养特定职业高层次专门人才而设置"。文件将专业学位分为学士、硕士和博士三级，但一般只设硕士一级，各级专业学位与现行的各级学位属于同一层次，其名称

---

① 周珞晶、张春元、方毅等：《博士学位论文评阅制度改革成效分析》，载《高等教育研究学报》，2005(1)。

可表示为"XX（职业领域）硕士（学士、博士）专业学位"。① 2002 年，国务院学位委员会和教育部联合下发的《关于加强和改进专业学位教育工作的若干意见》指出专业学位，或称职业学位，是相对于学术性学位而言的学位类型，培养适应社会特定职业或岗位的实际工作需要的应用型高层次专门人才。到 2007 年，我国已有工商管理硕士（MBA）、公共管理硕士（MPA）、高级管理人员工商管理专业硕士（EMBA）、建筑学学士和硕士、法律硕士、教育硕士、工程硕士、临床医学硕士、公共卫生硕士、艺术硕士、体育硕士、金融硕士、新闻传播硕士、社会工作硕士等专业学位，但专业硕士在校生只占所有硕士在校生总数的 12％，与美国的 56％相差甚远。只有临床医学、口腔医学、预防医学、兽医学有专业博士学位。② 随着我国经济和社会多元化发展对高层次专门人才的需求，新的专业学位类型不断设立。专业学位研究生的培养，强调紧密结合社会需求和职业背景，有针对性地制定培养方案和设置课程，特别要对获得两类学位所应达到的标准做出明确的规定，并据此制定相应的培养方案。为此，在充分论证和借鉴国际通行做法的基础上，国家将部分硕士学位层次的专业学位规定为终极学位，不再与博士学位教育相衔接。③ 2010 年之后，专业学位研究生教育发展迅速，国务院学位委员会先后批准新增 3 600 多个硕士专业学位授权点。2015 年，我国授予硕士专业学位 31.27 万人，占全部硕士学位授予数的 49.3％。专业学位授权点由 2008 年的 3 200 多个增加到 2015 年的 7 200 多个。到 2016 年，国务院学位委员会先后批准设立了 40 种硕士专业学位、

---

① 国务院学位委员会办公室、教育部研究生工作办公室：《学位与研究生教育文件选编》，49～50 页，北京，高等教育出版社，1999。
② 李素芹：《用终身教育理念观照我国的学位制度调整》，载《中国高教研究》，2007(8)。
③ 薛天祥：《中国学位与研究生教育的历史、现状和发展趋势》，载《国家教育行政学院学报》，2005(9)。

6 种博士专业学位，形成了应用型人才与学术型人才培养并重的局面。① 同时，专业博士学位制度作为一种应用型高级学位，主要侧重于通过高水平专业训练使学习者掌握系统、扎实的专业理论，具有从事某种专门职业的能力。1998 年，国家设置了临床医学、口腔医学和兽医三个博士专业学位。2008 年，国务院学位委员会第二十六次会议审议通过《教育博士专业学位设置方案》，进一步扩大了博士专业学位类别。此外，为了适应我国现代职业教育体系的建设，在重点举办本专科职业教育的同时，国家研究建立了符合职业教育特点的学位制度。

3. 完善学位授予权审核制度

学位制度对高等教育制度有着重要的作用，学位制度规范、引导着高等教育的发展。学位授予权审核制度必须高度科学化、法制化和程序化，并保证其公开性、公正性和公平性，从而为国家高层次人才的选拔和培养创造一个合理的竞争环境。自恢复学位制度以来，到 2018 年，我国共进行了 12 次学位授权审核，这对我国重点学科的建设、学位结构的调整、高层次人才的培养等做出了重要贡献。国务院学位委员会按照《国务院学位委员会关于审定学位授予单位的原则和办法》的规定，进行学位授予单位及其学科、专业点的审核工作。自 1983 年颁布的专业目录试行草案及 1990 年国务院学位委员会和国家教育委员会联合颁发的《授予博士、硕士学位和培养研究生的学科、专业目录》，经过了多次修改。从 1995 年开始，国家逐步实行新的学位授权审核办法，在一定的学科范围内和一定的总量控制下，硕士点审批权下放给成立了省级学位委员会的省市和一部分条件较好的高等学校。2002 年，国家对授予博士、硕士学位和

———————

① 黄宝印、唐继卫、郝彤亮：《我国专业学位研究生教育的发展历程》，载《中国高等教育》，2017(2)。

培养研究生的学科专业进行调整，新拟定的专业目录共分12大学科门类。2003年，全国有权授予学士学位的高等学校共665所，有权授予博士学位的单位共729个，其中，高校457所，硕士学位授予权学科、专业点共9 692个；有权授予博士学位的单位共312个，博士学位授予权学科、专业点1 542个，博士学位授予权一级学科点682个，其中，高等学校占628个。①

　　学位授予审核制度为高等学校的学科发展提供了动力，促进了学科建设和学科发展。获得硕士、博士学位授予权是对一个学校学科水平的评定，对于提升一所学校和一个学科在国内、国际的学术地位及社会形象、社会影响力等都具有十分重要的意义。1987年，国家教委在全国高等学校有权授予博士学位的学科、专业点中，择优选出了416个重点学科，予以重点支持，大大促进了这些学科的进步。2001年，根据国家建设、社会发展、科技进步和国防建设的需要，教育部又在一些条件较好的研究生培养学校选择了964个重点学科，予以重点支持。其中，北京大学、清华大学、复旦大学等著名大学的重点学科都在40个以上。② 这些改革促进了学科布局和方向的调整，基本形成了我国学科门类齐全的学位与研究生教育体系，并越来越客观地反映出科技发展趋势和国家建设的需要。2015年10月，国务院印发的《"双一流"方案》，以及2017年1月教育部、财政部、国家发展改革委印发的《统筹推进世界一流大学和一流学科建设实施办法（暂行）》，对建设世界一流大学和一流学科做出了重大战略部署，必将推动一批高水平大学和学科进入世界一流行列或前列。

---

　　① 康翠萍：《学位论》，202～203页，北京，人民教育出版社，2005。
　　② 袁本涛、王孙禹：《我国实施学位授权审核制度的反思与改革刍议》，载《高等工程教育研究》，2005(2)。

4. 不断完善学位制度的立法

我国的学位制度主要是由《教育法》《高等教育法》《学位条例》及《中华人民共和国学位条例暂行实施办法》规定的。2004 年，第十届全国人民代表大会常务委员会第十一次会议对《学位条例》的部分条款进行了修正。① 经过 40 年的努力，我国学位制度的法律基础不断加强，通过一系列的法律、法规的建立，学位制度有了充分的法律保证。

5. 形成健全的学位制度管理体系

通过多次学位授予的审核工作，我国已经建立了学科门类齐全、结构与布局比较合理的学位授权体系，并建立了一套行之有效的管理体系，基本建立了各级学位管理体系。1985 年，经国务院批准，北京大学、清华大学等近 200 所大学开办了研究生院，逐步形成了高级人才培养管理体制。1995 年 10 月，国家教委发布了《研究生院设置暂行规定》，使研究生院的建设、管理和培养工作走上了规范化轨道。

6. 拓宽学位获得者范围

1985 年以来，通过改革，国家为学位申请者攻读或获取学位开辟了多途径、多渠道。1991 年，国务院学位委员会正式发布了《关于授予具有研究生毕业同等学力的在职人员硕士、博士学位暂行规定》，为具有同等学力人员申请学位创造了机会。1998 年，《国务院学位委员会关于授予具有研究生毕业同等学力人员硕士、博士学位的规定》使在职人员以同等学力申请博士、硕士学位的制度得以基本完善。根据《教育规划纲要》的要求，到 2020 年，专科层次的高等职业教育在校生将达到 1 480 万人，这迫切需要进行相应的学位制度体

---

① 薛天祥：《中国学位与研究生教育的历史、现状和发展趋势》，载《国家教育行政学院学报》，2005(9)。

系建设。为此，2014 年，《国务院关于加快发展现代职业教育的决定》指出，要研究建立符合职业教育特点的学位制度。1996 年 4 月，国务院学位委员会第十四次会议审议通过《关于设置和试办教育硕士专业学位的报告》，开始培养面向基础教育教学及管理工作需要的高层次人才。2015 年 4 月，国务院对该设置方案进行修订，发布了《教育硕士专业学位设置方案（2015 年修订）》旨在提高基础教育和中等职业技术教育教师及管理人员的素质，促进我国基础教育和中等职业技术教育教学及管理水平的提高，这进一步拓展了学位获得者的范围。

7. 建立完善的学位质量监督和评估制度

国务院学位委员会从 1985 年起，在哲学、经济学、工学、农学和医学领域选择了 22 个学科、专业进行学位授予质量检查和评估试点工作，并制定和完善有关法规、办法，使各项评估工作制度化、规范化。2000 年，教育部发布《关于加强和改进研究生培养工作的几点意见》，针对研究生培养工作尚未解决的难点问题，确立了继续"深化改革"的方针，并将"素质教育"引入质量保证体系。2014 年 6月，国务院学位委员会、教育部下发《关于开展学位授权点合格评估工作的通知》，决定于 2014—2019 年开展学位授权点合格评估工作，以保证研究生教育的质量。此外，教育部学位与研究生教育发展中心按照国务院学位委员会和教育部颁布的《学位授予和人才培养学科目录》，对全国具有博士或硕士学位授予权的一级学科以第三方方式开展整体水平评估，2002 年首次开展，截至 2017 年，完成了四轮。40 年来，国家对所有硕士、博士学位授予权单位进行了检查和评估，已初步建立了一套科学、合理的评估标准和指标体系，构建了基本适应我国国情的学位质量保证体系。

二、学位制度的重要意义

到 2014 年，我国共有研究生培养机构 788 个，其中，普通高校

571 个，科研机构 217 个。[①] 这些机构对我国高等教育的发展、社会经济的进步乃至国防实力的提升，都具有重要意义。

　　学位制度的建立和发展提升了我国高等教育的整体水平。我国学位制度建立 40 年来，培养了大量的高层次人才，直接改善了我国高校的师资队伍状况。1985 年，约有 51％的毕业研究生在部属院校任教师。2003 年，高等院校仍是毕业研究生，尤其是博士研究生的一个重要就业机构。据教育部人事司统计，在高等学校专任教师队伍中，具有研究生学历的教师比例从 1984 年的 7％增加到 1994 年的 24％。2003 年，这一比例已经达到 34％。其中，普通高等学校专任教师中具有研究生学历者，由 2001 年的 16.7 万人增长到 2003 年的 23.6 万人。2003 年，专任教师中拥有博士研究生学历者比 2000 年增加近一倍，在各学历层次中增幅最大。同时，学位制度的建立和发展，极大地促进了我国一批高水平大学的兴起和发展。20 世纪 80 年代中期，经国务院批准，部分重点院校设立了研究生院。"211 工程""985 工程"等陆续实施，有力地促进了我国高校教学和科研水平的提高。到 2000 年，我国高校科研经费超过 2 亿元的有 16 所，超过 1 亿元的有 39 所。这些高校约占我国普通本科高校的近1/10，获得的科技经费约占全国高校的 60％，培养了全国约 80％的博士研究生。我国高水平大学群体已经初步形成，成为科技和经济发展的重要促进力量。学位制度的完善和发展，对提升我国国防实力也具有重要作用。2002 年，全军共有博士学位授予单位 36 个，博士点 259 个。[②] 一个以培养军事应用型人才为重点，授权渠道多样、培养模式多元、结构较为合理、军事特色突出的军队学位与研究生教育体

---

　　① 《中国教育年鉴》编辑部：《中国教育年鉴（2015）》，96 页，北京，人民教育出版社，2016。
　　② 中国学位与研究生教育发展报告课题组：《中国学位与研究生教育发展报告（1978—2003）》，104～112 页，北京，高等教育出版社，2006。

系已经形成，提升了全军人才水平，为军队的科技现代化提供了人才保证。

三、学位制度的未来发展趋势

纵观我国学位制度的发展历程，可以发现，学位制度的建立与发展是与社会政治、经济的发展相适应的。学位制度的改革与国家政治、经济、文化的大背景息息相关，是国家发展战略在教育领域的重要体现。随着社会经济的发展，学位制度的改革与发展将是一个永恒的主题。学位制度的发展将更加重视法制建设，进一步改革学位授予权审核制度。学位制度的发展将不断国际化，学位将进一步向更广泛的学习者开放。

我国学位制度虽有明确的法律基础作为支撑，但由于我国学位制度实体性法律缺失，引发了关于学位授予中的法律纠纷，亟待制定和进一步完善相关的法律，建立学位制度坚实的法律基础。现有的授予学位的条例中，所存在的关于思想品德方面的规定过于粗疏、法规对学位论文答辩委员会和学位委员会的职责规定不明确、学位制度程序性法律缺失等问题，会伤及学生的利益。[1] 我国学位制度将建立在更加完善的法律基础之上，学位管理工作也要求进行学位制度相关立法的改革。

学位授予权审核制度将更加完善，高校自主权将进一步扩大。学位是评价学术水平的一种尺度，学位的授予建立在严格的科学训练和考核的基础之上。获得学位，不仅是国家给予获得者的一种荣誉和鼓励，而且是获得者学习成绩和学术水平的客观标志。[2] 因此，学位授予权审核对学位制度具有重要意义。目前，学位授予权审核中的干扰因素增多，需要进一步健全学位授予权审核制度，建立完

---

① 田鑫鑫、张磊：《我国学位制度的发展历史、现状及趋势》，载《煤炭高等教育》，2007(3)。

② 《中国大百科全书·教育卷》，440页，北京，中国大百科全书出版社，1985。

善的学位授权监督与评估机制，实行学位授予权期限制和申报资格制，实行学位授予权的有效期制，进一步简政放权，加大审核学位授权管理的调控权，真正落实研究生院（单位）自行审批和调整硕士、博士授权点的权力，充分发挥学位授予权审核的宏观调控功能。[①]通过宏观调控功能，改变目前学位点学科和地区分布失衡的现状，稳定博士点规模，加强学科建设；改变现有博士点、硕士点中传统学科多、新兴学科和高技术学科少的局面；改变现有学科点布局。

学位分类体系将不断完善。针对学位分类体系不完善的现状，我国将进一步区分学术性学位和专业性学位之间的差别，制定相应的人才培养目标和培养模式。扩展专业学位的学科范围，使专业学位和社会需求紧密联系起来。专业设置应适应国家建设的需要，符合科学技术的发展趋势，体现分层次的不同要求，要在统一规划下，允许各地区、各高校设置特色专业。进一步完善专业学位研究生培养体系，科学制定专业学位标准，采取多样化的培养渠道，推动研究生教育的多元化发展。

学位制度的结构将更加均衡。目前，我国学位制度等级结构还存在一定程度的不均衡现象。这主要表现为学位等级结构缺乏应有的弹性和张力。学位制度作为与高等教育制度相匹配的制度，应涵盖整个高等教育系统，才能对高等教育起引导、规范作用。我国的专科教育在高等教育中占很大比例，还承担着职业技术教育的重任。由于专科是高等教育中唯一没有学位的层次，在某种程度上造成了我国目前高职高专教育发展滞后的局面。在 2003 年全国高校 1 877 492 名毕业生中，专科毕业生有 947 894 人，约占 50%；同年，专科招生人数为 1 996 439 人，约占招生总数的 52%。在学士学位之下增设副学士学位是适应我国高等教育发展的实际、符合学位结构

---

① 袁本涛、王孙禹：《我国实施学位授权审核制度的反思与改革刍议》，载《高等工程教育研究》，2005(2)。

要求的措施。形成涵盖整个高等教育领域的四级学位制度，并促成不同等级学位以合理的比例发展，从宏观上控制各级学位授予比例的平衡，保持高等教育各层次之间的持续协调发展，是现代社会发展的必然要求。此外，针对本专科职业教育，应完善本专科职业教育学位设置，促进立体、多维的职业教育体系的形成与发展。

随着高等教育国际化进程的不断推进，全球留学生的人数不断增长。美国国际教育研究所（IIE）发布的《阿特拉斯计划 2016》（*Project Atlas，2016*）显示，2013 年全球高等教育领域共有 410 万名国际学生。2014 年，国际学生人数几乎达到 500 万，是 2000 年的两倍多（2000 年为 210 万人）。2016 年，全球海外留学生人数突破 600 万。OECD 的研究显示，随着人口的变化，到 2025 年，国际学生人数将超过 800 万。[1] 2017 年，共有 48.92 万名外国留学生在我国高等院校学习，规模增速连续两年保持在 10％以上，其中，学历生 24.15 万人，占总数的 49.38％，同比增长 15.04％。[2] 这客观上要求学位制度的国际化，以适应国际留学生人数急剧增长的形势，保证国际高等教育的质量。我国是全球第一大出国留学生源国，仅 2016 年度中国学生出国留学的就达 54.45 万人。1978—2016 年，我国出国留学人数累计达 458.66 万人。出国攻读本科学位的人数增长幅度较大，2014—2015 学年，赴美攻读本科学位的中国留学生人数第一次超过了赴美攻读研究生学位的人数，其中，攻读本科的中国学生达 124 552 人，较上一年增长 12.7％，攻读研究生的中国学生达 120 331 人，较上一年增长 4％。同时，随着我国对外留学政策的

① University of Oxford，"*International Trends in Higher Education 2015*"，https：//www.ox.ac.uk/sites/files/oxford/International％20Trends％20in％20Higher％20Education％202015.pdf，2018-01-22。

② 教育部：《规模持续扩大　生源结构不断优化　吸引力不断增强　来华留学工作向高层次高质量发展》，www.moe.gov.cn/jyb_xwfb/gzdt_gzdt/s5987/201803/t20180329_331772.html，2018-03-30。

开放，来华留学生人数也快速增长。2016 年，共有来自 205 个国家和地区的 442 773 名各类留学人员在我国 31 个省、自治区、直辖市的 829 所高等学校、科研院所和其他教学机构中学习，比 2015 年增加 45 138 人，增长比例为 11.35％（以上数据均不含港、澳、台地区）。[①] 这一现状要求改革现行学位制度，以满足高等教育与我国扩大来华留学教育的要求。此外，我国专业学位教育应积极参与国际认证，提高办学质量，扩大国际影响力。

学位制度的质量监督和评价机制将更加完善。我国进一步建立分级分类评估机制；学位评价标准和手段将进一步科学化；促使社会力量参与到学位质量监督、评价和相应的决策中。此外，学位制度的发展将朝着更加国际化的方向发展，以促进我国高等教育与国际接轨。

[①] 教育部：《2016 年度我国来华留学生情况统计》，www. moe. edu. cn/jyb _ xwfb/xw _ fbh/moe _ 2069/xwfbh _ 2017n/xwfb _ 170301/170301 _ sjtj/201703/t20170301 _ 297 677. html，2018-03-10。

第七章
高等教育结构调整

高等教育结构是指高等教育系统的构成状态。它既包括高等教育的层次结构、科类结构、形式结构，也包括高等学校的组织结构和布局结构等。为避免与其他章节内容重复，本章将重点探讨中共十一届三中全会以来我国高等学校的组织结构和布局结构的调整与变化。

第一节　高等学校内部组织结构的调整：建立学院制

中共十一届三中全会以后，我国高等学校内部组织结构的调整主要是将新中国成立后形成的校、系两级组织结构改变为校、院、系三级组织结构，建立学院制。

一、建立学院制的原因

第一，建立学院制是对 20 世纪 50 年代院系调整的修正。我国首次建立学院制是 20 世纪 20 年代。1929 年，南京国民政府颁布了《大学组织法》和《大学规程》，规定"大学分文、理、法、教育、农、工、商、医各学院，须具备三个以上学院者，才能成为大学。且三个学院必须包括文理学院或农、工、医各学院之一。不足三个学院者称为独立学院……大学的各学院或独立学院各科，可分若干学系"①。1939 年，国民政府对上述法规进行了修订，并颁布了《大学及独立学院各学系名称》，进一步规定了学院中各学系的组成。例如，文学院（或独立学院文科）可设中国文学、外国语文、哲学、历史学、语言学、社会学、音乐学及其他各学系。理学院（或独立学院理科）可设数学、物理学、化学、生物学、心理学、地理学、地质学及其他各学系。法学院（或独立学院法科）设法律、政治、经济三个学系。教育学院（或独立学院教育科）设教育原理、教育心理、教育行政、教育方法及其他各系。农学院（或独立学院农科）可设农学、林学、兽医、畜牧、桑蚕、园艺及其他各系。工学院（或独立学院工科）设土木工程、机械工程、电机工程、化学工程、造船学、建筑学、采矿、冶金及其他各学系。商学院（或独立学院商科）设银行会计、统计、国际贸易、工商管理、交通管理及其他各学系。医学院不分系，学生从二年级起选定一个主系，并以另一系作为自己的辅系。至 1951 年院校调整前，我国高校校内体制和专业设置都是依上述规定进行的。

新中国成立后，在政治、经济发展全面"以苏联为师"之时，我国高等教育的发展也受到了苏联的影响。1949 年 12 月，教育部在北京召开第一次全国教育工作会议，会议决定"以老解放区新教育经验为基础，吸收旧教育有用经验，借助苏联经验，建设新民主主义教育"。根据这一指导思想，教育部决定对高等学校进行院系调整。调整方针是：仿效苏联高等学校的类型，将全国高等学校分为综合大学（设文理两个学科）及专门学院（按工、农、医、师、财经、政法、艺术、语言、体育等学科分别设置）两种；整顿与加强综合大学，发展专门学院，首先是工业学院与师范学院；高等院校的布局上，综

---

① 　熊明安：《中国高等教育史》，380 页，重庆，重庆出版社，1983。

合大学，各大行政区最少 1 所，最多 4 所。专门院校视各大行政区
的实际情况设置；专科学校视情况进行调整。这样，从 1951 年至
1953 年，教育部对高等院校进行了两次调整。

截至 1953 年年底，调整后的高等学校共有 183 所。其中，综合
性大学 14 所，工业院校 39 所，师范院校 31 所，农林院校 29 所，
医药院校 29 所，财经院校 6 所，政法院校 4 所，语言学院 8 所，艺
术院校 15 所，体育学院 5 所，民族学院 2 所，其他类院校 1 所。由
于这两次调整是以减少综合性大学、增加专门学院为目标，这使单
科性的大学或学院成为我国高等学校的主体。这些学校按一级学科
设置，校内再按二级学科设置系，按三级学科设置专业。学科涵盖
面极小，在这种情况下，学院失去了存在的基础。此后，系成为高
等学校培养专门人才的教学行政单位，校、系两级组织结构在我国
高等学校中成为普遍现象。虽然这两次调整使我国高等学校"走上了
适应国家建设需要，培养专业人才的道路"①，对恢复与重建我国的
工业和经济基础产生了重要作用，但是，它也为后来我国高等教育
的发展留下了隐患。这主要表现在：①以系所为单位存在明显的资
源浪费。各系自行购置仪器设备、图书资料，不仅重复购置行为严
重，而且利用率低，浪费了有限的教育资源。②实行校、系两级结
构，系级组织既是教学机构又是行政机构，导致学术机构行政化，
弱化了学科在大学中的基础地位。③这两次调整是以当时的产业结
构为基础的，所以，无论是通过调整综合性大学的专业而设立的学
院还是新建立的高校，都是一科一校的专业性院校。这一特点既制
约了这些学校的进一步发展，也影响了这些学校人才培养的质量。
这些学校培养的学生大多局限于一专一艺，知识视野狭窄，专业技
能单一，适应能力弱，学科发展也缺少新的增长点。④经过调整，

---

①　刘一凡：《中国当代高等教育史略》，20 页，武汉，华中理工大学出版社，1991。

我国高等学校虽然数量有了较大幅度的增长，但同一类型的学校重复设置的现象比较严重，这些学校普遍存在规模小、效益低的问题。因此，在我国高等教育发展结束了非正常的荒废与停滞之后，对这种组织结构进行调整，也就势在必行。

1979年4月，中共中央在北京召开工作会议，提出对整个国民经济实行"调整、改革、整顿、提高"的方针。在这一方针的指导下，高等教育领域也开展了一系列的调整和改革，包括：调整高等学校的领导班子，提高师资水平，改善办学条件，调整学科之间的比例与专业划分，稳步进行教学改革和领导管理体制改革，建立学位制度，大量派遣留学生等。1985年，《中共中央关于教育体制改革的决定》指出，我国高等教育发展的战略目标是：到20世纪末，建成科类齐全，层次、比例合理的体系，总规模达到与我国经济实力相当的水平；高级专门人才的培养基本上立足于国内；能为自主地进行科学技术开发和解决社会主义现代化建设中重大理论问题和实际问题做出较大贡献。为了实现这个目标，当前高等教育体制改革的关键是：①改变政府对高等学校统得过多的管理体制，在国家统一的教育方针和计划的指导下，扩大高等学校的办学自主权，加强高等学校同生产、科研和社会其他各方面的联系，使高等学校具有主动适应经济和社会发展需要的积极性和能力。②扩大高等学校的办学自主权。在执行国家的政策、法令、计划的前提下，高等学校有权调整专业的服务方向，制订教学计划和教学大纲，编写和选用教材；有权接受委托或与外单位合作，进行科学研究和技术开发，建立教学、科研、生产联合体；有权提名任免副校长和任免其他各级干部；有权具体安排国家拨发的基建投资和经费；有权利用自筹资金，开展国际教育和学术交流等。对不同的高等学校，国家还可以根据情况赋予其他权力。关于高等教育结构，文件还指出，当前我国高等教育内部的科系、层次比例失调，要根据经济建设、社会发展和科技进步的需要进行调整和改革，要改变高等教育科类比例不合理的状况。大学本科主要通过改革、扩建和各种形式的联合，充分发挥潜力。

进入 20 世纪 90 年代，我国高等教育发展跨入了一个新的历史阶段。1992 年，我国确立了建立社会主义市场经济体制的改革目标，同年，第四次全国高等教育工作会议召开，明确提出了在新的历史条件下高等教育发展的战略方针和改革思路。即必须坚持规模、结构、质量、效益统一协调发展的方针，坚持走以内涵发展为主的道路；在高等教育改革中，教育思想和教育观念的改革是先导，体制改革是关键，教学改革是核心，适应社会主义市场经济体制和社会发展的需要、提高教育质量和办学效益是根本目的。[①] 1993 年，中共中央、国务院发布了《中国教育改革和发展纲要》，这是我国跨世纪教育改革和发展的蓝图与纲领。《中国教育改革和发展纲要》肯定了第四次全国高等教育工作会议确定的思路和方针，并强调要进一步深化高等教育管理体制改革，逐步建立起政府宏观管理、学校面向社会自主办学的体制；要区分不同情况，进一步扩大高等学校的办学自主权；学校要善于行使自己的权力，承担应负的责任，建立起主动适应经济建设和社会发展需要的自我发展、自我约束的运行机制。

按照文件的精神，我国高等学校开始调整既与改革高等教育管理体制、提高高等教育质量和办学效益不相适应，也与高等学校学科和专业发展不相适应的内部组织结构。

第二，建立学院制受到市场机制的影响。与 20 世纪 50 年代院校调整由政府周密计划、依靠行政手段自上而下实施不同，改革开放后，我国高等学校组织结构调整与市场因素有很大的关系，这主

---

① 教育部高教司：《中国高等教育 20 年》，载《高等教育》，1999(11)。

要表现在就业市场的推动上。尽管从 80 年代中期起，我国就开始探索大学毕业生就业制度的改革，但是在 1992 年以前，我国高等学校的毕业生仍然按计划分配。像 1987 年，我国一方面在 353 个专业人才奇缺，缺乏大学毕业生达 19 万人之多；另一方面，有 157 个专业的毕业生过剩，有十多万名大学毕业生找不到与自己的专业相一致的工作。尽管过剩与不足并存，但由于有政府分配计划的保证，这并没有对大学的专业结构、人才培养方式和办学理念产生多大的冲击。进入 90 年代，随着我国从有计划的商品经济向社会主义市场经济体制的转变，高等教育发展的内外环境也发生了很大的变化。高等教育不再被视为一种由政府统包统揽的事业，而被视为一种准公共产品。接受高等教育是个人的一种投资，上大学应该缴费。毕业生就业制度也应该由国家"统包统分"向毕业生与用人单位"双向选择""自主择业"转变。这些观点不仅被纳入 1993 年颁布的《中国教育改革和发展纲要》，成为我国高等教育领域相应工作的指导原则，而且被广泛地付诸实践。在这种情况下，高等学校不仅要对政府负责，也要对作为一般消费者的学生负责，使他们尽可能地拥有适应社会发展所需的专业知识和技能，在就业市场上处于相对有利的位置，并具有一定的竞争优势，而这些仅靠各高校原有的学科、专业结构和人才培养方式是无法完成的。于是，我国高校一方面设立适应经济发展需要的新学科、新专业；另一方面对相邻或相近的学科进行调整，以拓展专业口径，增强适应性，提高大学的竞争力。在学科、专业结构变化的影响下，我国大学的组织结构也发生了相应的变化。

第三，建立学院制是适应大学管理的要求。从 1977 年恢复高考，到 20 世纪 80 年代末期，我国高等学校不仅数量增长，而且规模急剧扩大。1978 年，我国 5 000 人以上的高等学校仅有 4 所，而到 1995 年，一些规模较大的综合性大学不仅在校生普遍在 5 000 人以上，而且往往由五六十个系、所和中心组成，平均每位校长要分

管十多个单位，管理负担很重。现代管理学认为：一个管理者能够
管辖的下属人数或单位是有限的，超过了这个限度，管理效率就会
下降，所以任何一级管理机构都应保持一个适当的管理幅度。一般
来说，一位上级管理者以直接领导 4～8 个下级单位为宜，超过 10
个，由于组织协调任务太重便难以把握，因此，必须实行分层管理。
在这种情况下，成立学院，建立校、院、系三级组织结构，实行分
层管理，不仅可以减轻校长的负担，提高其领导效能，而且可以缩
短管理跨度，降低学校业务管理重心，提高运行效率，节约教育
资源。

　　在上述这些因素的影响下，到 20 世纪 90 年代后期，我国绝大
多数规模较大的高等学校都建立了学院制，形成了校、院、系三级
组织结构。

二、学院制的类型

　　从学科的角度来看，我国高等学校的学院制大致有以下几大类。

　　第一大类，虚体型学院与实体型学院。虚体型学院是由相关学
科的系、所联合而成，各系所负责教学、科研等具体工作，学院只
起协调指导作用。如联合开展课题申报、实行资源共享、教师互聘
及相互开设课程等。实体型学院也即"虚系实院"，学院作为校内的
二级管理机构，拥有相对独立的办学自主权。如职称指标、经费分
配、人员定编等都以院一级为核算单位。目前我国相当一部分高校
中这两种学院并存，如清华大学的六个学院中有三个是虚体，另外，
大连理工大学、华中科技大学、中国人民大学、北京师范大学等都
有一定数目的虚体学院。从虚实两种学院的运行情况来看，实体型
学院好于虚体型学院。

　　第二大类，由系直接升格的学院和以学科组建的学院。这类学
院的共同特点是以学科为中心。系级院分两种：一为跟风型，名为
学院，实际上仍是原来单一的系科；二是拓展型，即在系升格为学

院之后，随外延的扩大而积极发展相关的新专业、新学科。以学科组建的学院是利用大学内部多学科的优势，按照某种原则组建的，一般有以下两种：①以一级学科为核心，将相同或相近或相关的二级学科有机地联合起来组建学院；②以骨干学科为龙头建设学科群，构建适合自身特点的跨学科性、小型综合性学院。由于这种方式实施起来需要打破原有系科的运行框架，因此难度较大。

第三大类，按产业或行业的集合设置的学院和与地方政府或企事业单位联合共建的学院。这类学院的共同特点是以社会需要为原则，充分考虑办学的社会适用性。前者突破了单纯按学科组建学院的思路，但仍依靠大学内多种学科力量的支撑。如中国地质大学适应社会需求，以岩石学、矿物学等学科为支撑设置的珠宝学院；南开大学按高技术产业建立的信息技术学院。设置这类学院有利于综合利用大学内部各学科的力量，发挥多种学科人才的优势，产业性、学科性都很强。大学与地方政府或企事业单位联合共建学院，一般来说，是由地方政府或企事业单位出资，学校提供相关专业的人员，两者联合办学。如厦门大学与晋江市共建的晋江学院、湖南大学与岳阳市联合创办的岳阳理工学院、东南大学与南京汽车工业公司联合组建的汽车工业学院等。这种学院的优势在于：学校与社会或企业各取所需，社会或企业利用学校学科和人才的优势发展经济，学校通过吸纳资金缓解经费不足的压力，实现互补。

此外，还有合并型大学中的学院，这类形式的学院为我国所独有。20 世纪 90 年代以来，随着新一轮的院校调整，我国参与合并的高校已达 556 所，如新组建的扬州大学是由独立的扬州工学院、江苏农学院、扬州医学院、扬州师范学院等 6 所高校组成的，新吉林大学是由吉林工业大学、吉林大学、白求恩医科大学等 5 所独立的高校重新组建而成的。此外，浙江大学、上海大学、同济大学、西北农林科技大学等，在组建成新大学之后，其地位便从原来具有法人资格的大学变成了新大学中的二级学院，成为大学中的一个层次。与其他几类不同，这类学院规模都比较大，学科专业也较全面，合并后如何建立一套有效的管理机制、如何对学科进行调整目前仍在探索中。①

三、学院制的积极作用与局限

（一）学院制的积极作用

从实践来看，酝酿于20世纪80年代，从90年代开始实施的高等学校内部组织结构调整对我国高等教育的发展起到了积极的作用，这主要表现在以下几个方面。

第一，学院制促进了学科的发展。一所大学是否有新的学科出现，主要取决于两个方面：一是在相关的学科领域创造条件，使现有的学科交叉，产生新的学科生长点；二是培育和发展新的学科。20世纪50年代以单一学科建立的系不仅使学科缺乏交叉的条件，而且单一学科的组织特点也使它对其他学科有一种本能的排斥，这不仅给学科的相互沟通与跨越造成了障碍，而且破坏了学科知识间的相互依存机制。因此，建立学院制，合并小专业为系，合并系为学院，这一调整的意义不仅在于取消了原来与狭窄的专业相对应的教研室，更重要的是它为不同学科之间的交叉、渗透、融合、重组、嫁接和改造提供了组织上的支撑，为学科的进一步发展和知识的不断更新创造了更有利的条件。

第二，学院制提高了大学的办学效益。大学的管理不同于行政管理，行政管理以"效益"为先，崇尚效率至上，宜采用自上而下的垂直管理，而大学作为一个学术组织，其发展取决于学科，学科是构成大学的基本要素，因此，其管理的重心在学科层次，应该实行自下而上的管理。曾经担任剑桥大学副校长的阿什比说：大学的政

①　许放：《我国高等学校学院制研究》，载《现代教育科学》，2002(11)。

策必须由全体教师来决定……大学管理者对教师应该决定的问题，必须避免自己去做决定，防止越俎代庖，教师比大学管理者更了解学科领域的事，大学校长必须促进大学最大限度地实行分权管理。[①]然而，随着大学规模的扩大、学科的增加，事事都由大学领导和教师来做决定既不可能，也不现实。建立学院之后，让系所成为教学科研机构，大学成为宏观管理与监督机构，学院成为大学对学科垂直领导的缓冲机构，不仅有利于维护学科在大学发展中的中心地位，而且由于这种组织结构符合大学运行的规律和特点，也降低了大学组织结构功能失调、运行不畅、管理不当的风险，使大学能够按照健康、有效的方式发展。

第三，学院制增强了我国高校培养的人才的适应性。如何使我国高等教育培养的人才能为自主地进行科学技术开发和解决社会主义现代化建设中重大理论问题和实际问题做出较大贡献，促进国家经济发展，更好地为社会主义现代化建设服务；如何通过高等教育来提高全民族的素质，把我国沉重的人口负担转化为宝贵的人力资源……这些问题不仅是改革开放后相当长的一段时间里我国高等教育发展与改革所关注的焦点，而且是我国经济发展和高等教育发展所必须解决的问题。建立学院制，通过校内系科之间的综合重组，形成口径较宽、适应面较广的新型学科专业，培养出具有较深科学文化底蕴、一专多能的复合型、通用型人才，不仅扭转了过去狭窄专业教育背景下，高等学校所培养的人才绝大多数是"没有受教育的专家"[②]的境况，而且增强了大学所培养的人才在科学技术发展日新月异、职业格局不断调整变化情况下的适应性，并最终实现了改革教育以促进国家经济增长的目的。

---

① ［英］阿什比：《科技发达时代的大学教育》，滕大春、滕大生译，100页，北京，人民教育出版社，1983。

② 陈伯璋：《大学学术社群与教育改革》，载《教育研究》，2004(3)。

(二)学院制的局限

尽管以学院制为核心的高等学校内部组织结构调整对我国高等教育的发展产生了一定的有利影响，取得了一定的成效，但就整体状况而言，它仍然存在着一些问题，亟待解决。这主要表现在以下两个方面。

第一，学科的整合度不够。虽然目前学院制已经成为我国高等学校普遍的组织形态，但是这些学院绝大多数是由以前的系直接升格而来的，仅有小部分是通过学科整合或因应市场需要而建立的，总体上仍然保留了原来固有的优势和缺点。在加强学科整合、促进学科发展和新学科生成方面，当今学院制的实际作用与理论预期存在巨大的差距。虽然从人才培养的角度来看，建立学院制以后，我国高等学校毕业生的质量有所改善，但学生知识视野狭窄、技能单一、适应能力差的问题仍然没有得到根本的解决。近年来，随着高等教育的扩招，大量毕业生进入就业市场，这种"换汤不换药"的结构调整所产生的弊端更加明显。因此，为发挥学院制的应有作用，当前亟须采取措施加强学科整合，让系升院真正发生脱胎换骨的变化，而不是徒有虚名。

第二，缺乏明确的标准。与20世纪上半叶政府相应的政策、规章颁布在先，学院制设立在后不同，20世纪90年代，我国大学学院的建立是反其道而行之的，主要是大学自身的行为。对于大学应该在什么样的情况下建学院，学院的组成，学院的职能、管理等基本问题，政府都没有做出相应的规定。调整变革的动力主要来自大学内部。这种情形虽然有助于探索建立不同形式的学院制，使学院制的发展呈现出多样化，但也难以杜绝一些大学好大喜功、盲目跟风的现象。因此，为使我国高等学校内部组织结构更加完善，当前，在保护高等学校积极性的同时，也应该制定相应的规则。只有这样，学院制才能更加有序、合理地发展。

第二节　高等学校外部组织结构的调整：院校合并

改革开放 40 年间，我国高等教育领域又一重大的结构调整就是始于 20 世纪 90 年代初期的院校合并。这既是我国高等教育系统内外因素共同作用的结果，也是在新形势下高等教育系统对社会政治、经济发展要求的回应。

一、院校合并的原因

（一）国家政策的推动

1985 年以后，随着国家经济体制改革和科技体制改革政策的出台，以及改革开放和经济建设步伐的加快，我国高等教育改革越来越多地暴露出了与社会发展不相适应的弊端。在这种情况下，1992 年第四次全国高等教育工作会议决定，把坚持规模、结构、质量、效益统一协调发展作为我国 20 世纪 90 年代高等教育发展的指导方针[1]，并把"淡化单一的隶属观念""解决原有体制下高等学校条块分割的状况"作为扩大高等教育规模、完善高等教育结构、提高高等教育质量和效益的关键举措。于是，院校合并被提上了议事日程。1993 年，中共中央、国务院发布了《中国教育改革和发展纲要》，指出"高等教育要逐步形成以中央、省（自治区、直辖市）两级政府办学为主、社会各界参与办学的新格局"，要从"条块分割"逐步走向"条块有机结合"。这为调整高校隶属关系、解决条块分割问题指明了发展方向。1994 年，国家教委在上海召开高等教育体制改革座谈会，之后形成了改革我国高等教育管理体制的八字方针与五种形式，并根据当时分管教育工作的副总理李岚清同志的建议，确立了在 2000

---

[1]　建设有中国特色社会主义高等教育理论研究课题组：《建设有中国特色社会主义高等教育理论要点》，19 页，北京，高等教育出版社，1997。

年年底以前基本解决体制问题的目标。八字方针是"共建、调整、合作、合并"，五种形式为"共建共管、合并学校、合作办学、协作办学、划转地方政府管理"。同时，国家还要求"层次相差很多的学校以及距离相隔很远的学校"不宜合并，"一般不应把专科和师范院校合并掉""更要防止搭车升格现象"。作为我国高等教育管理体制改革的重要组成部分，90年代开始的院校合并就是在这些政策精神的指导下进行的。

(二)经济体制改革的影响

进入20世纪90年代之后，随着社会主义市场经济体制的逐步建立，我国原来在计划经济体制下建立起来的与部门利益相对应的部门办学模式和高等教育管理制度已经越来越不能适应市场经济发展的要求。这主要表现在：①计划经济体制下形成的国家对大学生的统招统分，对高等学校集中管理，高校分为委属、部属、省属、市属的条块分割的管理模式，与市场经济追求资源优化配置的运行规则存在根本的冲突。②条块分割的状况不仅不利于毕业生在市场上自由择业，而且教育内容面向单一产业的特点也为高等学校服务国家、地方和其他行业的经济建设设置了人为障碍。③随着政府机构的调整和职能的转变，一些行业部委和省级行业厅局管理的高等学校出现了经费无来源、管理无部门的现象，影响到了这类学校的生存和发展。而要解决上述这些问题，最有效、最直接的办法就是对一部分高等学校进行合并和调整。

(三)相关理论的影响

与20世纪50年代我国高等教育调整以产业逻辑替代教育逻辑不同，90年代我国院校合并除社会政治、经济因素外，来自教育界的理论成果和实践探索也在其中起到了非常重要的作用。这当中以"规模效益理论"和"多元化巨型大学理论"的影响力最大。

1. 规模效益理论

1986 年，世界银行的专家对我国高等院校的规模效益进行了实证分析，其后，我国多位学者也用同样的方法进行了系统的研究，得出的一致结论为：高校规模是影响生均成本和资源利用率的重要因素。在一定范围内，随着学校规模扩大，生均成本降低，资源利用率提高。这主要是因为：①小规模的高校具有社会组织中"制度化同形性"的明显特征。尽管规模小，高校仍需设立各类相应的管理部门，从而造成管理幅度不足、行政效率低、生均管理成本高。②高校的教学设备和设施具有很强的专业性、不可替代性，而要保证教育质量，这些教学设备和设施又往往是不可缺少的。当高校规模太小时，这些设备和设施就会负荷不足，导致生均固定成本增高。③高校规模过小，容易造成每个专业的规模过小，往往是单班招生或隔年单班招生，使得高校教师工作量不饱满，教学效率低。由于高校教师的知识结构具有专业性强的特点，这使得不同专业之间，甚至同一专业不同方向之间的教师都难以相互替代。因此，在不改变高校专业设置门类和不影响教学质量的前提下，只有高校拥有一定数量的在校生，才可能有效地提高高校人力资源的使用效率。[1]

另外，从高校办学的外部效益来看，高校规模过小及过分专业化又往往导致系科设置不全，可供学生选择的课程有限，从而使学生的知识面窄，适应能力差，不能发挥应有的作用，导致高等教育社会经济效益较低。在当时我国高校规模偏小、生师比过低的情况下，规模效益理论不仅让我国教育界耳目一新，而且对 20 世纪 90 年代的院校合并也起到了引导作用。

2. 多元化巨型大学理论

该理论是由被称为"当代美国高等教育改革的设计师"克拉克·克

---

① 丁小浩、闵维方：《规模效益理论与高等教育结构调整》，载《高等教育研究》，1997(2)。

尔(Clark Kerr)提出来的。根据克尔的观点，"多元化巨型大学是一个不固定的、统一的机构。它不是一个社群，而是若干个社群——本科生社群和研究生社群，人文主义者社群、社会科学家与自然科学家社群，专业学院社群，一切非学术人员社群，管理者社群……在多元化巨型大学中，这些社群各不相同，甚至互相矛盾。一个群体应该有一个灵魂……多元化巨型大学有若干个灵魂……"①虽然我们无法断定克尔的思想对中国的院校合并到底有多大的影响，但是在克尔的思想影响下，美国所形成的群体化研究型大学确实因其杰出的学术水平而成为我国大学在改革与发展过程中效仿的榜样。像合并之后的浙江大学、吉林大学、四川大学等，都已成为中国的巨型大学，与克尔所描绘的多元化巨型大学已有颇多相似之处。

在这些因素的影响下，20世纪90年代我国出现了院校合并的热潮。

二、院校合并的类型

从1992年开始到2002年，院校合并的高潮渐趋平息，我国共有31个省、自治区、直辖市，60多个国务院部门（单位）参与了高等教育管理体制的改革，涉及院校900余所。在院校合并方面，共有493所普通高校、215所成人高校经合并调整为305所新学校，其中，普通高校278所，净减高校403所。归纳起来，合并主要有以下几种类型。

（一）综合指向型合并

这是指分布在同一城市或地区的不同高校为了组建综合性的大学而进行的合并。这种合并主要分为以下两种情况：一是由单科性大学合并而成的综合性大学；二是由综合性大学与单科性大学合并。

---

① ［美］Clark Kerr：《大学的功用》，陈学飞等译，12页，南昌，江西教育出版社，1993。

前者以 1992 年合并而成的扬州大学、1993 年合并而成的青岛大学、1996 年合并而成的石河子大学等为代表；后者以南昌大学、吉林大学、复旦大学、新疆大学等为代表。原吉林大学是一所综合性大学，2000 年，它与同处一市的吉林工业大学、白求恩医科大学、长春科技大学、长春邮电学院合并成新吉林大学，成为我国大学的航母。复旦大学和新疆大学尽管层次不同，但也都是学科门类齐全的综合性高等学校。2000 年，复旦大学与上海医科大学合并，新疆大学与新疆工学院合并。合并之后，两校的学科门类更加齐全。

1. 扬州大学的组建

扬州是我国的历史文化名城，合并前的高校有扬州师范学院、江苏农学院、扬州工学院、扬州医学院、江苏水利工程专科学校、江苏商业专科学校。1988 年，国家教委主任朱开轩到扬州视察，针对扬州高校布局的特点，他提议借鉴国外经验，将这些高校组建成一所综合性的大学。这一提议引起了江苏省委、省政府的重视。1992 年 4 月，江苏省委、省政府正式给国家教委发函申请建立扬州大学，同年 5 月，国家教委批复同意建立扬州大学。这样，原来分散独立的高等学校便被合并成了一所涵盖多个学科的综合性大学——扬州大学。

2. 青岛大学的组建

1993 年 5 月，经国家教委批准，4 所位于青岛的省属院校——青岛大学、山东纺织工学院、青岛医学院、青岛师范专科学校，合并组建为新的青岛大学。合并后的青岛大学设置了文学院、理工学院、国际商学院、纺织服装学院、医学院、师范学院 6 个学院。综合大学中包含医学院和师范学院是新中国成立后国内大学鲜见的事例。新青岛大学成立后，开创了新形势下我国利用综合性大学培养医生和教师等专业人员的先例。

3. 南昌大学的成立

南昌大学的成立，是高校合并成功的又一典型事例。1993 年 5 月，原江西大学和江西工业大学经国家教委批准，合并成立南昌大学，开创了地方发展高等教育的新思路。新成立的南昌大学废除了文理学院与工业学院分离的模式，按照文理渗透、理工结合的思路，建设成一所包括人文、社会、财经、政法、理科、工科、管理等多学科的新型的综合性大学。合并后，学校的管理机构大为精简，全校党政管理机构从 32 个精简为 24 个；打破两校原有的系(院)设置，将原来两校的 76 个专业优化组合为 24 个系 3 个学院，其中，新组建 11 个系，改建 4 个系，原来理工相关的专业大都组建为理工结合的系(院)，原有的管理、财经等专业组建为文理兼容的系(院)；所有系(院)都按文、理、工渗透的思路，对办学目标、教学大纲、教学计划、教学内容和教学方法等进行修订和改革。从 1994 年 7 月起，南昌大学在对 273 个系(院)调整的基础上，开始有计划地组建 10 个学科群，实行校、院、系三级管理。由学科群组建的学院，包括相互联系紧密、有共同或相近源头与下游的系(院)、相关的科研院所，以及有科技、产业开发能力的学院。它们被授予较多的人、财、物权力，成为相对独立的实体。系逐步成为教学科研的基层单位。学科群和学院制的建立，有利于集中人力、集中优势、促进学科渗透，互补配套，形成学科发展的新生长点；有利于集中设备、集中条件、集中规划，更加合理地配置资源，提高办学效益。[①]

(二)补缺型合并

这类合并主要发生在单科性高等学校之间。20 世纪 90 年代，我国在 50 年代院校调整中所产生的单科性高等学校在发展中普遍面临

---

① 王常策：《论我国高等教育资源优化配置的两种重要形式》，硕士学位论文，北京科技大学，2000.

两个方面的困境：一是校内原有的学科已经接近成熟的状态，很难再发展或分化出新的学科。这反映在评价学校的量化指标方面就有可能出现：如果保持原状，学校的博士点和硕士点只能缓慢增长或者没有增长。这对一些高校，尤其是一些曾经非常辉煌的行业性强校，像钢铁学院、矿产学院、工业大学、机械学院等产生了很大的压力。于是，它们希望通过与其他院校合并来解决发展的问题。二是从这些单科性高等学校出来的学生在社会上产生了信誉危机。社会对理工科背景的学生的评价是：有技能，没文化；而人文社会学科背景的学生则被认为是：有文化，没技能。与此同时，高校也感受到了学科"强者真强""弱者真弱"对自身发展形成的制约。最形象的是清华大学用"跛子说"来比喻自己"工科的腿太长了，而理科和人文社会科学的腿太短了"，从而只能用单腿来跳的发展之难。这类院校合并就是在此背景下进行的。具有代表性的合并包括：1999 年清华大学与中央工艺美术学院的合并，1999 年中国科技大学与合肥经济技术学院的合并，2000 年湖南大学与湖南财经学院的合并，2000 年西安交通大学与西安医科大学、陕西财经学院的合并等。

（三）规模扩张型合并

院校合并必然导致规模扩张，但是，与为了调整学科结构、解决管理体制问题而进行合并，并引发规模扩张的学校不同，这类院校合并的目的就是扩大办学规模，为学校的进一步发展创造条件。通常，这是在不同层次的学校之间进行的。如北京交通大学与北京电力高等专科学校的合并、华东理工大学与上海石化高等专科学校的合并、东南大学与南京交通高等专科学校的合并、华南理工大学与广东电力专科学校的合并等，都属于这一类型。这些学术水平较高的大学之所以俯下身段与专科学校合并，主要是自身发展在空间等物质条件方面受到了限制，需要通过合并为下一步发展创造条件。

（四）强强型合并

强强型合并，顾名思义，就是几个学术水平相当的高校之间进行的重组。具有代表性的包括：四川大学的两次合并，第一次是1993年与成都科技大学的合并，第二次是2000年与华西医科大学的合并。参与合并的高校都是我国不同学科领域非常优秀的大学，都是全国重点大学。2000年，武汉大学与武汉水利电力大学、武汉测绘科技大学、湖北医科大学的合并，合并校中三所是国家"211工程"重点建设的大学，一所是湖北省的重点大学；2000年，山东大学与山东医科大学、山东工业大学合并；2000年，华中理工大学与同济医科大学合并等。

（五）恢复型合并

在这类合并中，参与合并的院校历史上曾经是同一所学校内的院系，在20世纪50年代因院校调整而独立成校，90年代后又重新合并成一所大学。具有代表性的包括：1996年延边大学的合并，2000年北京大学与北京医科大学的合并，2000年哈尔滨工业大学与哈尔滨建筑大学的合并，1998年浙江大学与杭州大学、浙江农业大学、浙江医科大学的合并，2001年中山大学与中山医科大学的合并等。

老延边大学创建于1949年，是一所综合性大学，有文学部、理工学部、医学部、农业专科，20世纪50年代被调整为延边大学（文、理）、延边医学院和延边农学院。1996年，这三所高校和延边师范高等专科学校、吉林艺术学院延边分院合并组建为新的延边大学。合并后的延边大学涵盖了文、理、工、农、医、师、艺术、管理8大学科，设置了10个学院，将原来五校的96个专业调整至58个，大大优化了学科结构。北京医科大学的前身是北京大学的医学院，当时设有医学系、药学系、牙学系，从1950年9月开始，直接受卫生部的领导，50年代被从北京大学调整出来成为一所独立的高等学校。

北京大学在与北京医科大学合并后，学科数量更为齐全。哈尔滨建筑大学是在哈尔滨工业大学建筑系的基础上发展起立的。浙江大学与中山大学的情况也是这样。与延边大学不同的是，这些学校合并后，学科数量都有了较大幅度的增长，办学实力与综合化程度增强。通过合并，有些学校成为真正意义上的综合性大学。

（六）强化优势、特色型合并

这类合并有三种情况：一是同一学科领域内不同学校之间的合并。这类学校合并后，原来的优势、特色更为鲜明。例如，1995 年北京农业大学与北京农业工程大学的合并，1997 年合肥工业大学与安徽工学院的合并，2000 年北京中医药大学与北京针灸骨伤学院的合并等。二是在学科不同但存在渗透的高等学校之间进行的合并，而且合并能够产生"1＋1＞2"的效果。例如，1999 年北京轻工业学院与北京商学院的合并，2000 年中南财经大学与中南政法大学的合并等。三是单科性的高等学校并入综合性大学相对应的系或学院。例如，1994 年天津外贸学院并入南开大学。合并前的天津外贸学院是一所培养外贸专业人才的学校，实用性强，设经济贸易、企业管理、外贸外语 3 个系，9 个本科专业。南开大学在经济学科领域理论基础雄厚。两校合并后，通过对相关专业的调整，实现了优势互补，不仅拓展了学科领域，提升了学科的实力和办学水平，而且拓展了专业的广度，提高了人才培养的质量和适应性。

三、院校合并的成就与问题

（一）院校合并的成就

第一，院校合并在一定程度上克服了计划经济体制下我国高等教育形成的条块分割、办学分散、重复设置、效益不高等弊端。从 1992 年开始，尤其是 1998 年加快管理体制改革之后，国务院连续三年对并入原国家经贸委的 9 个部门所属高等学校、原核工业总公司等5大军工总公司所属高等学校、49个国务院部门（单位）所属高等学校的管理体制和布局进行了较大规模的集中性调整。1994年，62个国务院部门（单位）管理的普通高校有367所，经过调整合并，到2001年仅剩120所左右，其中，由教育部直接管理的是71所，其他部门管理的约50所，由地方政府管理或以地方为主管理的高等学校达到了1 000多所。经过合并调整，我国结束了计划经济时代那种中央政府、行业管理部门和地方政府分别办学、条块分割的高等学校管理体制，形成了中央与省级人民政府两级管理、以省级政府为主的管理体制。这为我国高等教育进一步发展奠定了坚实的基础。

第二，院校合并改变了单科性院校过多，综合性、多科性和单科性院校比例不合理的状况，优化了结构，调整了布局。院校合并前，单科性院校是我国高等教育的主体，由于这些学校隶属于不同的行业及管理部门，分散、封闭发展，从而导致学科林立，难以形成综合性的学科氛围。而当代科学技术发展的突出特点就是科学的突破通常在不同学科的交叉点上。可以说，单科性院校的建制既不符合科学发展的趋势，也不利于人才的培养。通过院校合并，我国组建了一批新的综合性、多科性大学，特别是将一批重点医科院校与一些重要大学合并，使一批重要大学成为真正意义上学科较为齐全的综合性大学。这不仅增强了我国高等教育的实力，而且优化了我国高等院校的结构和布局。[1]

第三，院校合并为学科生长创造了条件，促进了学科的发展，增强了学校的综合实力。如西安交通大学与西安医科大学、陕西财经学院合并后，由一所工科院校转变成以工科为主，理、工、管、经、医、药、文相结合的多科性大学，通过学院重组和学科布局调整，不仅优势学科得到了巩固和提高，而且医学工程学、信息技术

---

[1] 张朔、王小梅：《合并院校实质性融合与跨越式发展——全国合并院校经验交流暨发展战略研讨会文集》，8～9页，武汉，武汉大学出版社，2003。

等新兴学科、交叉学科得到了较快的发展，大幅度提高了学科建设的水平。在 2001 年年底进行的全国高校重点学科评审中，学校新增了 9 个国家重点学科，国家重点学科总数达到了 20 个。尤其是在医学方面，学校不仅实现了零的突破，而且一下拥有了 2 个国家重点学科。与此同时，学校的博士点也由合并之前的 53 个增加到 83 个，硕士点由 106 个增加到 135 个。武汉大学现有本科专业 100 个，硕士点学科 188 个，博士点学科 99 个，国家重点学科 20 个，学科涵盖哲、文、史、经济、法、管理、理学、工学、农、医和教育 11 大学科门类。浙江大学有本科专业 110 个，硕士点学科 225 个，博士点学科 138 个，学科门类也涵盖了除军事学以外的 11 大门类。在院校合并前，我国的所谓综合性大学事实上就是文理两类专业构成的学校，与发达国家相比，并没有一所能够称得上是真正意义上的综合性大学，综合性大学在规模和学科专业设置方面与国外的差距很大。通过合并，我国一些高校改变了综合性大学缺这个专业少那个专业的状况，这对高校提高办学实力、参与国际竞争、建设世界一流大学和高水平研究型大学起到了至关重要的作用。

(二)院校合并带来的问题

院校合并在促进我国高等教育发展的同时，也带来了一些问题，主要表现在以下几个方面。

第一，合并院校管理难的问题。引发合并院校管理难的原因有：①不同类型院校管理理念的差异。院校合并前，我国绝大多数高等学校都是单科性的大学，不仅专业有差异，而且在不同学校内部发展和形成起来的管理制度和评价方式也不完全相同。而院校一旦合并后，大学管理通常以强势一方的规章为规章，这使其他合并前的学校的教师和学科发展都受到了不同程度的影响，从而导致学科间的冲突。以清华大学为例，作为一所工科强校，尽管它现在的学科已覆盖了除军事学以外的 11 大门类，然而，在管理上其他学科都被纳入了工科的轨道，以至于出现了著名的画家、清华美术学院教授陈丹青"难留清华园的遗憾"。在我国的合并院校中，尤其是在文与理或文与工合并的院校，这种现象绝非个案。这类现象出现得越多，也就表明我们寄希望于通过院校合并来加速学科融合、促进学校发展所能取得的成效越小。②校区分散增加了管理的难度。有些学校合并后，原来独立的学校成为新大学分散的校区。分散的校区不仅使资源共享、促进深度融合的难度加大，而且增加了学校工作运转的难度和复杂性。③权力平衡的困难。合并高校最先遇到的就是干部人事问题，原来各有一套人马，现在两校或多校合在一起，人多岗少，多余的人员如何安排，岗位上安排什么人员，几校如何构造新校部，中层干部如何在两校或多校间平衡等比经济利益的调整要困难得多。这也增加了合并校的管理难度。④我国高等学校崇尚垂直型的领导方式，对于学校的大事小事，书记、校长们更习惯于事必躬亲，而不是分权管理。在管理大学时，他们主要依据自身的经验，从职位的角度来考虑大学的政策和计划，在政策实施、贯彻过程中，追求统一性和一致性及权威的绝对性，而不是从不同校区、不同学科的特殊性和发展的差异性来考虑并解决相关问题。这种划一性的管理风格和特点与巨型大学的多元性、差异性有时存在着难以调和的冲突。这需要领导者具有非常高的用权艺术与协调技巧。而当前我国绝大多数大学校长尽管可能是某一学科领域的专家，但由于都是在狭窄的专业教育模式下成长起来的，他们不仅缺少专业领域以外的知识，而且很多人并不具备掌控一所规模巨大的大学所必备的基本素质，以及相关的管理知识和协调管理能力。他们可能是好教师、好学者，但是在成为大学校长后，不是一个特别称职的领导者，以至于在该做出决策时，因为缺少相关学科或背景知识而不敢决策，而在不该做出决策时，因为职位的原因却做出了决策。结果不仅延缓了院校合并后融合的进程，而且使学校处于更加混乱的状态，导致大学管理复杂化。

第二，组织机构的重组与管理困难。合并高校的另一重要任务是机构重组。专业和系要重建，相关学科、学系合并组建二级学院。如是多个校区，各职能部门是否应在各校区建立派出机构。若设分支机构（分办公室、分教务处、分总务处）则面临机构臃肿的问题；若不设分支机构，又如何保证管理的到位；校部与各校区及校区之间的联络渠道与费用如何保证。如果实施校区大调整，使各校区组成一个或几个二级学院，同样有校部与二级学院的权力划分问题。诸如此类问题，都是对学校最高领导层的严峻考验。[①]

第三，个别合并高校出现了经费问题。长期以来，我国高校的办学经费主要来源于举办者。一些高校合并后，随着隶属关系的变化，高校经费的来源也发生了变化。以吉林大学为例，合并前，吉林大学的经费来自教育部，白求恩医科大学的经费来自卫生部，长春科技大学的经费来自国土资源部，吉林工业大学的经费来自机械工业部，长春邮电学院的经费来自信息产业部。合并后，其他几个政府部门认为，既然已经没有了管理责任，自然也就没有投钱的义务。这使吉林大学规模不断增大，开支越来越多，而办学经费来源渠道反而越来越少。2007 年，也就是吉林大学合并后的第七年，吉林大学的负债已达到 30 多亿元。与此同时，由强强合并的四川大学虽然没有债务，但也出现了不缺发展思路只缺发展经费的情况。高校负债与经费紧缺固然有多种原因，但合并之后高校的摊子铺得过大，而经费来源渠道单一无疑是其中的重要因素之一。

---

① 王常策：《论我国高校合作与合并办学的困难和条件》，载《北京科技大学学报（社会科学版）》，2000（4）。

第三节　高等学校布局结构的调整：大学城建设

我国大学城建设已有 20 多年的历史，以 1996 年深圳大学园区的建立为标志，至 2017 年，我国建立的大学城已经超过 80 个，主要有南京仙林大学城、广州大学城、南京江宁大学城、深圳大学城、珠海大学园区、东莞大学城、南京浦口大学城、北京昌平沙河高教园区、成都温江大学城、北京房山良乡高教园区、西安长安大学城、廊坊东方大学城、上海松江大学园区、常州大学城、济南大学城、连云港高校教育园区、杭州滨江高教园区、杭州下沙高教园区、杭州小和山高教园区、宁波高教园区、温州茶山高教园区、昆明呈贡大学城、贵阳花溪大学城、福州大学城、长沙岳麓山大学城、山西大学城、天津西青大学城、天津大港大学城、郑州大学城等。从数量来看，江苏省最多，其次为浙江、上海、广东、山东、湖北等省市。在建设顺序上，大学城首先出现在经济实力较强或高等教育资源比较丰富的省份与地区，如北京、南京、杭州、广州、珠海、深圳等城市，然后逐渐向中西部扩展。在位置选择上，不同的大学城有所不同。在上海、北京等特大城市，由于中心城市用地紧张，拆迁费用巨大，大学城一般以卫星城或卫星城功能小区的方式建在城市的郊区。而一些中等城市，由于中心城市发展仍处于不断扩张的过程中，土地资源相对宽裕，因此，大学城一般建在这些中心城市的边缘区。近年来，旅游资源开发也成为大学城建设的一大考虑因素，有些大学城建在风景名胜区附近。如上海的松江大学城就坐落在佘山国家森林公园附近，而温州高教园区则建在省级森林公园大罗山附近，南京的仙林大学城也是如此。另外，由于大学城基本上都是新建区域，在选址和规划方面充分考虑到了交通和环境的因素，因此，通常地理位置优越，交通便利，整体环境也非常优美。廊坊东方大学城、广州大学城和南京仙林大学城等都具有这样的特点。在大学城的形成方式上，与西方发达国家的大学城历经几个世纪、自然生成不同，我国的大学城主要是在多种因素的作用下短期内人为构建起来的。这些因素包括高等教育大众化的影响、政府相关政策的推动及其他一些因素，它们共同推动了我国大学城的建设。

一、大学城兴起的原因

(一)高等教育大众化的影响

首先，改革开放之后，经过20年左右的发展，我国经济建设取得了巨大的成就。到1996年，国内生产总值(GDP)已经达到了8 222.8亿美元，人均674美元，城镇人口占总人口的比例为27%。从美国及其他发达国家高等教育大众化的历程来看，我国已基本具备了推进高等教育大众化的物质条件。另外，据世界银行有关统计资料显示，直到20世纪90年代中期，我国大学生占相应年龄组(18~22岁)的人口比重只有2.4%，加上成人教育、广播电视大学等也不超过4%，与发达国家甚至发展中国家的平均水平相比，仍有很大差距。这一方面使得每年都有数以百万计的学子难圆大学梦，另一方面也使得我国经济持续发展屡屡遭遇人才瓶颈的制约。

其次，改革开放以后，我国一直推行出口导向型的经济发展模式，经济发展主要依靠产品出口和利用中国廉价的劳动力为外方提供加工服务，不仅对外依存度高，而且容易受到国际经济形势的影响。1997年，亚洲爆发金融危机，由于出口减少，我国经济发展出现了疲软之势。为保持经济稳定，政府在扩大内需的同时，也接受了有关专家的建议，通过增加高等学校的招生来带动消费，刺激经济增长，并借此减缓更大的就业压力。这一因素对我国高等教育大众化直接起到了推动作用。

最后，加入世界贸易组织之后，我国经济发展面临着两个方面的变化：一是中国经济的国际化程度进一步提高；二是随着产业结构的调整，在国内生产总值中，第三产业所占的比重越来越大。这些变化都对劳动者的素质提出了更高的要求。在这种情况下，为加速中国高等教育发展和高层次人力资源开发，以适应中国经济发展的需要，教育部于1998年12月公布了《面向21世纪教育振兴行动计划》，提出到2010年，"高等教育规模有较大扩展，入学率接近15％"。1999年1月，国务院批转了这一计划。同年6月，《中共中央、国务院关于深化教育改革全面推进素质教育的决定》再次重申：到2010年，我国同龄人口的高等教育入学率要从现在的9％提高到15％左右。这样，从1999年起，我国高等教育开始大规模地扩招。1998年，我国普通高校招生人数为108.36万人，高等教育毛入学率为9.8％；1999年招生人数为154.86万人，比1998年增长了42.9％，高等教育的毛入学率为10.5％；2002年招生人数为303.76万人，高等教育的毛入学率达到15％；2007年高等学校招生人数为565.92万人，在校生总数达2 300多万人，高等教育的毛入学率已经达到23％。几年之内，我国就完成了高等教育从精英阶段向大众化阶段的跨越。

高等教育大众化并不只是高等教育数量的增长、规模的扩大，而且包括在高等教育领域发生的一系列变化。如在观念方面，大众化阶段，接受高等教育不再被视为少数人的一种特权，而是具有一定的资格后人们享有的一种权利。这要求高校的布局也要做出相应的调整。

在精英化阶段，高校通常集中在几个城市，而且坐落在这些城市的高校又相对集中在一个地方，空间布局结构为"聚集单中心型"，如20世纪50年代至80年代，我国的高校主要集中在北京、上海、西安、武汉等大城市，而北京的高校又基本集中在海淀区，武汉的高校主要集中在武昌的东湖等。高等教育大众化阶段，为了满足更多的人接受高等教育的需求，高等学校的布局也开始调整，不仅许多中心城市纷纷设立高校或建立大学城吸引外地高校落户，而且原来高校聚集的城市，为扩大高校的容量，也开始从地域匹配、城市的整体功能、城市发展的重点等出发，对高校的布局在空间上进行调整。如上海在以复旦大学、上海交通大学为核心的两个南北大学聚集区外，在东、西建立了松江、南汇大学城；北京在城南的房山和城北的昌平分别建立了良乡和沙河高教园区；浙江在杭州市的下沙、滨江、小和山、紫金港及宁波市、温州市共建立了 6 个大学城。这些高教园区或大学城的建立，不仅是我国高校布局从"聚集单中心型"向"聚集多中心型"转变的标志，而且是对高等教育大众化时代，接受高等教育人数增加、人们观念变化的一种回应。

受教育投入的影响，我国高等教育资源一直处在不足的状态。以北京为例，2004 年，北京高校在校生 64.7 万人，按照教育部的高等学校办学标准，校园占地面积应为 4 152 万平方米，而实际面积为 2 672平方米，相差 1 480 平方米；校舍建筑面积应该为 1 831 平方米，而实际是 1 696 平方米，相差 135 平方米。类似问题在全国其他省市也比较突出。而且，随着我国高等教育大众化进程的推进，资源不足问题并不是政府和高校在短期内能够解决的。在这种情况下，最有效的方式便是通过高校与高校、高校与政府、高校与企业的联合与合作，在国家政策法规允许的条件下建设大学城，实现不同类型、不同层次学校之间的资源共享，以解决资源不足问题对我国高等教育发展的制约。

（二）政府相关政策的推动

1998 年，我国颁布的《高等教育法》第六条第二款规定："国家鼓励企业事业组织、社会团体及其他社会组织和公民等社会力量依法举办高等学校，参与和支持高等教育事业的改革和发展。"第六十条第一款规定："国家建立以财政拨款为主、其他多种渠道筹措高等教育经费为辅的体制，使高等教育事业的发展同经济、社会发展的水平相适应。"①2000 年，国务院办公厅转发的《教育部国家计委财政部建设部人民银行税务总局关于进一步加快高等学校后勤社会化改革的意见》又要求：对高校后勤服务进行社会化改革，充分运用市场机制和利用社会力量解决高校后勤问题。组建跨校、跨区的后勤服务集团，以专业化、集约化、企业化的形式承担本地区范围内高等学校后勤服务保障工作，打破"一校一户办后勤，校校后勤办社会"的旧格局。在这些政策的引导下，我国的高等教育发生了非常大的变化，不仅高等学校的办学规模、投资模式、办学模式日趋多样化，而且以大学、政府或企业为兴建主体，以城市为依托，以资源共享、功能互补和产学研一体化、生活服务社会化为主要目标的现代大学城也应运而生。

（三）实践中的探索

长期以来，我国高等教育主要由国家举办，经费主要来源于国家的财政拨款，形成了"穷国办大教育"的局面。这不仅严重地影响了我国高等教育的发展，而且加剧了高等教育供给的缺口。到 20 世纪 90 年代中期，我国不少高校的实验室还在使用 50 年代的仪器设备；旧房、危房不见减少，反而年年增加；与此同时，大量的优秀人才也从学校流向了企业和政府部门。在这种情况下，一些经济发达地区的领导者摆脱了对政府"等、靠、要"的思想，开始与企业家探索用土地置换等手段投资办教育，即在土地价格相对便宜的市郊另建新校，而所需要的经费由位于土地价值相对昂贵的老校舍中套出。这样做，政府投入少、见效快，企业还有钱可赚，高校也改善了办学条件。这种模式不仅使一些大学的规模得到了扩大，使原来分散的大学聚集到了一起，而且使大学周围或大学校园本身成为具

---

① 第六十条第一款在 2015 年修改为"高等教育实行以举办者投入为主、受教育者合理分担培养成本、高等学校多种渠道筹措经费的机制"。

有一定规模的社区或城镇。① 我国的大学城中，有不少是以这种方式建立起来的。

二、大学城的类型

目前我国大学城的功能主要有以下几种类型：投资型大学城、研发型大学城、新城型大学城、新校区型大学城和区域功能提升型大学城。

(一)投资型大学城

这类大学城的建设主体是企业，日常运营和管理采用企业化的方式。大学城通过给相关高校提供教育场所及配套的设施、服务获得收益；高等学校利用大学城来解决办学条件不足的问题。代表性的有：廊坊东方大学城，北京吉利大学城，沈阳北部大学城，西安大学城，上海松江大学城，杭州下沙大学城、小和山高教园区和滨江高教园区，昆明大学城，成都龙泉阳光大学城，广西北海大学城等。

以廊坊东方大学城为例，该大学城于 1999 年 10 月奠基，采取"企业投资、政府支持、市场运作、产业经营、社会化服务"的经营管理模式，规划占地面积 2 万亩，包括教学楼、科研实验室、现代图书馆、运动中心、教师公寓、学生公寓，以及幼儿园、中小学、医疗、商业、餐饮、文化娱乐等一系列配套服务设施的建设。建成后，大学城将形成一个建筑面积 180 万平方米，能够容纳 20 万名师生的巨型教育园区。2000 年 9 月大学城开放后，累计有 60 多所学校先后在此办学。但自 2008 年后，随着办学成本的不断上升，很多学校选择离开大学城。截至 2018 年，大学城仅剩 7 所学校，3 万多名学生。东方大学城由东方大学城开发有限公司、东方大学城管委会和各高校管委会负责管理。东方大学城开发有限公司负责大学城的

---

① 皮耐安：《我国大学城兴起的原因与发展建议》，载《教育发展研究》，2002(2)。

开发、建设和经营事务；东方大学城管委会属政府机构，负责园区的宏观管理；各高校管委会则负责校内事务管理。

该模式的特点是：①产业化运作，由企业投资兴建，企业拥有园区设施的产权并对其实施产业化运作和管理，入园学校有偿使用园区资源，并在园区管理部门的协调下自主办学。学校入驻后，教学楼由学校按价挑选，后勤系统（包括食堂、宿舍、交通、医疗、水电、通信等）全部采用企业化运作方式，向社会公开招标，实行统一管理和收费。②园区的城市功能齐全，整个园区按城市社区模式规划建设，其社会化程度较高。③园区的建设和管理注重资源利用率，资源共享成为园区建设者与园区使用者的共同选择。① ④政府提供政策优惠并给予帮助和指导。从项目审批、征地优惠、招校进园到后勤服务，市政府都提供优质服务。

其不足之处在于容易造成政府宏观管理的缺位，投资商具有投机的可能性，如为了减少投资基金而降低工程质量、规划管理不规范、后勤服务不到位、以教育名义搞房地产开发等。对于这类大学城，政府有关部门，尤其是地方政府，应根据当地的实际情况，制定相应的政策及建设标准，加强监督管理，规范大学城的建设发展。同时，由于大学城投资收益周期长，在运营前期，投资回报率比较低，因此，在大学城建设初期，政府应或以参股的形式，或设立大学城建设专项基金，弥补企业投入的不足，或给企业在资金上提供辅助性支持。②

（二）研发型大学城

这类大学城创建的目的是：培养高层次人才，开发高科技项目，以满足地方经济发展和产业结构调整、转型与升级的需要。代表性

---

① 王爱华、张黎：《我国大学城的几种典型模式及其特点》，载《中国高教研究》，2004(3)。

② 方莉、陶明法：《我国大学城建设模式分析与思考》，载《上海理工大学学报(社会科学版)》，2006(1)。

的有深圳大学城和苏州研究生城。

2001 年 10 月，深圳市委、市政府为实现深圳市高等教育的跨越式发展，加快高层次创新人才的培养，增强科技创新能力和发展后劲，提高经济质量、人口素质和文化品位，促进深圳市率先实现现代化，决定创建深圳大学城。至 2018 年，深圳大学城占地 1.54 平方千米。目前，深圳大学城共有在校生 10 024 人，其中，全日制在校生 9 229 人（博士生 1 232 人，硕士生 7 498 人，本科生 499 人）。大学城已建成市级及以上重点实验室或工程实验室 77 个，其中，国家级 3 个，省部级 4 个。大学城已有清华大学、北京大学、哈尔滨工业大学的研究生院入驻。

深圳大学城模式的特点是：①以"高标准引进、开放办学、多渠道投入、产学研一体"为准则，有选择地引入国内外高水平的大学创办研究生院，开展科学研究和科技成果转化工作，起点和定位高。②园区建设资金主要由政府承担，并为入园高校的办学和科研活动提供多方面支持。③由政府主导高教园区的发展方向，以保证园区的发展符合当地经济和社会发展的需要。

苏州研究生城于 2002 年 8 月开始兴建，规划面积 9.8 平方千米，其中，研究生教育用地 5 平方千米，产学研基地 3.4 平方千米，后勤、社会开放区域 1.4 平方千米，是一个以高等教育为主体，集科研生产、生活居住、文化休闲于一体的现代化城市新区。至 2018 年，共有中国科技大学、西交利物浦大学、加州大学洛杉矶分校等 29 所中外学校入驻，学生总数 7.85 万人。各入驻学校教学区相对独立，由各校自主或合作开发，自主确定办学层次，设置学科专业，自行组织科学研究、技术孵化和产品开发。配套设施及部分教学科研设施实行资源共享。研究生城将采取政府投入办学、联合投入合作办学、垫资办学、租赁办学、学校独立办学等多元化办学形式。苏州研究生城周边还聚集了科技创新型企业 4 000 多家、国家高新技术企业 800 多家及众创空间 80 多家。

苏州研究生城的特点是：①不同于深圳主要由政府投资，苏州研究生城按照"统一规划、分期开发、政府支持、自主办学、投资多元化、运作企业化、后勤社会化"的原则建设，在建设和运营方面具有更鲜明的企业特点。②它集高层次人才培养、研究与开发、文化休闲、生活居住于一体，所负载的功能既像大学城、科技城，又不像一般意义上以教育或研究为导向的大学城与科技城，它还糅合了休闲度假区和住宅小区的开发，各种功能较为均衡。③大学城建设以促进地方经济发展、提高城市的综合竞争力为目的。从苏州研究生城取得的经济与科技成就来看，它已实现并超越建设初期确定的发展目标。

(三)新城型大学城

这类大学城建设是城市发展规划的一部分，其目的在于改善市区发展的不平衡或带动城市周边卫星城的发展。代表性的有：南京仙林大学城、上海松江大学城、兰州大学城、广州大学城、北京良乡和沙河大学城、无锡大学城等。这里以北京良乡大学城为例加以说明。

良乡位于北京市"西部发展带"上，是北京的 14 个卫星城之一，尽管它是传统的名镇，然而，由于文化、环境和地理位置等因素的影响，其发展既落后于顺义、通州、昌平、黄村等老卫星城，也落后于亦庄等新卫星城。为了改变这种状况，北京市政府批准了良乡大学城的建设方案。

大学城地处良乡卫星城的东南端，占地 6.49 平方千米。园区于 2002 年 10 月开工建设，目前仍在建设中。至 2018 年，建筑总面积为 223.2 万平方米。为使有限的资源得到最大限度的利用，良乡大学城教学科研区和学生生活区的设施，如教室、图书馆、实验室、实习场所及附属用房、校系行政用房、会议厅、学生会公寓、学生食堂、生活福利及其附属用房、风雨操场与体育设施、教工食堂专用绿地等，由各高校共享。此外，大学城还与卫星城共享公共资源，并为卫星城提供服务。

良乡大学城建设以"政府主导，放水养鱼；公司经营，但求微利；整体规划，局部实施；高校为本，多元投资；资源共享，功能互济；统一协调，独立管理"为指导原则。后勤社会化的建设资金由公司投资，各学校的教学科研区由学校投资建设，而园区以外的市政基础设施由政府负责。目前已有中国社会科学院研究生部、北京理工大学、北京工商大学、首都师范大学、首都医科大学等高校和研究机构入驻。不过，目前良乡大学城的建设情况与预期的目标——"要成为首都经济新的增长点，实现高教园区建设与卫星城建设、大学科技园区建设的相互结合，推进产学研合作，为高校科技成果转化和高新技术产业的发展提供有利条件"，还有一定差距。

(四)新校区型大学城

这类大学城建设的动力主要来自高校自身发展的要求。我国许多高校尽管在建校之初位于城市的边缘，然而，随着城市的发展，很多高校所在的位置今天都成为城市的中心，已经很难再扩大高校的规模。在这种情况下，一些大学通过将地处城市中心区域且价格较高的旧校区置换，在城市近郊购买价格较低的土地，再通过校内挖潜和银行贷款等方式自筹资金建设新校区。在这所学校建成后，受群集效应的影响，其他学校也在其附近征地建设。与此同时，地方政府也投入部分资金，积极发挥主导作用，负责大学城的规划、公共设施建设和协调。浙江省的 6 个大学城(杭州 4 个，宁波、温州各 1 个)就是采用这种方式建设的。

这种模式的特点是：①建设资金以高校自筹为主。高校主要通过土地置换、银行贷款和收取学生学费等多种措施筹集资金。土地置换就是将原有处于市中心的黄金地段的小规模校园出让，用所得收入归还新校区建设的贷款。②由于多所高校集中于同一个区域内，这就为不同的高校实现资源共享创造了条件。③大学城建设以扩大高校规模、促进高校发展为目的，并将大学城的建设与城市功能的重新组合结合起来，大学城建设与城市发展相互依托。④高校整体迁入，有利于高校保持和延续原有的办学理念、校园文化和学术传统。

（五）区域功能提升型大学城

这是一些地方政府依托当地高等教育和科研的较大优势，以科教兴市为目标，通过城市基础建设和用地调整，并辅以各种扶持政策，在高校及其周边城区原有的基础上进行大学城建设的一种模式。其最终目的是要将现有城区改造建设为一个大学科教区、新兴的高新技术产业区和优美的生活区相结合的现代大学城。[①] 代表性的有上海杨浦大学城、珠海大学城等。

如同北京市的海淀区一样，上海市的杨浦区也是全国著名的高校聚集区之一。区内有复旦大学、同济大学、上海财经大学、上海理工大学等17所高校，集中了40多个国家级重点学科、20多个国家级重点实验室、大量的科技工作者和大中型国有企业。为使高校实现优势互补、资源共享，促进高校与产业的联合，加速实施"科教兴市""科教兴区"的战略，上海市委、市政府决定以复旦大学为核心建设杨浦大学城，通过对旧城改造和区内智力、知识、技术资源的整合及政策扶持和机制创新等途径，使其成为一个优秀人才的汇聚地、高新技术企业的孵化基地、创业投资或风险投资的理想场所和区域内经济社会全面发展的助推器。

杨浦大学城的特点是：①大学城不是通过集中新建大学校区来形成的，而是以原有的地理位置相对集中的若干所高校为基础来进

---

① 许炳、徐伟：《我国大学城建设的模式及功能》，载《现代教育科学》，2005(1)。

行规划建设的，强调区域内现有高校间的联合协作、优势互补和资源共享。②大学城建设的重点不是扩大高校的办学规模，而是着眼于充分挖掘和发挥区域内高校的科研能力，为高校、科研院所的技术孵化、产业化提供各种有利条件，着眼于区域内高科技产业的形成与发展。[①] ③大学城的建设由政府主导，成立由市、区两级政府共同组建的国有综合性的大学城投资发展有限公司，承担大学城的建设。大学城的建设与城市旧城区的改造、产业结构的调整紧密相连。④与其他大学城处于城市的近郊区不同，杨浦大学城位于中心城区。

从我国大学城的发展来看，尽管它们存在着类型的差异，但也有一些共同之处，主要表现在：①无论是政府主导、企业投资还是学校自筹经费，大学城建设普遍存在着投资多元化、运作市场化、经营产业化的特点。目前，绝大多数大学城更像是一个从事经营活动的场所，而不像学术社区。②大学城建设普遍以实现资源共享、扩大学校规模、提高办学效益、带动地方经济发展为目标，但在实践中，经济利益的驱动超越了其他因素。③绝大多数大学城的建设是与房地产开发捆绑在一起的。因此，大学城建设的进度、投资方建设大学城的积极性，直接受投资方从房地产开发中获利多少的影响。

三、我国大学城建设的成就与问题

第一，大学城的建设为我国高等教育实现大众化提供了条件。1998 年，我国本科院校校均规模 4 418 人，2004 年校均规模增加到 13 561 人，是原来的 3 倍多。从我国高等教育的办学体制、经费来源和高等学校的硬件设施来看，如果没有这几年大学城的建设，对很多高校而言，扩招是不可能完成的任务。

第二，大学城的建设有利于高校资源优化和体制改革。兴建大

---

① 许炳、徐伟：《我国大学城建设的模式及功能》，载《现代教育科学》，2005(1)。

学城，将若干所高校聚集在一起，一方面有利于优化资源，节约用地，提高办学效益；另一方面，大学城的兴建改变了我国单一的高等教育办学模式，拓宽了融资渠道。通过大学城这一载体，高校可以集中自身和市场等多方面的资源优势。再者，大学城以一种集约式的发展道路，为高等教育的体制创新和改革提供了可能。一些好的改革思想，如办学体制多元化、投资体制市场化、高校后勤社会化及高等教育资源的重组与共享等，在原有的校园里可能难以实施，但在大学城这样一个一切从零开始的场所，不仅容易实施，而且代价和风险要比在原来的学校小得多。大学城这一新的办学模式，为我国高等教育的体制改革提供了一个新的舞台。

第三，大学城的建设能有效地促进区域经济和文化的发展。首先，随着大学城的建设，大学城将会入住大批的学生，这是一个非常稳定的消费群体。按照大学城在校生规模5万人，1名学生及其带动的最终消费1万元计算，大学城内的学生在大学城及其周边地区一年的消费总量就将达到5亿元。再加上大学本身的消费和教职工的个人消费，这将会形成一个巨大的消费市场。从消费增长对经济发展的贡献来看，大学城建设必然会带动区域经济快速联动地增长。其次，当前影响与决定企业生存和发展的关键已不再是物质资本，而是技术创新型人才、技术型人才和创业型人才的培养。因此，大学城，尤其是由高水平的大学组成的大学城，对企业有一种天然的吸引力。大批高科技企业因为大学城的吸引而在城区周围落户，这不仅带动了所在地区经济的发展，而且加速了产业结构的升级与调整，提高了城市的竞争力。最后，大学城文化氛围浓厚，对周边具有辐射作用。这对于提高市民的人文素质、科技素质，改善城市居住环境，提高城市的文化品位与城市形象也有重要的影响。

当然，我国大学城的建设也存在一些问题，主要表现在：①许多大学城建设以兴办教育之名而行圈地之实。国家审计署2005年公布的对杭州、南京、珠海和廊坊四个城市的大学城建设情况的审计调查结果显示，大学城建设存在着严重的违规审批和非法圈占土地问题。例如，杭州市的小和山和下沙大学城建设征用土地中含基本农田 5 262 亩。2001 年、2002 年，东方大学城开发有限公司以建设大学城配套设施等名义，与 5 个村委会非法签订协议，圈占农民集体土地 10 636 亩，并用其中的 6 640 亩土地建设了 5 个标准的高尔夫球场。按照国土资源部的规定，经营性用地一律采取招标、拍卖或者挂牌方式出让，但是这些开发商打着教育的幌子，巧妙地获得了低价的土地。②大学城建设的规模过大。我国大学城在初建时期一般只有几平方千米，但现在圈地面积越来越大。其中，湖南岳麓山大学城 44 平方千米；河南郑州大学城和湖北黄家湖大学城都是 50 平方千米；已开工的广州大学城一期工程占地 17 平方千米，二期规划 43 平方千米；南京仙林大学城规划面积则高达 70 平方千米，相当于目前 26 个北京大学的面积。巨大的规模为大学城今后的发展留下了隐患，有些大学城可能还没有进入成型期就会因为生源不足而变成空城。③大学城建设贷款比重过大，存在着偿贷的风险。目前我国的大学城建设不管最终采用哪一种投资形式，经费主要都是来源于银行贷款。如截至 2003 年，南京江宁大学城和仙林大学城的银行贷款为 27.28 亿元，占实际到位资金的 71%。而廊坊东方大学城建设的 50 亿元投资，宁波大学城建设的 32 亿元投资，广州大学城建设的 120 亿元投资，也主要是靠银行贷款。因此，返还银行贷款，对参与大学城建设的各方，尤其是对高校来说，将是一个漫长而充满压力的过程。

第四节　高等学校内部组织结构的调整：学部制

所谓学部制，就是在大学里将学科相近的不同学院或学科群整合在一起而形成的一种学术组织。不同的是，有些学部既具有学术权力也具有行政权力，而有些学部只具有学术权力。改革开放后，我国第一个学部出现在 2000 年 5 月，它是由原北京医科大学更名而来的北京大学医学部，从那时至今，我国已经建立或正准备建立学部的大学已超过 40 所。这当中既有"双一流"大学，如武汉大学、吉林大学、厦门大学、大连理工大学、浙江大学、北京师范大学、天津大学、东南大学、湖南大学等；也有其他的部委所属院校，如北京体育大学、北京语言大学、中国传媒大学、国防科技大学等，以及地方高等学校，如海南大学、河北大学、大连大学、青岛科技大学、江苏师范大学、重庆工商大学、辽宁石油化工大学等。

一、影响学部制建立的因素

按照美国学者伯顿·R. 克拉克的观点，大学学术组织变革的动力通常来自下列三个方面：一是知识变革，即学科的发展、分化与调整；二是院校之间的竞争；三是国际移植。[①] 不过，从我国大学学部制的建立来看，其影响因素既有与伯顿·克拉克的分析相一致之处，也有一些自身的独特性。这表现在以下三个方面。

（一）院校合并遗留问题的影响

如前所述，从 1992 年到 2002 年，我国高等教育领域经历了一场相当大规模的高校调整、合并运动，出现了一批多元化巨型大学。像合并后的吉林大学、浙江大学、武汉大学、四川大学、西安交通大学等，一般具有几个显著的特点。一是校内实体学院的数量大多在 30 个左右，甚至更多。这导致大学在规模不断扩大的同时，与之相伴的管理效率低下、管理成本过高、资源配置不合理等问题也涌现出来，成为许多高校在发展过程中必须解决的难题。二是很多学

---

①　［美］伯顿·R. 克拉克：《高等教育系统——学术组织的跨国研究》，王承绪等译，253～263 页，杭州，杭州大学出版社，1994。

院都是在原来的学系基础上形成的，虽然名称上不再叫系，但是学科结构并没有得到根本性的优化。三是一些特定的学科，尤其是与基础课和共同专业课有关的学院在合并前的每个大学都存在，需要进一步整合。四是对以一校为主体、被并入高校为辅的补缺型合并高校，如并入北京大学的北京医科大学，并入吉林大学的白求恩医科大学，并入西安交通大学的西安医科大学等，如果把这些新并入的高校统一改为学院，那么，这些高校中原来的学院在新大学中该如何定位，又该叫什么，如果回到原来的学系，显然是一种倒退，但是，它们也无法继续叫作学院，因此，必须找到一种新的称谓，这就是源于欧美的包含学院、学系及其他学术机构的学部。[①]在某种程度上也可以说，学部制的出现与我国院校合并遗留的问题有关。

(二)政府政策的推动

从 20 世纪 90 年代至今，我国一直致力于世界一流大学建设，以使我国从制造大国向创新大国转变。为此，政府制定并实施了一系列政策。1993 年 2 月，中共中央、国务院颁布了《中国教育改革和发展纲要》，决定实施"211 工程"，即面向 21 世纪重点建设 100 所左右的大学和一批重点学科，使若干所高校和部分重点学科达到或接近世界先进水平。1995 年 11 月，经国务院批准，国家计划委员会、国家教育委员会、财政部联合发布了《"211 工程"总体建设规划》，决定"九五"期间先安排 61 所大学进行立项建设。1998 年 12 月，教育部发布了《面向 21 世纪教育振兴行动计划》，提出重点支持部分高等学校创建具有世界先进水平的一流大学，争取若干所大学和一批重点学科在今后10～20 年内进入世界一流水平。1999 年 1 月，国务院

---

① 付梦芸：《我国高校实体性学部制改革的困境与破解——基于历史制度主义的分析》，载《中国人民大学教育学刊》，2015(2)。

批转了该项计划，这标志着"985 工程"正式实施。2015 年，国务院发布了《"双一流"方案》；2017 年，国家又公布了世界一流大学和一流学科(以下简称"双一流")建设高校名单。"双一流"建设不仅影响到我国高等教育的未来与发展，而且影响到国家的发展与民族的复兴，更关乎国家创新驱动发展战略的成败。那么，如何才能确保这些政策的实施达到预定的目标，取得预期的成效，把我国的若干所大学真正地建成世界一流大学呢？

从世界高等教育的发展来看，学科才是大学的基础，是支撑大学发展的关键，没有一流的学科，就不可能有世界一流的大学。考察世界一流大学，它们的一流固然是其整体水平的体现，但组成与影响其整体水平的不同学科的特色与学术水平、学术力量才是关键因素，才是支撑其一流的支柱。基于此，从 20 世纪 80 年代中后期开始，为了给学科发展创造适宜的制度环境，我国绝大多数高校都对校内组织结构进行了调整和改革，建立学院制。然而，由于这次调整主要以原来的单一学科为基础，更多的是形式上从学系更名为学院，而不是真正地通过学科融合来建立学院，这使原来制约我国高校、学科发展与一流大学建设的痼疾仍然存在。这些痼疾既是当前导致我国高校建立学部制的原因，也是希望借助学部制来解决的问题。

(三)知识变革的影响

第二次世界大战后，特别是 20 世纪 70 年代末以来，人类社会知识生产发生了一系列根本性的变化，这主要表现在以下两个方面。

一是新的知识增长点越来越多地出现在不同学科的交叉、融合点上。以诺贝尔自然科学奖为例，自 1901 年以来，由不同学科交叉而产生的成果获奖比例一直呈递增之势(见表 7-1)。

表 7-1　诺贝尔自然科学奖的交叉学科获奖情况

时间段/年	获奖项数	交叉学科数	比例/%
1901—1925	69	25	36.23
1926—1950	74	26	35.14
1951—1975	96	41	42.71
1976—2000	95	45	47.37
1901—2000	334	137	41.02

资料来源：

张春美、郝凤霞、闫宏秀：《学科交叉研究的神韵——百年诺贝尔自然科学奖探析》，载《科学技术与辩证法》，2001(6)。

另外，除自然科学内部交叉外，自然科学、工程技术与社会科学的交叉、社会科学内部不同学科之间的交叉也越来越普遍。例如，解决"疯牛病"不仅涉及兽医病理学、神经生理学、微生物学、动物营养学、流行病学，而且涉及农业经济学、国际贸易，甚至国际法。[1] 在工程领域，当今没有哪一项大工程可以不与民生和经济发生联系，这当中既会涉及工程学，也会涉及经济学、行为科学、环境科学等学科。也只有通过这些学科交叉，才能解决工程建设或工程制造中的问题，并在解决问题的过程中产生新的知识与技术。同样，一些社会科学如人口学，本身既是统计学、经济学等不同学科交叉的结果，同时，人口学的发展也会促进经济学、社会学、优生学、公共管理等学科的发展。可以说，当今无论是自然科学还是社会科学，其发展都越来越离不开学科的交叉与融合。高等学校也只有顺应这一变化，才能提高办学水平，培养出高质量的人才；而一旦背离了这样的趋势，不要说建成世界一流大学了，就连自身发展都会存在很大的问题。

---

① ［英］约翰·齐曼：《真科学：它是什么，它指什么》，曾国屏等译，85 页，上海，上海科技教育出版社，2002。

二是自 20 世纪 70 年代后期以来，随着科学技术的发展，基础研究、应用研究与开发之间的界限已经越来越模糊。在很多领域，做出这种区分要么是为了叙述方便，要么是仅存在于研究者的主观意识之中。这种融合不仅直接改变了高校的知识生产方式、高校的地位与办学模式，而且对高校的学科发展与社会功能产生了巨大的影响。在《知识生产的新模式：当代社会科学与研究的动力学》中，迈克尔·吉本斯（Michael Gibbons）等人将知识生产方式区分为知识生产模式 1 和知识生产模式 2，以对应基础研究和应用研究的知识生产。在第一种模式中，人们对所生产的知识的评判依据是知识的内在标准，是其可验证性。知识生产是在学科范围内进行的，知识分化是知识发展的动力。而在第二种知识生产模式中，功用性是评判知识的标准。知识的范围与界限由社会决定，知识发展的动力来源于解决社会实际问题的需要，知识是在解决实际问题的过程中创造出来的。如世纪之交由中外多所高校、大量科研人员共同参与的"人类基因组工程"等。这些表明，随着基础研究、应用研究界限的模糊与融合，大学的知识生产方式将越来越由知识生产模式 1 向知识生产模式 1 和知识生产模式 2 并存与融合转变。与此同时，麻省理工学院或斯坦福大学式的发展模式（即基础研究与应用研究、创新相结合）将逐步取代哈佛大学模式，成为学术界的榜样。[①]

在社会科学领域，知识生产也呈现出同样的特点。如诺贝尔奖获得者威廉·阿瑟·刘易斯（William Arthur Lewis）的"二元经济模型理论"不仅对经济科学的发展做出了重要的贡献，而且对广大第三世界国家解决所面临的经济问题产生了直接的影响。而由米尔顿·弗里德曼（Milton Friedman）构建的货币经济学、新自由主义经济学不仅修正了凯恩斯主义的经济理论，而且对 20 世纪 80、90 年代美

① ［美］刘易斯·布兰斯科姆、理查德·佛罗里达，［日］儿玉文雄：《知识产业化——美日两国大学与产业界之间的纽带》，尹宏毅等译，224 页，北京，新华出版社，2003。

国控制通货膨胀，保持经济持续、稳定增长起到了重要的指导作用。类似的现代化理论、行为科学、传播学、国际关系理论，以及改革开放以来对我国经济发展产生了重要影响的新结构经济学等，都难以按照传统的标准来区分它们到底是基础理论研究还是应用研究。在这种背景下，近年来，虽然我国也有一部分高校试图打破传统的学科界限、知识生产界限，促进学科融合与交叉，但是，由于观念与学术组织结构的限制，成效有限。这种情况严重地影响了我国高校的发展，削弱了我国高校对国家经济增长、科技进步的贡献。这成为推动我国高校学部制改革的又一重要因素。

二、学部制的类型

一个组织到底属于什么类型，通常取决于我们按照什么标准划分。如果从权力安排来说，我们可以将当前我国高校已经建立的学部分为实体型、虚体型及虚实结合型。属于实体型的高校有北京师范大学、西南大学、浙江大学、大连大学、大连理工大学、天津大学、陕西师范大学、南京工业大学等。这类高校的学部既有学术权力也有行政权力，在学部层面设有学术与行政权力组织。属于虚体型的有北京大学、武汉大学、吉林大学、东南大学、重庆大学等，它们在学部层面仅设有学术机构或学术咨询、评议机构。属于虚实结合型的有厦门大学、华东师范大学等。

如果从学部的学术功能来分，我们可以将其分为促进多学科交叉与融合型，以及壮大单一学科发展型。属于壮大单一学科发展型的主要有：北京师范大学的教育学部、心理学部、地理科学学部，西南大学的教育学部、心理学部，华东师范大学的教育学部、地球科学学部、经济与管理学部，东北师范大学的教育学部，深圳大学的医学部、师范学院（部）、体育部，北京语言大学的汉语国际教育学部、外国语学部、人文社会科学学部、体育教学部，沈阳师范大学的大学外语教学部、计算机与数学基础教学部，杭州师范大学的公共艺术教育部，中国传媒大学的新闻传播学部、艺术学部、信息科学与技术学部、人文社科学部、广告与经管学部，而其他高校的学部则多属于促进多学科交叉与融合型。

如果从大学的学部设立情况来分，我们可以分为完全建立学部型和部分建立学部型。完全建立学部型的高校主要有北京大学、中国人民大学、北京理工大学、河北大学、吉林大学、大连理工大学、东南大学、浙江大学、厦门大学、武汉大学、国防科技大学、重庆大学、海南大学等。部分建立学部型的高校有北京师范大学、北京语言大学、北京体育大学、中国传媒大学、西安交通大学、山东大学等。

如果从建立学部的目的来分，我们可以将其分为：解决问题型，如北京大学医学部、西安交通大学医学部等；促进多学科交叉与融合型；政策驱动型，如青岛科技大学以"大钱""大项目""大平台""大奖"和"大师"作为学部建立的目标，目的在于全面推进该校"一流大学、一流学科"建设[①]；办学行为趋同型，如我国绝大多数师范院校教育学部的设立皆源于对北京师范大学教育学部的模仿，而其他一些大学医学部的设立也都有模仿北京大学医学部的痕迹。

总之，无论按照哪个标准对学部进行分类，都可以在我国高校中找到相应的类型。

目前，由于学部制在我国高等学校还没有普及，尚处在起步阶段，还存在着功能定位不明、组织结构不合埋、运行机制不完善等问题，因此，要准确地说出它的成效是困难的，也是不严谨的。但是，从世界高等教育发展的历史来看，我们有理由相信，随着学部制的完善，它肯定会对我国一流大学建设、高水平人才培养、科研水平提升、创新性国家建设起到推动与促进作用。

———————————

① 李庆成：《学校召开会议推动学部制改革》，http://xinwen.qust.edu.cn/info/1002/31675.htm，2017-05-03。

三、结语

从我国高等教育的结构调整来看，改革开放 40 年来，我国已经取得了巨大的进步。这表现在：经过调整，大学内部的组织结构已经基本上与专业拓展、创造性人才培养和科技进步相适应；院校合并结束了我国高等教育条块分割的管理体制与学科分散的办学格局，使我国高等教育走上了内涵式的发展道路；大学城建设不仅为我国高等教育实现大众化创造了条件，而且使我国高校的布局更加合理，更能适应城市发展和社会进步的要求。而学部制的改革将会使我国高等教育结构更加趋于合理与完善，激发高校的活力与知识生产力，有助于我国实现创新型国家的建设目标。

第八章

高等学校人才培养模式改革

关于高等学校人才培养模式，理论上尚无定论。在政策实践中，最早对人才培养模式的内涵做出界定的是 1998 年教育部下发的文件《关于深化教学改革，培养适应 21 世纪需要的高质量人才的意见》。该文件指出："人才培养模式是学校为学生构建的知识、能力、素质结构，以及实现这种结构的方式，它从根本上规定了人才特征并集中地体现了教育思想和教育观念。"①

我们认为，高等学校人才培养模式的确立离不开一定的政策环境、社会经济发展状况和高等学校的内部状况，因此，可以将高等学校的人才培养模式定义为：在一定的教育观念、教育思想和教育政策的指导下，为了满足一定社会和一定时期的人才需求而实施的教育教学方式，包括人才的目标、规格、教学内容、教学管理制度和教学方法等。人才培养模式是一个动态的概念，它随着社会需求的变化而变化。改革开放 40 年来，我国高等学校的人才培养模式逐渐从单一的模式发展为多样化的模式，从被动适应的模式发展为主动适应的模式，从相对僵化保守的模式发展为开放创新的模式。这

---

① 中华人民共和国教育部：《关于印发〈关于深化教学改革，培养适应 21 世纪需要的高质量人才的意见〉等文件的通知》，http://www.moe.gov.cn/srcsite/A08/s7056/199804/t19980410_162625.html，2018-09-30。

种不断变革的模式为我国不同时期的社会经济发展培养了大批合格人才，推动了我国社会经济的持续、快速、健康发展。尤其是中共十八大以来，在以习近平同志为核心的新一届党中央的领导下，高等教育管理强化顶层设计，突出中国特色，发掘中国智慧，健全法律法规，先后推动修正了《高等教育法》(2015 年)、《教育法》(2015 年)等重要法律，相继颁布了《关于培育和践行社会主义核心价值观的意见》(2013 年)、《"双一流"方案》(2015 年)、《统筹推进世界一流大学和一流学科建设实施办法(暂行)》(2017 年)、《国家教育事业发展"十三五"规划》(2017 年)等纲领性和规范性文件，为新时期中国特色人才培养模式的转型升级和本土化发展提供了重要依据和指南。根据对人才培养模式的一般认识和定义，本章将人才培养模式分解为人才培养目标、课程与教学内容、教学管理制度、教学方法几个主要方面，分别分析其改革开放 40 年来的发展状况。

第一节　高等学校人才培养目标改革

一、高等学校人才培养目标的含义和界定

培养目标是高等学校人才培养模式的起点和基础，只有确立了一定的目标，才能建立和实施相应的人才培养模式。由于高等学校的性质、使命不同于初等学校、中等学校、职业学校等其他类型的学校，因而其人才培养目标也就有所不同。高等学校作为实施高等教育的一种机构，主要承担保存、传递和创造知识的职能，它与高深知识紧密联系在一起。正如美国著名高等教育学家布鲁贝克所言："高等教育与中等、初等教育的主要差别在于教材的不同：高等教育研究高深的学问。"[①]所谓高等学校人才培养目标，即高等学校所规

---

① ［美］约翰·S. 布鲁贝克：《高等教育哲学》，王承绪等译，2 页，杭州，浙江教育出版社，2001。

定的毕业生应该达到的思想境界、道德水平、知识储备、素质状况和能力水平。其中既有软性的目标，如思想境界、道德水平等；也有硬性的目标，如知识、能力；还有既包括软性内容又包括硬性内容的目标，如素质。在确立高等学校人才培养目标时，软性的或隐性的目标常常被忽视，而硬性目标常常被作为高等学校人才培养目标的中心和重点。它实际上反映了不同的人才观及不同的社会要求，如实用主义的人才观、理性主义的人才观、功利主义的人才观等。

确立什么样的人才培养目标，不仅关系到培养策略和培养措施的选择，而且关系到教育观和人才观的确立。德国著名哲学家康德根据培养目标的不同，将教育分为自然性的教育和实践性的教育。他认为，自然性的教育是关于人和动物共同方面的教育，是一种导向功利性的教育；实践性的教育或道德性的教育则是指那种把人塑造成生活中的自由行动者的教育，是一种导向个性的教育。[1] 从这种分类出发，康德还以哲学系、神学系、法学系和医学系为例，分析不同学科的系科之争。德国另一位著名的哲学家雅斯贝尔斯认为，大学的目标是致力于从事科学和学术，这个目标可以划分为三个功能：研究、传播知识和文化教育。对于学生而言，他认为学生到大学来主要是为了学习人文科学和自然科学，并且为将来的职业做准备，为此，有三件事是大学必须做的：职业训练、整全的人的教化和科学研究。[2] 显然，雅斯贝尔斯所界定的人才培养目标指适应一定职业需要的知识和技能、整全的人格、研究能力等。此外，如斯诺的"两种文化"、布鲁贝克的"普通教育"与"专业教育"、罗素的"实用教育"和"绅士教育"等，都反映了不同的人才培养目标。

高等学校人才培养目标的多元性、复杂性和不确定性，为人们

---

① [德]伊曼努尔·康德：《论教育学》，赵鹏等译，15 页，上海，上海人民出版社，2005。

② [德]卡尔·雅斯贝尔斯：《大学之理念》，邱立波译，63～96 页，上海，上海人民出版社，2007。

认识和界定人才培养目标增加了困难。在高等教育实践中，人们也很难兼顾人才培养的各种目标，有的偏重职业目标，有的偏重普通教育目标，有的偏重科学目标，有的偏重人文目标。在人才培养目标的界定上，人们主要从人的全面发展、社会经济发展和政治需要三个方面来界定。众所周知，高等学校不仅具有教育、文化、经济和科技功能，而且具有政治功能，它必须服务于一定的意识形态和国家需要。正如克拉克·克尔指出的那样："大学按它们对促进普遍知识的承诺的性质而论，本质上是国际性的机构，但是它们越来越多地生活在一个对它们抱有企图的民族国家的世界。"①因此，对于高等学校人才培养目标的界定，必须考虑一定的意识形态、政治制度和经济组织形式，必须协调好"学习的普遍化"和"目的的国家化"之间的关系。高等学校人才培养目标的变革，就是要通过不断地探索和实践，科学地界定各种目标，在多种目标之间实现合理的平衡，培养全面发展的、健全的人，从而满足人的全面发展、社会经济的不断发展和国家发展的需要。经过改革开放 40 年的不断调整，我国高等学校的人才培养目标渐趋合理和完善，逐步从单纯的政治目标转向学术目标，进而转向多元目标和目标的整合，为高等学校的教育教学改革提供了前进的指南。

二、新中国成立初期到"文化大革命"结束时的人才培养目标

新中国成立以后，社会主义各项建设事业百废待兴，急需大量专业人才，加上当时全面学习苏联，因此，人才培养目标上也出现专业化的倾向，高等学校的主要职能是培养具有共产主义思想的社会主义建设者和接班人。在 1950 年 5 月召开的第一届全国高等教育会议上，当时的教育部副部长钱俊瑞在讲话中指出，根据新中国的

---

① ［美］克拉克·克尔：《高等教育不能回避历史——21 世纪的问题》，王承绪译，5 页，杭州，浙江教育出版社，2001。

高等教育方针和任务，高等学校的人才培养目标是培养"具有高度文化水平，掌握现代科学和技术的成就，全心全意为人民服务的高级建设人才"，并培养"工农出身的新型知识分子"。[①] 那么，到底是什么样的"高级建设人才"和"新型知识分子"呢？1950年8月颁布的《高等学校暂行规程》对高等学校的人才培养目标做了更加具体的规定，即"培养通晓基本理论与实际运用的专门人才，如工程师、教师、医师、农业技师、财政经济干部、语文和艺术工作者"[②]。由此可见，当时确立的主要是专业化的人才培养目标，即培养"又红又专"的社会主义建设者和接班人。那么，怎样培养这样的专业人才呢？钱俊瑞认为："新中国的高等教育必须为国家的经济、政治、文化、国防的建设服务，必须适应国家建设的需要，首先适应经济建设的需要（包括长远的与目前的、直接的和间接的需要），必须为此而实行具体的适当的专门化的教育，培养上述的高级建设人才，而决不可采取'为教育而教育''为学术而学术''孤芳自赏'，与国家建设的需要脱节的方针。"[③]

在这种人才培养目标的指导下，各种类型的高等教育机构，包括综合性大学、重点大学，其人才培养也是高度专业化的。如1953年9月召开的全国综合大学会议明确指出："综合大学主要是培养在理论科学或基础科学（自然和社会）方面从事研究或教学工作的专门人才。"[④]1954年10月印发的《高等教育部关于重点高等院校和专家

[①]　转引自刘志鹏、别敦荣、张笛梅：《20世纪的中国高等教育：教学卷（下册）》，265页，北京，高等教育出版社，2006。

[②]　转引自刘志鹏、别敦荣、张笛梅：《20世纪的中国高等教育：教学卷（下册）》，259页，北京，高等教育出版社，2006。

[③]　转引自刘志鹏、别敦荣、张笛梅：《20世纪的中国高等教育：教学卷（下册）》，265页，北京，高等教育出版社，2006。

[④]　《高等教育部关于全国综合大学会议、全国高等财经教育会议、中国人民大学教学经验讨论会、全国政法教育会议的报告》，见何东昌：《中华人民共和国重要教育文献（1949—1975）》，352页，海口，海南出版社，1998。

工作范围的决议》规定："重点学校必须培养质量较高的各种高级建设人才及科学研究人才。"为了适应高等学校人才培养目标的专门化，从 1952 年开始，我国连续进行了多次大规模的院校调整，重点是"整顿综合大学，发展专门学院，首先是工学院"，这里的整顿实际上是将综合大学进行新的撤并，以加强专门学院的建设，归根结底，是要重点发展专门学院。当然，我们这种专门人才应该是德、智、体全面发展的，正如毛泽东同志在《关于正确处理人民内部矛盾的问题》中指出的："我们的教育方针，应该使受教育者在德育、智育、体育几方面都得到发展，成为有社会主义觉悟的有文化的劳动者。"[1]但在实际过程中，高等学校的人才培养还是以思想政治教育和智育为中心。

此后一直到改革开放之前，中国高等学校的人才培养目标都是高度专门化的。这种专门化包含了两种含义：一是思想意识的专门化，即思想意识和政治立场的一元化和忠诚化；二是业务素质的专门化，即必须掌握专门的知识和技能。如 1961 年 9 月颁布的《中华人民共和国教育部直属高等学校暂行工作条例（草案）》规定："高等学校的基本任务，是贯彻执行教育为无产阶级的政治服务、教育与生产劳动相结合的方针，培养为社会主义建设所需要的各种专门人才。"[2]"高等学校学生的培养目标是：具有爱国主义和国际主义精神，具有共产主义道德品质，拥护共产党的领导、拥护社会主义，愿为社会主义事业服务、为人民服务；通过马克思列宁主义、毛泽东著作的学习和一定的生产劳动、实际工作的锻炼，逐步树立无产阶级的阶级观点、劳动观点、群众观点、辩证唯物主义观点；掌握本专业所需要的基础理论、专业知识和实际技能，尽可能了解本专

---

① 《毛泽东文集》第 7 卷，226 页，北京，人民出版社，1999。
② 《中华人民共和国教育部直属高等学校暂行工作条例（草案）》，见何东昌：《中华人民共和国重要教育文献（1949—1975）》，1 060 页，海口，海南出版社，1998。

业范围内科学的新发展；具有健全的体魄。"①

三、改革开放到 20 世纪 90 年代初的人才培养目标

改革开放是一次思想大解放，伴随思想的解放和体制改革的进行，高等学校的人才培养目标也发生了变化。这种变化主要表现在两个方面：一是理性和科学地界定人才培养目标，从"专门人才"的培养目标转向"一专多能"的培养目标；二是将人才培养的质量放在核心位置，突出学生知识、素质和技能的获得，相对淡化人才培养目标的政治功能。首先，这种转变表现在招生政策上。邓小平同志 1977 年 9 月 19 日在《教育战线的拨乱反正问题》的谈话中指出："政审，主要看本人的政治表现。政治历史清楚，热爱社会主义，热爱劳动，遵守纪律，决定为革命学习，有这几条，就可以了。总之，招生主要抓两条：第一是本人表现好，第二是择优录取。"②邓小平同志的讲话实际上调整了人才培养政治目标和业务目标之间的关系，将学生的质量放在突出位置。1977 年，中国毅然废除了依靠推荐上大学的做法，恢复了高考，从源头上确保了人才培养的质量。其次，这种转变表现在培养政策上。邓小平同志指出："培养人，中心是把基础打好，然后干哪一行都行。""开辟什么领域，哪些方面会增加，要研究。""大学生的比例也有个结构问题，要研究。"③邓小平同志的讲话精神为培养"一专多能"的人才扫除了思想上的障碍。最后，这种转变表现在政策话语的表达上。领导人的讲话和政策性文本逐步淡化了"专门人才"中的"专门"二字，1978 年以后颁布的教育政策文献中，已经很少有"专门人才"的提法。

---

① 《中华人民共和国教育部直属高等学校暂行工作条例(草案)》，见何东昌：《中华人民共和国重要教育文献(1949—1975)》，1 060 页，海口，海南出版社，1998。

② 《邓小平文选》第 2 卷，69 页，北京，人民出版社，1994。

③ 陈大白：《北京高等教育文献资料选编(1977—1992)》，64 页，北京，首都师范大学出版社，2008。

　　这个时期人才培养目标改革的关键就是要协调好"又红又专"的关系，也就是政治水平和业务水平的关系。在对待"又红又专"问题上，邓小平同志曾经指出："专并不等于红，但是红一定要专。不管你搞哪一行，你不专，你不懂，你去瞎指挥，损害了人民的利益，耽误了生产建设的发展，就谈不上是红。不解决这个问题，不可能实现四个现代化。"①为此，邓小平同志多次强调要加强专业知识的培养，培养有专业知识和能力的干部队伍和人才队伍，尤其把培养科学技术人才作为教育战线的重要任务。邓小平同志指出："发展科学技术，不抓教育不行。靠空讲不能实现现代化，必须有知识，有人才。"②"我们还要在努力提高现有科学技术队伍的水平，充分发挥他们的作用的同时，大力培养新的科学技术人才。"③1980年，当时的教育部部长蒋南翔同志在教育工作会议上的讲话中也指出："社会主义学校的培养目标必须坚持又红又专的方向，使受教育者在德智体几方面都得到发展，成为有社会主义觉悟的有文化的劳动者，成为社会主义现代化建设的生力军。在现阶段，教育工作要为新时期的总任务服务……学校应以教学为中心，保证学生达到应有的学业水平。"④在会议的总结发言中，蒋南翔指出："现在有一种说法，就是着重点要转移到教学和科学研究上来。但是更确切、更全面地说，是要把工作着重点转移到培养为'四化'服务的人才上来。学校各项工作都要服从和服务于这个中心。"⑤

　　1985年5月颁布的《中共中央关于教育体制改革的决定》明确指

---

　　① 中华人民共和国教育部：《邓小平教育理论学习纲要》，43页，北京，北京师范大学出版社，1998。

　　② 《邓小平文选》第2卷，40页，北京，人民出版社，1994。

　　③ 《邓小平文选》第2卷，95页，北京，人民出版社，1994。

　　④ 《蒋南翔同志在教育工作会议上的讲话（节录）》，见何东昌：《中华人民共和国重要教育文献（1976—1990）》，1774页，海口，海南出版社，1998。

　　⑤ 《蒋南翔同志在教育工作会议上的总结发言（节录）》，见何东昌：《中华人民共和国重要教育文献（1976—1990）》，1780页，海口，海南出版社，1998。

出："教育体制改革的根本目的是提高民族素质，多出人才、出好人才。"该文件还对培养人才的类型做了描述，具体包括：数以千万计的具有现代科学技术和经营管理知识，具有开拓能力的厂长、经理、工程师、农艺师、经济师、会计师、统计师和其他经济、技术工作人员。还要造就数以千万计的能够适应现代科学文化发展和新技术革命要求的教育工作者、科学工作者、医务工作者、理论工作者、文化工作者、新闻和编辑出版工作者、法律工作者、外事工作者、军事工作者和各方面党政工作者。所有这些人才，都应该有理想、有文化、有道德、有纪律，热爱社会主义祖国和社会主义事业，具有为国家富强和人民富裕而艰苦奋斗的献身精神，都应该不断追求新知，具有实事求是、独立思考、勇于创造的科学精神。显然，这样的人才正是"一专多能"、全面发展的人才。但总体而言，这个时期仍然以培养专才为主。

四、20世纪90年代中期至21世纪初的人才培养目标

进入20世纪90年代，改革开放更加深入发展，人们对人才的规格、内涵都有了更深的认识，逐渐从培养德智体全面发展的"专才"转向培养有理想、有道德、有文化、有纪律的"四有新人"，并进一步发展到培养基础扎实、知识面宽、能力强的"复合型人才"和"创新型人才"。这是时代发展的必然要求，是社会分工、专业分化和知识综合化的必然结果。1992年，国家教委印发的《全国教育事业十年规划和"八五"计划要点》认为，20世纪90年代是我国教育事业发展非常关键的时期，不仅关系到20世纪末我国现代化建设的第二步战略目标的实现，还关系到21世纪的建设大业。因此，必须把教育放在优先发展的地位。该文件认为："今后10年，各级各类学校都要全面贯彻教育必须为社会主义现代化服务，必须同生产劳动相结合，培养德、智、体全面发展的建设者和接班人的方针，把坚定正确的政治方向放在第一位，以此作为学校的共同任务和学校各项工作的

依据和出发点。"①"高等教育要根据社会需要，在合理调整结构，大力提高质量的基础上适度发展，积极为城乡经济、社会发展培养专门人才。"②1993 年 2 月，《中国教育改革和发展纲要》提出："高等教育担负着培养高级专门人才、发展科学技术文化和促进现代化建设的重大任务。"该文件继续强调高等学校的人才培养目标是培养"高级专门人才"。1998 年的《高等教育法》规定了人才培养的目标："培养具有创新精神和实践能力的高级专门人才。"

到 20 世纪 90 年代末期，伴随着 21 世纪的临近，知识经济时代已经来临，这种经济形态将各个领域、各个专业和各个学科紧密联系起来，知识之间的迁移更加频繁、联系更加紧密，从而对高等学校人才培养目标提出了更高的要求，推动着高等学校人才培养目标和培养规格的多元化。与这种社会要求相适应，教育主管部门积极采取改革措施，推动高等学校的人才培养工作适应新形势的要求。早在 1994 年 7 月，针对 21 世纪所面临的挑战和高等教育的任务，《国务院关于〈中国教育改革和发展纲要〉的实施意见》提出："本科教育要把重点放在提高质量上，硕士生、博士生的培养基本上要立足于国内。在培养基础学科人才的同时，要重视培养社会主义建设急需的高层次应用型和复合型人才。"这表明我国在国家政策层面提出了高层次应用型和复合型人才的培养问题。1999 年 6 月 13 日颁布的《中共中央、国务院关于深化教育改革全面推进素质教育的决定》明确指出："当今世界，科学技术突飞猛进，知识经济已见端倪，国力竞争日趋激烈。教育在综合国力的形成中处于基础地位，国力的强弱越来越取决于劳动者的素质，取决于各类人才的质量和数量，这

---

① 《全国教育事业十年规划和"八五"计划要点》，见何东昌：《中华人民共和国重要教育文献 (1991—1997)》，3 259 页，海口，海南出版社，1998。

② 《全国教育事业十年规划和"八五"计划要点》，见何东昌：《中华人民共和国重要教育文献 (1991—1997)》，3 260 页，海口，海南出版社，1998。

对于培养和造就我国 21 世纪的一代新人提出了更加迫切的要求。"为此，要全面推进素质教育，"以培养学生的创新精神和实践能力为重点，造就'有理想、有道德、有文化、有纪律'的、德智体美等全面发展的社会主义事业建设者和接班人"，即我们常说的"创新人才"和"四有新人"。2001 年 10 月，教育部印发《关于做好普通高等学校本科学科专业结构调整工作的若干原则意见》的通知。通知指出，要通过新一轮学科专业结构的全局性、战略性调整，"形成高校人才培养多样化的新格局"。教育部在 2004 年 2 月 10 日颁布的《2003—2007年教育振兴行动计划》中提出，要"培养数以亿计的高素质劳动者、数以千万计的专门人才和一大批拔尖创新人才"。显然，这些政策性措施都有助于复合型人才和创新型人才的培养。

　　面对外部社会的要求，越来越多的高等学校开始改革自己的教育教学工作，提出了各自的人才培养目标。如清华大学从 1997 年开始，连续召开了两次全校教育思想大讨论，在一系列教育思想观念上达成了共识。在调查研究的基础上，清华大学把教育教学改革的总体目标定位为：加速建立研究型大学的人才培养体系，培养"高素质、高层次、多样化、创造性"的骨干人才。同时，积极促进学科交叉，注重培养复合型人才。① 从 2003 年开始，北京大学进行了新的本科教学计划的修订工作，提出了复合型人才的培养目标，并通过四种模式培养复合型人才：第一种模式是直接设置跨学科专业；第二种模式是允许个人自主设计专业，其课程组合方式由学生提出，教师审批并提供专门指导；第三种模式是第二学士学位；第四种模式是辅修/双学位模式。② 此外，还有很多高等学校提出了各自的人才培养目标，如复旦大学的"通识人才"，浙江大学"重基础、宽口

---

① 陈希：《改革创新　构建研究型大学的人才培养体系》，载《中国高教研究》，2003(11)。
② 卢晓东、宋鑫、王卫等：《大学本科跨学科知识复合型人才的作法与相关问题探讨——北京大学的个案》，载《当代教育论坛》，2003(10)。

径、模块化、自主性"的"创新人才"，南开大学经济、管理、法学专业跨专业培养的"复合型人才"，北京林业大学"高素质、高水平、高层次、创造性"的"复合型人才"，等等。可以说，高素质人才、创新型人才和复合型人才正越来越受到重视，正成为 21 世纪高等学校的人才培养目标。

五、中共十八大以来的人才培养目标

中共十八大以来，以习近平同志为核心的党中央牢记历史使命，坚持人民立场，全面深化改革，严厉惩治腐败，给中国社会的发展注入一股前所未有的新风，不仅使中国社会发生了巨大的变化，而且为中国高等教育事业的发展注入了新的活力。人才培养方面更加突出立德树人、德法兼修、中国特色的人才培养模式，更加强调人的知识底蕴、法治意识、思想素质、文化修养、智慧源泉和创新创业能力的开发和培养。2013 年，中共中央办公厅印发了《关于培育和践行社会主义核心价值观的意见》。该文件指出："培育和践行社会主义核心价值观，是推进中国特色社会主义伟大事业、实现中华民族伟大复兴中国梦的战略任务。"要"坚持育人为本、德育为先，围绕立德树人的根本任务，把社会主义核心价值观纳入国民教育总体规划，贯穿于基础教育、高等教育、职业技术教育、成人教育各领域，落实到教育教学和管理服务各环节，覆盖到所有学校和受教育者，形成课堂教学、社会实践、校园文化多位一体的育人平台，不断完善中华优秀传统文化教育，形成爱学习、爱劳动、爱祖国活动的有效形式和长效机制，努力培养德智体美全面发展的社会主义建设者和接班人"[1]。这份纲领性文件确立了新时期中国各级各类人才培养目标的核心内容和基本要素。

---

[1] 中共中央办公厅：《中共中央办公厅印发〈关于培育和践行社会主义核心价值观的意见〉》，www.sdwht.gov.cn/html/2014/jrjd_0104/12579.html，2018-08-07。

　　2014 年 5 月 4 日，习近平总书记在考察北京大学时指出："办好中国的世界一流大学，必须有中国特色。没有特色，跟在他人后面亦步亦趋，依样画葫芦，是不可能办成功的……越是民族的越是世界的……我们要认真吸收世界上先进的办学治学经验，更要遵循教育规律，扎根中国大地办大学。"①中国高等学校的办学、治学如此，中国特色一流人才的培养也是如此。脱离了中国的实际需要和具体环境，脱离了中国文化母体的孕育和中国智慧的涵养，中国的高校也很难涌现出世界一流的人才。为此，习近平总书记谆谆告诫同学们要"树立和培养社会主义核心价值观""自觉践行社会主义核心价值观"，具体来说：一是要勤学，下得苦功夫，求得真学问；二是要修德，加强道德修养，注重道德实践；三是要明辨，善于明辨是非，善于决断选择；四是要笃实，扎扎实实干事，踏踏实实做人。② 习近平总书记的讲话，为中国高等学校的人才培养目标、人才培养路径指明了方向。在中华民族走向复兴的过程中，中国社会到底需要什么样的人才？2014 年 6 月 9 日，习近平总书记在中国科学院第十七次院士大会、中国工程院第十二次院士大会上的讲话中明确指出："实现中华民族伟大复兴，人才越多越好，本事越大越好……知识就是力量，人才就是未来。我国要在科技创新方面走在世界前列，必须在创新实践中发现人才、在创新活动中培育人才、在创新事业中凝聚人才，必须大力培养造就规模宏大、结构合理、素质优良的创新型科技人才……我们要把人才资源开发放在科技创新最优先的位置，改革人才培养、引进、使用等机制，努力造就一批世界水平的科学家、科技领军人才、工程师和高水平创新团队，注重培养一线

---

　　① 习近平：《青年要自觉践行社会主义核心价值观——在北京大学师生座谈会上的讲话》，www.xinhuanet.com/politics/2014-05/05/c_1110528066_3.htm，2018-08-07。
　　② 习近平：《青年要自觉践行社会主义核心价值观——在北京大学师生座谈会上的讲话》，www.xinhuanet.com/politics/2014-05/05/c_1110528066_3.htm，2018-08-07。

创新人才和青年科技人才。"①

习近平总书记始终关心人才培养工作。2017 年 5 月 4 日，习近平总书记视察中国政法大学时提出的人才培养目标是"立德树人，德法兼修"，"要以我为主、兼收并蓄、突出特色，深入研究和解决好为谁教、教什么、教给谁、怎样教的问题，努力以中国智慧、中国实践为世界法治文明建设做出贡献"。② 2017 年 10 月 3 日，在致中国人民大学建校 80 周年的贺信中，习近平总书记同样提出殷切希望："希望中国人民大学以建校 80 周年为新的起点，围绕解决好为谁培养人、培养什么样的人、怎样培养人这个根本问题，坚持立德树人，遵循教育规律，弘扬优良传统，扎根中国大地办大学，努力建设世界一流大学和一流学科，为我国高等教育事业繁荣发展，为实现'两个一百年'奋斗目标、实现中华民族伟大复兴的中国梦做出新的更大贡献。"③习近平总书记的系列讲话精神为中国高等学校人才培养模式的改革方向、人才培养目标的内涵和特质等做出了精辟的阐释，为中国高等学校人才培养模式改革顶层设计提供了科学依据和重要指南。为落实中共中央和国务院的战略部署，中国政府采取了一系列战略行动推动中国高等教育和人才培养模式的改革。2015 年 10 月 24 日，国务院颁发《关于印发统筹推进世界一流大学和一流学科建设总体方案的通知》，正式发布《"双一流"方案》。方案提出：坚持立德树人，突出人才培养的核心地位，着力培养具有历史使命感和社会责任心，富有创新精神和实践能力的各类创新型、应用型、复合型优秀人才。加强创新创业教育，大力推进个性化培养，

① 习近平：《在中国科学院第十七次院士大会、中国工程院第十二次院士大会上的讲话》，cpc. people. com. cn/n/2014/0610/c64094-25125594. html，2018-08-07。

② 中国共产党新闻网：《立德树人德法兼修抓好法治人才培养 励志勤学刻苦磨炼促进青年成长进步 习近平在中国政法大学考察》，http://cpc. people. com. cn/n1/2017/0504/c64094-29252496. html，2018-08-07。

③ 习近平：《习近平致信祝贺中国人民大学建校 80 周年》，www. xinhuanet. com/politics/2017-10/03/c_1121760315. htm，2018-08-07。

全面提升学生的综合素质、国际视野、科学精神和创业意识、创造能力。合理提高高校毕业生创业比例，引导高校毕业生积极投身大众创业、万众创新。完善质量保障体系，将学生成长成才作为出发点和落脚点，建立导向正确、科学有效、简明清晰的评价体系，激励学生刻苦学习、健康成长。① 2017 年 1 月 10 日，国务院印发《国家教育事业发展"十三五"规划》，提出全面构建"全员育人、全过程育人、全方位育人"体系，显著提高创新型、复合型、应用型和技术技能型人才的培养比例。② 2017 年 1 月 24 日，教育部、财政部、国家发展改革委联合颁布《统筹推进世界一流大学和一流学科建设实施办法（暂行）》，提出一流大学和一流学科的遴选条件。在人才培养方面要：坚持立德树人，培育和践行社会主义核心价值观，在拔尖创新人才培养模式、协同育人机制、创新创业教育方面成果显著；积极推进课程体系和教学内容改革，教学成果丰硕；资源配置、政策导向体现人才培养的核心地位；质量保障体系完善，有高质量的本科生教育和研究生教育；注重培养学生的社会责任感、法治意识、创新精神和实践能力，人才培养质量得到社会高度认可。③

第二节　高等学校课程与教学内容改革

一、新中国成立后到改革开放前的课程与教学内容改革

1949 年 9 月 29 日，中国人民政治协商会议第一届全体会议通过

---

① 国务院：《国务院关于印发统筹推进世界一流大学和一流学科建设总体方案的通知》，www. gov. cn/zhengce/content/2015-11/05/content_10269. htm，2018-08-07。

② 国务院：《国务院关于印发国家教育事业发展"十三五"规划的通知》，www. gov. cn/zhengce/content/2017-01/19/content_5161341. htm，2018-08-07。

③ 教育部、财政部、国家发展改革委：《教育部财政部国家发展改革委关于印发〈统筹推进世界一流大学和一流学科建设实施办法（暂行）〉的通知》，www. gov. cn/xinwen/2017-01/27/content_5163903. htm#1，2018-08-07。

了《中国人民政治协商会议共同纲领》，确立了新中国今后的文教政策是："新民主主义的，即民族的、科学的、大众的文化教育。人民政府的文化教育工作，应以提高人民文化水平，培养国家建设人才，肃清封建的、买办的、法西斯主义的思想，发展为人民服务的思想为主要任务。"在这种文教政策的指导下，新中国对高等教育的人才培养目标、课程和教学内容、教学方法、院系设置等进行了大规模的改革。在课程与教学内容改革方面，国家加强了政治教育和革命教育，强调理论与实际相结合。1950 年，《教育部关于实施高等学校课程改革的决定》要求对高等学校的课程进行改革。这次改革主要是鉴于当时高等学校课程中相当大的部分还不是新民主主义的，即还不是民族的、科学的、大众的，还不符合新中国建设的需要，因此，按照《中国人民政治协商会议共同纲领》的规定和精神，对课程与教学内容进行有计划、有步骤的改革，达到理论与实际的一致。改革一方面是要克服"为学术而学术"的空洞的教条主义偏向，力求与国家建设的实际相结合；另一方面是要防止忽视理论学习的狭隘的实用主义或经验主义的偏向。按照《教育部关于实施高等学校课程改革的决定》的规定，具体改革措施是：废除政治上的反动课程，开设新民主主义的革命的政治课程；以学系为培养专门人才的教学单位，各系课程应密切配合国家经济、政治、国防和文化建设当前与长期的需要，在系统的理论知识的基础上，实行适当的专门化；有重点地设置和加强必需的重要课程，删除重复的和不必需的课程和内容，并力求各种学科的相互联系和衔接。[①]《教育部关于实施高等学校课程改革的决定》还对修业年限、师资建设、教材等做了规定，以保证课程改革的实施。

为了加强政治课程，1952 年 10 月 7 日出台的《教育部关于全国

---

① 《教育部关于实施高等学校课程改革的决定》，见何东昌：《中华人民共和国重要教育文献(1949—1975)》，48 页，海口，海南出版社，1998。

高等学校马克思列宁主义、毛泽东思想课程的指示》(以下简称《指示》)对相关课程做了具体规定:"(一)综合性大学及财经艺术等学院应依照第一、二、三年级次序分别开设'新民主主义论''政治经济学'及'辩证唯物论与历史唯物论',工、农、医等专门学院依照第一、二年级次序分别开设'新民主主义论'及'政治经济学'。(二)三年的专科学校开设课程及先后次序与工、农、医等专门学院相同,二年的专科学校不修'政治经济学',二年的专修科第一年级及一年的专修科均修'新民主主义论',二年以上财经性质的专科学校或专修科第一年级可同时开设'政治经济学'。(三)各类型高等学校及专修科(一年的专修科除外)准备自1953年度起开设'马列主义基础',学习时数与'政治经济学'相同。(四)'新民主主义论''政治经济学'及'辩证唯物论与历史唯物论'各为一学年的课程,在讲授'新民主主义论'前两周或三周应增加关于'新民主主义论教学目的'的学习,以端正学生的学习态度。(五)高等师范学校各系科的政治课程,在本部师范教育司发给各地参考的'师范院校教学计划草案'(已发)及'师范专科学校教学计划草案'(即发)上另有规定,各校如目前尚无条件试行,应根据以上(一)(二)(三)(四)各条规定办理。"①此外,《指示》为这些课程提供了参考书。

为了贯彻理论与实际相结合的原则,让学生充分理解和掌握教学内容,中央人民政府还发文规定,在高等学校和中等学校建立学生生产实习机制,形成认识实习、专业生产实习和毕业实习三大实习机制。为了贯彻"少而精"的原则,国家要求高等学校及其教师在调查研究和总结经验的基础上,精选教学内容,处理好基础课程、技术基础课程和专业课程之间的关系。在课程改革过程中,苏联经

---

① 《教育部关于全国高等学校学习马克思列宁主义、毛泽东思想课程的指示》,见何东昌:《中华人民共和国重要教育文献(1949—1975)》,171~172页,海口,海南出版社,1998。

验产生了很大的影响，主要表现在两个方面：一是按照苏联的课程设置模式开设课程，包括政治课程和专业课程。这些课程主要使用苏联编写的教材资料，如奥斯特罗维强诺夫的《政治经济学讲授提纲》、凯洛夫的《教育学》等，长期是我国相关专业的主要教材。二是开设俄文课程，全面学习苏联的知识经验。1954 年 4 月，《政务院关于全国俄文教学工作的指示》规定："有条件的学校应设俄文课，无条件的可以不设；在一个学校内，有条件的系应设俄文课，无条件的可以不设；在一个系内，有条件的学生应学俄文，对本门专业学习有困难的学生可以不学。"① 为了全面学习苏联，当时还特别指定了两所大学作为学习苏联的示范学校，即中国人民大学和哈尔滨工业大学。它们在课程设置、教学内容、教学计划等方面都仿照苏联模式进行改革，聘请了大量的苏联专家到校任教。尽管后来由于中苏关系的恶化，学习苏联并没有全面深入发展下去，但是新中国成立初期进行的课程与教学内容改革对中国高等学校的课程与教学内容产生了深刻的影响。

二、改革开放到 20 世纪 90 年代的课程与教学内容改革

改革开放以后，高等学校的课程与教学内容也必然发生相应的变革，以适应政治体制、经济体制、科技体制和教育体制的改革。改革首先发生在政治理论课程领域。为了解放思想、实事求是，我国首先必须纠正过去发生的"左"倾和右倾错误，树立正确的教育指导思想。1985 年 8 月，《中共中央关于改革学校思想品德和政治理论课程教学的通知》指出："为了适应我国社会主义现代化建设的需要，适应现代科学技术和现代经济政治的巨大发展变化，适应新时期青少年心理发展的具体状况，以及各方面改革的需要，我国现行的以

---

① 《政务院关于全国俄文教学工作的指示》，见何东昌：《中华人民共和国重要教育文献（1949—1975）》，2 302 页，海口，海南出版社，1998。

马克思主义为指导的思想品德和政治理论课（从小学的思想品德课、中学的思想政治课到高等学校的马克思主义理论课）的课程设置、教学内容和教学方法也必须进行认真的改革。"①具体的改革内容为：大学（指各类高等学校）进行以中国革命史为中心的历史教育，使学生了解具有悠久历史文化传统的中国，是怎样根据历史的必然走上以共产党为领导力量的社会主义道路的；进行马克思主义基本理论的教育，使学生了解马克思主义的哲学、历史学、经济学、政治学和科学社会主义等基本理论观点的历史渊源、主要内容和现代发展（包括在中国的运用和发展）；同时介绍、分析、比较当代其他各种社会思潮，对错误的思潮要有分析地进行充分说理的批评，培养学生运用马克思主义对这些思潮进行鉴别和分析的能力；进行中国社会主义建设和改革的理论、政策和实际知识的教育，使学生了解我国党和人民正在进行的有世界意义的伟大事业和青年一代的密切关系及崇高责任。在进行上述各项教育中，要适时地穿插各种切合学生需要的时事教育、文学艺术教育和课外活动；还应向学生介绍当代世界政治经济的基本状况。② 从这个通知可以看出，高等学校的政治理论课和教学内容已经发生了转向，即从机械、教条地学习马克思主义转向深刻领会和正确对待马克思主义；从片面学习苏联转向学习国外一切有益的知识经验，并重视本土文化和本土传统的学习。

在改革政治理论课程的同时，国家有关部门也开始对专业课程和基础课程进行改革。1985 年颁布的《中共中央关于教育体制改革的决定》提出："在高等教育体制改革的同时，按照理论联系实际的原

---

① 《中共中央关于改革学校思想品德和政治理论课程教学的通知》，见何东昌：《中华人民共和国重要教育文献(1949—1975)》，2 302 页，海口，海南出版社，1998。

② 《中共中央关于改革学校思想品德和政治理论课程教学的通知》，见何东昌：《中华人民共和国重要教育文献(1949—1975)》，2 302～2 303 页，海口，海南出版社，1998。

则，在辩证唯物主义和历史唯物主义的思想指导下，改革教学内容、教学方法、教学制度，提高教学质量，是一项十分重要而迫切的任务。要针对现存的弊端，积极进行教学改革的各种试验，例如，改变专业过于狭窄的状况，精简和更新教学内容，增加实践环节，减少必修课，增加选修课，实行学分制和双学位制，增加自学时间和课外学习活动，有指导地开展勤工助学活动，等等。"根据这样的政策并响应这种号召，国家教育主管部门相继对高等学校的基础课程和专业课程进行改革，如 1986 年在普通高等学校增设了法律基础课，在学生中普及宪法、民法、行政法、诉讼法等基本法律知识；1990 年对理科教育进行改革，重点控制数学、物理、化学、生物等基础课程的规模和质量，并构建创新型的理科教育体系；1991 年开始对文科教育进行改革，改革的基点是加强马克思主义基础理论的教学和以马克思主义为指导的各类课程建设，同时对课程中背离马克思主义理论和具有资产阶级自由化思想的内容进行清理。经过改革，课程贯彻了"少而精"的原则，内容得到更新，质量得到提高，适应了改革开放之后的社会经济发展形势。

三、20 世纪 90 年代中期以后的课程与教学内容改革

进入 20 世纪 90 年代中期，伴随着改革开放的深入发展及 21 世纪的挑战，我国又开始了新一轮的课程改革。1993 年 2 月颁布的《中国教育改革和发展纲要》提出："进一步转变教育思想，改革教学内容和教学方法，克服学校教育不同程度存在的脱离经济建设和社会发展需要的现象。要按照现代科学技术文化发展的新成果和社会主义现代化建设的实际需要，更新教学内容，调整课程结构。加强基本知识、基础理论和基本技能的培养和训练，重视培养学生分析问题和解决问题的能力，注意发现和培养有特长的学生。中小学要切实采取措施减轻学生过重的课业负担。职业技术学校要注重职业道德和实际能力的培养。高等教育要进一步改变专业设置偏窄的状况，

拓宽专业业务范围，加强实践环节的教学和训练，发展同社会实际工作部门的合作培养，促进教学、科研、生产三结合。"根据这种要求，国家教委在1994年初正式提出制订并实施"高等教育面向21世纪的教学内容和课程体系改革计划"。该计划以立项的方式进行，到1996年9月为止，在文（含外语）、理、工、农林、医药、经济和法学七大学科范围内，分批批准了221项课改项目，其中包含985个资助项目。国家教委为此筹集和资助经费700万元，有关部委资助100多万元。目前，有些项目已经取得阶段性成果。

1998年12月颁布的《面向21世纪教育振兴行动计划》提出："积极推进高等学校的教学改革，改革教育思想、观念、内容和方法。要大力推进高等专科教育的人才培养模式的改革，特别是改革课程结构，加强实践教学基地和'双师'型教师队伍建设。本科教育要拓宽专业口径，增强适应性，今后3～5年，将专业由200多种调整到100多种。继续推进'面向21世纪教学内容和课程体系改革计划'，并建成200个文理科基础性人才培养基地、100个各科类基础课程教学基地和20个大学生文化素质培养基地，使之成为具有国内先进水平的教学示范基地。积极稳步发展专业学位研究生教育，进一步完善专业学位体系，培养大批高层次应用性人才。"为了加强大学的课程改革，教育部于2003年相继颁布了《教育部关于启动高等学校教学质量与教学改革工程精品课程建设工作的通知》和《国家精品课程建设工作实施办法》，启动了普通高校精品课程计划。该计划以评审的方式确立国家精品课程，教育部对国家精品课程提供经费支持，迄今已经连续进行了十多次精品课程的评选，对普通高校的课程与教学内容建设起到了极大的推动作用。教育部于2004年颁布的《2003—2007年教育振兴行动计划》明确表示要"进一步深化高等学校的培养模式、课程体系、教学内容和教学方法改革。改善高等学校基础课程教学，建设精品课程，改造和充实基础课教学实验室……

鼓励名师讲授大学基础课程，评选表彰教学名师。建设一批示范教学基地和基础课程实验教学示范中心，强化生产实习、毕业设计等实践教学环节"。这些规定和措施必将进一步推动我国的课程与教学内容质量不断提高。

中共十八大以来，为了培养更多具有中华民族文化底蕴、牢固树立社会主义核心价值观的创新型、复合型、应用型和技术技能型人才，中国共产党和中央政府采取了一系列措施，推动教学内容和课程体系的改革。例如，2017 年 1 月 10 日，国务院印发的《国家教育事业发展"十三五"规划》明确提出，要实行产学研用协同育人，探索通识教育和专业教育相结合的人才培养方式，推行模块化通识教育，促进文理交融。继续推进基础学科拔尖学生培养实验计划。推动高校针对不同层次、不同类型人才培养的特点，改进专业培养方案，构建科学的课程体系和学习支持体系。建立支持和奖励机制，激励教师面向经济社会新需求，强化课程研发、教材编写、教学成果推广，及时将最新科研成果、企业先进技术等转化为教学内容。探索建立适应弹性学习、学分制和主辅修制的教学管理制度，逐步扩大学生自主选择专业、课程和教师的权利。推行以学生为中心的启发式、合作式、参与式和研讨式学习方式，加强个性化培养。改进教学评价机制和学生考核机制。全面落实教授给本科生上课制度，建立约束、激励机制，调动教师投入本科教学和不断探索教学新技术、新方法、新形态的积极性。推动高校统筹使用相关经费，加大对课程建设、教学改革的常态化投入，强化实验、实训、实习环节，建立高校与企业、行业、科研机构、社区等合作育人机制，全面提升高等学校教学水平。[①] 为了推动马克思主义进课堂、进大脑，教育部近年来采取了很多措施，如从 2018 年 3 月开始启动 96 种马克

---

① 国务院：《国务院关于印发国家教育事业发展"十三五"规划的通知》，www. gov. cn/zhengce/content/2017-01/19/content_5161341. htm，2018-08-07。

思主义理论研究和建设工程重点教材的修订工作。

第三节　高等学校教学管理制度改革

一、教学组织形式改革

所谓教学组织形式，是指教学活动中师生相互作用的结构形式。[①] 常见的教学组织形式主要有班级授课制、贝尔—兰喀斯特制、道尔顿制、协作教学、开放教学、复式教学、文纳特卡制、设计教学、个别教学等。改革教学组织形式，就是要改革传统的班级授课形式，在尊重学生个性差异的基础上，采取多种途径培养学生的自主性和创造性。新中国成立后，为适应批量生产社会主义建设专门人才的需要，我国的高等学校全部实行的是班级授课制，班级的组建是以系为单位进行招生和培养的。教学采用统一的教学计划、教学大纲，采取同样的教学进度。这种教学组织形式适应了当时的需要，但忽视了学生的个性差异，妨碍了学生独立思考能力、独立工作能力的培养，培养的学生必然出现"千人一面"的现象。同时，这种教学组织形式还存在统得过多、限制过死、要求过急的弊端，不利于调动教师和学生的积极性。这种"大一统"的思想一直持续到改革开放之前。

改革开放之后，在班级授课制的基础上，我国在各级各类学校相继实施了一些新的教学组织形式，如小组教学、本科生科研计划、多媒体教学、个别教学等。1985年颁布的《中共中央关于教育体制改革的决定》提出："增加实践环节，减少必修课，增加选修课，实行学分制和双学位制，增加自学时间和课外学习活动，有指导地开展

---

① 沈小碚：《教学组织形式研究的发展及其问题》，载《西南师范大学学报（人文社会科学版）》，2003(1)。

勤工助学活动，等等。"这实际上就是希望在班级授课制之外，能够增加学生选择的机会，培养个人的兴趣和能力。1993 年颁布的《中国教育改革和发展纲要》提出："重视培养学生分析问题和解决问题的能力，注意发现和培养有特长的学生……高等教育要进一步改变专业设置偏窄的状况，拓宽专业业务范围，加强实践环节的教学和训练，发展同社会实际工作部门的合作培养，促进教学、科研、生产三结合。"1999 年颁布的《中共中央、国务院关于深化教育改革全面推进素质教育的决定》指出："智育工作要转变教育观念，改革人才培养模式，积极实行启发式和讨论式教学，激发学生独立思考和创新的意识，切实提高教学质量。要让学生感受、理解知识产生和发展的过程，培养学生的科学精神和创新思维习惯，重视培养学生收集处理信息的能力、获取新知识的能力、分析和解决问题的能力、语言文字表达能力以及团结协作和社会活动的能力。高等教育要重视培养大学生的创新能力、实践能力和创业精神，普遍提高大学生的人文素养和科学素质。"2001 年颁布的《关于做好普通高等学校本科学科专业结构调整工作的若干原则意见》指出："要深化专业设置、学籍管理制度改革，进一步完善学分制；探索跨专业、跨院系、跨学校选课制；建立健全第二学士学位、主辅修制等教学管理制度，形成高校人才培养多样化的新格局。"2004 年颁布的《2003—2007 年教育振兴行动计划》宣布，要"以培养学生的创新精神和实践能力为重点，继续全面实施素质教育"。这些政策性文件对于改变传统单一的教学组织形式、采取多样化的教学组织形式具有指导意义。

为适应素质教育和创新教育的要求，许多高等学校在传统的大班授课之外，引进了小班授课、本科生科研计划、研讨班（seminar）等教学组织形式。如清华大学积极探索研究型教育教学模式，寓教于研，在教学过程中注重学生探索研究和创新能力的培养，在本科生中启动了"大学生研究训练计划"（Students Research Training，

SRT）。此外，学校还加快了现代化教学环境的建设步伐，先后研制了"清华网络学堂""清华教育在线"等具有自主版权的网络教学平台和综合教务管理系统。截至 2003 年，以多媒体教育软件研究中心、清华大学继续教育学院等为骨干，学校已制作了 140 多门网络教学和多媒体课件，200 多位教师与学生进行网上教学交流，"计算机文化基础""马克思主义政治经济学原理""图书信息检索"等 30 多门网上课程向学生开放，每年有 5 000 多名学生选学。全校已建成 58 个多媒体教室，近 8 000 个座位投入教学使用，近千门课程使用多媒体电子教案。① 北京大学大力推行主辅修制和双学位制，对某些课程实行开放式教学，其他专业的学生也可以来选修。这种开放式的教学组织形式为学生提供了更多的选择，有利于培养他们的独立能力和探索精神。② 此外，还有很多高等学校进行了多种形式的教学组织形式的探索和改革，取得了一定的成绩。

二、学分制改革

学分制是一种重要的教学管理制度，最早在欧美高等学校普遍实行，20 世纪初传入中国，并在中国的一些高等学校试行，如北京大学、南开大学等。学分制是与传统的学年制相对应的一种教学管理制度，学年制强调以学习年限来确定学生的学业完成情况，如本科通常为 4 年，专科通常为 3 年，学生在完成规定年限的学习并考试合格以后，准予毕业。而学分制则是以某个专业所修学分的数量来确定学生的学业进度和学业完成情况，修完规定学分的最低限度就可以毕业，具体学分数则不同的学校有所不同。学分制以其重视个性差异、因材施教、重视学生的个性和能力的培养等优点而受到人们的关注。新中国成立以后，在全面学习苏联的形式下，学分制

---

① 陈希：《改革创新　构建研究型大学的人才培养体系》，载《中国高教研究》，2003(11)。
② 卢晓东、宋鑫、王卫等：《大学本科跨学科知识复合型人才的作法与相关问题探讨——北京大学的个案》，载《当代教育论坛》，2003(10)。

被取消，代之以学年制，从此，学年制成为我国普通高等学校的一种基本教学管理制度。学年制以其整齐划一、统一要求、目标明确等特点适应了新中国初期对于大批专门人才的需求，但是，它抹杀了个性差异，难以为学生提供个性化的选择，不利于优秀人才的选拔和脱颖而出，也不利于人才独立性和创造性的培养，因此暴露出一些问题，难以适应社会经济的深入发展。

改革开放以后，我国又重新开始试行学分制改革，希望通过这种改革，鼓励一批学有余力的学生根据自己的个人兴趣和能力，做出更加合理的学习选择，形成更加合理的知识结构，获得最大程度的发展。1978 年 3 月，当时的国务院副总理方毅在全国科学大会上提出"有条件的高等学校要实行学分制"。一些基础较好、实力比较雄厚的重点大学开始酝酿和实施学分制改革，如武汉大学、南京大学等高校开始进行学分制的实验。以武汉大学为例，武汉大学当时在刘道玉校长的领导下，从 1980 年开始实施学分制、主辅修制和双学位制改革。在学习西方学分制经验的基础上，武汉大学首先在历史系和物理系进行学分制试点，并提出了试行学分制的四条原则：一是保持学生的系科、专业建制，以便于开展党团活动，加强思想工作，培养学生的集体主义精神；二是保证基础、保证质量，规定基础课为必修课，暂定选修课的范围限于专业基础课和专业课；三是允许修满学分的学生提前毕业；四是对提前毕业的学生要有一定的限制，不仅要求他们每门功课考试成绩达到优良，而且要具有较强的实际工作能力。经过一年多的试点，学分制显示出诸多优越性，于是武汉大学决定自 1982 年秋季起在全校全面推行学分制。这是全国高等学校中第一个经过试点而全面试行学分制的大学。[①] 此后，暨南大学、南京大学、华中科技大学（原华中工学院）、北京大学、

---

① 刘道玉：《一个大学校长的自白》，179～180 页，武汉，长江文艺出版社，2005。

清华大学、北京工业大学等学校也相继进行了学分制的试点。但是，由于思想上的保守和僵化，加之学分制本身经过试点以后带来的一些问题，如教学安排上的不适应、学生管理上的矛盾、学籍管理困难等，直到 20 世纪 80 年代末，学分制并没有在我国高等学校普遍推行，一些试点院校一度甚至放弃学分制实验，重新回到学年制的道路上。

随着改革开放的深入发展，人们的思想观念获得了进一步解放，人才需求结构也在不断发生改变，推动着高等学校教学管理制度的改革，而学分制作为一种优秀的教学管理制度，必然会重新引起人们的重视和关注。1985 年 5 月，《中共中央关于教育体制改革的决定》明确要求："改变专业过于狭窄的状况，精简和更新教学内容，增加实践环节，减少必修课，增加选修课，实行学分制和双学位制，增加自学时间和课外学习活动，有指导地开展勤工助学活动，等等。"这是改革开放以来，国家最高层面对学分制的首次明确表态和肯定，对于重新评价和确立学分制的地位具有重大的指导意义。进入 20 世纪 90 年代，尤其是邓小平同志南方谈话之后，我国的教育思想和观念不断解放，高等学校的管理体制、结构类型、教学组织等不断理顺，教学质量和效益不断提高，为学分制重新进入高等学校创造了条件。1994 年，《国务院关于〈中国教育改革和发展纲要〉的实施意见》指出："逐步实行学分制，在确定必修课的同时，设立和增加选修课，拓宽学生的知识视野，激发学生学习的主动性和创造性。"与这种发展形势相适应，越来越多的高等学校在教学管理中采用了学分制，学分制自此成为我国的一项重要教学管理制度，成为学年制的一项有益的补充。关于如何实施学分制，目前全国各地仍然在积极探索。2015 年 12 月 29 日，《江苏省教育厅关于深化普通高等学校学分制改革的意见》指出："建立健全选课制、导师制、学分计量制、学分绩点制、补考重修制、主辅修制、学分互认制等教学制度体系，完善人事管理、学生管理、财务管理、后勤管理等教学管理保障，构建现代学分制教学管理信息系统平台，形成充满生机活力的教学运行机制。"①

三、学籍管理制度改革

学籍是学生取得学习资格的证明，包括学生的个人信息、入学资料、考试成绩、升级与留降级、转专业转学、退学、奖励和惩罚、毕业等信息。学籍不仅是学生取得学习资格的证明，而且是颁发毕业文凭的重要依据。学籍管理是高等学校的一项基本教学管理制度，也是高等学校教务处的一项日常工作。它的改革直接关系到人才培养的质量。1958 年 2 月，教育部发布《关于处理高等学校学生转专业、转学、休学、复学、退学等问题的规定（草案）》，统一了在相关问题上的做法，使高等学校在处理学生学籍问题上有了依据。该文件规定，"如无特殊困难，一般不要转专业、转学"，同时要"适当地照顾学生的合理要求"。文件还对转专业、转学、休学、复学、退学等问题做了具体规定。总体而言，这个时期高等学校的学籍管理缺乏一定的弹性，学生转专业、转学等非常困难，这在一定程度上限制了学生的个性发展和选择。1978 年 12 月 13 日，教育部发布《高等学校学生学籍管理的暂行规定》，对高等学校的新生入学、成绩考核、升级留级、纪律考勤、休学、复学和退学、转学转专业、奖励和处分、鉴定和毕业等做了具体规定。《高等学校学生学籍管理的暂行规定》提出，在成绩考核方面，"学生的考试、考查成绩，可按优秀、良好、及格、不及格或百分制评定，试行学分制的，按学分制评定"；"学生自学某门课程，经过考试，已达到教学计划要求的，可免修这门课程"。在升级留级方面，"学习成绩特别优秀的学生经

① 江苏省教育厅：《江苏省教育厅关于深化普通高等学校学分制改革的意见》，http：//www.ec.js.edu.cn/art/2015/12/31/art_4267_186131.html，2018-04-06。

过考核，达到跳级水平，或达到学分制要求的，允许跳级；达到大学毕业水平的，可以提前毕业或报考研究生"。在纪律考勤方面，"学生在学习期间，要提倡晚婚。25 岁以下的不准结婚，擅自结婚者，一律退学。26 岁以上的，经本人申请，学校批准，方能结婚"。在转学、转专业方面，"高等学校学生，一般不得转学"；"高等学校学生，无正当理由不得转换专业"。《高等学校学生学籍管理的暂行规定》确立了我国的学籍管理制度。总体而言，这些学籍规定都不够灵活，缺乏足够的弹性。

　　改革开放以后，随着人们思想的不断解放，相关的学籍规定也越来越趋向弹性化和人性化，更加考虑到了学生的需要和社会发展的需要。1983 年 1 月 20 日，教育部发布《全日制普通高等学校学生学籍管理办法》，对学籍管理规定做了新的补充和修正，如在入学与注册方面，由复查不合格者"取消入学资格"改为"由学校区别情况，予以处理，直至取消入学资格"。又如，在成绩考核方面，增加了"考试成绩评分，以学期末考试成绩为主，适当参考平时成绩"。在升级方面，由原来的考核合格分解为"主要课程成绩达到'良好'以上水平、其他课程及格"。再如，在转学和转专业方面，大大放宽了转学和转专业的限制条件，只要符合相关条件，就可以转学或转专业，如"学生确有专长，本人申请，由所在系（专业）推荐，经转入系（专业）考核证实，转入该系（专业）更能发挥其专长者"，准予转学或转专业。此外，在其他许多方面也有很多改进。许多高等学校也在积极探索学籍管理的改革。例如，中国科技大学 2003 年起开始酝酿《中国科学技术大学本科生学籍管理条例》的修订工作，修订原则是：为学生自主学习、自我管理提供更大的空间，注重学生权利的落实，注重对学生学习过程的管理；柔化过去较为刚性的管理措施。为了充分考虑学生的需要，2004 年，中国科学技术大学专门举行了一场"本科生学籍管理条例学生听证会"，就学籍管理条例的修订广泛听取学生代表的意见，增加了许多亮点，如在教学资源允许的情况下，全校各专业对所有有调换专业意愿的学生开放，满足学生自由选择专业的权利；允许学生复议、陈述和申辩；根据实际情况，细化考纪处理的层次；课程平均成绩达到优秀的学生，经指导教师和任课教师同意，可以选择自修部分课程，以满足学生自主学习的愿望；既允许修满学分者提前毕业，又允许适当延长学业，最长时间为两年。① 中国科学技术大学的这些修订原则，实际上也成为其他许多高校的修订原则。2005 年 3 月，教育部颁布《普通高等学校学生管理规定》，对学籍管理制度又做了许多人性化的改革，成为此后高等学校学籍管理的基本依据。

2016 年 12 月 16 日，教育部通过了修订的《普通高等学校学生管理规定》，于 2017 年 9 月 1 日起正式施行。该文件对学生的权利和义务、学籍管理、考核与成绩记载、转专业与转学、休学与复学、退学等进行了修订和补充，并大力推动相关管理制度的电子化和信息化。2017 年 1 月 10 日印发的《国家教育事业发展"十三五"规划》提出要"完善学习成果认证制度，通过部分地区率先探索、以点带面的方式，推进国家学分银行建设，为每一位学习者提供能够记录、存储自己的学习经历和成果的个人学习账号，对学习者的各类学习成果进行统一的认证与核算，使其在各个阶段通过各种途径获得的学分可以得到积累或转换。被认定的学分，可累计作为获取学历证书、职业资格证书或培训证书的凭证"②。

---

① 《学生学籍管理改革冲动反映高校观念更新》，http://www.chsi.com.cn/jyzx/200411/20041111/1845.html，2018-08-07。

② 国务院：《国务院关于印发国家教育事业发展"十三五"规划的通知》，www.gov.cn/zhengce/content/2017-01/19/content_5161341.htm，2018-08-07。

第四节　高等学校教学方法改革

一、高等学校教学方法的多元化

新中国成立之后，我国确立了计划经济体制。在这种经济体制下，高等学校的人才培养也是按照计划进行的，高等学校的培养目标、培养规格、培养类型、教学计划、教学大纲、教学进度等都是按照计划编制的，都是整齐划一的，高等学校教学的主要任务就是传授和学习知识。同时，我国高等学校在新中国成立初期的相当长一段时期内，主要承担培养人才的任务，更多地属于"教学中心"或教学型大学，研究和探索的功能较少。在这种情况下，高等学校的教学方法也只能采取统一的、单一的模式，也就是注入式的教学方法，即教师以讲授为主，学生被动地接受教师的教学。这种教学方法培养出来的学生规格和类型都比较一致。这种方法符合计划经济体制下社会经济对专门人才的批量需求，为我国恢复国民经济建设和进行社会主义改造培养了大量的专门人才。但是，这种注入式教学方法的弊端是非常明显的，它不仅造成毕业生"千人一面"的弊端，而且扼杀了学生的主动性和创造性，不利于社会经济的进一步发展。1977年，邓小平同志要求首先恢复和重建高等教育，提出了高等学校是"两个中心"（教学中心和科研中心）的著名论断。这个论断的意义在于，它不仅重新界定了高等教育的职能和地位，而且促进了教学方法的转变，即从注入式的教学方法转向启发式和研究性的教学方法。

我国高等学校教学方法的改革，并非简单地否定或者排斥注入式的教学方法，而是对注入式的教学方法进行改进、完善和扩展。无论在什么时候，知识的传授和保存都是大学最基本、最核心的使命。正是基于这样的认识，我国高等学校教学方法的改革是渐进式的扬弃过程，即在吸收注入式教学方法的合理成分的基础上，进一步探索和开拓更加有助于知识传授的教学方法。首先是加强学生实践能力的培养，加大学生对知识的掌握力度。通过社会实践、生产实习、产学合作等各种途径，将理论与实践结合起来，促进学生动手能力的增长，从而纠正注入式教学中偏重知识的灌输的做法。其次是采用启发式和诱导式的教学方法，让学生主动、灵活地掌握知识。《中共中央、国务院关于深化教育改革全面推进素质教育的决定》指出："智育工作要转变教育观念，改革人才培养模式，积极实行启发式和讨论式教学，激发学生独立思考和创新的意识，切实提高教学质量。"这种指示精神对于高等学校采取更多的教学方法产生了积极的推动作用。最后是根据大学的转型，采用研究性或探究性的教学方法。随着我国一部分大学逐渐从教学型大学转变为教学研究型大学或研究型大学，西方国家关于研究型大学的一些教学方法也开始传入我国，如案例教学、基于问题的教学和学习、实验室教学、社团教学等，也开始被我国的一些高等学校采用。总之，通过改革开放 40 年的探索和实践，我国已经建立起多元化的教学方法体系。

二、高等学校教学方法的现代化

教学方法是实施教学的策略、手段和措施等的总称，教学方法的现代化包括三个方面：教学观念的现代化、教学手段的现代化和教学评估体系的现代化。可以说，没有改革开放的 40 年，我国的教学观念、教学手段和教学评估体系是不可能迅速走向现代化的。

(一)教学观念的现代化

在改革开放之前，我国坚持"以阶级斗争为纲"的发展路线，"左"倾思想十分严重，造成了我国高等教育思想和教学观念的僵化。这种僵化具体表现在：第一，在教学中坚持教师中心的观点，将学生作为被动接受教学的客体，采用灌输式、填鸭式的教学方法，处处体现教师的权威和主导地位。第二，盲目排斥现代大学理念，盲目排斥西方先进的教育思想和教育理念，将西方高等教育教学思想统统贴上"资本主义"的标签，如人为地割裂"学"与"术"、"通"与"专"的关系，反对西方的"通才论"和"为学术而学术"的观点。第三，实行一边倒的教育政策，全面学习苏联，"走俄国人的道路"，在高等教育上实行高度的专门化。教育思想观念上的僵化，为我国高等教育带来了巨大的损失。改革开放，首先就是思想和观念的解放，正如邓小平同志指出的："一个党，一个国家，一个民族，如果一切从本本出发，思想僵化，迷信盛行，那它就不能前进，它的生机就停止了，就要亡党亡国。"①通过思想大解放及我国和发达国家的交流，我们重新确立了现代化的高等教育教学理念，促进了高等教育面向 21 世纪的新发展。

（二）教学手段的现代化

《中共中央关于教育体制改革的决定》指出："特别是在新技术革命条件下，一系列新的科学技术成果的产生，新的科学技术领域的开辟，以及新的信息传递手段和认识工具的出现，对教育产生了重大的影响，发达国家在这方面的经验尤其值得注意。要通过各种可能的途径，加强对外交流，使我们的教育事业建立在当代世界文明成果的基础之上。"在相当长一段时间里，我国的高等学校教学展现的是这样一种境况："一支粉笔、一本教材和一张黑板"就构成了教学的全部，许多教师的教案可以十年不变，现代化的教学手段很少，教材内容更新很慢。经过改革开放 40 年的发展，我国的教学手段发生了极大的改变，教师普遍采用了计算机辅助教学、多媒体教学等现代化教学手段，越来越多的课程尝试采用翻转课堂的教学方式，将传统的讲授与发达的信息技术结合起来，极大地改善了教与学的条件，提升了教学效果。同时，学校建立了健全的校园网络和数据库，为学生的自主学习、独立学习和远程学习提供了极大的方便，

① 《邓小平文选》第 2 卷，143 页，北京，人民出版社，1994。

也为师生之间的交流、作业批改与反馈、网上指导等提供了新的渠道。

(三)教学评估体系的现代化

改革开放以后，尤其是 20 世纪 90 年代以来，随着教育教学思想大讨论的深入开展，我国逐步建立了新的教育观念，包括质量观、价值观、教学观、发展观等，这些现代观念对于教学评估体系的确立具有指导意义。经过多年的发展，我国已经建立起现代化的教学评估体系，具体表现在：第一，确立了与时俱进的教学观和人才观，用发展的观点看待教和学的主体地位，理顺了师生关系，实现了教学相长。第二，建立了定期评估制度。从 2002 年起，教育部将合格评估、优秀评估和随机评估合为高等学校本科教学水平评估，对全国高等学校进行分期分批的评估，并以五年为周期进行滚动评估。为贯彻中共十八大和十八届三中全会精神，2013 年，教育部决定开展普通高等学校本科教学工作审核评估，以此代替以前的高等学校本科教学水平评估，其核心是对高等学校人才培养目标与培养效果的实现状况进行评估。[①] 本次审核评估的时间是 2014—2018 年。此外，许多高等学校还建立了内部评估制度，并将内部评估和外部评估结合起来。第三，采用"同行评估""外部评估"等评估方式，保证了评估的真实和合理。例如，《教育部关于开展普通高等学校本科教学工作审核评估的通知》特别强调，要充分发挥第三方评估的作用，先行试点，逐步推开，有计划、有步骤地组织实施高等学校的审核评估工作。第四，建立了科学的评估指标体系。

三、高等学校教学方法的特色化

高等学校的根本任务是培养人才，核心工作是教学。那么，在一

---

① 教育部：《教育部关于开展普通高等学校本科教学工作审核评估的通知》，old. moe. cn//publicfiles/business/htmlfiles/moe/s7168/201312/xxgk _ 160919. html，2018-08-07。

个社会需求越来越多元化、人才竞争日益激烈的时代，如何让自己培养的人才更好地适应外部环境的要求？如何让自己的办学获得社会的认可？如何获得更多的办学资源？显然，高等学校只有在科学定位、办出特色方面下功夫，才能在激烈的竞争中立于不败之地。办出特色，已经成为许多高等学校努力追求的目标，这种特色包括教学方法上的创新和特色。1993年颁布的《中国教育改革和发展纲要》明确指出："高等教育的发展，要坚持走内涵发展为主的道路，努力提高办学效益。要区别不同地区、科类和学校，确定发展目标和重点。制订高等学校分类标准和相应的政策措施，使各种类型的学校合理分工，在各自的层次上办出特色。"1994年，《国务院关于〈中国教育改革和发展纲要〉的实施意见》强调："不同类型不同层次的高等学校应有不同的发展目标和重点，办出各自的特色。"教育部的《普通高等学校本科教学工作合格评估指标体系》特别要求接受评估的高等学校指出自己的办学特色。这些硬性规定为高等学校的特色化发展指明了方向，推动了高等学校的教学方法和教学内容的改革。

为适应内外部环境的要求，各高等学校纷纷根据自身的实际条件，因地制宜地进行教学改革，有的高校是在某些系科或专业采取特色化的教学方法，有的高校则根据全校性的特色定位进行教学改革。如清华大学根据"学习和研究相结合"的理念，加强课程讲授、课堂讨论、作业、实践训练、考核及教材六个教学环节的规范化建设，加速从单向知识传授向关注创新教育的研究型教学转变；按照研究型教学的要求，为给课程建设注入新的活力，实施"百门精品示范课程建设工程"，重点在内容、方法与手段上进行改革；根据改革思路，以学生学习为主体，开展讨论式、启发式、参与式教学的方法和手段。[①] 通过改革，清华大学形成了教学方法上的特色。又如

---

① 陈希：《改革创新　构建研究型大学的人才培养体系》，载《中国高教研究》，2003(11)。

北京交通大学，经过全校反复调研和讨论，学校明确了办学定位和战略目标是：把北京交通大学建设成为以信息与管理学科为优势，以交通科学与技术为特色的多科性、开放式、国内一流、国际知名的研究型大学。为此，在教学上"要更加突出教学工作的基础作用和人才培养质量的核心地位，瞄准国民经济的重大需求，抓好教学改革和人才培养质量的提高，为国家输送更多的高水平专业人才"；"要牢固树立'以学生为本'的思想，教学、科研、管理、后勤等各方面工作都要围绕培养高质量人才这一根本任务来展开"；"要牢固树立'以教师为主体'的思想，从认识上、体制上、机制上入手，充分调动广大教师的积极性和创造性"。① 可以说，多样化和特色化已经成为高等学校教学改革的一个明显特征，它既是高等学校赢得竞争的需要，也是改革开放深入发展的必然要求。

四、结语

本章以重大历史事件和教育政策文本为线索，分析了改革开放 40 年来我国高等学校人才培养模式的发展轨迹和取得的成果。根据一般性的含义，本章将高等学校的人才培养模式分解为人才培养目标、课程与教学内容、教学管理制度、教学方法四个主要方面，分析了这四个方面的改革状况。人才培养目标改革是人才培养模式改革的先导，课程与教学内容改革是人才培养模式改革的核心，教学管理制度和教学方法改革是人才培养模式改革的保障，它们是有机联系的整体。同时，这些改革又是与高等教育理念的改革、高等教育管理体制的改革、高等教育结构的改革等密切联系在一起的。它们融合在中国的整个改革进程中，既受改革的影响，又影响着改革的进程。

---

① 王建国：《北京交通大学突出特色　争创一流的战略选择与行动思考》，载《中国高教研究》，2005(1)。

第九章
高等教育评估的发展与改革

高等教育的信息化、市场化、大众化和国际化趋势，从不同角度引发了提升高等教育运营效益的社会要求。对高等教育的质量进行管理的重要内容之一，就是了解和评估高等院校的实际运行效果。高等教育评估成为实现对高等院校进行质量调控、认证和监督的必要手段和途径。20世纪80年代后，高等教育评估在高等教育运行与发展中的地位日益提高，成为质量保证和问责制度不可或缺的组成部分。

第一节　高等教育评估的发展背景

当前，我国的高等教育处于前所未遇的高速发展时期，教育主体的多元化、高等教育规模的迅速膨胀、院校结构的调整和各种利益群体教育需求的分化等因素，都呼唤着高等教育管理模式的变革。健全的高等教育评估体系是当代强调质量调控的高等教育管理模式的重要组成部分。

一、高等教育体制改革拓宽了高等教育管理的模式

在我国经济和政治制度改革的基础上，1985年5月，《中共中央关于教育体制改革的决定》正式发布，该决定对我国教育体制改革做

出了一系列重大决策。扩大高等教育办学自主权、改革高等学校的招生和分配制度及多种渠道解决教育经费问题等的规定，为高等教育管理体制的系统改革开辟了道路，为高等教育的大发展创造了巨大的空间和前景。

高等教育体制改革既为高等教育的大发展创造了空前的机遇，也对高等教育发展提出了严峻的挑战。高等教育体制改革的核心内容是提升高校的办学自主权，扩大办学主体的阵营，改变国家与高校的传统关系。在长期的中央统一计划和集中管理之后，提升学校的办学自主权，必然使高等教育的管理面对如何保障高校自主管理的质量问题。市场机制的引入，不仅使高校办学质量保障问题更加突出，而且进一步提出了资源分配的公平性和资源使用效率的问题。高等教育发展所面临的这一系列新的问题，以及由新问题引发的新的发展背景和发展动力，都使我们不得不考虑管理手段的更新问题。所以，《中共中央关于教育体制改革的决定》也对管理方式的问题进行了规范，明确提出了"对高等学校的办学水平进行评估"的要求。

20 世纪 80 年代起，退出历史 30 多年的民办高等教育制度复苏了，民办高校在巨大市场需求的推动下迅速扩展和壮大，到 90 年代末，民办高校已达 1 000 多所，在校生的人数达到了公办高校在读人数的 1/6。[1] 民办高等教育机构的参与，使办学主体实现了多元化，政府是高校的唯一办学主体的局面被打破了，各种民间机构、企业和个体开始投资高等教育。民办高校的发展，打破了公办高校一统天下的单一结构，也打破了公办高等教育的单一运营模式，给我国高等教育体制注入了活力。然而，多元化的高校主体和多元化的学校运行方式也要求高等教育管理体制做出重大的调整，发展行政指令以外的管理方式和调控手段，以确保高等教育的质量。对高校组

---

① 　郑富芝、范文曜：《高等教育发展政策国别报告》，北京，教育科学出版社，2002.

织、运转过程与结果进行评估，依据其质量区别对待，不失为一种既体现市场价值又体现公平价值的调控手段。

20 世纪 90 年代高等教育的高速发展，让高等教育在校学生数在短短的十年内翻了一番。1999 年高校开始扩招，当年普通高校的扩招幅度达到了 48％，第二年扩招的幅度是 38％。这种超常发展，更使高等教育的毛入学率飞速上升，从 1990 年的 3.7％迅速提升到 2000 年的 11％，到 2002 年时，高等教育毛入学率接近 15％，提前实现了高等教育从精英教育向大众教育转型的目标。2004 年，我国高等教育进入国际公认的高等教育大众化发展阶段，各种形式的高等教育在校生总规模超过 2 000 万人，高等教育毛入学率达到 19％，截至 2007 年，高等教育毛入学率达到 22％。

然而，国家对高等教育的投入、学校的设备条件和师资力量并没有同步大幅度的提高，再加上民办高校的办学条件普遍较差的实际问题，人们不免要担心，扩招后的高校与后起的民办高校能否维持和提高高等教育的质量。高校要在有限的资源条件下保证教育质量，以及全社会对质量的关注和普遍担忧的现实，使寻求质量保障有效手段的需求不断增长。教育管理层、学校和社会机构都纷纷求助于评估手段，希望借此达到质量调控和保障的目的。

二、高等教育政策法规给予教育评估以合法地位

我国高等教育评估工作的政策法规建设，始于 1985 年发布的《中共中央关于教育体制改革的决定》。为了进一步推动高等教育的改革，促进高校发展水平和教育质量的提高，《中共中央关于教育体制改革的决定》明确提出了要"对高等学校的办学水平进行评估"。1990 年，国家教委颁布了第 14 号令《普通高等学校教育评估暂行规定》，为政府主导的高等教育评估提出了统一的规范。《普通高等学校教育评估暂行规定》将政府实施的高等教育评估定位为国家对高等学校实行质量监控的重要形式，并进一步详细地规定了评估的范围、

标准、实施方法和评估结果的应用方式等方面的原则。

20 世纪 80 年代末，社会其他机构开始介入高等教育评估活动。1993 年 1 月，国务院批转了《国家教委关于加快改革和积极发展普通高等教育的意见》。该文件指出"社会各界要积极支持和直接参与高等学校的建设和人才培养、评估办学水平和教育质量"。这一文件肯定了民间实施的高等教育评估的合法地位，也进一步激发了社会机构对高等教育评估的热情。文件公布后，不仅关注高等学校评估的民间机构迅速增加，各地还纷纷建立了一些专门从事教育评估的事务所，出自民间的大学排名和学科专业排队等评估活动与评估结果的数量日益增加。民间机构所做的高等教育评估结果，成了社会新闻的热点内容；新闻媒体的介入，也使民间机构的高等教育评估工作产生了更为广泛的社会影响。民间机构的自发评估与政府主导的评估这两种不同的评估形式在我国得以正式确立。

1998 年颁布的《高等教育法》第四十四条规定："高等教育的办学水平、教育质量，接受教育行政部门的监督和由其组织的评估。"①至此，将高等教育评估制度作为一种管理手段来使用，获得了法律赋予的稳定合法性。《高等教育法》对于高等教育评估的法律支持，使高等教育评估的地位得到巩固和提高，评估成为高等教育依法治教的重要工具和手段。

2001 年，教育部制定的《关于加强高等学校本科教学工作提高教学质量的若干意见》要求各级教育行政部门建立科学、有效的本科教学质量评估和宏观监控的机制。教育部从 2003 年开始实施"高等学校教学质量与教学改革工程"，建立五年一轮的教学评估制度，全面启动高等学校的教学工作评估。2005 年，教育部《关于进一步加强高等学校本科教学工作的若干意见》强调实现高等教育工作重心的转移，在规模

---

①　此条在 2015 年做了修改。

持续发展的同时，把提高质量放在更加突出的位置。教育部将加强高等学校教学工作评估，完善教学质量保障体系；定期实施教学评估制度和高校教学基本状态数据年度公布制度，有计划地开展学科专业等专项教学评估工作，逐步建立政府、高校和社会有机结合的高等教育质量保障体系；重视不同类型高校的办学定位和特点，按照分类指导的原则，进一步完善教学工作评估指标体系；充分发挥教学评估的激励和导向作用，将评估结果作为学校增设专业、确定招生计划、进行资源分配等有关工作的重要依据。同时，教育部要求高等学校努力探索和建立本校教学质量保证与监控机制。改进本科教学评估工作作为质量工程的内容之一，2007年再次被列入《教育部财政部关于实施"高等学校本科教学质量与教学改革工程"的意见》。

第二节　高等教育评估的发展现状

我国高等教育评估的实践活动，总体上由高校自我组织的内部评估和政府与民间机构实施的外部评估两种类型构成。下面我们将从这两个方面简单地概括一下我国高等教育评估的发展情况。

一、高校内部评估的实施情况

大学具有人才培养、科学研究、社会服务和文化传承创新四种功能。这四种功能在高校内部是相互联系、相互影响的。高校管理工作的奋斗目标是将四者有机地结合起来，提高办学水平和办学效益。为达到此目标，高校采取了相应的教学评估和科研评估机制，以及时了解自身现状，制定改进方案，提高办学水平和办学效益。相对而言，我国高校对社会服务方面的评估还很缺乏，内部评估的内容主要局限于教学质量评估和科研评估，其中还涉及内部质量保障体系。

（一）高校内部教学质量评估

自1985年《中共中央关于教育体制改革的决定》提出教育评估的

问题以来，高等教育评估的理论和实践研究在我国受到了日益广泛的重视。据 1990 年的不完全统计，我国约有 480 多所高校不同程度地开展了以课程评估和教师教学质量评估为重点的内部教学评估试点实践活动，约占当年高校总数的 44.6%。而到目前为止，几乎所有的高校均开展了不同程度的内部教学评估，有的高校已经建立内部以教学评估为核心的教学质量保障体系。高校内部教学评估活动的广泛开展，评估活动本身所具有的导向、激励等作用，推动了教育管理的改革，促进了高校的教育教学质量和办学效益的提高。

近 20 年来，高等教育理论和实践工作者对高校内部教学评估的理论和实践展开了广泛、深入的研究，取得了不少成果。从已有的高等教育评价理论研究和实践经验可以看到，在对教师教学的评价中，学生评价比同事评价、教师自评更具可靠性，因此，在国外，学生评价结果除反馈给教师外，还被广泛用于教师的聘任、提职和决定薪金。在国内，学生评价结果虽没有直接用于教师的聘任、提职和决定薪金，但由于衡量教师的教学没有其他指标，学生评价结果常被高校间接地用于教师的人事决策。研究者们对学生评价的效度问题和学生评价结果的效用等问题进行了深入探讨。对高校教师教学质量评价的效果分析发现，教师的教学质量经过学生评价结果的反馈有了明显的提高。[1] 对学生评价教师教学效果有显著影响的背景特征包括课程的重要性、教师职称、学生对课程的兴趣、班级学生人数、课程的负担和课程的深度，这六项特征能解释 25.8% 的学生评价结果的变异。教师的职称越高，学生对所学的课程越感兴趣；课程对学生越重要，学生认为课程负担、课程内容深度"合适"，

---

[1]　Hu Zuying & Qu Hengchang, *Quality Assurancce and Evaluation in Higher Education: Research Discoveries and Evaluation Experiences from Five Continents*, Beijing Normal University Press, 1998.

班级人数为 40 人以下，教师的教学评价分最高。① 宋映泉等人分析北京大学教师教学评价结果的研究表明：学生评价结果在不同性别的教师之间不存在差别；学生年级与评价结果不存在差异；教师职称存在显著差异，高级职称教师的评价得分明显高于其他职称的教师；35 岁以上的教师得分显著高于 35 岁以下的教师的评价得分；课程所属的学科领域在学生评价结果上存在显著差异，选修课得分显著高于必修课得分。② 学生评价结果与教师的严格要求呈显著正相关，说明教师对学生的严格要求程度越高，学生对其的评价分也越高。③ 这些研究表明，人们已经从对教师教学评价的指标研究转向对评价本身的有效性和影响评价效果的因素的研究上来。

除理论研究外，高校的教师教学评价实践也得到了发展，大多数高校开展了对教师教学质量的评价，评价内容和方式大同小异又各具特色，呈现出十分可喜的前景。北京大学于 1996 年年初，率先在全校范围内公布学生评价结果。中国人民大学于 1999 年 9 月，北京师范大学于 2000 年 3 月，先后在其学校范围内公布学生评价结果，并成为常规性工作。三所高校评价结果的公布，促使教师和校系教学管理工作者更加重视以学生为本的教育思想，认真分析教学工作中的优点和存在的问题，进一步改进和提高教学工作。

目前，国内大部分高校仍然由教务处实施教学质量监控和评价；此外，部分高校成立了专门的教学质量监控与评价机构，例如，北京大学成立了"教育教学评估办公室"，中国地质大学（北京）成立了"评估办公室"。某些高校则是多个机构联合对教学质量实施监控与

---

① 魏红、申继亮：《背景特征对学生评价教师教学的影响研究》，载《高等教育研究》，2003(4)。

② 宋映泉、田勇强：《评价课程还是评价教师？——关于影响学评教结果若干因素的实证研究》，载《中国高等教育评估》，2000(3)。

③ 陈国海：《高校学生评教若干问题的实证研究》，载《南方冶金学院学报》，2003(1)。

评价，如中国青年政治学院成立了"教学评估处"和"专家督导组"，北京信息工程学院通过教学指导委员会、教学督导组、教务处三方联合监控与评价，中国人民大学则由"教学评估办公室"和"教学督导室"两个机构分别执行任务。仍有少数学校，主要是民办大学，没有设立专门的机构对教师的教学质量进行监控与评价，只有一些随机的质量监控与评价行为。可以预见的是，在实际需要的推动和周围环境的影响下，将会有越来越多的高校成立专门的教学质量监控与评价机构，以保证教学质量监控与评价工作顺利、有效地实施。

当前，各高校的评价形式除了组织学生开座谈会或发评价问卷外，许多高校还推出了网上测评，如西南交通大学、东南大学、南京师范大学、北京师范大学等都拥有网上教学评价系统，学生只需要输入学号、密码，就可以对本学期的任课教师进行评价。

各高校对于教学评价结果的分析，在呈现方式上有两种：①部分高校进行了比较和排名。例如，清华大学的做法是根据参评教师的总得分情况，将教师的授课质量分为四个等级(优、良、中、差)，并对授课教师的单项得分进行横向比较，用"笑脸：)"表示该教师此项得分处于所有参评教师该项得分的前 20％之列，用"哭脸：("表示该教师此项得分处于所有参评教师该项得分的最后 10％之列。中国人民公安大学把最终评价结果既按全校排队，又按系部排队，并把每位授课教师的每项评价指标的得分列出，最后编印成册。中国青年政治学院又有其独到之处：对教师的教学评价除提供一份内容详细的学生评价结果外，还按班级绘制了任课教师评价成绩坐标图，呈现教师在任课班的质量位置，力求解决由于不同学生群体特点或素质状况的差别，造成同一部门同等水平教师评价结果的质量位序差别过大的矛盾。②部分高校不做任何以结果形式呈现的比较和排名。例如，在尽可能多地为被评教师提供反馈信息的原则指导下，北京师范大学的做法是呈现一个数据列表，对应评价量表的客观题部分，给出每一个评价指标的统计结果，每一个教师的被评结果独立呈现，评价机构不做任何比较。对于主观题部分的结果呈现，学校则尽量把学生传达的信息按照原貌呈现给教师，原始评价材料叫供被评教师质疑。北京市政法管理干部学院的《教师教育质量系数评定办法(试行)》第四部分第十五条明确规定：所有考核原始材料必须向教师公开。

　　对于评价结果的反馈和利用，不同的学校，甚至同一学校的不同院系，都有不同的处理方式，在处理的力度和透明度上也各有差异。截至 2001 年，北京的绝大部分高校都将教学质量评价结果与教师的奖金、津贴挂钩，20.6％的高校直接将教学质量评价结果与教师奖励挂钩。各高校对教学质量评价结果的利用程度并不相同，11.8％的高校直接对连续三个学期教学质量评价不合格者不再聘用。[①] 清华大学对连续三个学期评价不合格者不再聘用；中国人民大学将评价结果与教师的课酬、业绩津贴、奖励、职称挂钩，该校的某些系将连续三年评价分数排名最后的教师停课，让其观摩其他教师的课堂教学，然后再重新讲课，如果课堂教学质量仍不能提高，则将其退到学校的人才交流中心。首都经济贸易大学的做法是：将教师的评价结果送交师资科存档，作为教师评优、晋升职称的主要依据之一。北京师范大学则对各院系做出如下要求：①各院系对学生评价结果进行"再评价"。②如果被评教师认为学生评价结果与其教学的实际情况严重不符，可要求院(系、所)组织调查。③对评价结果中"对教师教学的总体评价"项目的学生评价平均分低于 3.5 分的任课教师，各院(系、所)要帮助他们认真总结经验，分析问题，并向教务处提交分析和说明的书面材料，上面应有院(系、所)主管教学副主任的签字并加盖公章。以上是对评价结果不合格者的处理

---

　　① 杨小慧、魏红：《北京高等学校教学质量监控与评价现状分析》，载《高等理科教育》，2005(1)。

措施。对于评价结果优秀者，各校一般将其评价结果作为教师奖励的重要参考依据。北京化工大学对连续四个学期在期中获得优秀评价者授予"免检教师"荣誉称号，并在以后两学年的期中教学检查中教学检查结果均记为优秀。武汉工学院的学生评价结果将直接决定新进教师下一学期是否具备上岗资格，若半数以上的学生代表认为该教师的教学"不合格"，无论系领导和专业教师组成的评委会的评价结果如何，该教师都不得上岗。

当前高校内部教学评价的主要特点有：高校内部教学评价工作在体系上趋于完善，如清华大学、北京大学、北京师范大学、中国人民大学、浙江大学等；在教学评价的理论与实践操作上，既借鉴了国外经验，又有自己的创新，但在某些环节上还缺乏深度，例如，各高校对教师自评缺乏培训，专家评价的规范性和有效性目前还没有严谨的科学论证；各高校的教学评价由早期的纸笔评价转为网上评价，由于对过程误差的失控而导致评价分数偏高，区分度降低。[1]

(二)高校内部质量保障体系

在政府有关部门的推动下，尤其是 2003 年我国开展首轮大规模的普通高等学校本科教学工作水平评估以来，各高校纷纷设立了校内评估机构，如评估处或评估办公室等，并逐步建立起了高校内部教育教学质量保障体系，在人才培养和教学工作中发挥了重要作用。

综合已有关于高校内部质量保障体系的研究结果可知，高校内部质量保障体系应该包含五大要素：①背景保障——人才培养目标和质量标准，包括高等学校人才培养的目标与规格、专业培养目标和各级各类质量标准等环节。②投入保障——教学条件和人力资源。

---

① 魏红、赵可：《高等学校学生评价教学方式比较研究》，载《高教发展与评估》，2009(1)。

其中，教学条件包括教学经费、校舍、实验室、图书馆等内容，人力资源包括教师数量和结构、教师培训和发展、生源状况等内容。③过程保障——人才培养过程的管理与监控，包括教学管理组织体制、教学建设、教学研究、教学制度、教学质量监控、教学基本状态数据库建设等内容。④结果保障——教学效果评价，包括院系教学工作评价、专业评价、课程评价、教师教学质量评价、学生学习效果评价、毕业生满意度调查、毕业生追踪调查、教学评优奖励等内容。⑤机制保障——质量保障各项内容的评价、反馈和持续改进。以上五大要素，以及每个要素下包含的若干项内容，构成并全面体现了质量保障的结构、内涵和具体内容。通过对我国96所本科院校提交的内部质量保障体系文本进行内容分析可知，我国高校内部质量保障体系建设具有如下特点：高校的内部质量保障体系已初具雏形，并开始在人才培养过程中发挥作用，但在体现高校自主性和特质方面还明显欠缺；高校内部质量保障体系的框架已经建立，功能逐渐明晰，但大部分高校内部质量保障体系的结构要素还不健全；高校内部质量保障体系中过程保障要素的建设受到多数高校重视，但在具体内容的建设方面还很不平衡；高校内部质量保障体系中结果保障要素的建设同样受到多数高校的重视，但在具体内容的建设方面亦存在着失衡的现象；各高校对内部质量保障体系的建设普遍重视，但不同类型的高校在发展上还存在不均衡。①

（三）高校内部科研评估

近几年来，高等学校内部评估除教学评估外，我国的研究型综合大学中已经逐步建立了科研绩效评估的方法，为推动科学研究工作的竞争和提高科研水平做出了有益的探索。科研评估是对科技人

---

① 魏红、钟秉林：《我国高校内部质量保障体系的现状分析与未来展望——基于96所高校内部质量保障体系文本的研究》，载《高等工程教育研究》，2009(6)。

员所从事的科研活动和所取得的科研成绩进行定性和定量结合的综合评估，是建立和运行科研系统竞争机制的必要手段，是高校检验其科研水平、科研效果的方法。有效地利用评估手段，对科研计划、项目、成果、人才和科研院所的研究绩效进行恰当的评价，是高校科研管理的重要工作。

目前，我国高校的科研绩效评估体系主要包括以下几方面内容。

①项目评估体系，根据项目的获得数量、项目的级别、项目的经费对科研绩效进行评估。通常认为，获得的项目越多、项目的级别越高、项目的经费越多，说明科研人员或科研小组或该院（系、所）的研究能力越强。

②成果评价体系，根据科研成果的质量和效益进行评价。如根据科研论文发表刊物的级别、论文被引用次数、研究成果被应用于实践中所产生的效益等进行科研绩效评价。

③人员评价体系。这是人事组织部门根据人才选拔的需要建立的体系，主要针对科技人员个人的贡献进行评价并做出奖惩、晋升、选拔等多种人力资源管理决策。

④各种奖励评价体系。按照个人、研究小组或院（系、所）获得的各种奖励的档次和级别进行评价，获奖的档次和级别越高，说明研究能力越强。

⑤科技管理部门的评价体系。高校上一级科技管理部门综合考察项目及其经费、人才培养、实验室建设和成果转化等绩效而进行的评价，如申请国家自然科学基金资助项目时进行的绩效评价。

对科技人员科研业绩评估所使用的指标主要有以下四类。

①源生指标：包括论文、专著、专利、成果鉴定、技术转让等科研业绩产出的基本形式。

②追加指标：指建立在源生指标基础上的指标，如科技奖励及论文或专著被引、被索、被摘等。

③派生指标：指建立在优秀的源生指标和优秀的追加指标基础上的指标，包括学会、研究会兼职，入选院士，获得荣誉称号等。

④支撑指标（又称"投入指标"）：包括课题来源、课题经费和课题进度等，是科研业绩产出的基本保障。

科研评估一般采取同行专家评议、同行评议加量化打分，以及利用科学计量学、文献计量学与情报计量学的指标和方法评估科技人员和单位的科研绩效。

尽管我国高校的科研评估在保障科研质量和促进教师开展科学研究方面已经起到了积极的作用，但历史不长，还处于起步阶段，存在很多需要改进的地方。具体来说，高校的科研评估存在如下问题。

第一，有些高校科研绩效评估的目的还不够明确。研究型综合大学要充分明确自身的定位或者大学自身的奋斗目标，在此基础上，科技管理部门充分认识高校的知识传播、知识创造和知识转化功能，制定提高学校科研能力的发展战略，根据这个发展战略确定科研绩效评估的基本原则。

第二，科研评估的组织形式存在条块分割、各自为政的特点。各个部门分别从各自的评价目的做出相应的评价，有些部门进行的评估是出于资源（科研经费）分配、荣誉授予、激励等目的，而不完全是评估科研绩效的目的。评估结果普遍存在片面性，而且人为干扰因素较多。

第三，高校的科研评估仍然缺乏规范的指标体系和统一的评价专家系统，还存在仅仅依靠同行专家评议的评估方式。有时，科研成果或项目评审要在很短时间做出项目是否达到"国际领先"或者"国内领先"的结论，这样的评估结论难以保证客观、准确。某些评估指标内涵重复，如科技人员科研业绩评估指标中往往包括既往承担科研课题、成果获奖、发表论文数、著作数四项，其中的成果获奖都是以在某一研究领域多年发表的系列论文为基础申报的。

第四，科研评估中存在忽视人才培养的情况。科研绩效评估不仅要考察科研直接的投入/产出情况，而且应该重视考察培养人才的情况，如培养研究生、培养科研助手、促使某些科技人员脱颖而出的情况等。

第五，科研评估中存在重视科研数量、轻视科研质量的现象。如管理者对科研论文的数量有足够的认识，但对论文的质量，特别是对衡量论文质量的引文数据的认识有待提高；管理者对科研课题的数量和经费大小有足够的认识，但对科研课题完成的质量，以及科研成果在理论和实践中产生的实际意义的认识有待提高。

二、高校外部评估的发展状况

我国的高校外部评估可以划分为政府主导的评估和民间评估两种评估类型和实践活动。

(一)政府主导的高校评估及其基本特点

政府主导的评估，既指由教育部和各个地方教育管理机构直接组织实施的高等教育评估项目，也包括各级教育行政部门委托民间机构和团体实施的评估活动。评估的主要内容多数是专项评估，如本科教学工作水平评估、精品课程评估、研究生教育评估、"985 工程"评估、"211 工程"评估等，以及各种评优工作，如高等学校教学名师奖和优秀博士学位论文评估等。教育部主导的评估的主要内容是工作检查、专项拨款和重点工作的推进。

目前政府所从事的评估主要有以下三种类型。

1. 常规性专项评估

政府实施的高等教育方面的常规性专项评估主要是高等学校本科教学工作水平评估，这也是近年来在高等教育界甚至全社会影响最为广泛和深入的一项常规性评估。

教育部开展高等学校教学工作评估始于 1994 年，最初对新建的本科院校进行合格评估，然后对办学历史较长、水平较高的重点大学进行教学工作水平优秀评估，还对介于两者之间的高校进行随机性水平评估。2003 年，教育部在研究、总结的基础上，将上述三类评估合并，开始实施"普通高等学校本科教学工作水平评估"，主要对高校的办学指导思想、师资队伍、教学条件与利用、教学建设与改革、教学管理、学风、教学效果、特色项目进行评估。其基本作用是通过制度化的评估，使高校实现"以评促建，以评促改，以评促管，评建结合，重在建设"。针对扩招后一部分高校还存在师资队伍不足、教学条件紧张、教育经费长期投入不足、教育质量存在潜在不良因素的影响，教育部于 2004 年 8 月对原有的普通高等学校本科教学工作水平评估体系进行了修订。新的评估体系对高校教学硬件和教育水平提出了严格要求，增加了控制规模和质量的生师比、就业情况、生源和校园网建设状况等多项内容，并将培养大学生创新精神和动手能力的实践教学环节作为评估指标体系的核心指标。评估指标体系的内容如表 9-1 所示。

表 9-1　普通高等学校本科教学工作水平评估指标体系(2004 年 8 月)

一级指标	二级指标	主要观测点	参考权重
办学指导思想	学校定位	• 学校的定位与规划	1.0
	办学思路	• 教育思想观念 • 教学中心地位	0.5 0.5
师资队伍	师资队伍数量与结构	• 生师比 • 整体结构状态与发展趋势 • 专任教师中具有硕士学位、博士学位的比例	0.3 0.4 0.3
	主讲教师	• 主讲教师资格 • 教授、副教授上课情况 • 教学水平	0.3 0.3 0.4

续表

一级指标	二级指标	主要观测点	参考权重
教学条件与利用	教学基本设施	• 校舍状况	0.2
		• 实验室、实习基地状况	0.2
		• 图书馆状况	0.2
		• 校园网建设状况	0.2
		• 运动场及体育设施	0.2
	教学经费	• 四项经费占学费收入的比例	0.6
		• 生均四项经费的增长情况	0.4
教学建设与改革	专业	• 专业结构与布局	0.5
		• 培养方案	0.5
	课程	• 教学内容与课程体系改革	0.3
		• 教材建设与选用	0.3
		• 教学方法与手段改革	0.3
		• 双语教学	0.1
	实践教学	• 实习与实训	0.4
		• 实践教学内容与体系	0.3
		• 综合性、设计性实验	0.2
		• 实验室开放	0.1
教学管理	管理队伍	• 结构与素质	0.6
		• 教学管理及其改革的研究与实践成果	0.4
	质量控制	• 教学规章制度的建设与执行	0.3
		• 各主要教学环节的质量标准	0.3
		• 教学质量监控	0.4
学风	教师风范	• 教师的师德修养和敬业精神	1.0
	学习风气	• 学生遵守校纪校规的情况	0.3
		• 学风建设和调动学生学习积极性的措施与效果	0.3
		• 课外科技文化活动	0.4
教学效果	基本理论与基本技能	• 学生基本理论与基本技能的实际水平	0.7
		• 学生的创新精神与实践能力	0.3
	毕业论文或毕业设计	• 选题的性质、难度、分量、综合训练等情况	0.7
		• 论文或设计质量	0.3

续表

一级指标	二级指标	主要观测点	参考权重
	思想道德修养	• 学生思想道德素养与文化、心理素质	1.0
	体育	• 体育	1.0
	社会声誉	• 生源 • 社会评价	0.6 0.4
	就业	• 就业情况	1.0
特色项目		特色是指在长期办学过程中积淀形成的，本校特有的，优于其他学校的独特优质风貌。特色应当对优化人才培养过程、提高教学质量作用大，效果显著。特色有一定的稳定性，并应在社会上有一定影响，得到公认。特色可体现在不同方面，如：治学方略、办学观念、办学思路；科学先进的教学管理制度、运行机制；教育模式、人才特点；课程体系、教学方法，以及解决教改中的重点问题等	

资料来源：

教育部办公厅：《普通高等学校本科教学工作水平评估方案(试行)》，www. moe. gov. cn/S78/A08/S8341/S7168/201001/t2010129 _ 148782. html，2018-08-07。

教育部设定了各类普通高等学校基本办学条件指标的合格标准，评估专家参照此标准对高校进行评估，评估结论分为优秀、良好、合格和不合格四种。合格标准的具体内容如表 9-2 所示。

表 9-2　普通高等学校基本办学条件指标的合格标准

指标	学校类别					
	综合、师范、民族院校	工科、农、林院校	语文、财经、政法院校	医学院校	体育院校	艺术院校
生师比	18	18	18	16	11	11
具有研究生学位教师占专任教师的比例/%	30	30	30	30	30	30
生均教学行政用房/平方米/生	14	16	9	16	22	18
生均教学科研仪器设备值/元/生	5 000	5 000	3 000	5 000	4 000	4 000

指标	学校类别					
	综合、师范、民族院校	工科、农、林院校	语文、财经、政法院校	医学院校	体育院校	艺术院校
生均图书/册/生	100	80	100	80	70	80
具有高级职务教师占专任教师的比例/%	30	30	30	30	30	30
生均占地面积/平方米/生	54	59	54	59	88	88
生均宿舍面积/平方米/生	6.5	6.5	6.5	6.5	6.5	6.5
百名学生配教学用计算机台数/台	10	10	10	10	10	10
百名学生配多媒体教室和语音实验室座位数/个	7	7	7	7	7	7
新增教学科研仪器设备所占比例/%	10	10	10	10	10	10
生均年进书量/册	4	3	4	3	3	4

资料来源：

教育部办公厅：《普通高等学校本科教学工作水平评估方案(试行)》，www. moe. gov. cn/S78/A08/S8341/S7168/201001/t2010129 _ 148782. html，2018-08-07。

2004 年 10 月，教育部成立了"教育部高等教育教学评估中心"，因此，第一轮五年(2003—2008 年)的高等学校本科教学工作水平评估由教育部统一领导，由教育部高等教育教学评估中心组织实施；高职院校教学评估由各省、自治区、直辖市教育厅(委)领导和组织，但教育部要组织专家进行抽查。教育部计划将评估结果与对学校的激励和约束机制结合起来，将评估结果作为各校财政拨款、确定招生计划、加强学科建设等有关资源配置的重要依据。

高等学校教学工作水平评估的程序如下。

评估前，由教育部发文通知学校评估时间，同时，由教育部组织评估专家组。

教学工作水平评估分以下三个阶段进行。

自评自建阶段：被评学校完成自评工作，写出自评材料；专家组抽调学校的背景材料，以及部分学生的毕业设计、毕业论文和试卷等，请同行专家评审、分析。

专家组进校考察阶段：专家组进校听取学校领导的自评报告，采用多种形式深入实际，进行全面考察，通过认真讨论，形成评估意见，并向学校反馈。评估意见和建议报"普通高等学校本科教学工作评估专家委员会"审议。

整改阶段：被评学校根据专家组的评估意见，制订整改计划，实施整改工作。一年后向教育部提交整改总结报告。

1994—2007 年，教育部对全国本科高校进行的教学工作水平评估的结果如下。

1994—2000 年，用合格评估方案共评估 169 所学校。其中：133 所一次通过，占 78.7%；36 所暂缓通过，占 21.3%。

1996—2000 年，用优秀评估方案共评估 16 所学校（包括 4 所试点学校），14 所一次通过，占 87.5%；2 所暂缓通过，占 12.5%。

2000 年，用随机方案试评 1 所（长沙铁道学院），评估通过。

2001 年，用合格评估方案共评估 10 所学校，全部通过。

2001 年，用随机评估方案共评估 25 所学校，其中，8 所优秀，16 所良好，1 所合格。

2002 年，用合格评估方案评估 13 所学校，其中，师范类 10 所，全部合格。

2002 年，用教学工作水平方案评估 20 所学校，其中，13 所优秀，7 所良好。

2003—2008 年，教育部第一轮本科教学工作水平评估的结果见表 9-3。

表 9-3 教育部第一轮本科教学工作水平评估的结果

评估时间	评估范围	优秀率	良好率	合格率
2003 年	42 所	47.6%（20 所）	45.2%（19 所）	7.1%（3 所）
2004 年	54 所	55.6%（30 所）	35.2%（19 所）	9.3%（5 所）
2005 年	75 所	57.3%（43 所）	37.3%（28 所）	5.3%（4 所）
2006 年	133 所	75.2%（100 所）	18.0%（24 所）	6.8%（9 所）
2007 年	198 所	80.8%（160 所）	19.2%（38 所）	0
2008 年	87 所	81.6%（71 所）	18.4%（16 所）	0
合计	589 所	72.0%（424 所）	24.4%（144 所）	3.6%（21 所）

　　健全和完善教学工作水平评估制度是保证教学质量的有效手段。教育部认为，通过教学工作水平评估，有助于把学校的教学基本建设、教学改革及教学管理提升到一个新水平。评估工作充分显示了评估在端正办学指导思想、规范管理、加大教学投入、改善办学条件、深化教学改革、提高教育质量、创新办学思路等方面，特别是在充分调动全校师生教学和学习积极性、增强学校的凝聚力方面的重要作用。被评高校普遍认为，本科教学工作水平评估是对普通高校办学指导思想、办学水平和教育质量的全面审视，是促进学校全面发展、提升办学实力的最佳时机，也是发现不足、及时整改的宝贵机遇。通过迎评促建，被评高校进一步明确了办学指导思想，改善了教学条件，提高了管理水平，进一步加强了师资队伍建设，教学改革得到深入开展，对于学校的教学、人才培养质量的提高起到了非常重要的作用。有的校领导认为，评估在学校发展历史上具有

里程碑意义；多数大学的领导和教师认为，评估不仅使本科教学工作上了一个新台阶，而且使学校的各项工作有了全新的发展。评估发挥了指挥棒作用，由于在指标体系中要求教授、副教授近三年内要为本科生授课，促使一大批教授重新走上给本科生授课的讲台。在对高职院校的评估中，由于评估方案把毕业生就业率和职业资格证书获取比例作为检验学校教育质量的核心指标，明显促进了学校以就业为导向的教学建设和教学改革的进程。

　　随着评估工作的进一步深入和拓展，评估也出现了一些问题。如表 9-3 所示，评估优秀率逐年提高，尤其从 2006 年开始，大幅度提高，评估结论的趋同性增加，教育部评估优秀的部分学校和社会对其的评价存在不一致。此外，由于评估结果关系到学校的形象、声望和地位，关系到学校的持续、快速和健康发展，个别学校在认识到评估结果的重要性的同时，在迎评过程中不是在以评促建，而是搞应试评估，甚至弄虚作假。有的学校在评估专家组进校前，集体赶制教师教学档案，补齐学生考卷。山东某大学一个学生给《中国青年报》编辑部发匿名电子邮件，举报其所在学校为了迎接教育部教学工作水平评估，强迫学生集体作假。[①] 举报信共提到了四项作假手段：首先，"为了迎接评估，学校要求每名学生必须写一份不少于 5 本书的借书记录，而且要求写明出版日期、借书时间，以表明学校不是没有书，而是好书都在学生手中"。但事实上，学校根本没有这些书。其次，要求大一、大二学生买一张健身卡。学校规定，这是课外健身的一部分，不参加活动就拿不到相应的学分，毕业时拿不到足够的学分，就会"理所当然"地拿不到学位。再次，为了迎接专家组的到来，学校买了几辆高级轿车，编了号放在学校显眼的位置，以表明对专家的重视。最后，专家组来到学校还要与学生谈话，学

---

① 樊未晨：《匿名举报邮件揭露学校迎上级评估作假四大手段》，learning. so-hu. com/20041124/n223146725. shtml，2018-08-07。

校两次印制了专家有可能问的问题，要求学生照着背，不该说的一律不许说。[①] 以上种种问题，导致了民众及高校部分人员对教育部本科教学工作水平评估的质疑。

针对评估中出现的问题，教育部要求，在评估工作中，要建章立制，严明纪律，做好评估规范化建设工作。要做到评估指标体系、标准、评估过程、程序和结果全部公开，做到评估工作的公开、公正、公平和透明。评估过程中，高校要诚实守信，本着对国家、对社会和对学生发展高度负责的态度，做好自评、自建工作。对于那些在评估工作中虚报数据、弄虚作假、搞不正之风的高校，一经发现，立即取消其已获得的评估结果，并被作为教学评估不合格单位向社会公布。对其主要领导，要进行批评教育和行政纪律处分。[②]

此外，由于各类高校的目标定位、性质、任务和社会服务的行业范围有所不同，高校的多样性、层次性、地区性和复杂性决定了应该对高校进行"分类评价"。为此，教育部高度重视对高校发展分类指导的工作，强调各类高校都应该有自己的名校，高校评估不能都挤所谓"名校独木桥"。自 2009 年开始，教育部组织开展新一轮本科教学评估的方案研究。教育部通过总结上一轮普通高等学校本科教学工作水平评估的经验教训，研究国外高等教育质量评估的发展趋势，以及开展专项政策咨询研究，在调研和试点工作的基础上，确立了新一轮普通高等学校本科教学工作水平评估，对 2000 年以来未参加过评估的新建本科院校（暂不含独立学院）实施质量认证式评估（即合格评估），要求参评院校达到国家基本办学标准，保证人才培养的基本条件和基本质量，重点考察学校是否建立了符合教育规

① 樊未晨：《匿名举报邮件揭露学校迎上级评估作假四大手段》，learning. so-hu. com/20041124/n223146725. shtml，2018-08-07。

② 王京：《周济：保证公平性　教学评估不向高校收费》，www. people. com. cn/GB/jiaoyu/1053/2944526. html，2018-08-07。

律的人才培养模式、科学规范的教学管理制度、合理有效的内部质量保障体系。评估结论也从上一轮评估的水平性评定调整为认定性结论(通过、暂缓通过或不通过)。而对参加过上一轮评估并获得通过的普通本科学校，则实施质量审核式评估，引导这类学校深化改革、提高质量、办出特色。①

2. 学校综合水平评估

教育部主导的学校综合水平评估正在实施与完善的过程之中。这类评估的目的是检验学校的能力，发现教育管理中的问题，促进与帮助学校提高办学水平。这类水平评估原则上不对高校的办学能力和办学水平进行评估结果的排队，注重的是对以往教育投入结果的检验，而不是为将来的教育投入寻找适当的对象和分配标准。所以，学校综合水平评估工作到目前为止，没有与高等教育经费的整体分配相联系。

但是，进入21世纪后，高校的综合水平与办学效益被教育部作为高等教育整体资源配置基础的倾向越来越明显了。2001年年初，教育部启动了对9所"985工程"大学的重点投资效果的评估，开始尝试建立投资与评估之间的直接联系。对9所冲击一流大学的"985工程"大学进行评估的方案研究，是由教育部教育发展研究中心主要承担设计的。2002年，教育部又委托中国高等教育研究会进行评估指标体系和实施机制的设计研究，以期获得可以参考的更多评估方案，使这项评估能够比较好地检验项目的执行结果，检查接受了特殊投资的项目学校的资金使用效益，同时，也为将这种综合水平评估向部属重点高校与普通高校过渡、建立依据学校经营效果进行拨款的教育经费发放机制做准备工作。

———————————

① 钟秉林：《抓好本科教学合格评估 拓展优质高等教育资源》，载《中国高等教育》，2012(19)。

教育部教育发展研究中心经过认真研究，提出了两种建议性评估方案。两个方案都建议成立专门负责评估和拨款工作的委员会或专家组，由这个机构组织评估工作。评估指标反映了评估的主要内容。第一套方案有教育教学质量评估、学科建设水平评估、对社会贡献的评估和建设资金使用效益评估四个一级指标；第二套方案包括学校建设目标实现情况的评估、学校办学水平主要指标的客观评估、对社会贡献的评估和建设资金使用效益评估四个一级指标。两套方案中都包括社会效益和资金使用效益方面的指标，且权重都占到 30%，这种设计充分表明教育部已经将学校办学的经济效益和社会效益作为其管理的重要价值导向和目标。

中国高等教育学会负责的评估方案是由北京师范大学高等教育研究所、北京教育科学研究院、上海教育科学研究院和辽宁教育研究院等几个单位共同研究设计的，方案涉及评估指标和评估机制等内容。对于评估的组织与实施机制，方案中提出的评估实施过程涉及三个部门的协作：教育部高等教育司、评估专家组和民间中介机构。高等教育司可以运用其行政权力，较为容易地从各个大学采集到定量指标所需的数据。高等教育司还有日常工作中积累的关于各校情况的数据资料，既可以作为评估的补充数据，又可以验证届时采集的数据。专家小组具有教育理论和教育经验的优势，负责采集和分析定性数据资料工作。民间中介机构是评估活动实施的核心角色。这个机构必须是专业性的组织，忠于职守，按制度规则行事，不会轻易受到来自教育行政部门和学校的干预。民间中介机构的工作有三个方面的内容：设计评估工具和评估工作计划；沟通与协调三部门的工作；做出综合评估报告。方案中建议的评估指标包括定量指标和定性指标两部分。定性评估的主要内容是学校的办学思想、制度规则和组织文化等的建设和实施情况。

与此同时，教育部也在积极探索对所有高校进行综合水平评估的方法和机制。除了希望从上述研究方案中得出一些可以借鉴和迁移的内容，用于对高校的全面评估外，自 1998 年起，教育部的评估网站就开始了综合评估指标选择的调查。这表明教育部对全国高校综合评价的准备工作已经启动。

3. 体现政府政策导向的重点建设项目评估

这种评估的针对性很强，而且多是阶段性的或一次性的评估，评估的目的往往是对项目的实施情况进行检查与验收，或者是促进项目或重点工作的进一步发展。如 1995—1996 年，国家对"211 工程"100 所左右大学和 300 多个重点学科点的重点建设规划进行了评估与评定。2001—2002 年，国家又组织了"211 工程"建设项目的验收评估等。这种评估一般根据同行评议、择优扶持的原则，先由学校提出申请及上交自评报告，然后由教育部组织专家评议或实地考察，最后由教育部审核批准，为限额评选性质的评估。

与此类似的体现政府政策导向的重点建设项目的评估还有在 20 世纪 90 年代中后期先后实施的"211 工程"和"985 工程"的基础上，2015 年 10 月，国务院印发《"双一流"方案》，2017 年 9 月 20 日，《教育部财政部国家发展改革委关于公布世界一流大学和一流学科建设高校及建设学科名单的通知》出台，指出一流大学建设高校 42 所、一流学科建设高校 95 所。

这类评估还包括教育部对其委托与招标的科研项目实施情况的监督评估和验收评估。此种研究项目评估在高等教育中是应用得比较早、比较普遍的评估类型，但同时也是组织化和制度化水平都不高的评估类型。尽管高等教育内部的委托项目年年都有，还有常规的五年计划的研究项目的审批、中途检查和结果验收，但这些工作主要靠专家组和科研规划部门来完成，没有专业的评估人员参与，也没有经过严格设计的评估方案和评估制度规则，所以存在一定的随意性和不稳定性。

（二）民间评估机构的出现及其评估活动

1993 年 1 月，国务院批转的《国家教委关于加快改革和积极发展普通高等教育的意见》指出"社会各界要积极支持和直接参与高等学校的建设和人才培养、评估办学水平和教育质量"。此后，社会各界对高等院校的办学水平更为关注，民间从事高等教育评估的机构迅速增加，民间的大学排名评估开始活跃。自 1987 年中国管理科学研究院科学学研究所发表中国第一个民间大学排名，至 2005 年广东管理科学研究院发表《2005 年中国大学评价》，据粗略统计，中国共有十几家单位发表了 40 多个大学排行榜，参见表 9-4。

从表 9-4 可以看出，民间的高等教育评估主要表现为两种类型：研究型评估和商业型评估。研究型评估的目的主要是获取具有学术价值和实践改善指导价值的评估信息，包括对评估本身进行的元评估研究结论。这类研究主要是学术性民间评估机构的活动内容。商业型评估的主要目的是产生具有新闻价值和经济价值的评估信息，发表于媒体的多数大学排名或者学校某方面运行结果的排名就属于这类评估。

1. 研究型评估及其特点

《国家教委关于加快改革和积极发展普通高等教育的意见》出台后，社会对文件中提出的"社会各界要积极支持和直接参与高等学校的建设和人才培养、评估办学水平和教育质量"的号召，反应非常积极。

全国各地迅速成立了一些专门化的民间评估机构，如学位与研究生教育评估所（1994 年）、上海市教育评估院（2000 年，其前身是"上海高等教育评估事务所"，于 1996 年成立）、江苏省教育评估院（1997 年）、辽宁省教育评价事务所（1999 年）、云南省高等教育评估事务所（2000 年）、广东省教育发展研究与评估中心（2000 年）、武汉大学中国科学评价研究中心（2002 年）、安徽省教育评估中心（2010

表 9-4　1987——2018 年中国大学排行榜统计表

单位名称	排行榜〈论文〉名称	时间	发表位置	评价数据来源及主要评价指标	备注
中国管理科学研究院科学学研究所	《我国科学计量指标的排序》	1987.9.13	《科技日报》	美国费城科学情报研究所《科学引文索引》(SCI)	仅对 87 所重点大学进行排序
	《用科学指标评估高校科研水平》《科学教育必须面向世界——从科学计量排序结果看我国高校科研的某种封闭性》	1988.1.25	《光明日报》	SCI 和美国工程索引公司的《工程索引》(EI)	对 20 所重点综合大学和 20 所重点工科大学的科技论文数量进行排序
	《我国重点高等院校科学计量多项指标排序及其分析》	1989.11, 1990.2	"全国高校科研管理讨论会"和《学会》1990 年第 2 期	以国家教委科技司 1985—1987 年的《高等学校科技统计资料汇编》中的国外及全国刊物论文、专利批准、国家级奖项等为指标	国内首次采用多项指标对全国 86 所重点大学进行分类排序
中国科技信息研究所	《中国科技论文统计与分析简报》	1991.2	《中国科技期刊研究》1991 年第 1 期	SCI, ISTP, EI 及 1 210 种国内期刊	部分中国大学
	中国大学四强、五强、十强等共 5 个大学排名	1993 年起	《人民日报（海外版）》	SCI, ISTP, EI 及 1 210 种国内期刊	部分中国大学

续表

单位名称	排行榜（论文）名称	时间	发表位置	评价数据来源及主要评价指标	备注
湖南大学	《全国86所重点高校1985—1989年科技活动评价》	1992.4	《科学学与科学技术管理》1992年第4期	国家教委科技司《高等学校科技统计资料汇编》	国内首次对不同成果取不同权重的大学排名
国家科委	《中国排出大学四强》	1992.12.23	《人民日报（海外版）》	SCI, ISTP, EI	迄今唯一以政府部委名义发布的大学排行榜
广东管理科学研究院	《中国大学评价》（年度中国大学排名、一流大学排名、各专业学科第一名、中国大学研究生院排名等）	1993—2018	《中国高等教育评估》等专业期刊及多家网络媒体	最初以"不同类型大学的科研人员平均具有相同创新能力"的假设为基础，在2002年的评价中，将其修改为"不同学科科研人员平均具有相同创新能力"。评价指标侧重投入和产出两个角度，数据来自CSCD, CSSCI, CSTPC, SCI, EI, SSCI, A&HCI	国内首次使用较大规模专家群体评价指标的权重的大学排名，首次对包括哲学、人文科学、社会科学活动在内的中国大学进行排名；创立了以对社会的贡献度为唯一衡量标准的中国大学评价体系；在十多年的发展中日臻完善。从2002年开始，将大学排名结果集结为《挑大学——选专业》一书，为高考学生填报志愿提供参考

续表

单位名称	排行榜（论文）名称	时间	发表位置	评价数据来源及主要评价指标	备注
《中国高等教育评估》杂志	《94'中国研究生院评估排行榜》	1995.10	《中国高等教育评估》1995年第4期	包括研究生培养及质量、学科建设及成果、研究生院机构建设等指标。没有明确公布数据来源	对33所大学的研究生院进行评估
	《中国高等学校排行榜》	1996.2	《中国高等教育评估》1996年第1期	学校办学基本条件、学科建设及成果、学生质量等指标	国内第一个大学综合排名，列出中国最佳大学30所
中国科学院文献情报中心	《中国科学引文数据库1996年部分统计结果》	1997.12.10	《中国科学报》	《中国科学引文数据库》（CSCD），包括国内科技期刊582种	公布了被《中国科学引文数据库》（CSCD）收录论文最多的前20所大学
中南工业大学	《我国高校培养高层次人才的综合实力比较》	1998.4	《湖南研究生教育》1998年第2期	以博士点、博士后流动站、国家重点学科[含国家重点学科、国家工程（技术）研究中心、国家文科基地]为指标	国内第一个大学高层次人才培养排名

续表

单位名称	排行榜（论文）名称	时间	发表位置	评价数据来源及主要评价指标	备注
网大（中国）有限公司	《中国大学排行榜》	1999—2013	www.netbig.com 网站及《中国青年报》等报刊	以《美国新闻与世界报道》的评价体系为依据，结合中国实际，适当调整。数据源自问卷调查，国家信息研究机构和刊物及大学网站	网大（中国）有限公司是第一个在国内发布大学排行榜的境外企业。其发布的排行榜是中国第一份从消费者角度评估的大学排行榜
南京大学	1998 年中国社会科学论文统计	2000	《中国社会科学研究计量指标：论文、引文与期刊引用统计》，南京大学出版社	《中文社会科学引文数据库》（CSSCI）	共收录国内哲学、人文科学、社会科学期刊 496 种
北京思路高科技网开发有限公司	《2000 中国高校排行榜》	2000.6.7	uniranks.edu.cn 网站	教育部科技司的《1999 高等学校科技统计资料汇编》	表明国家最高教育行政部门尝试直接制定和发布大学排行榜
教育部科技司	《高校科技实力排名》	2000.6.9	《中国教育报》	指标包括科研经费、校办产业销售收入、高校科技产业年销售收入超过亿元的企业	教育部初步建立的"高校科研评估体系"的一部分

续表

单位名称	排行榜（论文）名称	时间	发表位置	评价数据来源及主要评价指标	备注
中央教育科学研究所,《中国青年》,网胜公司中文网站	《我心目中10所最好的国内大学》	2001.1	《中国青年》2001年第2期	采用社会公众随机书面问卷调查和在互联网上投票的方法	国内第一次不分年龄、文化程度的投票评选法产生的中国最好的大学排名
中国校友网（www.cuaa.net）,《21世纪人才·大学周刊》、TOM教育	年度中国大学排行榜、年度中国民办大学排行榜、年度中国独立学院排行榜、年度中国富豪校友排行榜等	2003—2018	中国校友会（www.cuaa.net）	网上公开投票，数据来源全部公开。注重整体水平评估，总量与均量并重，积累性指标与质量性指标相结合，质量指标与数量指标兼顾	中国第一个由网络评选产生的大学排行榜，是全面评价中国当代教育现状和中国高校办学综合实力、师资力量、学校特色的大型活动
《中国青年报》、中国科学评价研究中心	中国高校科技创新竞争力评价报告、中国高校人文社会科学研究竞争力评价报告	2004.7.8	《中国青年报》	有关政府部门的统计数据资料（汇编、年鉴、报表等）；国内外有关文献信息数据库；有关政府部门、高校信息网站；有关刊物、书籍、报纸、内部资料等	第一次以投入、产出、效益为主线，对全国高等院校的科研竞争力进行综合评价

续表

单位名称	排行榜（论文）名称	时间	发表位置	评价数据来源及主要评价指标	备注
《中国青年报》、中国科学评价研究中心、科技部中国科技信息研究所	中国高校综合竞争力评价报告	2004.9.21	《中国青年报》	数据来源：有关政府部门的统计数据资料（汇编、年鉴、报表等）；国内外有关文献信息数据库；有关刊物、书籍、报纸、内部资料等。高校网站。分类型评价的评价指标包括坚决贯彻分层次、分类型评价的原则。重点大学的评价指标包括办学资源、教学水平、科学研究、学校声誉；一般大学的评价指标只有前三项。	对全国高校首次以区分"重点大学"和"一般大学"的方式分别进行了较全面、系统的综合评价。评价报告不仅涉及各大学对教学和科研的竞争力，还包括各大学对社会服务等基本职能的完成情况及其对社会的贡献
上海交通大学高等教育研究院世界一流大学研究中心（2009年开始由上海软科教育信息咨询有限公司发布）	世界大学学术排名（Shanghai Ranking's Academic Ranking of World Universities, ARWU）	2003—2018	http://www.zuihaodaxue.com/worldrankings.html	获诺贝尔奖和菲尔兹奖的校友折合数，获诺贝尔奖和菲尔兹奖的教师折合数，高被引科学家数，在Nature《自然》和Science《科学》杂志上发表的论文数，被《科学引文索引》(SCI)和《中国社会科学引文索引》(SSCI)收录的论文数及师均表现	每年被排名的大学有1 200所，ARWU每年发布全球前500名大学

注：该表在2003年北京师范大学刘美凤老师整理的基础上制作。

年)等。这些机构大多数是从教育研究机构中独立出来的，或者由教育研究机构转化而来。独立或转化出来的主要原因是受到地方教育行政机构改革和教育市场化潮流的影响，加强社会对高等教育的外部监督。这些机构虽然是以民间的面貌出现的，但实际上在一定程度上仍与政府保持着较为密切的联系，接受政府的日常经费，也接受各级教育行政部门的委托评估项目。当然，作为相对独立的评估机构，它们多数具有双重身份。也就是说，这些评估机构同时也以独立法人的身份，为社会各界提供有偿的评估服务。

在民间评估发展方面不能不提到的重要进展是：1994 年 1 月，中国高等教育学会高等教育评估专业委员会(2004 年更名为中国高等教育学会教育评估分会)正式成立。评估专业委员会的诞生，为在全国进行学术性高等教育评估实践和评估研究提供了组织保证。

中国高等教育学会教育评估分会是中国高等教育学会下属的一个分支机构，是在教育部领导下开展和推动教育评估研究和实践的全国性学术团体。它的成立宗旨是探索建立和完善有中国特色的教育评估体系、制度和方法，促进中国教育评估工作的开展和教育质量的提高。会员以团体会员为主，包括高等学校、高等教育研究机构、高等教育评估机构和有关部门的教育管理机构。现有团体会员300 余个。

中国高等教育学会教育评估分会成立后，承担并完成了 2 项全国教育科学"八五"规划重点课题：一项是"有中国特色的高等教育评估制度和政策研究"，另一项是"高校教学评价理论与实践"。后期还自筹资金，组织会员单位开展研究工作，"九五"规划期间设立了 43 项研究课题。中国高等教育学会教育评估分会每年都要组织全国性或地区性的高等教育评估学术研讨会。

中国高等教育学会教育评估分会积极开展国家与地区间的交流，曾经和美国美中教育交流服务机构联合在国内举办过两次"中美教育评估研讨会"，在夏威夷举办过"环太平洋地区中美教育评估研讨会"。1996 年 4 月，评估专业委员会与香港学术评审局、国际教育质量保证中心、美国美中教育交流服务机构在北京联合召开了以"高等教育评估与质量保证"为主题的国际学术会议。1998 年，评估专业委员会与台湾大学教育评估界建立了联系，并合作编写了《海峡两岸大学教育评鉴》。

中国高等教育学会教育评估分会与上海市教育科学研究院、学位与研究生教育评估所共同承办了《中国高等教育评估》杂志。教育评估分会的这些工作对于我国高等教育界评估工作的普及与发展的推动是历史性的，对高等教育评估的当前水平的出现与今后的发展影响具有不可忽视的贡献。

民间的学术型评估尽管对我国高等教育评估事业的发展做出了非常重要的贡献，但是，由于这些机构的特定出身，这种民间机构的评估工作具有很强的纯研究特点，主要的作用是发展评估理论、评估技术和为行政决策服务，所以它们的影响主要在学术领域和行政咨询方面，社会影响不大。

2. 商业型评估及其特点

随着教育市场化的发展，商业型的高等教育评估开始出现，并且显示出日益扩大的社会影响力。主要有两类组织从事这些评估，一类是纯粹的商业型机构，如网络公司等，其目的是以备受社会关注的高等教育问题作为热点，吸引顾客，以扩大自己的市场份额。另一类是研究机构利用研究成果，转而追求经济利益和社会影响效果。不管出于什么样的动机，也不论是由什么类型的机构所从事的工作，这种具有商业色彩的评估的影响力都是很大的，不仅在社会上影响普通市民对高等教育和具体院校的看法，也在高等教育领域内影响院校管理者的管理策略。这种评估的典型代表是广东管理科学研究院与网大的大学排名。

（1）广东管理科学研究院的评价指标及其特点

1993 年起，广东管理科学研究院武书连等学者开始研究高校评价问题，坚持不懈地进行了多年的深入探讨，几经改进，建立了一套有其自身特点的高校评价指标体系，并运用这套指标对我国的大学进行评价和排名，引起了高等教育界内外的广泛关注，也对高等教育实践产生了相当大的影响。该指标体系由一个一级指标和若干二级指标构成。

第一，一级指标及其权重。该评价以各大学对社会的贡献作为排名的唯一衡量标准，所以将大学对社会的贡献确定为一级指标。大学的贡献，依据可测量与否的特点，只选择了大学对社会贡献了高级专门人才和大学对社会贡献了优质科研成果两个测量维度。1998 年中国普通高校实际从事教学的专任教师与当年从事科研的研究与发展全时人员人数之比是 28.15∶16.88，百分比为 62.51%∶37.49%，以此确定一级指标的权重分配为：培养人才，0.625 1，科研成果，0.374 9。

第二，二级指标及其权重。二级指标确定的原则是，应涵盖一级指标的主要产出项，即从博士后至专科生的所有层次，涵盖从公开发表的论文至国家级奖项的科研成果等主要表现形式和附加形式。二级指标的两个纬度的具体指标有：人才培养 5 项，包括博士后、博士、硕士、本科生和专科生的培养数量；科学研究 18 项，包括自然科学 11 项，如在美国 *Science*（《科学》）或英国 *Nature*（《自然》）发表的论文，被 SCI、EI、ISTP、CSCD 收录的论文，被 SCI、CSCD 收录的论文，科技专著，专利授权，国家级奖，省部级奖。社会科学 7 项，包括被 SSCI、AHCI、ISSHP、CSSCI 收录的论文，社科专著，国家级奖，省部级奖。按投入的人数比例计算，自然科学 138 556 人，占 30.78%；社会科学 30 204 人，占 6.71%。

该指标体系的二级指标科研成果的权重是基于专家学者的咨询。1997 年，历时半年，研究者对中国科学院院士、中国工程院院士、

国务院或国务院学位委员会审批的博士研究生导师，进行了 3 轮
4 448 人次的专家咨询，最终确定了二级指标中各项科研成果的权重。

2006 年的大学评价的数据采集和指标权重有以下几个主要变化：
国内的中文源期刊采用了"中国大学评价"课题组创建的专门用于大
学和科研单位学科评价的"科学引文数据库"（Science Citation Data-
base，SCD）；降低国外期刊论文得分。考虑到目前我国学者在国外
期刊发表的论文的实际质量，将 SCI 源期刊论文由每篇 3.8 分降为 3
分，EI 源期刊论文由每篇 2.5 分降为 1.5 分，国内论文保持每篇
1.5 分不变；提高论文被引用得分。与高速增长的论文数量相比，我
国学者的论文被引用次数较低。为了使论文质量的评价更接近实际，
该评价将每篇论文每被引用一次由 2.5 分增加到 3 分(不含作者自引)。

2008 年的大学评价首次增设了抄袭、剽窃降分指标。具体降分
标准如下：对 2008 年 6 月 30 日以前发生的抄袭行为，如果抄袭者
没有辞职而学校又没有解聘的，对该校降分 1 年，降分幅度为全校
总得分的 10％。同一所学校发生两次或以上抄袭行为，则全校总得
分下降 20％。如果抄袭者辞职或者学校将抄袭者解聘，则不降分。
对 2008 年 6 月 30 日以后发生的抄袭行为，如果抄袭者没有辞职而
学校又没有解聘的，对该校连续降分 3 年，降分幅度为全校总得分
的 10％。同一所学校发生两次或以上抄袭行为，则全校总得分下降
20％。如果抄袭者辞职或学校将抄袭者解聘，则不降分。2008 年 6
月 30 日以后发生的抄袭行为，如果抄袭者辞职或者被解聘后，被另
一所大学聘用，则聘用抄袭者的大学总得分连续 3 年下降 10％。聘用
两位或以上抄袭者的大学总得分连续 3 年下降 20％。

2018 年的中国大学排行榜的评价对象是全国所有普通本科高校，
2018 年没有本科毕业生的普通本科高校不在评价范围内。其主要评
价指标有：中国大学综合实力、12 个学科门类、494 个本科专业、中
国大学择校顺序、本科毕业生就业质量、本科毕业生升学率、教师学

术水平、教师绩效、新生质量。其指标体系的修改情况如下：①新增"本科毕业生就业质量"指标，从终端测量每所大学的本科毕业生质量。该指标由本科毕业生薪酬、考研率、出国率3项构成，其中，本科毕业生薪酬按不同省份的工资最低标准，做适量归一处理。②新增"中国大学择校顺序"指标，便于考生直接参考择校顺序填报志愿。"中国大学择校顺序"由本科毕业生就业质量、教师学术水平、教师绩效3项构成。③对SCD引文数据库进行了阶段筛选。自2015年起，中国大学评价课题组在世界范围内，独立筛选学术期刊作为中国大学排行榜的源数据，两年修订一次。2017年完成了2017—2018年的期刊筛选工作，2 489种国内期刊进入SCD引文数据库，10 382种国际期刊进入SCD引文数据库。

广东管理科学研究院以高校对社会的贡献作为唯一衡量标准的中国大学评价体系，是只考虑产出的目标评估，全部使用源生数据；重视总量，特别是高校的招生数量；重视现在，只评价公布年度前2～6年的成绩，没有列入积累性的指标，如两院院士、博士点等；科研成果中的论文收录范围不宽，但包括了奖励成果和专利。这套指标体系的特点是指标简单，数据易于获得与分析。但是，在很多情况下，数量与质量并不是简单替换的关系，而且只问结果不管耕耘的评估方式，也很难反映高等教育工作过程对结果的制约。关注过程、关注活动主体是当代高等教育评估的重要特征之一。

（2）网大的综合评价指标体系及其特点

1999年，网大（中国）有限公司（以下简称"网大"）与《中国青年报》合作，在网上发布了第一份从消费者角度评估的中国大学排行榜。网大排行采用对大学进行综合评价的方法，指标体系是我国最早的综合性指标体系，经过1999—2013年的持续改进，评价指标逐渐完善，该指标体系可以算是商业型大学排名中最全面也比较科学的大学评价指标体系。

　　1999 年，网大排行的指标体系是在借鉴《美国新闻与世界报道》的指标体系基础上，结合我国的实际情况，通过分层抽样方法选取了 600 多位中国科学院院士和 260 多位大学校长，对他们进行问卷调查后建立的。排行榜评价指标以"学术""新生质量""师资"和"科研经费"四大标准共 6 个指数为依据，对中国大学进行评价。网大认为其排行榜至少在两方面超前了一大步：新生质量和学术声誉。因为中国实行统一的高考招生制度，招生质量代表了学生对大学的选择和认同，具有很强的可比性；学术声誉由中国科学院院士及大学校长打分，代表科学技术与教育精英的意见，具有极高的专业性。两项参数在很大程度上体现了各大学在整个社会的分量。①

　　2000 年，网大继续对评价指标进行了调查，设计了两套评价指标体系，即用于评价重点院校的指标和用于评价非重点院校的指标，除了非重点院校的指标中去除了一级指标"学术声望"外，其余的指标在权重方面也有所变化。2000 年的大学排行开始按照学校的学科类型和办学层次（重点大学与非重点大学）分别排行，在高等学校社会声誉调查中，扩大了调查对象的范围，不仅包括两院院士、大学校长、知名的社会科学和人文科学学者，而且吸收了部分企业家参加。② 2001 年、2002 年的评价指标体系趋于稳定，仅对二级指标做了适当的微调。

　　2003 年，网大将过去四年一直沿用的指标"学术声誉"更名为"声誉"体现了调查对象的打分，不局限于反映过去一年各学校的学术表现，而是用"综合声誉"代替单纯的"学术声誉"。"学术资源"在过去四年中补充了人文社科方面的指标，但一直使用总量进行计算。2004 年的一级指标和权重结构没有变化，只在二级指标中做了一些

---

　　① 网大：《网大 1999 中国大学排行榜：排行榜概论》，rank1999. netbig. com/cn/n_authority/1. htm，2018-08-07。
　　② 网大：《2000 年中国大学综合排行：排行榜的总体设计思想》，rank2000. netbig. com/cn/preface02. htm，2018-08-07。

调整，在算法方面，"学术成果"一项删除了 ISTP、CSTP 和 A&HCI，这三项指标相应的权重在"学术成果"项下其他的二级指标中分配。"学术资源"沿用了 2003 年的算法，用"每千名学生的拥有量"代替"总量"。这样的改进反映了学生在学校所能享有的优质学术条件，而不是仅仅以规模计算，相较而言，更加准确地反映了学校学科建设的效益。"学术资源"中的二级指标"国家重点实验室与国家工程研究中心数（每千名学生拥有量）"，补充更新了国家工程技术研究中心数据，指标更名为"国家重点实验室与国家工程（技术）研究中心数（每千名学生拥有量）"。"教师资源"中"教师中获得博士学位人员的比例"这项二级指标因为无法获得更新数据，2004 年用"教师中副教授以上人员的比例"代替，权重不变。[①]

2004 年 8 月，也就是在《中国大学排行榜 2004》发布两个月后，网大向国内 230 所大学的管理部门发出调查信，征询对大学排行榜指标体系的意见。研究组根据反馈结果，2005 年在具体计算过程中尝试对个别指标按照不同的方法进行计算，比较结果后，对 2005 年的评价指标体系和算法未做任何改变。[②]

2007 年，网大的中国大学排行榜指标体系做了如下改进："学术资源"用"对本科学位点比例"代替自 2003 年排行以来一直沿用的"每千名学生的拥有量"计算；"教师资源"中的"教师中副教授以上人员的比例"改为"专任教师中副高以上人员的比例"，以更契合院校专任教师人员构成的实际情况。2007 年排行榜的数据演算更加科学，改进了部分计算细节的处理方法，更趋于合理。分项指标等计算过程中，对得分进行必要的线性变换：如果第二名得分少于 90，则第二名及以后的得分均线性上调至 [0，90] 区间。这样可以避免个别院

① 网大：《中国大学排行榜 2004：2004 年排行榜的改进》，rank2004. netbig. com/cn/rnk _ 0 _ 0 _ 1. htm，2018-08-07。

② 网大：《中国大学排行榜 2005：排行榜阅读提示》，rank2005. netbig. com/cn/rnk _ 0 _ 0 _ 1. htm，2018-08-07。

校在某分项上的特殊表现打压其他所有院校的得分，甚至影响到整个评价指标体系的准确含义。此项修改避免了往年排行中院校物资资源等指标得分略有偏低的弊端；新增数据限幅：生均图书量、生均校舍建筑面积、研究生占全体学生比例等。①

2008 年度的排行指标体系及算法在 2007 年的基础上有如下优化微调："学术资源"下的"国家重点实验室与国家工程（技术）研究中心"增加国家工程实验室数据，指标名称改为"国家级实验室及工程中心"，每个国家实验室相当于 5 个国家重点实验室；分项指标等计算过程中，100 分的基准，由第一名的值改为第一名与第二名的平均值；"省市排行"之院校归属原则，从按主管部门地域改为按校部驻地。②

2008 年网大中国大学排行榜的评价指标体系如表 9-5 所示。

表 9-5　2008 年网大中国大学排行榜的评价指标体系③

一级指标	权重/%	二级指标	指标权重/%
声誉	15	"两院"院士、知名学者、专家、大学校长和中学校长调查结果	15.0
学术资源	20	博士点数（对本科学位点比例）	4.4
		硕士点数（对本科学位点比例）	2.4
		国家重点学科数（对本科学位点比例）	4.6
		国家级实验室及工程中心数（对本科学位点比例）	4.2
		国家人文社科重点研究基地数（对本科学位点比例）	4.4

①　网大：《中国大学排行榜 2007：2007 排行榜的改进》，rank2007. netbig. com/cn/rnk _ 0 _ 0 _ 1. htm，2018-08-07。

②　网大：《中国大学排行榜 2008：2008 排行榜的改进》，rank2008. netbig. com/cn/rnk _ 0 _ 0 _ 1. htm，2018-08-07。

③　网大：《中国大学排行榜 2008：2008 网大中国大学排行榜指标体系》，rank2008. netbig. com/cn/rnk _ 0 _ 0 _ 2. htm，2018-08-07。

续表

一级指标	权重/%	二级指标	指标权重/%
学术成果	22	科学引文索引 SCI(总量和人均)	8.1
		工程索引 EI(总量和人均)	5.5
		社会科学引文索引 SSCI(总量和人均)	6.2
		CSSCI 总量及人均	2.2
学生情况	12	录取新生质量(高考成绩)	5.9
		全校学生中研究生的比例	6.1
教师资源	19	专任教师中副高以上人员的比例	8.0
		"两院"院士人数	5.0
		"长江学者"特聘教授人数	4.0
		师生比(专任教师人数/学生人数)	2.0
物资资源	12	科研经费总量及专任教师和科研机构人员人均科研经费	6.0
		图书总量及生均图书量	3.0
		校舍建筑面积及生均面积	3.0

2009—2012 年，网大中国大学排行榜沿用基本稳定的一整套指标体系，从单一的榜单发布到榜单、论坛、网站新闻同时挖掘大学价值。随着网络媒体越来越广泛地传播与参与，网大注意到人们的焦点早已不满足于单纯对排名榜单的知晓，各高等院校及其相关部门、教师、在校生、毕业生、业内观察家和研究者们"晒"最新数据、事实、经验、感受、研究成果等，因此，在中国门户网站搜狐的鼎力支持下，2013 年网大与搜狐联合推出筹备已久的"动态的中国大学排行榜"——全新的网大 2013 中国大学排行榜。与过往多年的榜单不同的是，网大期望这是一个中国大学排行榜史上第一个人人可以参与，公开表达意见、公平投票支持、公正产生结果的创新型互动榜单。网大认为这个排行榜既综合了院校师资、生源、学术等传统榜单的全方位实力数据，又将充分接纳师生们基于自身了解和学习

生活感悟表达出来的话语权。这个排行榜最大的变化在于，在保留学术资源、学术成果、生源质量、师资力量等多个传统一级榜单外，新推出了校友票选声誉榜，首次鼓励高校在校生、毕业生、教师们积极参与高校认可度的调查，公开、公正地选出"最受网民喜爱的大学"。这些新增的互动交流与观点的碰撞，可以为政府、学生、家长和大学自身提供一个审视大学的全新的立场和视角。[①] 只是搜狐—网大中国大学排行榜在 2013 年之后，未再发布新的排行榜。

网大中国大学排行榜考虑了高校的声誉、投入、产出等多方面信息，定性与定量相结合，部分使用源生数据；强调招生质量，重视相对量；既重视现在，评价公布年度前 1～2 年的成绩，又重视积累性指标，如列入了"两院"院士、"长江学者"、博士点、硕士点、国家重点学科、研究基地等评价指标；学术成果中论文的收录范围较偏，没有包括奖励成果和专利。

总体上，网大中国大学排行榜的指标体系及算法保持稳定，确保了逐年结果的一致性与可比性。以上改进遵循网大中国大学排行榜一贯的研发脉络，其特点可以概括为：①一个原则：力求客观、公正和科学。使用客观数据，逐步改进评价体系和计算方法，使之趋于合理和科学。②一个角度：从消费者角度评价中国的大学。③一个方向：力求反映大学的办学效益和质量，兼顾总量。

第三节　高等教育评估中存在的问题及其分析

我国高等教育评估从无到有，再到具有一定的规模和当前的发展水平，获得了全社会不同群体的普遍关注。当前高等教育评估活动的民间参与性及其程度，以及将评估与质量的持续改进和质量保

---

① 网大：《中国大学排行榜 2013》，rank2013. netbig. com，2018-08-07。

障相结合的发展趋势等，都在一定程度上反映出国际高等教育评估发展的时代特征。更重要的是，这一切只是在很短的时间内完成的，所以，无论从何种角度来说，我国高等教育评估所取得的成绩都是巨大的。但这是仅就我们的基础而言的进步，就我们的目标和高等教育评估的实际效果而言，要取得进一步的发展，我们还有很多问题需要解决。

目前，我国的高等教育评估工作的主要问题有以下四个。

一、政府评估的稳定性与透明度有待提高

20世纪90年代以来，政府和政府委托的评估虽然与高等教育发展的政策制定和工作推进关系密切，对高等教育改革实践的发展产生了极为重要的促进作用，但不可否认，来自政府的评估大多数属于局部性的和阶段性的评估，往往与政府特定部门的工作开展和特定时期的政策贯彻直接相关。结果是政府评估在全面把握和引导高等教育的整体发展方面的力度不够大，评估导致的政策效果也不够稳定，评估影响更多地表现为缺乏时效性的事后清算和缺乏稳定性的短期效应。

从提高高等教育整体水平的角度而言，政府评估应注重发挥对院校整体水平的促进作用和对高等教育长远发展的影响作用，应该形成和表现政府一贯性立场的价值导向。这就要求政府主导的评估无论从评估内容还是从评估目的来看，评估本身应该具有持续性和稳定性的特点，以给其领导下的学校一种稳定的价值引导和稳定的行为预期。学校在清楚地了解该干什么、行为结果是什么之后，才能对自身的管理做出切实可行与稳定的行动计划，并加以贯彻。否则，学校难以做出长远的发展规划，只好一步一步地等待，看看下一次的政府评估关注的是什么、做得好与不好的结果又是什么，再来决定自己该怎么办。结果是上上下下都处于被动的状态，我国的高等教育发展也会是一波三折，缺乏稳定性。

政府主导的高等教育评估还应该更多地反映受教育者的利益与需求的满足情况，反映高等教育组织成员在学习与工作过程中的满意情况。毕竟政府是代表人民对教育实施管理职能的机构，对高等教育的多元利益相关者的关注应该体现公平原则。也就是说，政府评估的作用不只是对高校进行检查和监督，同时还应该为全社会服务，包括为高校服务。高校可以从政府的评估信息中了解自己的状况，寻求对进一步发展有价值的参考信息；社会各行各业可以了解高校和高等教育整体发展状况的可靠信息并加以利用；社会的不同群体能够利用政府评估的可信依据对高校进行选择与监督。这就意味着政府的评估结果应该公开，应该利用评估结果向社会提供可靠的高等教育运行信息。在高度信息化的时代，政府评估结果的公开与透明化对于评估本身的成熟、政府管理水平的提高、高等教育的整体发展和进步都是必要的和重要的。

二、政府的双重角色有待分化

政府在高等学校教学质量保障体系和社会对高等学校教育质量的监督制度中扮演着双重角色，它既是高等学校教学质量保障和社会对高等学校教育质量的监督工作的宏观调控者，又是高等学校教育质量的行政监督者。在目前的评估活动中，政府既是办学者又是管理者。政府的管理者角色使政府评估对高校存在较强的导向作用。由于政府主持的评估导向作用太强，容易引起高校间因名声、利益的竞争而产生的畸形竞争，从而导致在评估过程中学校弄虚作假，评估结果往往很难反映高校的真实情况。此外，教育主管部门如果集管理者与评估者于一身，权责不清，可能会在制定评估指标时考虑自己的位置和利益，从而有失公正，也易产生"报喜不报忧"的弊端。

政府机关在高等教育评估中，应从评估的直接实施者转变为各种政府评估机构的组织者和协调者。在上述政府的两种角色中，政府对高等学校教学质量保障和社会对高等学校教育质量的监督工作的宏观调控职能是主要的，政府应当逐步加强法制建设，通过完善教育评估法规体系和立法机制，建立各类教育质量标准，利用市场机制对高等学校的发展进行宏观管理，保证评估中高等学校的主体性地位，充分调动高等学校参与评估的积极性；政府还应积极推动中介机构的规范发展，为其评估功能及效果的顺利实现创造一个良好的政策环境。

三、民间评估的协调性和规范性有待加强

民间评估发展较快，一些中介机构、社会组织开始参与高等教育评估，这种参与有利于政府、学校和社会间的互动，减缓高校对政府的过度依赖。但这些民间机构与官方评估机构或政府授权的评估机构之间，在资质方面差异很大。由于我国高等教育民间评估机构的资质和管理方面还存在各种不足，民间评估在增强社会与高等学校间的联系、提高社会对高等学校的关注与监督力度的同时，也对高等教育的发展造成了一定的负面影响。这种负面影响主要是由评估的科学性问题引发的。以民间评估影响最大的广东管理科学研究院的评估为例，其发表的中国大学排名的若干结果引起了社会各方面的批评，主要集中在评估的价值导向和评估工具的科学性方面。

该评估所使用的指标体系设计方面存在不足，使评估结果难以反映高等教育基本价值取向和学校运营的实际结果，也难以可靠地反映出院校间的水平差异和各自的办学特点。如其曾经使用的一级指标是学科专业数量、学生数量和科研成果数量三项，2001 年的评估中，取消了学科专业数量指标，用学生数量和科研成果数量作为反映学校社会贡献的一级指标。即使如此，规模决定一切的价值导向依然十分强烈，这种导向在三级指标的权重分配方面表现得更为明显。这样的评估所产生的排名是很难反映院校的实际学术水平与综合能力的。这种导向作用对于目前高校建设中的争上专业、争扩

规模，忽视发展目标和管理制度建设的倾向不能说没有责任。规模与学术能力并非正比关系，产量的多寡也不能直接转换为社会贡献，质量是决定社会贡献的重要因素，影响学术能力的因素也是多方面的。

民间评估机构在进行评估时，评价指标不宜轻易修改，要有一定的稳定性。如吉林大学，在网大 2002 年的大学排行榜中排第 20 名，2003 年排第 31 名，湖南大学在网大 2003 年的排行榜中排第 62 名，2004 年排第 41 名，一个大学在短短一年中的变化一般不可能非常大，但在一年时间的排名相差如此大，说明评价体系的稳定性有问题，也说明民间评估机构仍处于一个不成熟的发展阶段。

长期以来，我国官方性质的评估机构一般只为政府的决策服务，外界无从知晓其评估结果。这一方面降低了评估的效用；另一方面也使政府评估失去了监督，无论怎样评，其结果都会被承认，其直接后果就是评估者不太关心评估的质量。而商业型的评估又缺乏必要的管理和规范，权利得不到认可和保护，它们往往难以获取详细、准确的资料和政府的资助。因此，它们更多地只能以是否易于获取信息为原则，构筑各自的评估体系，这也是上面提到的广东管理科学研究院的大学排名有问题的重要原因。而且这种状况很容易导致各种评估的结果具有较大差异，难以实现为公众提供信息参考之初衷。

事实上，上述情况正是中国高等教育评估的重要问题之一，即没有形成协调、统一的评估体系和没有建立不同评估主体之间的沟通渠道。一方面，政府掌握着权威的评估信息源，却没能有效地利用这些信息；另一方面，各中介机构、社会组织面临"无米下锅"的尴尬，却又屡屡推出对高校教育实践很有影响的评估结果。这样的评估体系很难有效地发挥其监督、激励和服务的功能，更无法起到协调政府、学校、公众三方面需求与利益的作用。

四、评估的全面性、科学性和政策性有待改进

随着市场对高等教育影响程度的提高，高等教育内部的竞争和分化情况对学校运行的影响会越来越大，这种情况自然会对学校自身的发展能力、学校特点等产生更高的要求。学校的个性化发展和自身能力最终会成为左右学校本身生存和高等教育整体发展的关键因素。我国高等教育结构与社会发展要求相适应方面之所以存在问题，一个重要的原因就是学校对市场环境变化的适应力差，学校对政府的依赖性强，而自我发展能力相对较弱。在这样的情况下，评估内容中增加对学校自身办学宗旨的考察，有助于强化学校的主体意识、自我负责精神和自我完善的进取心，使学校提高独立能力和生存能力，以便高等教育的多样化发展成为现实。

只有每个学校都有符合自身情况的办学宗旨和发展目标，才能使学校在实现其宗旨的持续努力中提高自身的能力，表现出个性化的发展特征，最终实现我国高等教育本身发展的多元化。所以，评估内容的确定是非常重要的。我国当前高等教育评估的内容和形式还有很多的局限，现在政府评估的主要内容还是教学评估，在综合评估的研究与设计中，关于学校的办学宗旨、制度建设、教师与学生的参与、学校资源的利用效果和计划实现的情况、学生实际的学习效果等方面的内容没有受到足够的重视。这是以后的发展中需要改进的地方。

另外，我国的评估还缺乏学校自我评估的地位，从质量持续改进和质量保障的角度而言，学校的自我评估是非常有价值的评估形式。自我评估可以使学校始终全面地了解自己的发展情况和问题所在，为持续改善学校的教育水平提供决策的依据。目前我们的内部评估还仅仅是教学评估，虽然教学是学校组织活动的关键内容，但毕竟学校组织活动是整体性的，学校运行的很多方面都会对教学过程、教学结果和学科建设等产生影响。所以，内部的教学评估代替

不了对学校运营情况的全面自我评估。学校自我评估是质量保障体系自下而上地全面提高教育质量的基础，也是质量保障体系的重要组成部分。

评估本身的科学性是评估作用发挥得好坏的重要制约因素。由于我国的高等教育评估起步晚，我们在评估技术、理论和实践经验方面都还存在不足，这一切必然会使当前评估的科学性受到影响。也正因为如此，我们要加强元评估研究，目的不仅是提高评估的技术和理论，更要提高我们对评估信息的分析和利用能力，让评估更好地发挥质量保障的作用。我们还需要加强评估的证据文化建设，加强评估专业队伍建设，加大对评估建设方面的财政投入，使评估的长远发展得到保证。

在质量保障体系中，评估是发现高等教育中的问题、改进教育决策和制定新的决策不可或缺的手段。因为评估可以使我们全面、客观地了解教育的实际情况，有的放矢地提出解决问题的方法。现有的评估绝大多数是事后检查性的评估，与重要政策的制定关系不大。在高等教育改革的过程中，我国出台了很多重要的改革方针和政策，但有些并不是在对实践情况进行认真全面评估的基础上制定出来的。政策的实施效果如何，与政策的适切性和稳定性等因素关系密切，因此，我国的高等教育评估还要注意提升评估的政策意义。

第十章
高等教育未来展望

　　2018 年是中国改革开放 40 周年。40 年来，中国社会发生了翻天覆地的变化——经历了由计划经济体制向社会主义市场经济体制的转轨，人均国内生产总值(GDP)由 1978 年的 381.2 元增加到 2017 年的579 863.4元，人均 GDP 世界排名从 1987 年的 130 名升至 2017 年的 70 名。适应这种变化，高等教育也取得了举世瞩目的成就——2017 年，我国接受高等教育总人口已达 1.7 亿，普通高等教育招生规模达 842 万人，在学人数达 3 699 万，我国正在快速迈向高等教育普及化，高等教育整体实力达到世界中上水平。[①] 2016 年，全国各类高等教育在学总规模达到 3 699 万人，全国高等教育毛入学率为 42.7%，而 1990 年开始统计该指标时仅为 3.4%；民办高等教育从无到有，2017 年国家承认学历的民办高校共 735 所；高等教育的多种办学形式日趋丰富，国际合作与交流范围明显扩大，高水平大学及其他各个重点建设项目成效显著，法治体系基本形成，宏观体制和内部制度不断完善。

---

　　① 整理自中华人民共和国国家统计局：《中华人民共和国 2017 年国民经济和社会发展统计公报》，http://www.stats.gov.cn/tjsj/zxfb/201802/t20180228＿1585631.html，2018-08-07。

进入 21 世纪，中共中央、国务院明确了 2020 年全面建设小康社会的发展目标，提出了人与社会和谐发展、人与自然可持续发展的科学发展观。尤其是中共十八大以来，我国高等教育体系日趋完备，教育公平迈出了重要步伐，综合改革纵深推进，人才培养质量和科学研究水平稳步提升，为经济社会发展提供了重要支撑。习近平总书记在中共十九大报告中指出："优先发展教育事业。建设教育强国是中华民族伟大复兴的基础工程，必须把教育事业放在优先位置，深化教育改革，加快教育现代化，办好人民满意的教育。"高等教育进入"以提高质量为中心"的新的发展时期，要实现以人为本、努力促进人的全面发展。

但是，面对自身发展和外部环境的巨大变化，高等教育还有其不适应的一面。如何适应高等教育历史性突破后的调整，夯实进一步健康发展的基础，我们需要重点关注以下几个政策议题：第一，促进高等教育多样化发展，提高质量与办出特色，这是教育教学和人才培养的根本要求。第二，加强现代大学制度建设，建设好自主办学和自我约束相统一的机制，这是高等学校健康发展的内在需求。第三，促进公平与效率，努力办好人民满意的教育，这是以科学发展观促进和谐社会建设的具体体现。第四，进一步开放办学，这符合大学发展的规律，是大学提高办学水平的必由之路。

第一节　高等教育面临的形势与挑战

近年来，我国高等教育发展的成就很大、方向很明确，但问题、争议不断，这是一个令人困惑的现象，说明中国高等教育进入了变革和调整期。多样化是这一时期的主要特征。在高等教育规模扩大、毕业生就业压力的直接催化下，在国家发展形势的带动和国际环境的影响下，高等教育面临的形势、挑战、理念也发生了变化。哪所高等学校抓好了多样化这个特征、形成了特色，就会具有持续的生命力，在未来的高等教育发展格局中就会有自己的一席之地。同时，国家也需要在提高质量、促进特色、建设制度、保障公平、开放办学等方面调整和引导高等学校的发展。

一、高等教育发展的时代特征

高等教育的发展必须反映当前的时代特征。

(一)发展定位从"适应服务"向"支撑引领"转变

我国经济社会发展要想保持中高速，迈向中高端可持续发展，最大的红利、最重要的牵引力就是高等教育。高等教育在国民经济与社会发展中的定位从之前的"适应服务"转到"基础支撑"，进而发展到如今的"支撑和引领作用并重"，而且引领的分量正在持续加大。中共十九大报告指出"建设教育强国是中华民族伟大复兴的基础工程"。优先发展教育，才能面向新时代、赢得新时代、领跑新时代。因此，高等教育强国要在教育强国建设中先行实现，高等教育要有领跑新时代的能力。

(二)发展阶段从"规模扩张"向"结构调整"转变

面对人口结构、城市结构和产业结构的挑战与变化，21世纪的中国教育结构正在发生前所未有的革命性变化。毛入学率50％是世界高等教育发展进程的一个新阶段——普及化阶段，而2016年中国的高等教育毛入学率已达42.7％，中国高等教育即将从大众化阶段向普及化阶段迅速迈进。新一轮高等教育结构调整源于高等教育普及化、供给侧结构性改革和城市群建设。面对2030年中国经济社会发展与人力需求，新一轮高等教育结构调整的目标是：将教育结构调整与教育制度建设紧密结合，形成体系结构基本稳定、教育制度体系成熟定型，与中国教育强国地位相适应的完善的现代化教育结构体系，为建设高等教育强国、实现中华民族伟大复兴的中国梦提供人才和智力支撑。

（三）发展方式从"外延式发展"向"内涵式发展"转变

1999 年高校扩招以来，我国高等教育主要采取外延式发展，在短时间内实现了从精英化高等教育向大众化高等教育的跨越。"人口红利"的消退，宣告我国高等教育规模扩张期即将终结，而高等教育从外延式发展向内涵式发展的战略转型，是新常态下我国高等教育改革的关键点，也是应对新常态的根本办法之一。中共十八大报告明确提出，要积极推动我国高等教育发展战略的转变，坚持走以质量提升为核心的内涵式发展道路。这一战略的提出对于全面提高我国高等教育质量、推动高等教育的发展具有深远的指导意义，是实现高等教育跨越式发展的必由之路。

（四）发展策略从"单向管理"向"多元治理"转变

改革开放以来，我国的综合国力与西方发达国家存在差距，因此一直采取追赶型战略。经过这些年的发展，我国高等教育在规模上已居世界第一。但长期以来，我国采取的是一种一元、单向的管理方式和手段。中共十八届三中全会通过的《中共中央关于全面深化改革若干重大问题的决定》提出了关于转变教育治理方式的改革，要求深入推进管办评分离，扩大省级政府教育统筹权和学校办学自主权，完善学校内部治理结构。这体现了简政放权、转变政府职能的全面深化改革思路。具体到高等教育领域，就是要通过政府简政放权，扩大和落实大学的办学自主权，建设有中国特色的高等教育治理体系。新常态下高等教育治理方式的转型，正是要改变以往一元、单向的管理方式，走向多元、共治的现代治理方式。

二、既有国情特点

面对新的形势，几大长期影响教育发展的基本国情依然存在。

（一）"穷国办大教育"的基本国情

我国是一个发展中的人口大国，进行的是穷国办大教育，而且办的是世界上最大规模的教育。人民群众不断增长的教育需求同教育供给，特别是优质教育供给不足的矛盾，仍是现阶段教育发展面临的基本矛盾，国家迫切需要把巨大的人口压力转化为丰富的人力资源优势。

（二）经济发展的极不平衡

我国农业经济、工业经济和处于萌芽状态的知识经济等多种经济形态并存，面临着加快工业化和迎接知识经济挑战的双重任务；区域间的经济状况存在很大差异，东部、中部、西部三者之间存在着明显的经济发展水平梯度；城乡之间、产业之间的发展也不平衡。

（三）独生子女家庭望子成龙的强大愿望

中国有着几千年的重教传统，随着基础教育的发展，特别是九年义务教育的成功实施，社会对高层次优质教育的需求开始逐步加大，大批独生子女的成长又进一步强化了人们接受优质教育的愿望。家长普遍不愿意看到自己子女的无知与愚昧，愿倾其积蓄供下一代上大学。生活水平的提高，也使广大家庭有了支持子女接受高等教育的经济能力。

（四）发展依然是硬道理

在改革开放的具体实践中，我们总结出了"发展是硬道理"这一重要经验，清除了发展中的一些思想障碍，坚持以改革促发展，坚信前进道路上的许多问题可以甚至必须通过发展来解决。教育事业关系千家万户、关系社稷大业，量大、面广、事多，千头万绪，继续坚持"发展是硬道理"，就成为抓住机遇、有效促进社会进步和人自身发展的头等大事。

三、新的热点议题

（一）中国特色高等教育

我国高等教育正处于加快实现现代化、建设高等教育强国的关键时期，要实现高等教育成为中华民族伟大复兴的人才智力支撑，就必须树立中国特色高等教育自信，坚定不移地走中国特色高等教育发展道路。独特的历史、文化和制度决定了我国高等教育在办学方向、办学体制、人才培养目标、培养模式、治理结构等方面必然具有中国特色。习近平总书记在 2016 年的"全国高校思想政治工作会议"上指出，我国独特的历史、独特的文化、独特的国情，决定了我国必须走自己的高等教育发展道路，扎实办好中国特色社会主义高校。要办好我们的高校，就必须坚持以马克思主义为指导，全面贯彻党的教育方针；坚持不懈地传播马克思主义科学理论，抓好马克思主义理论教育；坚持不懈地培育和弘扬社会主义核心价值观。

（二）创新驱动发展战略

2012 年，中共十八大报告明确提出："科技创新是提高社会生产力和综合国力的战略支撑，必须摆在国家发展全局的核心位置。"报告强调坚持走中国特色自主创新道路，实施创新驱动发展战略。2015 年发布的《中共中央国务院关于深化体制机制改革加快实施创新驱动发展战略的若干意见》指出，面对经济发展新常态下的趋势变化和特点，以及实现"两个一百年"奋斗目标的历史任务和要求，必须深化体制机制改革，加快实施创新驱动发展战略。而在促进创新发展的实践道路上，教育，特别是高等教育，以其肩负的人才培养、科学研究和服务社会的重要使命，成为推进国家创新发展的重要动力。

（三）和谐社会

和谐社会发展的目标是民主法治、公平正义、诚信友爱、充满活力、安定有序、人与自然和谐相处。这要求政府统筹各级各类教育的协调发展，统筹教育的规模、质量、结构和效益，统筹城乡教育和区域教育；要求教育公平，由不均衡发展向协调发展转变；要求教育为实施"西部大开发战略""振兴东北老工业基地战略""中部崛

起规划"服务，为推进长三角、珠三角、环渤海等经济圈的发展
服务。

（四）终身学习

与全面建成小康社会相适应，中国正在努力构建现代国民教育
体系和终身教育体系。全面推进素质教育，增强国民素质，特别是
就业、创新和创业能力，形成全民终身学习的学习型社会，已经成
为中国教育发展的战略目标。但是，我国长期形成的以学历教育为
主导的教育观念与结构，过分强调普通教育、学历教育和正规学校
教育，不能适应社会对日益增长的终身学习的需求。

第二节　提高质量并努力实现高等教育的多样化发展

中国高等教育大众化的实现及高等教育规模居世界第一的现状
令人瞩目，高等学校也因办学条件和理念的不同而出现多样化和质
量的参差不齐。这一方面是好事，有助于特色的形成，但另一方面
也引起人们对质量下降的忧虑。为此，我们需要坚守高等教育的基
本质量标准，促进多元的质量发展，不断提高质量水平和努力办出
特色。

一、质量是高等教育发展的题中应有之义

鉴于高等教育的快速发展和国际化趋势的增长，OECD 于 2006
年 6 月在雅典召开了教育部长会议，提出"如何更好地理解和评价各
种不同的高等教育的质量"问题，希望探求国际统一评价高等教育成
果的可能性；2008 年 1 月，OECD 又在东京召开了教育部长非正式
会议，继续对相关议题进行探讨。OECD 认为，对本科生的统一评
价能为社会各界提供更好的信息，能够使学校知道自己的教学水平
并知道如何改善，因此，OECD 认为自己有责任开发一个涉及"教"
和"学"的测量工具。具体的评价工作设想在学生本科阶段结束时进

行，依据学生能力做书面测试。也就是说，OECD 认为，即使是不同的高校，也会有基本的质量要求，如相应程度的知识、技能和思维能力，而这种质量具有一定的可比性。高等教育发展需要在保证基本的质量要求基础上探求特色发展。

（一）保证并提高质量是高等教育的质的要求

2015 年修正的《高等教育法》第五条明文规定："高等教育的任务是培养具有社会责任感、创新精神和实践能力的高级专门人才，发展科学技术文化，促进社会主义现代化建设。"即高等教育从事的是高级专门人才培养的活动，而这种高级专门人才需要有社会责任感、创新精神和实践能力。这种高级专门人才应被理解为社会各行各业的精英，他们应当是有质量保证的。

政府提出的是"办好人民满意的教育"。高校大规模扩招后，教育部高度重视质量工作，采取多项措施以保证和提高质量。人民满意，也是中国教育工作的宗旨所在。

人民群众要求的是优质的高等教育。过去人们常说"上大学难"，现在说的是"上好大学难"，说明人民对教育的要求在不断提高。这里需关注的是，我国曾经实行计划生育的基本国策，一家只有一两个孩子，家长的心理是脆弱的，承受不起孩子的失败，要求孩子能接受到优质的高等教育，是希望通过高等教育显著扩展孩子的就业和发展能力。

中国还有几千年的重教传统。"望子成龙""万般皆下品，唯有读书高""书中自有颜如玉，书中自有黄金屋""学而优则仕"等话语，不管是有文化的还是没文化的，几乎人人都可以信手拈来。剔除用语中的封建糟粕，说明人们希望通过读书来实现自己的物质利益和精神价值。古今中外，教育都是实现阶层保持或提升的重要手段。"学而优则仕"的"仕"代表了一种主流文化取向。在封建社会官本位形态下，它指的是官；在知识经济多元价值形态下，它可以泛指各行各业的专业精英岗位。

因此，高等教育要专注质量和特色建设，对得住"高等"这一层次规格要求，社会不需要培养"庸才"的高等学校。

（二）加强高等学校的专业结构调整

高等学校由学科组成，学科细化构成专业。因此，学科、专业在概念上有相似性，我们也就常常笼统称之而不加区分。但是，学科暗含着一个研究领域，专业则明显是一个育人的概念，欧美体系下的专业概念就是学科门类下的课程组合，亦称主修。学科建设与专业建设的重点是不同的：前者重科研的架构；后者重教学的平台，如"211工程"重视学科建设，"质量工程"重视专业建设。因此，人才培养的重点是专业建设。

近几年来，我们在专业建设中存在的主要问题有以下几个。

首先，重学科建设——以构建学科体系和科研项目驱动为标志，但忽视专业建设——以育人的专业性减弱、不同毕业生可替代性增强为信号。尽管学科优化也是提高人才培养质量的基础，但学科建设与专业建设割裂得比较严重。

其次，随着前些年高等教育规模的大幅度扩张，高等学校在专业安排上不可避免地产生了"满足已有专业"和"发展容易上马专业"的倾向。其结果是：第一种倾向延缓了专业调整的时间，使一些欲被淘汰或压缩的冷门专业得以继续发展乃至膨胀，"新学科专业的数量和品种增长缓慢，出现了一些老化了的'巨型专业'"①。这显然忽视了经济发展需求，有悖于合理配置人才资源的市场法则；第二种倾向加大了低水平重复办学的现象，各学校纷纷通过设立一些短平快、低成本的通用专业来迅速应对规模的扩张，如文秘、管理、会

---

① 浩宇、海泉：《把抓教育教学质量放在更加突出的位置——教育部高等教育司司长张尧学访谈》，载《中国高等教育》，2001(18)。

计、法律、外语等专业在较低的水平上繁衍过快，这加剧了毕业生就业形势的严峻。高等学校的规模越来越大，专业数越来越多，单科或多科学校向综合性迈进，专业设置已越来越趋同①，出现了人们所喻的"一片平原"现象。

最后，高等教育面对的服务主体在发生变化。2006 年 1 月 26 日，《中共中央国务院关于实施科技规划纲要增强自主创新能力的决定》提出了"建设创新型国家"的奋斗目标，并进一步明确"增强自主创新能力，关键是强化企业在技术创新中的主体地位，建立以企业为主体、市场为导向、产学研相结合的技术创新体系"。这既是国家创新体制的重大变化，也是对我国高等学校人才培养提出的新命题。随着政府机关、大专院校和科研机构人员的逐渐饱和，企业，尤其是发展迅速的高新技术企业，正在成为接纳高等学校各个层次毕业生就业的重要渠道。高等教育要考虑如何通过学科建设、专业及学位点调整等措施，适应和满足企业技术创新中主体地位建设的需要。

因此，提高高等教育质量需要根据社会发展和人的发展的双重需求，加强高等学校的专业结构调整工作。

这里还需进一步指出的是，理性地看，高等教育的宏观学科专业结构以满足社会整体需求为目的，而高等学校的微观学科专业结构则以满足学校自身发展的需要为主要方向，微观结构的合理并不完全代表宏观结构的合理。微观结构容易受利益、舆论、心理（如从众、升格）等外界因素的影响，有时会产生"非常态"的发展而进一步扭曲宏观结构。因此，高等学校专业的设置和调整要遵循国家大的方向要求，并以此为基础，保持自己的传统，发展相应的特色，这样才能保证宏观、微观结构的和谐发展，从而保证高等教育适应社会的需要。

---

① 邬大光、俞俏燕：《单科类高校专业为何普遍趋同》，载《中国教育报》，2006-12-15。

（三）通过结构化课程建设，提升学生的能力

高等教育要给人以适应社会和改造社会的能力，即高等学校要教给学生真才实学。这种能力由知识、技能和思维力等因素组成，而知识通过传授、技能通过练习、思维通过训练获得。

知识如音符，能力如谱曲；知识如文字，能力如作文。这种比喻讲的是知识与能力的关系。知识是前人实践经验的总结和概括，是培养与获得能力的基础。但是，知识与能力并不是一种线性关系，结构化的知识体系有助于思维力的提升，而且有些知识更有利于训练思维。

技能是指完成某项任务的操作活动方式和心智活动方式，是能力表现的手段。如果缺乏基本技能，知识就难以迁移到新的情境，能力就难以培养和发挥，更谈不上有新的开拓和创新。通常说的"心灵手巧"，也就是心智技能和操作技能结合与统一的结果。技能是通过实践和认知获得的，知识的领会和技能的形成可以相辅相成、相互促进。例如，工程制图是工程师的语言，如果只满足于听懂了点线面体的投影原理、相关理论和测绘知识等，而没有亲自动手与刻苦练习，就绝不可能获得真知，更无法用来表达工程意图和自己创新构思的复杂关系。

思维是人类最高级的具有新质的心理活动形式，思维力则是在表象、概念的基础上完成分析、综合、判断、推理和比较等认知活动的基本功。思维训练是学生能力开发的核心。

这里需要特别强调的是，无序知识的简单堆砌构不成高等教育的专业，专业所需要的课程是有序的，结构化课程是专业形成的唯一方式。当然，不同学校课程的结构需要也应该有所不同。事实上，国内外已经总结出了多种课程结构化设计的方式，如把课程分为基础课、专业基础课和专业课，设定选修课和必修课，专业学习的主辅修制，等等。课程的质量、多寡、选择性、相互间的匹配是形成

专业水平和特色的基础，在课程的深度与广度、文理交融性、理论性与实践性的侧重上也都有很多可探讨的空间。

目前高校教学中的问题，一是部分高校的一些"时髦专业"课程的结构化程度不高，有名无实，开的多是传统专业的课程，再加上些华而不实的东西，课程的关联性反而降低，难以培养出真正的高级专门人才；二是高校可开出的课程数量偏少，学生的选择太少，从本科到硕士再到博士，越来越没有课程可学，专业水平难以提高。不仅相同专业存在趋同，不同专业也存在着某种程度的相近，最后各高校就变得越来越一样了。课程少，也体现了教育质量不佳，反映了研究水平不高，说明知识的深度不够。

高等教育从事的是高级专门人才培养的活动，学生成为专门人才的过程必须是一个严谨的过程，而这个严谨的过程需要由结构严密的课程体系予以保证。只有认真、勤奋地实践这一过程，学生才能获得专业能力、基本技能、思维能力、职业意识。

二、发展多元的质量标准

多样化是世界进化的宝贵财富，正是有了多样化，世界才显得绚丽多彩，才具有生命力。多样化，即要有特色，特色是更高的质量要求，与学科专业建设密切相关。

（一）大众化高等教育阶段的本质特征是多样化的形成

大众化高等教育阶段和精英高等教育阶段的本质区别是人才培养的多样化问题。多样化并不排斥精英，而是精英领域、数量的扩展。这个多样化又以地方性、专门性等应用型高等学校模式体系的成熟和完善为标志。

古老的大学是探讨和传承高深学问的场所。既然是高深学问，就必然是少数人才有资格从事的活动，并且这少数人也必将是未来治国安邦之栋梁。高等教育是一种特权，关注的是塑造社会精英阶层的能力和人格。因此，在精英教育时代，高等教育的质量维度相对单一。

　　随着社会的发展，特别是工业化的实现，社会的需求逐渐多元化，要求高等学校为各行各业培养人才。此时高等教育已融入整个社会，不能再专为原来单一的"精英"岗位服务，而要为社会各行各业培养高级专门人才，培养目标多样化，培养的是一种更广泛意义上的精英，包括所有经济和技术组织中的领军和骨干人才。精英的维度在扩大，不同精英的知识与能力要求也各不相同，彼此不可替代。因此，1998 年在巴黎召开的首届世界高等教育会议通过的《21世纪的高等教育：展望和行动世界宣言》特别强调要"考虑多样性和避免用一个统一的尺度来衡量高等教育质量"。这就出现了多元的质量标准。

　　但是，多元的质量标准绝不能片面地理解为降低现有的质量标准，而应该是业业有精英、行行出状元。高等教育规模扩大并不必然带来质量的下降，如 OECD 通过调研规模日益扩大的高等教育对劳动力市场的影响，在其《2007 年教育概览：经合组织教育指标》的报告中认为："高等教育的扩大对个人和国民经济都产生了积极影响，迄今为止并未看到所谓的'学历价值通胀'的现象。"韩国是公认的经历过高等教育膨胀的国家，但据中央社首尔 2007 年 11 月 26 日电，"与中小学毕业生相比较，韩国大学毕业生的工资上涨速度更快"，三季度"大学毕业生的劳动收入为高中毕业生的 1.5 倍，初中毕业生的 2.52 倍和小学毕业生的 2.9 倍"。[①] 此外，大众化阶段由于扩大了就学的范围，减轻了升学的压力，即缓解了中学生为确立"大学生"身份的考试竞争程度，有可能使人们更关心素质教育、关心人的个性发展、关心真正全面的教育质量。

　　由联合国教科文组织、国际教育发展委员会编著的《学会生

---

① ［韩］中央社(首尔)：《韩国：学历造成收入差距拉大》，载《参考消息》，2007-11-27。

存——教育世界的今天和明天》指出："近几年来我们在大脑的研究和生物化学科学方面所取得的突破已经使我们更加清楚地和更加客观地理解了人类行为、心理机制和学习过程。这些新发现显示了一个惊人的事实：人的大脑中还有很大一部分潜力未曾加以利用，而且根据某些权威多少带点武断的估计，这种未曾利用的大脑潜力竟高达 90％"，这"要求一种个人化的教育学，要求对个人的潜在才能进行详细的调查研究"。① 教育有责任开发人的多种潜能。

世界高等教育发展的历史，就是高等学校办学模式逐步多样化的历史，是旧的教育形式不能满足社会需求而不断产生新的教育形式的历史。美国在学习了英国和德国的大学模式后发展起了研究型大学、州立大学和社区学院，法国在欧洲最古老大学之外生长出新型的精英高等教育机构——工程师学校或大学校，德国出现了与传统综合大学并驾齐驱的工业大学和高等专业学院，英国存在着牛津和剑桥等著名古典大学与城市大学、新大学、多科技术大学的共同繁荣景象。它们的历程需要我们很好地研究与思考。

多样性与特色紧密地联系在一起，因此也可以说特色是大众化阶段高等教育质量有别于精英阶段的根本所在，是这一时期学校教育质量高的标志。这也是我们如此重视特色的原因。高等教育要努力以自身的多样化办学来满足社会的多元需要，促进人的个性发展。

(二)建立多元的质量评价标准

教育是使人满足社会需要、实现自我完善的过程。质量是高等教育的生命线，是教育的题中应有之义，是国家的教育方针的精髓所在。前些年高等教育规模的快速扩大，使我们成为世界高等教育大国，但我们显然还不是高等教育强国。中共十七大对教育提出的

---

① 联合国教科文组织国际教育发展委员会：《学会生存——教育世界的今天和明天》，华东师范大学比较教育研究所译，140、105 页，北京，教育科学出版社，1996。

"建设人力资源强国"的要求，需要我们提高高等教育质量，增强其对社会的适应性及对受教育者个性特征的关注。

"骏马能历险，耕地不如牛；坚车能载重，渡河不如舟"，"书痴者文必工；艺痴者技必良"，这就是所谓比较优势。因为个性差异及教育开发的影响，每个人的潜能发展是不同的。有的善于分析，有的善于综合，有的善于动手，有的善于动脑，教育就是要通过筛选机制和因材施教使学生的特长得到确认和开发，全面满足社会的需求。这里关键是要促进多种教育模式的发展，建立多元的质量评价标准，充分发挥每个人最优秀的潜能，努力把所有人都培养成某一领域的精英。

在高等教育的多种模式中，世界级研究型大学模式只是其中的一种。其他各级各类学校只要根据社会和市场需求，培养的学生在这个领域是好的，这样的教育同样是精英教育或一流教育。如果每所高校在专门人才市场中寻找到别人没做或没做好的，哪怕是较低层次的一部分，做好了，甚至做到极致，那就是精英教育。即无论层次类型如何，办好了就是一流学校。我们需要进行教育模式的探索，如建设一流的研究型大学、一流的本科教学型院校、一流的职业技术学院，而每类学校中的每所学校的教育模式又要有自己的特色。如果整个教育体系能走到这个地步，每所学校都有了自己从事精英教育或一流教育的位置，那么有质量和有特色的中国高等教育就真正形成了，中国也必然成为高等教育强国。

这里，政府规划的引导作用不容低估。政府要在继续做好高水平大学建设和示范性高等职业院校建设的基础上，进一步拓宽学校重点建设的方向，对不同的学校提出不同的目标要求，给予不同的重点支持，弱化学校评价的统一性，加强对特色和多样化的引导。

三、面向社会需求，构建高等学校人才培养体系

高等教育要多样化发展，关键的问题是怎样才能够实现多样化，

怎样实施高等学校的分类发展与特色定位。

（一）单纯的分层办学模式的不足

目前中国走的是一条分层办学的路子，即将高等学校按层次分为研究型大学、教学科研型大学、教学型本科院校、职业技术学院等，"211"工程、"985"工程等的实施也促使一批高等学校向研究型大学目标迈进，即在具体的实践中推动了高等学校的分层发展。但是，问题并未得到全面解决。

第一，分层办学未能解决高等学校办学目标的拔高问题。随着国家"985工程""211工程"的成功实施，在功利诱惑面前，一些并不具备条件的学校纷纷提出了向一流大学、研究型大学或教学科研型大学迈进的目标。学校追求升格、办学模式单一的现象不能很好地得到扭转。

第二，专门学院的办学特色不便保持。新中国成立初期，政府在接管和改造旧的高等学校体系后，通过院系调整等措施建立起了一大批专门学院，以其培养人才的有效针对性，有力地促进了当时的社会主义建设。近几十年来，随着一些专业性很强的原行业部委院校在体制改革中划归地方为主管理，以及一批高等学校向综合性大学迈进，专门学院的特色在逐步丧失，学院传统的优势学科有被削弱的危险。单纯的分层办学无助于这一问题的解决。

第三，分层办学不利于高等学校毕业生下基层。2003年，OECD专家组对我国考察后，在《经合组织关于中国高教财务与质量保障改革的报告》中提出："许多贫困地区的学生不愿回到家乡服务于当地，他们还是喜欢在接受高等教育的城市/省里就业。关于这一点，根据欧洲高等教育的经验，毕业生在距他们上学的城市50千米内寻找第一份工作。"中国高等学校传统上是面向大区设置的，存在着按省分布不均的状况。2003年，我国设市城市660个，普通本科院校有644所。但北京市集中了超过8%的学校，四个直辖市共集中了约18%的学校，加上西安、武汉、南京，七城市共集中了约28%

的学校，再加上长春、大连、哈尔滨、广州、成都，十二城市共集中了约38％的学校，绝大多数的学校集中在省会城市。高等学校的集中设置及向更高水平的迈进，使毕业生的就业流向进一步集中。

为此，我们需要加强对高等学校发展的总体设计和分类指导工作，通过全国性的总体规划和地区性的定位规划，促进学校、学科和专业的特色发展与和谐发展。即通过规划手段，把发展的内驱力引向重特色、质量的内涵发展上来。在加强政府对高等教育宏观统筹的基础上，促进高等学校面向社会依法自主办学，提倡不同的办学理念和办学思路。

（二）构建高等学校层次、类型、使命三维分类体系

高等教育的人才培养体系与高等学校的分类体系密切相关。对于高等学校的分类体系，理论上可按分层、分类的思想设计，实践中可根据管理体制规划学校的使命来操作，最后构建出一个三维模型。

1. 理论上的分层、分类设计

高等学校按两个维度设计：一维按层次，即"教学型学院—研究型大学"框架构建，关键是安于定位、办出水平；另一维按类型，即"学科性人才培养—应用性人才培养"框架构建，关键是导向明确、办出特色。[①]

两种类型的高等学校在层次的上游可以有一定的交叉，分别走以科学创新为主、学科型人才培养为主和以技术创新为主、应用型人才培养为主的路径，但越往下，交叉越少。具体设计见表10-1。

当然，不同层次、不同类型的高等学校的划分不是绝对的，彼此之间可以是个"光谱"地带，同一学校不同系科之间也会有一定的差别。但是，这种划分方式体现出一种导向，不同的学校之间，办学目标、

―――――――

① 　马陆亭：《我国高等学校分类的结构设计》，载《北京大学教育评论》，2005(2)。

培养模式、系科设置、教师要求及评价方式等都将有所不同。

表 10-1　高等学校的分类设计

层次	类型	
	学科型人才培养高校	应用型人才培养高校
研究型大学	综合研究大学	特色研究大学
教学科研型大学	综合大学	专业大学
本科教学型学院	地方综合学院	专业学院
专科教学型学院	部分职业技术学院的专业	职业技术学院

2. 进一步根据管理体制规划学校的使命

根据学校的办学使命，国家可进一步提出"世界的大学、国家的大学和地方的高校"操作性分类推进方案。

世界的大学是中央政府直接管理的大学，也是我们要建设的一流大学，包括注重科学创新的综合大学和注重技术创新的专业大学，事实上，它们包括综合研究大学和特色研究大学。既然要建设世界一流大学，大学就需要有更崇高的信念——为全人类的共同利益服务。大学需要真正按一流大学的规律和模式办学，加强开放和国际化程度，以文理贯通式的通识教育思想指导育人工作，以国际化学术标准接受检验和评价。只有开放、大气而不是封闭、狭隘的一流大学，才能真正成为世界和民族共同拥有的财富，也才能极力发挥其对国家发展的作用，提升我国基础科学和共性技术发展的平台。

国家的大学也是中央政府直接管理的大学，是与国家重点建设行业关系密切的多科性专业大学，包括一些特色研究大学和教学科研型的专业大学。它们是我国农、林、地、矿、油、交通、电子、电力、传媒、航空航天等行业及军事领域的技术先导，在国际同行中享有较高声誉，以自身专业、技术集约化的工作为国家的根本利益服务。它们需要加强与行业的联系，关注国际同行业的最新技术信息，努力做好引进、吸收、转化、再创新的技术准备工作，加强产学研合作，以专业教育为基础，努力实现与通识教育的相融与互补。科学无国界，技术有壁垒，这些大学要努力成为国家实力和重点行业发展的支撑性要素。

地方的高校，即以省级政府管理为主的高校，包括地方综合学院、专业学院、职业技术学院。地方高校要努力为地方建设服务，有地方特色，这样才能形成一个良性循环，有生命力且人才不易流失。地方高校要以专业教育思想为指导进行人才培养，并注重一定的通识教育；关注创业教育，努力把创新精神培养和实践能力培养融入创业教育，加强教育的务实性，提升学生的就业和专业谋生能力。

第三节　加强现代大学制度建设

高等教育发展到今天，许多问题归根结底缘于制度有问题。因此，在现实条件下，以影响大学发展的制度因素为框架来探讨现代大学的建设问题，是有其积极意义的。

一、我国现代大学制度建设的创新方向

目前，影响大学发展的因素很多，但学术性、市场性和组织性是三个基本视角。这并不是说别的因素不重要，而是说在这些方面，我们缺乏系统的思考，或者说我们欠缺较多。

（一）学术性视角

学术性是现代大学制度建设的根本视角。学术发展离不开自由的学术批判，有助于激发创新活力的"学术自由、教授治校"是西方大学制度不变的内涵。过去受政治因素的影响，我们对此缺乏足够的认识。

（二）市场性视角

市场性是大学在近代发展过程中产生的。当今世界大学已不可能隔绝于社会而独立存在，微观搞活的前提是宏观有序，学术自由不是没有任何约束的。伴随着高等教育大众化乃至普及化的实现，教育的供求关系发生了变化。该变化与社会主义市场经济体制的结合，有时会使得价值规律同教育规律一起成为一些高等学校的生存规律。

（三）组织性视角

组织性是随着大学规模的扩大及功能的扩展而产生的。如有学者认为，美国高校内部组织机构的演变为：1636—1862 年为简单组织时期，1862—1945 年为管理职能分化时期，1945 年至今为复杂组织时期。[①] 1993 年，《中国教育改革和发展纲要》在明确提出要"使高等学校真正成为面向社会自主办学的法人实体"的同时，指出"学校要善于行使自己的权力，承担应负的责任，建立起主动适应经济建设和社会发展需要的自我发展、自我约束的运行机制"。自主办学实现的一个显著标志就是学校真正地面向市场和社会，这与传统象牙塔取向的学术组织机构有很大的差异。世纪之交，我国高等教育规模取得了跨越式的发展，要求高等学校组织结构适应这种变化。

二、尝试在高等学校与政府之间建立契约关系，推动高等学校自主办学

改革开放以来，我国进行了深刻的高等教育体制改革，目的是适应社会的全方位变化及教育自身发展的要求，有效地激发和释放体制的活力。对于普通高校而言，就是建立政府宏观管理、学校面向社会依法自主办学的体制。40 年来，我们在推动高等学校办学自

[①] 资料来源于陈学飞教授在国家教育发展研究中心主办的"高等学校内部管理体制改革研讨会"上的报告，2003 年，重庆。

主权方面做了许多工作，也取得了不少的成绩。但是，政府对高等学校的管理，仍是一个有待探索的领域，实践中行政配置资源的能力还太强，管得还比较细。落实高等学校自主办学权，需要在依法治教的基础上进一步完善政府的宏观管理职能，确立高等学校的自主法人地位，通过建章立制工作，规范学校内外各种权责及其关系、完善自我约束机制。可通过政府与高校建立契约关系来具体推动这项工作。

（一）改善政府宏观管理，加强高校内部机制建设

高等教育管理体制改革的目标是"建立政府宏观管理、学校面向社会依法自主办学的体制"。政府的管理工作应由重过程管理转向目标管理，由主要依靠行政手段管理转向重点运用立法、拨款、信息和政策指导等手段进行管理，由对学校内部事务干预过多的状况转向主要拟定法规、规划、政策和为基层服务的宏观调控和管理；学校自身的运转应由过去主要根据上级的指令、指示办学，转变为在国家大政方针指导下，学校依法办学和面向社会自主办学。因此，改革的原则是"宏观有序、微观搞活"。

1. 政府要转变职能，对高等教育实施宏观管理

第一，关于高等教育管理体制改革。体制的建立和改革，主要来自政府的推动。经过多年来的不断探索，我们建立起了"中央和省两级管理、以省级政府为主"的管理体制，初步建立起了"政府为主、社会积极参与"的举办体制，明确了"高等学校面向社会依法自主办学"的办学体制。应该说，在解决政府和政府间的关系、政府和社会间的关系方面还是有重大突破的，但在解决政府和学校间的关系方面，还存在很大的探索余地。对高等学校的管理，不论是外部还是内部，行政色彩都过于浓厚。

第二，关于高等学校布局调整。布局的设置和调整，分别来自行政力量和市场的推动。我国高等学校传统上是面向大区设置的，

即在少数省市设置的高等学校具有为周边省份服务的职责，这样高等学校布局在省份之间存在着多少不一的状况。1993 年之后，面向社会主义市场经济体制的转轨及高等教育管理体制的改革，促进了各地高等教育的发展。许多省市都把发展教育作为"强省""强市"的重要内容，这种热情优化了高等学校的布局结构，表现在高等学校的设置向中小城市延伸，一些省市，特别是东中部省市，高等学校数量明显增多。① 即尽管计划经济时期高等学校设置在省级区域间存在着不均衡现象，但实施社会主义市场经济后，地方发展高等教育的热情开始改变高等学校的布局结构。当然，这时候需要中央政府在加强对西部及欠发达地区高等教育的宏观调控和支持方面发挥作用。

第三，关于高等学校办学多样化建设。应该说，最希望办学多样化的是政府，政府也采用多种措施推动多样化。美国高等教育专家马丁·A. 特罗(Martin A. Trow)曾经在其关于高等教育地位的分析中指出："一般说来，政府不喜欢一般院校和新院校模仿老牌尖子大学的风格和做法。政府所需要的是国家高等教育体系的更多样化，更适合职业需要的学科，新的更有效的教学模式。他们最不需要的是越来越庞大的大学系统……"②但高等学校办学模式雷同、"千校一面"的情况一直难以改观。这里面的原因很多，但政府管得太细、行政配置资源的能力过强也不能不说是其中的主要原因。

可见，高等教育的发展没有政府不行，但光靠政府也不行，需要市场的力量也发挥作用。在体制改革实现了突破性进展之后，行政"作为"的方式和深度需要发生变化。有些地方要加强管理，有些地方要弱化管理。需要研究行政权力的整合问题，研究如何加强政

---

① 马陆亭：《论高等教育的均衡发展》，载《教育研究》，2005(10)。

② 转引自[美]伯顿·克拉克：《高等教育新论——多学科的研究》，王承绪等译，145 页，杭州，浙江教育出版社，2001。

府的宏观管理，而不能把权力按部门，甚至按小部门，分解得支离破碎。

教育主管部门需要进一步转变职能，改进管理方式，突出工作重点，管好该管的事。如维护好高等教育健康发展的政策环境，保证政策、法规、制度的严肃性；完善公办高校党委领导下的校长负责制，加强对民办高校的督导制度；进一步健全对高等学校的审计、监督、巡视制度等。要充分尊重高校办学自主权，规范政府管理高校的行为，注重发挥社会中间机构的作用。

2. 高等学校要努力完善内部机制建设

高等学校面向社会依法自主办学，需要加强内部管理和建设，以制度规范和保障学校的健康发展。当前要重点加强财务和学术机制建设。

(1)加强高等学校财务可持续能力建设

近些年来，高等学校处于扩张办学时期，许多学校向银行贷款，有些还进一步引入了其他社会资金。目前，学校逐步进入还贷时期，形成事实上的财务赤字，使高等学校财务风险增大。

高等学校财务风险增大，将会给学校的教学和管理带来一定的影响。OECD 的报告《刻不容缓：确保高等教育可持续发展的未来》(*On the Edge*：*Securing A Sustainable Future for Higher Education*)明确提出了高等学校的财务可持续能力建设问题。报告认为："盈余是大学财务稳健的指标之一，它提供现金，以便大学能够灵活处理突发事件或者把握发展机遇，账目盈余还有助于大学把握借贷或者使用其他外部资金的机遇。"

因此，高等学校对自己的办学成本应有所考量，特别是要进行学生培养成本核算。只有有了成本数据，才能够进行具体的收入和支出结构分析，明确增加经费和提高效益的工作重点。在此基础上，加强高等学校财务可持续能力建设，也是实现学校发展战略规划的重要支撑。

(2)探索让广大教师醉心于学术工作的机制

教师的学术水平和敬业精神制约着高等教育质量，而这受制于学术制度的影响。做学问需要耐得住寂寞，学术需要积累，这是亘古不变的真理。可现在的制度不太利于出大师、出大成果，学术充斥了众多的功利和浮躁，组织管理上官僚色彩较浓。后果是严重的，那就是学术的平庸。要改变这种局面，就必须在制度设计上让教师醉心于学术工作，在舆论宣传上让教师对学术有景仰之心。我们需要对学术制度进行探索。

大学教授应该既有崇高的社会地位，又名副其实。遗憾的是，在这两方面，我国均有不足之处，一是门槛较低，二是称谓不专一。门槛低，必然带来学术的贬值，带来中国整个教授群体声誉的下降；称谓不专一，会使社会对教授的头衔不尊敬，一些不在学术岗位工作的人使用着教授头衔，其实是在损害大学的核心价值。学生们看到通过权力、金钱也能换得教授头衔而不愿走学术之路，真正在学术道路上的教授也并不高看自己。

要努力杜绝学术的"关系化"。法国社会学家布迪厄认为：资本分为经济资本、文化资本和社会关系资本三种，大学教授的文化资本比例大，企业家的经济资本比例大。教育领域是一个与学历有关的被严密规则化的人才市场，能使得聪明的"小人物"扩大资本积累范围。因为文化资本不直接等同于经济资本，所以学校教育系统能正当地保持相对的独立性和自律性。学术职务权力寻租等教育领域"关系化"现象的出现，会使社会丧失部分公正性，以及在学术上丧失激励性，年轻人的激情与聪明才智会被扼杀。[①]

要逐步摒弃对优秀人才"奖官提拔"的做法。现在举国上下还是

---

① 转引自孙传钊：《隐蔽的遗产》，载《读书》，2001(9)。

比较重视人才的，高等学校更是如此，但大师级的人才很少产生。这里有社会浮躁的原因，也有人才奖励机制上的问题。如学术界最常见的奖励办法就是"奖官"，在现有体制下，有了行政职务就有了更高的声誉，就能争取到更多的资源。岂不知这样做恰恰腐蚀了学术大师生长的土壤，说明知识分子学术发展的道路还没有建设好。有利于创新的制度，是让一流人才在学术框架内成长、走学术发展道路的制度。

（二）以大学章程和契约手段促进高等学校办学自主权的实现

高等学校需要面向社会依法自主办学，但政府也不可能放弃对高等学校的管理。这可以在"宏观有序、微观搞活"的原则指导下，在《高等教育法》和大学章程的框架下，通过政府与学校间建立契约关系加以推动。

1. 加强高等学校的"建章立制"工作

高等学校管理既是一项日常工作，更是一项制度建设。落实科学发展观，需要高等学校宏观有序发展与微观搞活办学的有机结合，而这一切需要规范的制度保证。2007年，高等教育发展的主题是"管理、质量、特色"，提出加强管理是因为高等教育在管理工作上暴露出一些问题和漏洞。但要解决管理问题，制度建设是根本。

高等学校要建设自主办学和自我约束相统一的机制，通过建章立制工作进一步规范办学行为，确保正常办学秩序和校园和谐。高等学校要按　定的规范，总结自己的办学经验和借鉴国外的先进做法，着手制定或修订学校的章程，把一些管理要素、准则、原则的东西规定下来，使之成为学校管理与接受社会监督的基本依据。

章程是高等学校发展与建设的"宪法"，是推动和规范高等学校自主办学的基础，是处理高等学校与政府、社会及内部关系的准则，是高等教育长期健康持续发展的制度保证。章程的制定体现了依法治教的精神。1998年通过的《高等教育法》明确提出了对高等学校章程的要求，一些高等学校业已开展试点工作。《高等教育法》是高等学校章程的上位法，其所规定的高等教育的性质、任务、教育方针、教育制度等，以及对高等学校章程所提出的具体要求，均需要认真遵循。

在《高等教育法》的框架下，我们需要对高等学校章程的要素、生效程序及其中所体现的法治精神进行探讨和归纳。① 各高等学校还需根据自己的办学特色，按程序和要求制定自己的章程。这是高等学校实现面向社会依法自主办学，建立自我发展、自我约束机制的基础。

2. 推进政府对高等学校的"契约"管理

高等学校面向社会依法自主办学，需要与政府建立起一种契约关系。即政府对高等学校提出目标和要求、提供财政及其他政策支持、进行绩效评估，高等学校在宏观框架内实行自主办学。这也可以说是一种世界性趋势，如日本国立大学的法人化改革、法国对大学的合同管理等。

日本著名高等教育专家天野郁夫指出，法人化改革是日本国立大学 130 多年来历史发展过程中最大的一场变革，而实现国立大学与政府行政机构分离是其核心政策问题之一。② 改革前，日本国立大学是政府的下属机构，其教师属于国家公务员。法人化改革后，国立大学拥有独立的法人地位，大学与政府的关系由行政从属变为平等的民事主体。政府不再直接使用行政手段，而是通过中期目标和计划等宏观手段，以及引入第三方评价等，在大学的发展中体现政府的意志。高等学校在拥有独立的法人身份后，便可以把一些有

---

① 马陆亭、范文曜：《大学章程要素的国际比较》，北京，教育科学出版社，2008。
② ［日］天野郁夫：《日本国立大学的法人化：现状与课题》，见王蓉、鲍威：《高等教育规模扩大过程中的财政体系——中日比较的视角》，43 页，北京，教育科学出版社，2007。

利于提高办学效益的市场机制引入大学的管理中。包括契约化的管理、弹性人事制度、拨款竞争等。[1]

为了改善中央政府与地方和学校的关系，法国教育界进行了关于契约管理的探索与改革。[2] 1975年，法国大学校长联席会和教育部官员聚集在法国西部小镇维拉德朗，召开研讨会，从国家服务现代化的角度，专门讨论如何在国家与大学之间建立一种新型的关系。1983年，研究合同首先在大学研究机构与教育部之间创建。研究合同有利于大学制定较长期的科学研究规划，并将过去的一年拨发研究经费调整为四年。1984年颁布的《高等教育法》规定，大学可以根据所确定的若干年内教学与科研等方面的发展目标，通过协商，与国家签订多年合同，学校要承诺完成发展目标规定的任务，国家要保证提供相应的经费与人员编制。1990年，大学与国家签订四年合同的新型拨款模式开始普遍实行，合同的领域不局限于研究，而是扩大到包括教学与研究、大学生生活、国际合作等大学的全部领域。1994年，大学合同被命名为"四年发展合同"。1998年，教育部的"5月22日通令"重申了关于合同的政策，并规定由高等教育司负责合同的协调工作。从2004年的春季学期起，教育部的相关司局开始同学校展开直接协商。大学与国家建立契约，首次将大学置于高等教育管理的中心位置，为大学与国家之间建立现代宏观管理的关系铺就了一条可行之路，是法国大学在现代化管理道路上迈出的关键一步。

第四节　促进教育的公平与效率

公平与效率是教育发展中的一对矛盾，过去我们过于看重它们

---

[1] 张伟：《日本的国立大学法人化》，载《研究动态》，2006(10)。

[2] 王晓辉：《法国教育财政体制与学生资助政策》，见马陆亭、徐孝民：《国际教育投入与学生资助》，44～46页，北京，高等教育出版社，2007。

的对立性，而忽视了其统一性。其实，公平问题解决得好，缓解了社会矛盾，是有助于提高效率的。而且中国教育乃至社会已发展到不解决好公平问题，效率也难于提高的阶段。公平与效率是一个永恒的话题，本节不打算对它们做全面论述，而是抓住几个问题进行讨论。

一、解决公平的关键是扶弱

根据管理学中的木桶原理，装水的容量取决于桶壁最短的木板。因此，找出科学的扶弱途径，既解决了公平问题，又提高了效率。

（一）高等教育收费制度改革的重点

根据教育经济学中的成本分担原则、利益获得原则和能力支付原则，向学生收取一定的学费，不仅可以从总体上促进社会公平，而且可以增加高等教育投资的总量，使更多的人接受高等教育。因此，在高等教育阶段进行收费改革是必需的，但问题的关键是学费标准的合理性和可能性，以及学费使用的方向性。

学费政策的确定，应该兼顾培养成本与人均 GDP（或人均收入）的双重约束，如培养成本的 25％和人均 GDP 的 20％两方面的限定，再辅之以必要的学生资助措施。

从现状看，目前的高校收费标准已到了居民家庭，尤其是农村居民家庭承受能力的极限。2013 年，我国城镇居民人均可支配收入为 26 955 元，全年农村居民人均纯收入 8 896 元，大学学费占城镇居民人均可支配收入的 18％，占农村居民人均纯收入的 56％，大学学费依然偏高。[①] 在此情况下，家庭经济困难学生能否顺利入学并完成学业，已引起社会各界的普通关注。为保证家庭经济困难学生顺利完成学业，政府也逐步建立起了以奖学金、学生贷款、勤工助学基金、特殊困难补助和学费减免（简称"奖、贷、助、补、减"）为

[①] 《2013 年全国农村居民人均纯收入 8 896 元》，jiuban. moa. gov. cn/fwllm/qgxxlb/xj/201401/t20140123_3746486. htm，2018-09-03。

主体的多元化的资助体系。

今后工作的重点：一是确定学生的培养成本。确定与学生培养活动相关的程度是成本核算的首要原则。二是健全以助学贷款为主的学生资助体系，确保家庭经济困难的学生顺利入学并完成学业。三是明确学费的基本流向为学生培养，包括用于教学及较多地返还给贫困学生。四是不同的教育层次对学生资助的重点不同。本专科教育阶段侧重于公平，即优先资助贫困学生；研究生教育阶段侧重于效率，即优先资助有才华的学生。

(二)省级财政要按有关生均标准对地方高校进行拨款

地方高校是扩招的主要承担者，但经费严重不足，许多地方高校生均财政拨款呈大幅下降态势。因此，前几年许多地方高校的发展主要靠银行贷款，现在还贷压力逐步加大，学校财政更加吃紧。

究其原因，主要是省级政府对教育经费筹措的总量偏少，履行公共财政职能不够。我国在长期的计划经济体制下，逐步形成了一种大包大揽的财政管理模式，政府支出涵盖范围比较宽。而发达国家执行的公共财政职能偏向于政府消费和公共消费的性质，不同于我国政府执行的财政职能。具体到省级财政对高等学校的拨款上，要按生均成本制定有关标准，使拨款量与招生数直接挂钩。

中央部委所属高等学校的财政拨款均按有关生均标准进行拨付，但大多数省份还没有做到，仅浙江、广东等少数省份开始这么做。在没有做到的省份，学生生均经费明显偏低。

(三)重视高等学校分布的广泛性

在实现高等教育由精英阶段向大众化阶段转变的过程中，我们开始重视机构的多样化问题(尽管这一问题也尚未解决)，但对其布局的广泛性还缺乏足够的关注。这种扩张方式尚不能适应全面建设小康社会、建立和谐社会和建设创新型国家的要求，国家需要采取积极的政策措施进行宏观调控。

1. 高等教育发展的区域不均衡

我国经济发展极不平衡。根据 2016 年全国 31 个省、自治区、直辖市（不含港澳台）的 GDP 排名，西部 12 个省、自治区、直辖市的 GDP 总量为 156 461.13 万亿，占到 31 个省、自治区、直辖市（不含港澳台）总量的 20.32%；中部 6 个省为 159 113.21 万亿，占 20.67%；东部地区则以 456 044.16 万亿，占全国总量的 59.26%，处于绝对领先地位。居民人均收入，2015 年东部地区为 28 223.3 元，中部为 18 442.1 元，西部地区为 16 868.1 元。[①] 教育上也是这样，大城市毕业生就业难，急需人才的小城镇和农村等广大的基层单位，毕业生却下不去，这一自经济体制向社会主义市场经济转轨后困扰着高等教育的问题一直未能得到有效解决。这既有观念上的原因，又有岗位上的原因，也与我国高等教育发展的区域不平衡及高校分布的不均衡密切相关。

我国高校传统上是面向大区设置的，存在着按省分布不均的状况。在 1978—1992 年完全实行计划经济体制时期，华北地区高校以北京居多，东北地区以辽宁居多，华东地区以江苏居多，中南地区以湖北居多，西南地区以四川居多，西北地区以陕西居多。

在 1993 年转向社会主义市场经济体制后，特别是从 1999 年高校持续扩招后，大部分省份的普通高校数都有了明显的增长，中部地区增长得更快。但是，总体上东部地区高校多、西部地区高校少的不均衡格局没有变，甚至进一步扩大。

随着大学城、大学分校、网络教育学院、独立学院等的建立，一些沿海城市高校数增多，大城市高校数增多，带来的后果是西部贫困地区偏远城市的高校数相对更少。

---

① 搜狐网：《西部大开发 18 年：东中西部的差距到底有多大》，http://www.sohu.com/a/136355959_450500，2018-09-28。

2. 重新认识高校的人才集聚功能

大众化的高等教育应该是面向百姓的，因此需要高校分散布局而非集中。社会需要人才遍布全国各地和各行各业，而高校是吸纳高层次建设人才的最大"蓄水池"，需要充分挖掘和实现高校的社会功能。

高等教育是城市现代化建设的重要基础设施。有关高等教育与经济增长关系的研究表明：高等教育毛入学率与人均 GDP 的关联度最高；毛入学率在随经济增长迅速提高后保持为一个"稳定值"；非农业劳动力比重越大，高等教育毛入学率稳定值就越高。[①] 这表明高等教育规模与城市化水平呈正相关。我国已经进入一个高等教育迅速发展和城镇化水平迅速提高的时期，但二者不能割裂地发展，否则会失衡。高等教育机构应当迅速进入那些新兴城市化地区，这也是一项有着极高社会效益和经济效益的投资。

有了高校，就能培养和吸引来相应的人才；有了人才，就要开创相应的事业；有了高层次人才的事业，就能促进地方社会经济的发展。高校将成为地方的知识中心、文化中心、脱贫中心。

3. 高校布局的有效调整

目前我国中心城市不仅高校数量多，而且层次高。例如，第一批"985 工程"的 9 所建设学校，北京、上海各占 2 所，其余也全部在省会城市。因此，高校布局调整应兼顾已有高校功能的提升与新设高校的功能实现两方面的考虑。

第一，以现实的高校合理布局为基准，规划学校定位。在北京、上海等高校密集地发展服务全国的、以一流研究型大学为龙头的科技创新基地，关键是上层次、求创新；在华北、东北、华东、中南、

---

① 郝克明、谈松华：《走向 21 世纪的中国教育——中国教育发展战略研究》，136～159 页，贵阳，贵州教育出版社，1997。

西南、西北地区各选 1～2 个高校集中的城市，继续发展以面向区域服务为主的、以高水平研究型大学为龙头的高校创新基地，关键是上水平、创特色；在各省省会城市及其重要中心城市积极发展为全省服务的、以教学科研型大学为龙头的科技辐射中心，关键是多学科、重质量；其他高校发展的关键是教学特色和为地方服务。

第二，通过新设高校完善布局结构。在没有普通本科院校的地级市均设以本科教学型学院为龙头的知识服务站，关键是达标准、讲实效。将来所有的中等城市都要有本科教学型学院，所有的小城市都要有专科教学型学院，充分发挥城市的服务和辐射功能。

4. 对新设高校与学科点的具体实施建议

为了促进高校更有特色地发展，以及更好地实现其社会功能，高校发展要注意以下几点。

第一，新设本科高校必须同时兼顾条件与需求。即光够条件不行，还必须有需求，这种需求主要是出于高校布局结构及区域功能的考虑。例如，高校密集城市原则上就不能再新设高校，而主要是已有高校的上水平、求创新、创特色。

第二，新增设本科高校应优先考虑高校少的省份。在建设资金上，所在城市提供土地及配套政策，西部省份的资金主要由中央财政承担，中部省份的资金由中央和省级财政共同承担，东部省份的资金主要由省级财政承担。

第三，逐步放弃规模经济的发展思路。高等教育发展到今天，我们需要重新思考学校的规模经济模式。因为效益不能仅仅体现在规模上，大有时不容易创特色，小有时更"有效"。通过学校引来、留住和培养人才，促进了地方的发展，就是最大的效益。因此，新设院校在达到基本办学标准的基础上，要因地制宜、讲求实效，要针对地方需要，有特色地发展。

第四，新增硕士点、博士点要兼顾"锦上添花"与"雪中送炭"。

即对高校密集城市中的"211 工程"大学政策要宽，"985 工程"大学原则上可自行设置；大部分的省市原则上不再新增博士授予学校，适当照顾学位点偏少的省份。

第五，充分发挥老学校的对口支援作用。所有有博士学位授予点的学校，要在统筹规划下，一对一地与尚未设普通本科院校的有关城市结对子，共同探讨新建一所什么样的学校，在建校初期提供必要的师资支持并帮助安排教学。

我们相信：均设高校，通过高校集聚人才的作用，不仅有助于各级各类高校毕业生的有效就业分流，有助于学校形成特色，而且将成为人才强国战略的重要组成部分，进一步推动社会的和谐发展，促进全面建成小康社会和建设创新型国家目标的实现。

二、加强绩效评价，增强办学效益

第二次世界大战后，特别是 20 世纪六七十年代后，世界高等教育发生了很大的变化，学生规模急速膨胀，社会需求日趋多样，教育成本持续上涨，办学经费出现短缺。大学从象牙塔步入世俗社会的"轴心"，外界开始审视高等教育的质量、效率和社会适应性，高等学校也开始关注自身的特色、水平和经费使用效益。国际高等教育出现评估与拨款相结合的迹象。

（一）质量保证从高等学校自身体系走向外部

"大学"（拉丁文"Universitas"）原意为社团、协会、组合或行会，直至 14 世纪才成为指称高等学校的专用词。它确切地显示出欧洲大学在其建立之初的组织形态：仿照职业行会组织建立、从事学术活动的特殊团体，自治是大学的基本特征。之后，尽管有一些国家如德国的大学，是由代表封建邦国的诸侯建立的，而不是作为学者联合体自发产生的，因此有受政府控制的一面，但其学术自治的特点并没有丢失。可以说，伴随着世界大学的产生和发展，在高等教育的精英时期，质量保证问题基本上是学校内部的事务。

随着高等教育的进一步发展，如大学入学率的提高、高等教育机构的多样化，标准协调成为业内人士关心的共同话题。例如，美国到 20 世纪 60 年代逐步建立起了六大地区性认证机构和一批专门认证机构；德国自 1997 年后，评估认证机构由四个扩展到每个州都有；整个欧洲也在考虑建立共同的认证体系。学校质量认证尽管带有行会性质并基本属于高等教育自身体系的事务，但已经超出学校内部体系，呈现出外部系统介入学校教育的雏形。

自 20 世纪 80 年代以来，由于社会对高等教育质量普遍质疑，各国政府对高等教育质量保证和评估投入了极大热情，发现将内部质量保障和外部质量评估结合起来会有更好的效果，因此，各国又纷纷加强了高等教育质量外部保证、评估机构的建设。例如，日本在 1991 年成立了国家学位机构，2000 年之后，该机构另被赋予新的大学评估职能；英国拨款机构每四至五年进行一次科研评估活动，对大学和学院的研究工作做出价值评估，1997 年英国又组建了高等教育质量保证署；法国在 80 年代中期成立了国家评估委员会；荷兰成立了高等教育视导团。它们大多为中介性机构，作为政府、社会和高校三方联系的桥梁，从事高等教育评估的具体工作。

(二)逐步出现的评估对拨款的影响

在加强评估、保证高等教育质量的同时，许多国家的政府开始赋予评估第二重功能，即将评估结果与财政拨款相结合，以期提高高等教育的办学效益，部分弥补经费短缺的状况。

在英国，科研评估是科研拨款的基础。通过评估活动将科研质量划分为七个等级，等级的高低决定着拨款数额的多少。

美国的教育管理权力属于各州，拨款模式在各州呈现出多样化。一般而言，评估对拨款的作用分为三个层次：教育认证结果直接影响到政府对学校的资助；公式拨款开始加入质量指标，逐渐引进了绩效拨款的办法和标准；科研拨款普遍实行项目竞标方式，充分反映了学校的学术水平和科研积累。

法国、德国、日本、韩国、俄罗斯、瑞典、澳大利亚、芬兰等许多国家也不同程度地从绩效角度考虑高等教育的拨款问题。

（三）寻找评估与拨款结合的生长点

高等教育拨款一般分为维持性拨款（如按人头拨款）和提高性拨款（如重点建设拨款）两类。国外的经验表明，评估与拨款的主要结合点在提高性拨款上。我国高等教育目前专项建设经费增多，如一流大学建设和示范性职业技术学院建设等，它们都具备较好的结合条件。

第五节　进一步加大高等学校的开放力度

美国教育专家伯顿·克拉克认为："学者们同时归属于一门学科（一个研究领域）和一个事业单位（一所特定的大学），这两条成员资格线的交叉就是高等教育系统的总体矩阵。"知识在全球范围内流动，相对而言，教师对学科的忠诚程度要大于对单位的忠诚程度，学者也因而具有世界公民的特征。发达国家在知识的流动中总是处于上游或强势的地位，教育发达、科技兴隆和经济领先有一定的因果关系。在大学日益成为国家竞争力重要因素的今天，我们需要很好地利用其开放属性来推动我国知识创新的步伐。

一、大学的历史是开放成长的历史

（一）历史的视角

中世纪时，大学作为国际化组织而产生。其教师和学生来自不同的国家，使用着拉丁语这一共同的语言进行教学活动。法国的巴黎大学与意大利的博洛尼亚大学、英国的牛津大学、西班牙的瓦朗西亚大学被公认为西欧最早的中世纪大学。当大学所在地不适合其成长时，它甚至以迁移来抗争。

大学这种学术性国际化组织还是世界上为数不多的长期延续下来的机构。根据《不列颠百科全书》的记载：全世界 1520 年之前创办的名称不变、功能不变的现存机构有 75 个，其中，61 个是大学，其余 14 个为宗教性组织，大学超过 80％。① 美国现代著名比较高等教育学者阿特巴赫认为，"毫不夸张地说，世界上所有的大学都起源于中世纪欧洲大学模式"，"源于巴黎大学模式"。为什么这样呢？因为好的东西，大家都在学，并且有开放性的学习环境。

当然，大学模式在相互学习中也发生着进化或演变。如德国大学在英国大学模式的基础上产生了研究的功能，美国在学习了英国和德国的模式后催发出了社会服务的功能。这些是它们对世界高等教育发展模式的杰出贡献，业已演变成世界大学共同的模式。日本在学习了德国和美国的模式后，中国在借鉴了西方及苏联的模式后，也都加入了一些民族性的东西。

（二）当今趋势

国际化是当前高等教育发展的重要趋势。世界上越是一流的大学，就越是最开放的大学，它们吸纳着全球最优秀的学生和教师，开展着最活跃的学术交流。一些后发国家和大学也纷纷把吸引优秀人才作为基本的发展战略。例如，韩国的"星级学系"计划每年投入 2 000 亿韩元从全球招聘 50 位明星级教授，以提升各大学的研究实力，希望为韩国培育未来的诺贝尔奖得主；"韩国学习"计划通过增设奖学金大量吸引海外留学生。英国一些大学从海外聘请校长来增强国际化意识及改造它们的大学。

1998 年，在纪念巴黎大学（前身为索邦学院）成立 800 周年大会

---

① 转引自［美］克拉克·克尔：《高等教育不能回避的历史——21 世纪的问题》，王承绪译，50 页，杭州，浙江教育出版社，2001。

期间，法国、英国、德国和意大利四国教育部长达成协议，开始实行欧洲通用的"新学制"体系；1999 年，29 个欧盟国家在意大利博洛尼亚大学签署了《博洛尼亚宣言》，致力于 2010 年之前在欧洲建立标准统一的高等教育区，使教师和学生自由流动时能公平地识别他们的资格；经 2001 年的布拉格大学、2003 年的柏林大学会议之后，签约国发展为 40 个。

OECD 专家 2004 年 9 月在其《观察家》副刊"政策简报"中指出：在过去 20 年里，OECD 成员国留学生的数量增加了一倍，接收了全球大约 85％的留学生。2001 年，在接收国外注册的学生中，美国占 30％，英国占 14％，德国占 13％，法国占 9％，澳大利亚占 7％，日本占 4％。发达国家通过留学生吸引了大批人才，促进了其科学技术的繁荣与发展，因此，发达国家也被称作"人才收割机"。

一些新兴工业化国家既希望引进国外教育资源，又希望吸引国际学生就读。如韩国提出了引进世界一流大学开办研究生院的计划，新加坡推出了"环球校园计划"。发展中国家则在引入国外优质教育资源和优秀人才的同时，希望更多地融入全球的教育系统。如马来西亚为了应对经济全球化的挑战，注重在教育的各个层次增加英语的应用，高等教育部要求大学的数理课程用英语来上。发达国家如英国、澳大利亚、美国、德国、新西兰等还逐步开展了高等教育输出工作，到国外设立学校或分校。

(三)开放的系统论意义

1. 开放是系统进化的必要条件

系统科学认为，系统开放是系统向上发展的前提，也是系统得以稳定存在的条件。

根据热力学第二定律，任何孤立系统，其组织性和结构都趋于消失，被均一性和随机性替代。但自然界的实际状况并非如此。耗散结构论首先建立了系统中熵(entropy)的方程：在开放系统中，熵的变化不仅取决于系统边界以内的不可逆过程，而且取决于环境中负熵的传输。因此，系统内熵的总变化可能是零或负数，系统可以处在稳定状态，也可以生长和复杂化，朝更远离平衡的方向运动，即实现系统进化。

2. 竞争是相互联系的个体之间的一种基本关系

开放离不开竞争与合作。系统是要素有机联系的统一体，即个体的统一体。一系统区别、独立于其他系统，就是该系统具有个体性。为了保持自己的个性，个体也处于发展演化之中，这就决定了彼此之间的竞争与合作关系。

系统科学理论十分重视竞争概念。在一般系统论看来，系统之所以具有整体性，是以系统中要素之间存在着竞争为先决条件的。一般系统论的创立者贝塔朗菲认为："当我们讲到'系统'，我们指的是'整体'或'统一体'。那么，对于一个整体来说，引入组成部分之间竞争的概念，似乎是自相矛盾的。然而，事实上这两个明显的矛盾的陈述都是系统的本质。任何整体都是以它的要素之间的竞争为基础的。"竞争是相互联系的个体之间的一种基本关系。没有差异性，没有竞争，就谈不上个体，万物都是齐一的。但是，竞争并不等同于差异，竞争的差异是一种过程的差异而非状态的差异，即竞争是在过程中实现的。

竞争的对立面是协同，亦即合作。但是，系统如果只有单纯的协同而不是竞争基础上的协同，就会没有活力。既竞争又协同，是系统演化的真正动力源泉。

3. 通过涨落达到有序，是系统演化的基本规律

序是系统的基本特征。从无序到有序，又从有序到无序，这无限的循环便是宇宙的演化序。正如恩格斯所说："整个自然界被证明是在永恒的流动和循环中运动着。"

有序是一种有规则的状态，而规则是一种约束，因此，有序显

示的自由度较小，而无序显示的自由度较大。那么产生的问题是：有序是不是就没有自由？无序是不是就不受约束？系统从简单到复杂，其自由度是增加还是减少？系统科学认为，序是有层次的，序常常显示为一种集体宏观状态，如宏观上有序也可能在微观上无序，这种宏观有序而微观无序就是宏观自由度较小而微观自由度较大。

通过涨落达到有序，是系统演化的基本规律。通过涨落达到有序，就是指非平衡非线性系统在一定条件下可以通过涨落被放大，实现从无序到有序的转变。但是，涨落是双刃剑，系统可以通过涨落达到有序，也可以通过涨落造成系统崩溃。通过涨落达到有序，是对系统稳定性的否定，促使系统失稳，并通过否定之否定，使系统进入新的稳定性，实现了一次螺旋式上升、波浪式前进，使得系统在发展中得到优化。系统通过涨落被放大，实现从无序到有序的发展过程，也就是一个系统的结构和功能得到优化的过程。

二、中国大学的发展离不开开放的政策支持

开放和竞争促进系统的进化，而开放是大学的本质属性，因此，中国的大学建设需要开放和竞争的环境——对外要有全球化意识，向世界好的学校看齐，研究其成功的道路，借鉴其有益的经验，走开放性办学之路；对内要有竞争的压力，把竞争视为自己前进的动力，乐于竞争、勇于竞争，通过竞争提高效益、办出特色、创出声誉。离开开放，大学将会做很多无用功，而没有竞争则会使效率降低，闭关自守建不成高水平大学，对此，国家需要给予相应的政策支持。

（一）开放性办学环境的支持

大学，特别是高水平的一流大学，在世界范围内以共同的学术规范和标准发展着。大学的办学环境必须是开放的，这样才能与国际学术主流相融。大学开放的政策原则应该是宏观有序、微观搞活。

给大学发展以更开放的办学环境支持，有利于大学根据自己的

特点尽快实现跨越式发展。从某种意义上讲，政策性软环境的建立有时比经费的支持更为重要，因为开放的学术氛围绝不是金钱所能买到的，它会使人开阔眼界，甚至直接使学校进入世界前列，事半功倍。因此，支持大学面向世界、开放办学，应成为大学建设的一个基本方针和方向。

从开放的意义看，教育部近年来支持大学吸引优秀人才的政策需要长期坚持下去。因为无论引来的是长期人才还是短期人才，都提高了学校先进学术思想的流动，有助于我国学术水平的提高。

(二)竞争性建设拨款的支持

大学要发展，强劲的财政支持必不可少。纵观世界，各著名大学无不以庞大的经费投入为依托。我国是一个发展中国家，没有发达国家那样的财政基础，因此只能先重点支持少数大学实现非均衡发展。

但是，建设世界一流大学，绝不是一两所大学孤军奋战所能完成的任务。没有整个高等教育的大发展，没有所有大学质量水平的提高，没有一批大学向高水平大学前进，没有大学之间的支持和协作及社会各界的广泛参与，建设世界一流的目标是难以实现的。因此，尽管最终建成的一流大学是少数，但我们必须充分顾及大学间的竞争与合作的关系，有效激发竞争的压力和激励作用，以及由此产生的活力。

公平与效率是政府公共支出必须遵守的原则。如果对公平的理解简单化和绝对化，仅注重给每所学校分配同样的资源，则不仅容易产生效率损失，而且难以真正地体现公平；但如果对效率的理解机械化和僵化，专注于锦上添花，则优胜者缺乏必要的压力，落选者缺少相应的动力，同样也会产生效率损失。而此时，规则的重要性将显现出来，即通过公正、透明的竞争规则，确保竞争机会的平等性，既能够导出有效率的结果，也会使人感到公平。因此，我们需要加强对大学的竞争性拨款模式设计，使获得重点建设拨款的大学产生相应的压力和动力，对没有获得拨款的学校又有一定的刺激和激励。并且这种拨款要有一定的动态性，以不断通过涨落而达到更高层次的有序。

三、高等学校要不断加大开放力度，提升自己的学术水平

（一）一流大学建设要通过开放办学彰显其学术大气

目前，我国高水平大学的学术水平与世界一流大学相比，还有相当大的差距。如同国家的现代化建设有早发内生型和后发外启型一样，新型世界一流大学的创建也不一定非要像一些传统大学那样，在原始的基础上进行缓慢积累，而有可能通过开放办学在相对短的时间内取得突破和飞跃。一流大学建设要真正按一流大学的规律和模式办学，以国际化学术标准接受检验和评价。

1. 积极的国际化参与

大学要想融入世界学术主流，首先要让世界知道自己、了解自己，因此，不能封闭建设和发展，不能满足于在国内的曲高和寡。要想成为世界一流大学，就必须成为真正的国际化大学。如日本东京大学在其 2003 年 3 月 18 日评议会上通过的《东京大学宪章》上，就将自己定位为"世界的"东京大学而非"日本的"东京大学。

大学要加强与国际学术组织的合作，积极参与国际大学排名，利用各种机会扩大自己的知名度，并及时了解自己的差距与不足；要主动开放办学，注意从世界各地招收优秀的学生和教师，通过广泛的学术交流使学校成为国际化的学术社会；要努力建立与世界著名大学交往的圈子，甘心从小弟弟做起，树立在融合中被接纳、在竞争中求生存、在发展中创品牌的意识，逐渐壮大自己的实力和扩大自己的影响力。

2. 强化优势学科群建设

大学由学科组成，学科发展是大学发展的核心。大学要不断提

高整体竞争力和水平，就必须增强基层的办学活力。而学科群建设既符合科学发展的规律，又有助于提高具体研究层面的创造力和活力。另外，学科水平具有一定的可比性。

美国加州大学伯克利分校原校长、已故著名华裔科学家田长霖认为："世界上地位上升很快的学校，都是在一两个领域首先取得突破。因为一个学校不可能在很多领域同时达到世界一流，一定要有先后。"大学发展一定要关注最有特色和有发展前景的学科，把它建设成最好的，之后它的名气和模式会带动其他学科的发展。

学科建设的关键是学术队伍的建设，而学术队伍的优化只能在开放与竞争的环境中实现。

3. 凸显学术人员的价值

北京大学原校长蔡元培曾经指出："大学者，'囊括大典，网罗众家'之学府也。"清华大学原校长梅贻琦的说法是："所谓大学者，非谓有大楼之谓也，有大师之谓也。"哈佛大学原校长科南特也曾指出："大学的荣誉不在它的校舍和人数，而在它一代代教师的质量。"国际上，不论是官方评估还是民间排名，教师质量均是大学水平和声誉重要的和基本的组成部分。

因此，大学建设必须凸显学术人员的价值，注意营造开放的政策环境，鼓励拔尖与创新；注重塑造大学"教授""研究员"等学术称谓的崇高形象，提高其含金量，杜绝"照顾、扶庸、官本位"等学术不严肃现象，使大学真正成为智者的乐园和领地；以人为本，在学校内部真正创造出优秀学术人员脱颖而出和广大教师醉心于学术工作的机制。

（二）地方高校要注重交流，提高其特色水平

大学首先是世界性的，但后来高等教育发展出为社会服务和文化传承创新的功能，高等学校开始地方化，地方性高等学校在数量上所占的比例越来越大。现如今，高等教育既要为全人类的公共利

益服务，又要为国家的经济社会服务，还要为地方发展服务。相对而言，地方高校教师的"世界公民"的特征要弱一些，他们的工作地区特色要强一些，但这并不意味着地方高校要封闭办学。地方高校要发展，需要采取以下措施。

1. 努力建设地方特色学科

地方高校并不仅仅指它归由地方管理，更主要的是指其使命面向的地方特色倾向。为地方发展服务，实质上也是其为国家和为人类服务的重要体现。这一点，对中国这样一个地域差异显著的国家尤为重要。我国前些年进行的高等教育管理体制改革，就是从制度建设层面对高等教育为地方发展服务给予的优先保障。地方高校要努力为地方建设服务，有地方特色，这样才能形成一个良性循环，容易得到支持且人才不易流失。要加强专业教育，关注创业教育，加强教育的务实性，努力把创新精神和实践能力培养融入创业教育，提升学生的就业和专业谋生能力，使学生通过严谨的学习过程获得适应社会和改造社会的真才实学。

2. 以交流促水平提高

特色化建设不是不要开放，高等学校属地化管理后更有个开放、交流的问题，否则水平难以提高。一些地方性高校，以及一些原由国务院行业部委管理，后在体制改革中划转给地方的高校领导也都感觉到高校的封闭性在增强，长此以往，高校会没有活力，这对高校的发展不利。高等教育有很多共同的规律，必须相互借鉴才能进步。因此，特色和开放其实也是地方高校建设中的一对矛盾，既要有地方特色，又要通过交流提高水平。解决好这一矛盾，学校的发展才会真正有生命力。这是极具挑战性的工作，需要各地方高校领导和教师发挥创造性。

后　记

　　十一届三中全会以来，在中共中央、国务院的正确领导下，我国坚持改革开放的基本国策，建立了世界上规模最大的高等教育体系，高等教育实现了跨越式发展；高等教育体制改革取得了历史性突破，形成了中央和省两级管理、以省为主的管理新机制与公立高等教育和民办高等教育共同发展的新格局；世界一流大学和高水平大学建设成效显著，产生了一批具有国际先进水平的学科和研究成果，初步形成了一批中国特色的高水平大学，缩小了与世界一流大学的差距；高等学校在人才培养、基础研究、高新技术研发、成果转化及产业化等方面取得了丰硕成果，为社会经济发展服务的能力显著增强；高等教育的国际合作与交流向更深层次、更广领域发展，我国高等学校的国际竞争力得到增强，国际地位显著提高。40 年的改革与发展，在我国高等教育发展史上写下了辉煌的篇章，为高等教育今后的改革与发展打下了坚实的基础。

　　改革开放 40 年是我国高等教育快速发展的时期，也是我国改革开放不断深入、社会经济发展不断取得新成就的时期。在全面建成小康社会决胜阶段、中国特色社会主义进入新时代的关键时期，中共十九大明确指出我国社会主要矛盾已经由"人民日益增长的物质文化需要同落后的社会生产之间的矛盾"转化为"人民日益增长的美好生活需要和不平衡不充分的发展之间的矛盾"。从现在到 2020 年，是全面建成小康社会决胜期，我国将紧扣社会主要矛盾的变化，统筹推进经济建设、政治建设、文化建设、社会建设、生态文明建设，坚定实施科教兴国战略、人才强国战略、创新驱动发展战略、乡村振兴战略、区域协调发展战略、可持续发展战略、军民融合发展战略，全面建成小康社会。从 2020 年到 2035 年，在全面建成小康社会的基础上，再奋斗 15 年，基本实现社会主义现代化。从 2035 年到 21 世纪中叶，在基本实现现代化的基础上，再奋斗 15 年，把我国建成富强民主文明和谐美丽的社会主义现代化强国，使我国物质文明、政治文明、精神文明、社会文明、生态文明全面提升，实现国家治理体系和治理能力现代化，成为综合国力和国际影响力领先的国家，中华民族将以更加昂扬的姿态屹立于世界民族之林。

2018 年 5 月 2 日，习近平总书记《在北京大学师生座谈会上的讲话》中指出："今天，党和国家事业发展对高等教育的需要，对科学知识和优秀人才的需要，比以往任何时候都更为迫切。""加快一流大学和一流学科建设，实现高等教育内涵式发展"是我国高等教育发展的必由之路。习近平总书记的讲话精神反映了党和国家在新时代对高等教育的新期待、新要求。

面对新的形势和要求，我们必须认真总结改革开放 40 年来我国高等教育改革与发展的经验教训，充分认识取得的成就，正视存在的问题，分析面临的挑战，探讨未来的改革与发展道路。十年前，在北京师范大学出版社的支持下，我们承担了《中国教育改革 30 年：高等教育卷》的编写任务。在纪念改革开放 40 年之际，北京师范大学出版社决定出版"中国教育改革开放 40 年"丛书，并再次把《中国教育改革开放 40 年：高等教育卷》的重任交给我们，为我们提供了总结过去、展望未来的机会。我们根据近十年我国高等教育改革开放的最新发展和最新成果，对原来的书稿进行了修改、补充和完善，形成了这部新的书稿。本书的整体框架由我和刘宝存同志设计提出，各章节撰写的具体分工如下：第一章由华东师范大学高等教育研究所张东海同志撰写，第二章由南开大学周恩来政府管理学院行政管理系陈超同志撰写；第三章由暨南大学公共管理学院行政管理系张旺同志撰写；第四章由北京师范大学国际与比较教育研究院刘宝存同志撰写；第五章由中国传媒大学马克思主义学院李巧针同志撰写；第六章由中国传媒大学传播学院耿益群同志撰写；第七章由北京师范大学国际与比较教育研究院谷贤林同志撰写；第八章由天津大学教育学院郤海霞同志撰写；第九章由北京师范大学教师发展中心魏红同志撰写；第十章由北京航空航天大学高等教育研究院张惠同志、教育部教育发展研究中心马陆亭同志撰写。最后由我和刘宝存同志统稿。

　　本书的出版得到了北京师范大学出版社的大力支持，责任编辑周鹏女士更是付出了艰辛的劳动，谨致衷心的感谢！

　　由于作者水平有限，粗浅和遗漏之处在所难免，敬请同行专家和广大读者批评指正。

北京师范大学国际与比较教育研究院

王英杰

2018 年 5 月

图书在版编目(CIP)数据

中国教育改革开放 40 年:高等教育卷 / 王英杰,刘宝存等著.
—北京:北京师范大学出版社,2019.2
(中国教育改革开放 40 年/朱旭东主编)
ISBN 978-7-303-24417-1

Ⅰ.①中⋯ Ⅱ.①王⋯ ②刘⋯ Ⅲ.①教育改革－成就－中国 ②高
等教育－教育改革－成就－中国 Ⅳ.①G521

中国版本图书馆 CIP 数据核字(2018)第 272678 号

营 销 中 心 电 话　　010-58805072　58807651
北师大出版社高等教育与学术著作分社　http://xueda.bnup.com

ZHONGGUO JIAOYU GAIGE KAIFANG 40 NIAN:GAODENG JIAOYU JUAN
出版发行:北京师范大学出版社 www.bnup.com
　　　　　北京市海淀区新街口外大街 19 号
　　　　　邮政编码:100875

印　　刷:北京盛通印刷股份有限公司
经　　销:全国新华书店
开　　本:710 mm×1000 mm　1/16
印　　张:27
字　　数:367 千字
版　　次:2019 年 2 月第 1 版
印　　次:2019 年 2 月第 1 次印刷
定　　价:130.00 元

策划编辑:陈红艳　　　　　　责任编辑:周　鹏
美术编辑:王齐云　　　　　　装帧设计:王齐云
责任校对:段立超　陶　涛　　责任印制:马　洁